Reihe Rechtswissenschaft
Band 172

Die Umsetzung des Istanbuler Konkursübereinkommens in das neue deutsche Internationale Insolvenzrecht

Ingrid Metzger

Centaurus Verlag & Media UG 1994

Diese Arbeit wurde mit dem Carl-von-Rotteck-Preis 1994 ausgezeichnet.

Die Deutsche Bibliothek – CIP-Einheitsaufnahme

Metzger, Ingrid:
Die Umsetzung des Istanbuler Konkursübereinkommens
in das neue deutsche Internationale Insolvenzrecht /
Ingrid Metzger. – Pfaffenweiler : Centaurus-Verl.-Ges., 1994
(Reihe Rechtswissenschaft ; Bd. 172)
Zugl.: Freiburg (Breisgau), Univ., Diss., 1994

ISBN 978-3-89085-938-5 ISBN 978-3-86226-381-3 (eBook)
DOI 10.1007/978-3-86226-381-3

NE: GT

ISSN 0177-2805

Satz: Vorlage der Autorin

Vorwort

Die vorliegende Abhandlung wurde im Wintersemester 1993/94 von der Albert-Ludwigs-Universität Freiburg im Breisgau als Dissertation angenommen und 1994 mit dem Carl-von-Rotteck-Preis ausgezeichnet. Das Manuskript wurde im April 1993 abgeschlossen; für die Veröffentlichung konnten Materialien, Rechtsprechung und Literatur bis zum 1. März 1994 berücksichtigt werden.

Mein herzlicher Dank gilt Herrn Prof. Dr. Hans Stoll, der das Thema angeregt und die Arbeit als Doktorvater stets verständnisvoll betreut hat. Herrn Prof. Dr. Dieter Leipold danke ich für die Erstellung des Zweitgutachtens und für die engagierte Leitung des Graduiertenkollegs "Internationalisierung des Privatrechts", dem ich außer großzügiger finanzieller Unterstützung auch manche inhaltliche Anregung zu verdanken habe. Im Kampf mit Computer und Textverarbeitungsprogramm schließlich haben mich mein Bruder Dipl.-Phys. Manfred Agne und Herr Rechtsreferendar Jens Moraht tatkräftig unterstützt.

Ganz besonders danken möchte ich - last but not least - meinem Ehemann Stefan für die Geduld, die er bewies, wann immer ein Wochenende dem Internationalen Insolvenzrecht zum Opfer fiel. Ihm ist diese Arbeit gewidmet.

Koblenz, im April 1994 Ingrid Metzger

Inhaltsübersicht

Inhaltsverzeichnis

Abkürzungsverzeichnis[1]

Anm.	Anmerkung
AnwBl	Anwaltsblatt
AWD	Außenwirtschaftsdienst des Betriebsberaters (jetzt: RIW)
BayObLG	Bayerisches Oberstes Landesgericht
BB	Der Betriebs-Berater
BC	(US-amerikanischer) Bankruptcy Code von 1978
BGB	Bürgerliches Gesetzbuch
BGBl.	Bundesgesetzblatt
BGH	Bundesgerichtshof
BGHZ	Entscheidungen des Bundesgerichtshofs in Zivilsachen
BlSchK	Blätter für Schuldbeitreibung und Konkurs
BMJ	Bundesminister der Justiz
BR-Drucks.	Drucksachen des Bundesrates
BT-Drucks.	Drucksachen des Deutschen Bundestages
Bull. EG	Bulletin der Europäischen Gemeinschaften
Cah. dr. eur.	Cahiers de droit européen
C. Comm.	(Belgischer) Code de commerce
CDCJ	European Committee on Legal Cooperation / Comité Européen de Coopération Juridique
DAV	Deutscher Anwaltverein
DB	Der Betrieb
DepG	Gesetz über die Verwahrung und Anschaffung von Wertpapieren (Depotgesetz) vom 4.2.1937
DiskE InsO	Diskussionsentwurf des Entwurfs einer Insolvenzordnung und anderer Vorschriften von 1988

[1] Die Zitierweise orientiert sich an *Hildebert Kirchner*, Abkürzungsverzeichnis der Rechtssprache, 4. Aufl. Berlin 1993, und am Abkürzungs- und Titelverzeichnis des RabelsZ-Gesamtregisters für die Jahrgänge 35 (1971) - 44 (1980).

DÖKV	Vertrag zwischen der Bundesrepublik Deutschland und der Republik Österreich auf dem Gebiet des Konkurs- und Vergleichs-(Ausgleichs)-rechts vom 25.5.1979
E EGInsO	Regierungsentwurf eines Einführungsgesetzes zur Insolvenzordnung vom 21.7.1992
EGBGB	Einführungsgesetz zum Bürgerlichen Gesetzbuch vom 18.8.1896
EG-Entwurf 1970	Vorentwurf eines Übereinkommens über den Konkurs, Vergleiche und ähnliche Verfahren vom 16.2.1970
EG-Entwurf 1980	Entwurf eines Übereinkommens über den Konkurs, Vergleiche und ähnliche Verfahren von 1980
EG-Entwurf 1984	Entwurf des Übereinkommens der Mitgliedstaaten der Europäischen Gemeinschaften über den Konkurs, Vergleiche und ähnliche Verfahren vom 30.7.1984
EG-Entwurf 1991	Vorentwurf eines Übereinkommens über die Insolvenzverfahren vom 25.3.1991
EG-Entwurf 1992	Entwurf eines EG-Konkursübereinkommens vom 30.4.1992
EInsO	Regierungsentwurf einer Insolvenzordnung vom 21.11.1991
EO	(Österreichische) Exekutionsordnung von 1896
ERats-Entwurf 1984	Entwurf eines Europäischen Übereinkommens über den Konkurs von 1984
ERats-Entwurf 1986	Entwurf eines Europäischen Übereinkommens über gewisse Befugnisse des Konkursverwalters und über die Unterrichtung ausländischer Gläubiger von 1986
ERats-Entwurf 1988	Draft European Convention on Certain International Aspects of Bankruptcy / Projet de Convention Européenne sur certains aspects internationaux de la faillite vom 15.3.1988
ERats-Entwurf 1989	Draft European Convention on Certain International Aspects of Bankruptcy / Projet de Convention Européenne sur certains aspects internationaux de la faillite vom 9.6.1989
ETS	European Treaty Series
EuGVÜ	Übereinkommen über die gerichtliche Zuständigkeit und die Vollstreckung gerichtlicher Entscheidungen in Zivil- und Handelssachen vom 27.9.1968
Eur. L. Rev.	European Law Review
EWiR	Entscheidungen zum Wirtschaftsrecht

FamRÄndG	Gesetz zur Vereinheitlichung und Änderung familienrechtlicher Vorschriften (Familienrechtsänderungsgesetz) vom 11.8.1961
FGG	Gesetz über die Angelegenheiten der freiwilligen Gerichtsbarkeit vom 17.5.1889
FS	Festschrift
Gaz. Pal.	Gazette du Palais
GesO	Verordnung über die Gesamtvollstreckung (Gesamtvollstreckungsordnung) vom 6.6.1990 i. d. F. vom 23.5.1991
GRUR	Gewerblicher Rechtsschutz und Urheberrecht
GVBl. DDR	Gesetz- und Verordnungsblatt der DDR
GVG	Gerichtsverfassungsgesetz i. d. F. vom 9.5.1975
HypBG	Hypothekenbankgesetz i. d. F. vom 5.2.1963
IIR	Internationales Insolvenzrecht
IKR	Internationales Konkursrecht
ILM	International Legal Materials
Int. Comp. L. Q.	The international and comparative law quarterly
IPR	Internationales Privatrecht
IPRax	Praxis des Internationalen Privat- und Verfahrensrechts
IPRG	(Schweizerisches) Bundesgesetz über das Internationale Privatrecht vom 18.12.1987
IPRspr.	Die deutsche Rechtsprechung auf dem Gebiete des internationalen Privatrechts im Jahre (in den Jahren)... (Sonderheft von Rabels Zeitschrift für ausländisches und internationales Privatrecht)
IRÄG	(Österreichisches) Insolvenzrechtsänderungsgesetz vom 1.7.1982
IstanbÜ	European Convention on certain international aspects of bankruptcy / Convention Européenne sur certains aspects internationaux de la faillite (Istanbuler Übereinkommen) vom 5.6.1990
JbfItalR	Jahrbuch für Italienisches Recht
J. B. L.	The Journal of Business Law
J. C. P.	Juris Classeur Périodique
J. D. I.	Journal du Droit International
JW	Juristische Wochenschrift
JZ	Juristenzeitung

KO	Konkursordnung vom 10.2.1877 i. d. F. vom 20.5.1889
KTS	Zeitschrift für Insolvenzrecht (bis 1988: Konkurs-, Treuhand- und Schiedsgerichtswesen)
L. Faill.	(Belgische) Loi sur les faillites
LG	Landgericht
LM	Nachschlagewerk des Bundesgerichtshofs, hrsg. von Lindenmaier, Möhring u. a. (Loseblattsammlung)
LS	Leitsatz
LZ	Leipziger Zeitschrift für Handels-, Konkurs- und Versicherungsrecht
MDR	Monatsschrift für deutsches Recht
NJW	Neue Juristische Wochenschrift
NJW-RR	NJW-Rechtsprechungs-Report Zivilrecht
ÖJZ	Österreichische Juristen-Zeitung
OLG	Oberlandesgericht
RabelsZ	Rabels Zeitschrift für ausländisches und internationales Privatrecht
RDAI	Revue de Droit des Affaires Internationales
RefE EGInsO	Referentenentwurf Einführungsgesetz zum Gesetz zur Reform des Insolvenzrechts vom 1.9.1990
RefE InsO	Referentenentwurf Gesetz zur Reform des Insolvenzrechts von 1989
Rev. crit. dr. i. p.	Revue critique de droit international privé
Rev. proc. coll.	Revue des procédures collectives
RG	Reichsgericht
RGZ	Entscheidungen des Reichsgerichts in Zivilsachen
RIW	Recht der internationalen Wirtschaft (zwischenzeitlich: AWD)
Rpfleger	Der Deutsche Rechtspfleger
SAG	Schweizerische Aktiengesellschaft / Société anonyme suisse
SchKG	(Schweizerisches) Bundesgesetz über Schuldbeitreibung und Konkurs vom 11.4.1889
Schw. Jb. Int. R.	Schweizerisches Jahrbuch für internationales Recht
Seufferts Arch.	Seufferts Archiv für Entscheidungen der obersten Gerichte in den deutschen Staaten
SJZ	Schweizerische Juristenzeitung

SZIER	Schweizerische Zeitschrift für internationales und europäisches Recht
U. S. C.	United States Code
VAG	Gesetz über die Beaufsichtigung der privaten Versicherungsunternehmungen und Bausparkassen (Versicherungsaufsichtsgesetz) i. d. F. vom 13.10.1983
VE	Vorentwurf von Vorschriften zur Neuordnung des Internationalen Insolvenzrechts vom 1.3.1989
VE n. F.	Vorentwurf von Vorschriften zur Neuordnung des Internationalen Insolvenzrechts, Neuformulierung einzelner Bestimmungen vom 22.9.1989
VPB	Verwaltungspraxis der Bundesbehörden
WEG	Gesetz über das Wohnungseigentum und das Dauerwohnrecht (Wohnungseigentumsgesetz) vom 15.3.1951
WM	Wertpapier-Mitteilungen
WuB	Entscheidungssammlung zum Wirtschafts- und Bankrecht
ZaöRV	Zeitschrift für ausländisches öffentliches Recht und Völkerrecht
ZGR	Zeitschrift für Unternehmens- und Gesellschaftsrecht
ZIP	Zeitschrift für Wirtschaftsrecht (bis Heft 7/1980: Insolvenzrecht - Zeitschrift für die gesamte Insolvenzpraxis; von Heft 8/1980 bis 1982: Zeitschrift für Wirtschaftsrecht und Insolvenzpraxis)
ZPO	Zivilprozeßordnung i. d. F. vom 12.9.1950
ZVG	Gesetz über die Zwangsversteigerung und die Zwangsverwaltung i. d. F. vom 20.5.1898
ZZP	Zeitschrift für Zivilprozeß

Kapitel I. Einleitung

1. Problemstellung

Mit der zunehmenden internationalen Verflechtung der Wirtschaft nimmt auch die Zahl und wirtschaftliche Bedeutung der Insolvenzen grenzüberschreitend tätiger Unternehmen zu. Ein Insolvenzfall wird dadurch zum internationalen, daß der Schuldner Betriebsstätten oder sonstige Vermögenswerte im Ausland hat, daß er sich an im Ausland ansässigen Unternehmen beteiligt oder umgekehrt[1]. Es kann dann für alle Beteiligten von erheblichem Interesse sein, ob ein in einem Staat über das Vermögen des Gemeinschuldners eröffnetes Insolvenzverfahren in den anderen Staaten anerkannt wird, in denen sich Vermögen befindet oder zu denen er Geschäftsbeziehungen unterhielt.

Die Behandlung der Rechtsfragen, die sich in Insolvenzsachverhalten mit Auslandsberührung ergeben, ist Gegenstand des Internationalen Insolvenzrechts[2]. Neben seinen kollisionsrechtlichen Vorschriften regeln sachrechtliche Normen, welche Bedeutung der Internationalität eines insolvenzrechtlichen Sachverhaltes zukommt; dabei sind verfahrensrechtliche und materiellrechtlichen Regelungen eng miteinander verwoben.

Wesentliches Ziel eines Insolvenzverfahrens und Rechtfertigung dieses Rechtsinstituts ist die gleichmäßige Befriedigung aller Gläubiger ("par conditio creditorum"). Sie setzt im grenzüberschreitenden Konkurs ein Minimum an internationaler Rechtseinheit, zumindest aber an internationaler Kooperation, voraus. Die in den europäischen Staaten geltenden Regelungen auf dem Gebiete des Internationalen Insolvenzrechts weichen jedoch erheblich voneinander ab, zwar weniger in bezug auf den Anspruch, die Wirkungen eigener Verfahren auf das Ausland zu erstrecken, aber ganz erheblich in bezug auf die Anerkennung von Verfahren, die die Gerichte eines anderen Staates eröffnet haben. Daher haben sich zuerst die Europäischen Gemeinschaften, dann der Europarat des Ziels einer Vereinheitlichung des Internationalen Insolvenzrechts angenommen. Der von der EG vorge-

---

1 Anschaulich die Beispielsfälle bei *Hanisch*, in: Probleme des IIR, 9 (9 f.). - Zu den Gründen der Zunahme internationaler Insolvenzen *Aden*, Kreditpraxis 1988, 33.

2 *Favoccia*, 5.

legte Entwurf eines Europäischen Übereinkommens über den Konkurs[3] ist verbreitet auf Ablehnung gestoßen - weniger wegen seiner Ziele als wegen seiner gesetzestechnischen Ausgestaltung. Dagegen scheint ein Inkrafttreten des vom Europarat ausgearbeiteten "Europäischen Übereinkommens über gewisse internationale Aspekte des Konkurses"[4] nicht unwahrscheinlich. Auch die Bundesrepublik, die bei den Beratungen zum Istanbuler Übereinkommen intensiv mitgewirkt hat, erwägt eine Ratifikation; selbst für den Fall, daß es dazu nicht kommen sollte, wird dem Entwurf eine "wichtige Orientierungsfunktion für die weitere Entwicklung des Internationalen Insolvenzrechts" zugesprochen[5].

Die Regelungen des Übereinkommens des Europarats sind deshalb bei der ohnehin anstehenden Kodifikation des deutschen internationalen Insolvenzrechts, das bisher nur bruchstückhaft in gesetzliche Vorschriften gefaßt war (vgl. insbesondere die §§ 1, 5, 50, 56, 237, 238 KO, § 37 VglO), zu berücksichtigen. Dabei wird manche international-insolvenzrechtliche Frage, die in Deutschland als geklärt gelten durfte, durch abweichende Lösungen des Übereinkommens neu aufgeworfen.

Diese Untersuchung will klären, ob sich die Vorgaben des Istanbuler Übereinkommens in das Grundmodell eines künftigen Internationalen Insolvenzrechts einpassen, wie es dem deutschen Gesetzgeber vor Augen steht, und ob daher die Ratifikation des Übereinkommens empfohlen werden kann. Dabei ist zu unterscheiden zwischen der Umsetzung der zwingenden Vorgaben des Übereinkommens und der Ausfüllung der verbleibenden Freiräume; vorangestellt wird jeweils eine kurze Darstellung der heute in der Bundesrepublik geltenden Rechtslage.

Um die im grenzüberschreitenden Konkurs auftretenden Rechtsprobleme zu veranschaulichen, ist des öfteren ein Blick auf die von unseren europäischen Nachbarn und den wichtigsten außereuropäischen Handelspartnern praktizierten Lösungen, ebenso wie die mancher bilateraler Übereinkommen, hilfreich. Vor allem aber ist die Anerkennung kollisionsrechtlicher Normen im Ausland, von der ihre praktische Durchsetzung abhängt, gerade im Internationalen Insolvenzrecht oft ungewiß; schon deshalb kann das Recht anderer Staaten nicht ganz außer Be-

---

[3] Entwurf eines Übereinkommens der Mitgliedstaaten der Europäischen Gemeinschaften über den Konkurs, Vergleiche und ähnliche Verfahren (Arbeitstext des BMJ abgedruckt bei *Kegel / Thieme*, Vorschläge und Gutachten (EG), 417).

[4] Draft European Convention on Certain International Aspects of Bankruptcy, Doc. CDCJ (89) 66, S. 41-57 / Projet de Convention Européenne sur certains aspects internationaux de la faillite, Doc. CDCJ (89) 66, S. 41-58 (im folgenden zitiert als Istanbuler Übereinkommen, kurz IstanbÜ).

[5] *Flessner*, ZIP 1989, 749 (750).

tracht bleiben. Ein systematischer Vergleich kann aber nicht Aufgabe dieser Abhandlung sein; sie muß sich daher auf einige wenige beispielhafte Hinweise beschränken.

2. *Geschichte der Reformbemühungen*

a. *Der Entwurf eines EG-Übereinkommens von 1984*

Die Europäische Wirtschaftsgemeinschaft hat schon 1960 eine Sachverständigenkommission einberufen, die mit der Ausarbeitung eines Konkursübereinkommens auf der Grundlage des Art. 220 EWGV[6] beauftragt wurde; es sollte das EuGVÜ ergänzen, das auf Konkurse, Vergleiche und ähnliche Verfahren keine Anwendung findet. Zehn Jahre später, 1970, legte die Sachverständigenkommission einen ersten Vorentwurf[7] vor, dem 1980 eine überarbeitete Fassung[8], 1984 ein erneut revidierter - der endgültige - Text[9] folgten.

Der EG-Entwurf von 1984 geht von den Prinzipien der Einheit und Universalität des Konkurses aus: Über das Vermögen des Gemeinschuldners kann nur in einem Mitgliedstaat, in dem er sein Geschäftszentrum oder eine Niederlassung hat, ein Insolvenzverfahren eröffnet werden (direkte Regelung der internationalen Zuständigkeit). Dieses Verfahren unterliegt dem Recht des Konkurseröffnungsstaates und entfaltet seine Wirkungen (Konkursbeschlag, Befugnisse des Verwalters) auch in den übrigen EG-Staaten. Es steht dort der Eröffnung eines Insolvenzverfahrens über das Vermögen desselben Schuldners entgegen; das gesamte in den EG-Staaten belegene Vermögen des Gemeinschuldners bildet also eine einheitliche, der gleichmäßigen Befriedigung aller Gläubiger dienende Konkursmasse (Einheit des Konkurses).

Der Grundsatz, daß ein einheitliches Konkursverfahren nach dem Recht des Eröffnungsstaates stattfindet, unterliegt jedoch zahlreichen Ausnahmen. Um den großen Unterschieden zwischen den nationalen Vorschriften Rechnung zu tragen,

---

6 Zur Rechtsgrundlage kritisch *Thieme*, in: Vorschläge und Gutachten (EG), 213 (224 ff.).

7 Vorentwurf eines Übereinkommens über den Konkurs, Vergleiche und ähnliche Verfahren von 1970, EG-Dok. 3327/XIV/1/70-D (zitiert als EG-Entwurf 1970).

8 Entwurf eines Übereinkommens über den Konkurs, Vergleiche und ähnliche Verfahren von 1980, EG-Dok. III/D/72/80-DE (zitiert als EG-Entwurf 1980).

9 Entwurf des Übereinkommens der Mitgliedstaaten der Europäischen Gemeinschaften über den Konkurs, Vergleiche und ähnliche Verfahren von 1984, Rats-Dokument 8759/84 (zitiert als EG-Entwurf 1984).

sind "rechnerische Untermassen" zu bilden, eine Vielzahl besonderer Kollisionsnormen zu beachten und folglich oft mehrere materielle Rechte gleichzeitig anzuwenden - die Grundsätze der Einheit und Universalität des Konkurses sind so in Teilfragen praktisch außer Kraft gesetzt. Man hat dem EG-Entwurf daher zu großen Ehrgeiz, gepaart mit rechtstheoretischer Inkonsequenz, vorgeworfen[10]. Außerdem trage er, da er auf das herkömmliche Konkursverfahren zugeschnitten sei, den europaweiten Bestrebungen, einheitliche Insolvenz- oder besondere Sanierungsverfahren einzuführen, nicht genügend Rechnung[11]. Vor allem aber ist das Regelungswerk des EG-Entwurfs ("europäisches Rechtspuzzle"[12]) in seiner Kasuistik so kompliziert, daß es die Funktionsfähigkeit des grenzüberschreitenden Konkurses, wenn nicht in Frage stellen, so doch jedenfalls im Vergleich zur gegenwärtigen Rechtslage nicht fördern würde. Das EG-Projekt einer Konkurskonvention konnte daher nach der recht deutlichen Kritik, die der Entwurf von 1984 erfahren hat, als vorläufig gescheitert betrachtet werden.

b. Das Istanbuler Übereinkommen

Dem Ruf nach weniger ehrgeizigen Lösungen in Gestalt einer "kleinen Konkurskonvention" folgend, hat sich auch der Europarat, angeregt durch eine Initiative der Schweiz[13], mit der Rechtsangleichung auf dem Gebiete des internationalen Insolvenzrechts befaßt. Ende Mai 1984 sprach die 14. Europäische Justizministerkonferenz folgende Empfehlung an das Ministerkommitee des Europarats aus: "Das Ministerkommitee möge den Europäischen Ausschuß für die juristische Zusammenarbeit beauftragen: a) zu versuchen, bestimmte grundlegende Prinzipien der nationalen Gesetzgebungen der Mitgliedstaaten, die den Konkurs und Verfahren zur Sanierung des Schuldners betreffen, zu harmonisieren, wobei den grundsätzlichen Unterschieden zwischen der Konzeption des Liquidationskonkurses und der Konzeption der auf Erhaltung eines schulderischen Unternehmens ausgerich-

---

10 *Daniele*, Cah. dr. eur. 1987, 512 (515, 521 f.); *Großfeld*, ZIP 1981, 925 (927 f.); *Lüer*, KTS 1981, 147 (163); *Thieme*, in: Vorschläge und Gutachten (EG), 213 (232), sowie bereits DAV, KTS 1975, 59 (64 ff.). *Flessner*, ZIP 1989, 749 (749) charakterisiert den EG-Entwurf als "eigenartige Mischung von Überambition einerseits und Überängstlichkeit vor den sich daraus ergebenden Konsequenzen andererseits"; *Totty*, in: Aberystwyth Papers, 271 (272), spricht gar von "folie de grandeur".

11 Begründung zum EInsO, Teil B, Anm. 3 zu §§ 379 ff. (S. 234 f.).

12 *Lüer*, KTS 1981, 147 zum EG-Entwurf 1980.

13 Conférence des Ministres européens de la justice, Rapport présenté par la Suisse, VPB 48 (1984), 237.

teten Verfahren Rechnung getragen werden soll; b) Lösungen für die Probleme anzustreben, die sich in den internationalen Beziehungen ergeben, wenn der Konkurs in einem Staat eröffnet wird und sich Gläubiger und Vermögen des Schuldners in den Gebieten anderer Staaten befinden."[14] Ursprünglich dazu gedacht, das geplante EG-Übereinkommen für den Fall zu ergänzen, daß einer der beteiligten Staaten Europarats-, aber nicht EG-Mitglied ist, könnte das Istanbuler Übereinkommen nach dem vorläufigen Scheitern der Bemühungen der EG auch für die Beziehungen der EG-Staaten untereinander bedeutsam werden. Die EG hat die Bestrebungen des Europarats im übrigen ausdrücklich begrüßt.

Der vom Europarat im Jahre 1980 eingesetzte Ausschuß aus Regierungssachverständigen legte nach vierjähriger Arbeit einen ersten Vorentwurf[15] vor, den er im Zuge der späteren Überarbeitung 1986-1988 insbesondere um Vorschläge zum Sekundärkonkurs ergänzte. Am 19.2.1988 schloß der Sachverständigenausschuß seine Arbeit ab; er legte am 15.3.1988 seinen Abschlußbericht und als Anhang I dazu einen überarbeiteten Entwurf[16] vor. Der Lenkungsausschuß für die rechtliche Zusammenarbeit (CDCJ) beriet auf seiner 49. (Mai 1988) und 50. (November 1988) Tagung sowie auf einer außerordentlichen Tagung im April 1989 über das Übereinkommen. Der endgültige Text wurde im Juni 1989 fertiggestellt[17] und im November des gleichen Jahres durch einen Bericht[18] ergänzt. Das Übereinkommen wurde im Februar 1990 als "European Convention on certain international aspects of bankruptcy" bzw. "Convention européenne sur certains aspects internationaux de la faillite"[19] verabschiedet. Es liegt seit 5. Juni 1990 in Istanbul zur Zeichnung aus und ist inzwischen von sieben der derzeit 32 Mitgliedstaaten

---

14 Conférence des Ministres européens de la justice, Résolution No. 1, VPB 48 (1984), 252; dt. Übersetzung nach *Arnold*, IPRax 1986, 133 f. (Fn. 5).

15 Entwurf eines Europäischen Übereinkommens über den Konkurs von 1984, in deutscher Übersetzung abgedruckt bei *Arnold*, ZIP 1984, 1152 ff. (zitiert als ERats-Entwurf 1984).

16 Draft European Convention on Certain International Aspects of Bankruptcy / Projet de Convention Européenne sur certains aspects internationaux de la faillite, in deutscher Übersetzung abgedruckt bei *Wiesbauer*, Neuerungen im IIR, 116 (ERats-Entwurf 1988).

17 Draft European Convention on Certain International Aspects of Bankruptcy; Doc. CDCJ (89) 66, S. 41-57 / Projet de Convention Européenne sur certains aspects internationaux de la faillite; Doc. CDCJ (89) 66, S. 41-58 vom 9. Juni 1989 (ERats-Entwurf 1989).

18 Draft Explanatory Report to the European Convention on certain international aspects of bankruptcy, Doc. CDCJ (89) 66, S. 58-86 / Projet de Rapport Explicatif de la Convention Européenne sur certains aspects internationaux de la faillite, Doc. CDCJ (89) 66, S. 59-86.

19 Im folgenden zitiert als Istanbuler Übereinkommen, kurz IstanbÜ.

des Europarates (23 davon hatten an den Beratungen teilgenommen[20]) gezeichnet[21], aber noch von keinem ratifiziert worden[22]. Die Bundesrepublik Deutschland hat das Istanbuler Übereinkommen im Juni 1990 gezeichnet, die Ratifikation jedoch bis zum Abschluß der Insolvenzrechtsreform zurückgestellt[23].

Diese anfängliche Zurückhaltung sollte jedoch nicht voreilig als Zeichen geringer Realisierungschancen gewertet werden: Wie die Bundesrepublik, so sind auch zahlreiche andere Staaten im Begriff, ihr autonomes Insolvenzrecht (materielles Recht und Kollisionsrecht) zu reformieren[24]. Man wird sich einerseits vor Abschluß solch umfangreicher Gesetzgebungsverfahren kaum in einem internationalen Konkursübereinkommen binden, andererseits aber die Vorarbeiten zum Übereinkommen in die nationalen Reformvorhaben einbeziehen und so eine spätere Ratifikation vorbereiten.

Anders als der Entwurf der EG strebt das Istanbuler Übereinkommen keine lückenlose Normierung des internationalen Insolvenzrechts an, sondern im Sinne einer "kleinen Konkurskonvention" lediglich eine Angleichung der wichtigsten praktischen Probleme; so soll das Übereinkommen ein Minimum rechtlicher Zusammenarbeit sichern, ohne weitergehende Lösungen - durch Alleingänge einzelner Staaten oder durch bilaterale Abkommen - auszuschließen. Es hat sich, anders als der EG-Entwurf, weder dem Ziel der Einheit noch dem der Universalität des Konkurses verpflichtet.

Während sich einzelne, im Übereinkommen näher bezeichnete Wirkungen des in einem Mitgliedstaat eröffneten Insolvenzverfahrens auf die anderen Staaten erstrecken sollen, insbesondere der in einem Staat bestellte Insolvenzverwalter seine Befugnisse auch in den anderen Mitgliedstaaten ausüben kann, äußert sich das IstanbÜ zur extraterritorialen Geltung der meisten Konkursfolgen nicht. Die Eröffnung von Zweitkonkursen über das Vermögen des Schuldners, das sich in an-

---

20 Belgien, die Bundesrepublik Deutschland, Dänemark, Finnland, Frankreich, Griechenland, Großbritannien, Irland, Island, Italien, Liechtenstein, Luxemburg, Malta, die Niederlande, Norwegen, Österreich, Portugal, San Marino, die Schweiz, Schweden, Spanien, die Türkei und Zypern.

21 Frankreich, Deutschland, Griechenland, Luxemburg, Türkei (jeweils am 5.6.1990), Belgien (13.6.1990), Italien (15.1.1991) (Stand 1.3.1994).

22 Zur Vor- und Entstehungsgeschichte des Übereinkommens: *Arnold*, ZIP 1984, 1144 ff.; *ders.*, IPRax 1986, 133 ff.; *Council of Europe*, Information Bulletin 31, 11, 25 f.; *Lowry*, 1975 J. B. L. 73.

23 Begründung zum EInsO, Teil B, Anm. 3 zu §§ 379 ff. (S. 235).

24 Vgl. dazu *Arnold*, ZIP 1985, 321; Conférence des Ministres européens de la justice, Rapport présenté par la délégation de la Suisse, VPB 48 (1984), 237 (238, 245 ff.).

deren Staaten befindet, bleibt möglich und wird ausführlich geregelt. Viele andere, zum Teil grundlegende Fragen des grenzüberschreitenden Konkurses sind gar nicht oder nur fragmentarisch entschieden. So bestimmt das Übereinkommen beispielsweise nicht, welchem Recht die Wirkungen des Verfahrens auf noch nicht erfüllte Verträge des Gemeinschuldners, die Aufrechnung im Konkurs, die Zulässigkeit der Konkursanfechtung unterliegen, ob und unter welchen Voraussetzungen eine vergleichsweise Insolvenzbereinigung zulässig ist oder auch ohne sie eine Restschuldbefreiung eintritt etc. Selbst insoweit, als der Entwurf Regelungen enthält, können die beitretenden Staaten in gewissem Umfang ihre Nichtanwendung vorbehalten. Diese Flexibilität ist Kehrseite der Lückenhaftigkeit, zu der die bewußte Abkehr vom Perfektionismus des EG-Entwurfs führte, hat die Einigung auf den Text wesentlich gefördert und wird den Mitgliedstaaten des Europarats auch den Beitritt zum Übereinkommen erleichtern.

c. *Die Entwürfe eines EG-Übereinkommens von 1991 und 1992*

Nach wie vor erscheint der Europäischen Gemeinschaft ein Konkursübereinkommen mit zunehmender Vollendung des Binnenmarktes immer unverzichtbarer. Unter dem Eindruck der Zustimmung, die das Istanbuler Übereinkommen gefunden hat, nahm auch die EG die Arbeiten an einer Konkurskonvention wieder auf. Am 4. April 1990 wurde der Ad-hoc-Gruppe "Konkursübereinkommen" beim Rat der EG das Mandat zur Ausarbeitung eines neuen Entwurfs erteilt[25]. Er lag schon am 25. März 1991 vor[26], wurde jedoch nicht veröffentlicht. Ihm folgte am 3. April 1992 eine überarbeitete Fassung[27]. Der Entwurf soll in absehbarer Zeit den politischen Gremien der Gemeinschaft vorgelegt werden[28].

Der EG-Entwurf 1992 stellt einen Kompromiß zwischen den früheren Bestrebungen der EG und dem Konzept des Europarates dar. Wie die älteren EG-Entwürfe will er die in einem Mitgliedstaat eröffneten Insolvenzverfahren möglichst umfassend mit Auslandswirkung ausstatten, also dem Universalitätsprinzip auf EG-Ebene zum Durchbruch verhelfen. Andererseits wurde das Ziel der Einheit

---

25 ZIP aktuell 1990 Nr. 177, ZIP 1990, S. A 52; *Lübchen / Landfermann*, ZIP 1990, 829 (830 Fn. 8); *Idot*, Gaz. Pal. 1991, 282.

26 Vgl. Begründung zum EInsO, Teil B, Anm. 3 zu §§ 379 ff. (S. 235); *Jayme / Kohler*, IPRax 1991, 361 (369).

27 Im folgenden zitiert als EG-Entwurf 1992; abgedruckt in ZIP 1992, 1197.

28 *Hanisch*, ZIP 1994, 1 (8).

des Konkurses als zur Zeit nicht durchsetzbar aufgegeben und durch das Modell eines Sekundärinsolvenzverfahrens ersetzt.

Im einzelnen übernimmt der EG-Entwurf 1992 manche Idee und manche Vorschrift des Istanbuler Übereinkommens - letztere unter Umständen wörtlich -, um sie dann, wo durch das Universalitätsprinzip geboten, abzuändern oder zu ergänzen und sie so einem wesentlich verschiedenen Konzept unterzuordnen. Beispielsweise sieht das Istanbuler Übereinkommen nur die Anerkennung einzelner Wirkungen ausländischer Konkurse vor, wobei es den Mitgliedstaaten freisteht, auch andere Insolvenzwirkungen anzuerkennen. Nach dem EG-Entwurf 1992 ist das Verfahren dagegen im Hoheitsgebiet aller anderen Vertragsstaaten grundsätzlich umfassend anzuerkennen (Art. 9 EG-Entwurf 1992). Die Erstreckung der Verwalterbefugnisse auf das Ausland wird so von der Einzelfallregelung - die die Mitgliedstaaten zudem abbedingen können - zur Ausprägung eines allgemeinen und für alle Mitgliedstaaten bindenden Grundsatzes der Universalität des Konkurses. Auch das Sekundärinsolvenzverfahren nach dem EG-Entwurf 1992 ist, anders als das des Istanbuler Übereinkommens, für die Mitgliedstaaten bindend - was darauf hindeutet, daß der EG die umfassende Vereinheitlichung des Internationalen Insolvenzrechts wichtiger war als die punktuelle Durchsetzung der Einheit des Konkurses durch Staaten, die möglicherweise auf die Durchführung von Zweitkonkursen verzichten möchten. In der Ausgestaltung im einzelnen entspricht das Sekundärinsolvenzverfahren des EG-Entwurfs 1992 aus Gründen, auf die noch zurückzukommen sein wird, sehr viel stärker den deutschen Vorstellungen als der Sekundärkonkurs des Istanbuler Übereinkommens.

Es ist noch zu früh, um die Erfolgsaussichten des jüngsten EG-Entwurfs, insbesondere seine Chancen in den anderen Mitgliedstaaten, zu beurteilen, und die dafür notwendige detaillierte Auseinandersetzung mit dem Entwurf selbst und dem Internationalen Insolvenzrecht der einzelnen EG-Staaten kann nicht Gegenstand dieser Abhandlung sein. Die vorliegende Arbeit muß sich daher darauf beschränken, auf die wichtigsten Übereinstimmungen oder Abweichungen zwischen Istanbuler Übereinkommen und EG-Entwurf 1992 kurz hinzuweisen.

d. Nationale Reformbemühungen

In der Konkurs- und der Vergleichsordnung finden sich nur vereinzelt Vorschriften, die sich auf grenzüberschreitende Insolvenzverfahren beziehen (etwa §§ 1, 5, 50, 56, 237, 238 KO, §§ 37, 118 II VglO). Dabei handelt es sich nicht um allseitige Kollisionsnormen, sondern um besondere Sachnormen für Insolvenzen mit

Auslandsbezug. Die 1978-1986 mit der Insolvenzrechtsreform betraute Kommission für Insolvenzrecht hat trotz der Einsicht in die Notwendigkeit einer Kodifikation des internationalen Insolvenzrechts keine eigenen Vorschläge hierzu vorgelegt, weil die Ergebnisse der Arbeiten auf europäischer Ebene abgewartet werden sollten[29]. Nachdem nun zumindest das Istanbuler Übereinkommen vorliegt, hat das Bundesministerium der Justiz einen "Vorentwurf von Vorschriften zur Neuordnung des Internationalen Insolvenzrechts" erarbeitet und, nach Beratung des Vorentwurfs durch eine Sonderkommission "Insolvenzrecht" des Deutschen Rates für IPR, den "Referentenentwurf eines Einführungsgesetzes zum Gesetz zur Reform des Insolvenzrechts" (im folgenden: RefE EGInsO) vorgelegt. Er trägt das Datum vom 1. September 1990 und wird durch eine Begründung ergänzt. Im Regierungsentwurf der Insolvenzordnung (EInsO)[30] (vom 21. November 1991, mit Begründung) werden die bisherigen Entwürfe zum Insolvenzrecht und zum Internationalen Insolvenzrecht unter einigen inhaltlichen Änderungen gesetzestechnisch zusammengefaßt, um sie so in das Gesetzgebungsverfahren einzubringen. Das Internationale Insolvenzrecht ist im 9. und letzten Teil des EInsO (§§ 379-399) geregelt. Zahlreiche Elemente der Insolvenzrechtsreform, auch auf dem Gebiete des Internationalen Insolvenzrechts, finden sich bereits in der übergangsweise für die neuen Bundesländer geltenden Gesamtvollstreckungsordnung (GesO)[31].

Der EInsO versucht dem Grundsatz der Universalität des Konkurses in größerem Maße Geltung zu verschaffen, als das den Vorgaben des Istanbuler Übereinkommens entspricht: Die Wirkungen des Konkurses außerhalb des Eröffnungsstaates werden erweitert, die Möglichkeit zur Durchführung von Zweitkonkursen dagegen eingeschränkt. Beides ist mit einer Ratifikation des Übereinkommens nicht von vornherein unvereinbar, weil es in Art. 15, 40 bestimmte anerkennungsfreundlichere Regelungen zuläßt; die Einzelheiten werden im folgenden näher zu untersuchen sein.

---

29 Zweiter Bericht der Kommission für Insolvenzrecht, S. 14; Begründung zum EInsO, Teil B, Anm. 4 zu §§ 379 ff. (S. 235).

30 Regierungsentwurf Insolvenzordnung (EInsO) vom 21. November 1991, BT-Drucks. 12/2443.

31 Verordnung über die Gesamtvollstreckung - Gesamtvollstreckungsverordnung - vom 6.6.1990 i. d. F. der Bekanntmachung vom 23.5.1991 (BGBl. I 1185). Vgl. dazu *Landfermann*, in: FS Merz, 367 (375 f.); *ders.*, in: Reform des deutschen IIR, 314.

3. Anwendungsbereich des Istanbuler Übereinkommens und geregelte Probleme

a. Anwendungsbereich

Das Istanbuler Übereinkommen tritt in Kraft, wenn es von drei Mitgliedstaaten des Europarats ratifiziert worden ist (Art. 34 I IstanbÜ); unter bestimmten Voraussetzungen können auch Staaten beitreten, die nicht Mitglied des Europarates sind (Art. 35 IstanbÜ).

In sachlicher Hinsicht findet es nach Art. 1 I Anwendung auf Gesamtverfahren, die die Insolvenz des Schuldners voraussetzen, den Verlust seiner Verwaltungs- und Verfügungsbefugnis über sein Vermögen und die Ernennung eines Verwalters zur Folge haben und zur Liquidation des Vermögens führen können. Kapitel IV, dessen Vorschriften ausländischen Gläubigern die gleichberechtigte Teilnahme am Insolvenzverfahren praktisch erleichtern sollen, betrifft darüber hinaus auch Verfahren, die für den Schuldner nicht den Verlust der Verwaltungs- und Verfügungsbefugnis zur Folge haben oder nicht zur Liquidation des Vermögens führen können, also reine Sanierungsverfahren, sowie Sekundärkonkurse.

Anhang A, der Bestandteil des Istanbuler Übereinkommens ist, enthält eine Aufzählung der einschlägigen Verfahren. Für die Bundesrepublik sind dort der Konkurs, für die Anwendung des Kapitels IV außerdem der Vergleich genannt. Die Insolvenzrechtsreform ersetzt im nationalen Recht beide durch ein einheitliches Insolvenzverfahren, dessen Hauptzweck die Verwirklichung der Vermögenshaftung unabhängig von der angestrebten Verwertungsart ist; das konkrete Verfahrensziel - Liquidation, Sanierung des Schuldners oder übertragende Sanierung - ist weder bei der Verfahrenseröffnung zu benennen noch für seine Abwicklung von grundsätzlicher Bedeutung.

Für die Anwendbarkeit des Istanbuler Übereinkommens muß die Liquidation nicht Verfahrenszweck, sondern nur möglicher Verfahrensausgang sein. Daher wird das einheitliche Insolvenzverfahren des EInsO von der Begriffsbestimmung in Art. 1 I IstanbÜ erfaßt. Um es in den Anwendungsbereich des Übereinkommens einzubeziehen, muß die Bundesrepublik, wenn sie die Ratifikationsurkunde hinterlegt, im vereinfachten Verfahren nach Art. 36 IstanbÜ um Änderung von Anhang A ersuchen. Daß nicht von vornherein das Insolvenzverfahren des EInsO, sondern zunächst Konkurs und Vergleich in Anhang A aufgenommen wurden, dürfte sich daraus erklären, daß bei Redaktion des Übereinkommens die deutsche Insolvenzrechtsreform - trotz vorliegender Entwürfe - inhaltlich noch nicht abgeschlossen war und auch der Zeitpunkt ihres Inkrafttretens noch nicht feststand[32].

Die deutschen Bemühungen, die vergleichsweise Insolvenzbereinigung zu erleichtern, entsprechen europaweit zu beobachtenden Tendenzen[33]. Sanierungs- und Reorganisationsverfahren sind jedoch noch stärker als der klassische (Liquidations-)Konkurs von sozial- und wirtschaftspolitischen Interessen geprägt. Ihre Rechtswirkungen unterscheiden sich grundlegend von denen eines Konkurses, und im internationalen Vergleich besteht ein außerordentlicher Formenreichtum, der die Rechtsvereinheitlichung zusätzlich erschwert. Deshalb hat das Istanbuler Übereinkommen auf ihre Einbeziehung verzichtet, mit Ausnahme des Kapitels IV, für das es auf die Besonderheiten der Verfahrensart nicht ankommt. Aus denselben Gründen sieht sich auch die vorliegende Untersuchung gezwungen, die spezifischen Probleme grenzüberschreitender Sanierungs- und Reorganisationsverfahren außer acht zu lassen[34].

Vom sachlichen Anwendungsbereich des Istanbuler Übereinkommens ausgenommen ist die Sondersituation von Insolvenzverfahren über Banken und Versicherungsunternehmen (Art. 1 I 4 IstanbÜ). Sie unterstehen in aller Regel einer besonderen Aufsicht, so daß auch ihre Insolvenz öffentlich-rechtliche Bezüge aufweisen kann[35]. Eine Richtlinie des Rates der EG über die Sanierung und Liquidation der Kreditinstitute und der Einlagensicherungssysteme[36], die in Vorbereitung ist, enthält auch international-insolvenzrechtliche Bestimmungen.

b. Geregelte Probleme

Als "kleine" Konkurskonvention beschränkt sich das Istanbuler Übereinkommen auf die Lösung einzelner, besonders drängender Probleme des internationalen Konkurses: Kapitel II erstreckt die dem Konkursverwalter nach dem Recht des

---

32 Der DAV, Stellungnahme zum ERats-Entwurf 1989, 6 f., befürchtet dagegen Bedenken anderer Staaten wegen der Zielsetzung des Verfahrens.

33 *Arnold*, ZIP 1985, 321; Conférence des Ministres européens de la justice, Rapport présenté par la Suisse, VPB 48 (1984), 237 (238); *Flessner*, Sanierung und Reorganisation, 2 f., 5 f.; *Lowry*, 1975 J. B. L. 73 (76); *Woodland*, J. C. P. 1984 I, Nr. 3137, Ziff. 2.

34 Vgl. dazu *Baur / Stürner* II, Rn. 37.43 f.; *Arnold*, in: *Gottwald*, InsolvenzRHdb, § 123; *Hanisch*, ZIP 1985, 1233 (1240 f.); *Schomaker*, Inlandswirkungen ausländischer konkursabwendender Vergleichsverfahren.

35 Begründung zum IstanbÜ, Ziff. 8 (zu Art. 1).

36 Dok. 4176/88 EF1; vgl. im einzelnen *Idot*, Gaz. Pal. 1991, 282 (285).

Konkurseröffnungsstaates zustehenden Befugnisse grundsätzlich auf andere Mitgliedstaaten; insbesondere kann der Verwalter das dort befindliche Vermögen des Gemeinschuldners zur Masse ziehen und verwerten. Konkurrierend hierzu besteht allerdings zwei Monate lang die Befugnis bestimmter Gläubigergruppen fort, die Einzelzwangsvollstreckung in das ausländische Vermögen des Gemeinschuldners zu betreiben. Zudem kann in jedem Staat, in dem sich eine Niederlassung oder sonstiges Vermögen des Gemeinschuldners befindet, die Eröffnung eines Zweitkonkurses beantragt werden (Kapitel III IstanbÜ), der dann dort den Zugriff des ausländischen Verwalters ausschließt (Art. 14 I). Die Vorschriften dieses Kapitels III wurden erst relativ spät in den Übereinkommensentwurf aufgenommen, sie erscheinen erstmals in dem Entwurf von 1988, den der Sachverständigenausschuß als Anhang zu seinem Abschlußbericht vorgelegt hat. Kapitel IV schließlich sieht zugunsten derjenigen Gläubiger, die sich außerhalb des Staates der Konkurseröffnung aufhalten, Mitteilungspflichten und Erleichterungen der Forderungsanmeldung vor, um sicherzustellen, daß sie tatsächlich gleichberechtigt am Insolvenzverfahren teilnehmen können.

4. Mögliche Überschneidungen mit bilateralen Abkommen

Die allgemeinen Vollstreckungsübereinkommen nehmen die in einem Konkurs- oder Vergleichsverfahren ergangenen Entscheidungen von ihrem Anwendungsbereich aus[37]. Insolvenzrechtliche Übereinkommen sind bisher nur auf bilateraler Ebene abgeschlossen worden. Zu nennen ist für die Bundesrepublik insbesondere der deutsch-österreichische Konkurs- und Vergleichsvertrag von 1979, der sowohl die Einheit als auch die Universalität des Konkurses verwirklicht. Außerdem existieren verschiedene Verträge Württembergs und Bayerns mit der Schweiz, die bis in jüngste Zeit regional fortgalten[38].

Im Konfliktfalle räumt das Istanbuler Übereinkommen anderen Abkommen den Vorrang ein, gleich welchem der beiden Übereinkommen der Staat, durch dessen doppelte Mitgliedschaft es zu der Kollision kommt, früher beigetreten ist (Art. 38 I). Es würde also insbesondere einer Konkurskonvention der Europäi-

---

37 Vgl. insbes. Art. 1 II Nr. 2 EuGVÜ.

38 Vgl. im einzelnen *David*, SJZ 1973, 84; *Blaschczok*, ZIP 1983, 141; *Bürgi*, in: FS 100 Jahre SchKG, 175 ff.; *Wochner*, KTS 1977, 201; *ders.*, RIW 1986, 134; OLG München, KTS 1982, 313 (315 f.). Ob diese Verträge auch nach Inkrafttreten des schweizerischen IPRG am 1.1.1989 noch gelten, ist strittig; *Gilliéron*, SZIER 1992, 135 (143) m. w. N.

schen Gemeinschaften nicht entgegenstehen. EG-Recht hat unabhängig von seiner Rechtsnatur stets Vorrang (Art. 38 II IstanbÜ).

5. *Gang der Untersuchung*

Eine gesetzliche Kodifikation des Internationalen Insolvenzrechts wird zunächst zu klären haben, wann ein Insolvenzverfahren, das Bezüge zu einem anderen Staat als dem Eröffnungsstaat aufweist, seine Wirkungen auch in jenem Staat entfaltet, und welchem Recht es dann unterliegt. Diese grundlegende Frage nach Universalität oder Territorialität des Konkurses und nach dem anwendbaren Recht stellt sich aus der Sicht eines nationalen Gesetzgebers sowohl für den Inlands- als auch für den Auslandskonkurs (unten S. 15 ff.). Die Bestimmung der internationalen Zuständigkeit zur Eröffnung eines Insolvenzverfahrens (S. 23 ff.) hängt damit unmittelbar zusammen, ist sie doch Voraussetzung für die Eröffnung eines inländischen wie für die Anerkennung eines ausländischen Verfahrens.

Bei der Regelung der Einzelfragen des Internationalen Insolvenzrechts hat der Bundesgesetzgeber zu unterscheiden zwischen Normen, die in einem anderen Staat als dem der Konkurseröffnung gesetzt werden müssen, und Normen, die im Staat der Konkurseröffnung zu erlassen sind. Im ersten Fall regeln deutsche Gesetze die Frage, welche Wirkungen die Eröffnung eines ausländischen Insolvenzverfahrens mit Inlandsbezug in der Bundesrepublik hat, im zweiten beziehen sich deutsche Vorschriften auf die Frage, wie der Anspruch der deutschen Konkurses, seine Wirkungen auf das Ausland zu erstrecken, gegebenenfalls durch deutsche Vorschriften durchgesetzt werden kann. Während die Anerkennung und Durchsetzung eines ausländischen Insolvenzverfahrens in der Bundesrepublik einer Regelung durch den deutschen Gesetzgeber unmittelbar zugänglich ist (unten Kap. III, IV), ist die Anerkennung eines deutschen Insolvenzverfahrens und seiner Wirkungen im Ausland seinem direkten Einfluß entzogen. Er kann darauf nur mittelbar einwirken oder reagieren, indem er, wenn die vom deutschen Insolvenzverfahren beanspruchte Auslandswirkung ihm dort nicht zuerkannt wird, dasselbe wirtschaftliche Ergebnis herbeizuführen sucht wie im Fall der Anerkennung (unten Kap. V).

Zu den auf europäischer Ebene besonders umstrittenen Fragen gehören die Behandlung von Sicherungsrechten und Privilegien im grenzüberschreitenden Insolvenzverfahren und die Eröffnung von Zweitkonkursen in anderen Staaten. Angesichts ihrer großen wirtschaftlichen Bedeutung soll auf diese Probleme besonders ausführlich eingegangen werden (unten Kap. VI, VII, VIII).

Kaum nennenswerte rechtliche Schwierigkeiten wirft dagegen die Umsetzung der Regelungen in Kapitel IV des Istanbuler Übereinkommens zum Schutze ausländischer Gläubiger auf (unten Kap. IX).

Kapitel II. Grundfragen zur Behandlung von Insolvenzverfahren mit Auslandsberührung

1. Territorialität oder Universalität des Insolvenzverfahrens

a. Begriffe

Zu den Grundentscheidungen des Internationalen Insolvenzrechts gehört die zwischen *Universalität und Territorialität* des Konkurses[1]. Nach dem Universalitätsprinzip erstrecken sich die Rechtswirkungen des in einem Staat eröffneten Insolvenzverfahrens auch auf andere Staaten, während sie nach dem Territorialitätsprinzip auf das Hoheitsgebiet des jeweiligen Eröffnungsstaates beschränkt bleiben. Aus nationaler Sicht stellt sich das Problem also unter unter zwei verschiedenen Blickwinkeln: Es ist zu entscheiden, ob das "eigene" Insolvenzverfahren Geltung im Ausland beansprucht (Universalität oder Territorialität des Inlandsinsolvenzverfahrens) und ob der entsprechende Geltungsanspruch eines ausländischen Insolvenzverfahrens anerkannt wird[2], es also Rechtswirkungen im Inland entfaltet (Universalität oder Territorialität des Auslandsinsolvenzverfahrens).

Eine Frage, die mit der Entscheidung zwischen Universalitäts- und Territorialitätsprinzip eng zusammenhängt, aber nicht identisch ist, ist die nach *Einheit oder Mehrheit* der Insolvenzverfahren. Der Grundsatz der Einheit des Konkurses bedeutet, daß über das Vermögen eines Gemeinschuldners nur ein einziges Konkursverfahren durchgeführt wird, in dem sämtliche Vermögensgegenstände ungeachtet ihrer Belegenheit eine einheitliche Masse bilden. Die Universalität ist dafür eine notwendige, aber nicht hinreichende Voraussetzung. Dagegen können in einem System der Mehrheit von Konkursen mehrere parallele Insolvenzverfahren durchgeführt werden, da eines die Eröffnung der folgenden gerade nicht aus-

---

1 *Lüer* verwendet statt des gängigeren Begriffspaars Einheit / Universalität die Begriffspaare materiellrechtliche Universalität / kollisionsrechtliche Universalität (grundlegend *Lüer*, KTS 1978, 200 und KTS 1979, 13 (16 ff.); ferner *ders.*, AnwBl. 1990, 444 (445); *ders.*, KTS 1990, 377 (394 ff.)) bzw. materiellrechtliches Prinzip extraterritorialer Geltung / kollisionsrechtliches Universalitätsprinzip (*Lüer*, KTS 1990, 377 (391 f.)). Der Einfachheit halber bleibt die Verf. bei der üblichen Terminologie.

2 Zum Begriff der Anerkennung eines Auslandskonkurses eingehend *Trunk*, KTS 1987, 415 (417 ff.).

schließt. - Die Vor- und Nachteile der Einheit des Konkurses, die Chancen ihrer Realisierbarkeit und gegebenenfalls die Voraussetzungen paralleler (Zweit-)Insolvenzverfahren sollen erst später (Kap. VII, VIII) vertieft werden.

b. *Gegenwärtige deutsche Rechtslage*

Nur in seinen ersten einschlägigen Entscheidungen[3] bekannte sich das Reichsgericht in enger sprachlicher Anlehnung an die Materialien zu § 207 (jetzt: § 237) KO zur Universalität des Auslands- wie des Inlandskonkurses. Nach jahrelangem Schwanken nahm es dann in seiner späteren Rechtsprechung[4], der sich der Bundesgerichtshof[5] anschloß, eine gespaltene Haltung ein: Ein deutscher Konkurs wolle seine Wirkungen auf das gesamte der Zwangsvollstreckung unterliegende Vermögen des Schuldners erstrecken (vgl. §§ 1 I, 117 I, 238 KO). Demgegenüber bringe § 237 I KO, der die Einzelzwangsvollstreckung im Inland trotz ausländischen Konkurses zuläßt, die generelle territoriale Beschränkung des Auslandskonkurses zum Ausdruck. Nur die Befugnisse des ausländischen Verwalters einer ausländischen juristischen Person hat die Rechtsprechung im Inland anerkannt, aber allein deshalb, weil seine Rechte auf der nach ausländischem Gesellschaftsstatut zu beurteilenden Frage der Vertretung der Gesellschaft beruhten[6].

Während der grundsätzlich universelle Geltungsanspruch des deutschen Konkurses außer Diskussion steht, ist die Rechtsprechung zur Territorialität des Auslandskonkurses im Ausland ebenso wie in der deutschen Literatur[7] früh auf Ablehnung gestoßen: Das deutsche Recht könne nicht dem Auslandskonkurs verwehren, was es selbstverständlich für den Inlandskonkurs in Anspruch nehme; vielmehr sei die Anerkennung ein Gebot internationalprivatrechtlicher Gerechtig-

---

3 RGZ 6, 400 (407); vgl. auch noch RGZ 14, 412 (413); 14, 424 (424 f.); 16, 61 (61 f.). - Vgl. zu den Ursprüngen des IIR *Hanisch*, in: FS Merz, 159 ff.

4 Vgl. insbesondere die "Kosmos-Entscheidung" RGZ 54, 193 (194). Erstmals RGZ 14, 405 (406, 410); vgl. ferner RGZ 52, 155 (156); st. Rspr. des RG seit RGZ 100, 241 (242).

5 Grundlegend BGH, NJW 1960, 774; NJW 1962, 1511. Weitere Nachweise bei BGHZ 95, 256 (262). So noch OLG Hamm, ZIP 1984, 1282 (1283).

6 BGH, AWD 1962, 81 m. zust. Anm. *Hofstetter*; BGH, IPRspr. 1966-67 Nr. 307; BGHZ 53, 383 (387); OLG Hamm, NJW 1977, 504 m. zust. Anm. *Oexmann*, NJW 1977, 505; OLG Hamm, ZIP 1984, 1282 (1283). Vgl. schon RGZ 16, 337 (338).

7 *Hagemann*, 39 ff.; *ders.*, KTS 1960, 161 (163); *Hanisch*, in: FS 100 Jahre KO, 139 ff.; *ders.*, in: FS Bosch, 381 (383); *Jahr*, in: *Jaeger*, KO, §§ 237, 238 Anm. 135 ff., 160 ff.; *Mohrbutter*, DB 1984, 2235; *Müller-Freienfels*, in: FS Dölle II, 359 ff.; *Oexmann*, NJW

keit und zudem im Interesse der Gleichbehandlung aller Gläubiger notwendig. § 237 I KO bedeute, wie die Gesetzesmaterialien[8] bewiesen, kein über seinen Wortlaut hinausreichendes Bekenntnis zur Territorialität des Auslandskonkurses[9]. Auch die Qualität der Konkurseröffnung als eines staatlichen Hoheitsaktes schließe die Anerkennung nicht aus, da der Konkursbeschlag - anders als etwa eine ausländische Enteignungsmaßnahme - nicht dem Staat, sondern ausschließlich den Gläubigern und damit privaten Interessen diene[10].

Der BGH hat dieser Kritik in einer aufsehenerregenden Entscheidung aus dem Jahre 1985[11] nachgegeben. Er betrachtet nunmehr in Übereinstimmung mit der h. L.[12] § 237 KO nur als spezielle Beschränkung, nicht mehr als generelle Sperre gegenüber den Inlandswirkungen von Auslandskonkursen.

c. *Istanbuler Übereinkommen*

Das Istanbuler Übereinkommen entscheidet sich nicht grundsätzlich für oder gegen die Anerkennung der Wirkungen des in einem Vertragsstaat eröffneten Insolvenzverfahrens in den anderen Vertragsstaaten. Er zählt vielmehr diejenigen Wirkungen des Inlandskonkurses, die sich auf jeden Fall auf das Ausland erstrecken sollen, einzeln auf und überläßt im übrigen die Entscheidung zwischen Territorialitäts- und Universalitätsprinzip den Mitgliedstaaten. So soll zwischen Rechtsordnungen territorialer Grundeinstellung und solchen, die dem Universalitätsprinzip

---

1977, 504 (505); *Pielorz*, Auslandskonkurs, 24 ff.; *ders.*, ZIP 1980, 239 (241); *Ringleb*, 74 ff.; *J. Schmidt*, System des dt. IKR, 69 ff.; *Thieme*, RabelsZ 37 (1973), 682 ff.

8 *Hahn*, Materialien zur KO, 402 ff.

9 Ausführlich zur Entstehungsgeschichte *Hagemann*, 17 ff.; *K. Schmidt*, in: *Kilger / K. Schmidt*, KO, § 237 Anm. 2 b.

10 Zu den Inlandswirkungen ausländischen öffentlichen Rechts allgemein BGHZ 31, 367 (371).

11 BGHZ 95, 256. - *Baur / Stürner* II, Rn. 37.25 und *W. J. Habscheid*, ZaöRV 50 (1990), 282 (291 f.), betrachten diese Rechtsprechung als zulässiges und rechtspolitisch zu begrüßendes "Richterrecht... gegen eine obsolet gewordene lex scripta", als "praetorische Rechtsschöpfung, wie sie unsere Zeit im Dienste international gerechter Fallgerechtigkeit erfordert" (*W. J. Habscheid*).

12 Vgl. die Nachweise oben Fn. 7; ferner aus dem neueren Schrifttum *Buchner*, ZIP 1985, 1114 (1115 ff.); *Ebenroth*, ZZP 101 (1988), 121 (122 f.); *Hanisch*, ZIP 1985, 1233 (1234); *Uhlenbruck*, in: *Mentzel / Kuhn / Uhlenbruck*, KO, 9. Aufl., §§ 237, 238 Rn. 1 (ausführlich begründet wegen Meinungswechsels); *Lüer*, in: *Kuhn / Uhlenbruck*, KO, §§ 237, 238 Rn. 11 ff.; *ders.*, KTS 1990, 377 (398), jeweils m. w. N.

folgen, ein Mindeststandard rechtlicher Zusammenarbeit gewährleistet werden, ohne den Prinzipienstreit zu entscheiden[13].

Der Europaratsentwurf 1988 ist - abgesehen von zahlreichen Einzelproblemen, auf die noch einzugehen sein wird - schon deshalb, weil er sich nicht zugunsten des Universalitätsprinzips entscheide, als Rückschritt gegenüber der gegenwärtigen Rechtslage bezeichnet worden; der Deutsche Anwaltverein (DAV) hat aus diesem Grunde von einem Beitritt dringend abgeraten[14]. Der Kritik wurde Rechnung getragen insbesondere durch die neuen Art. 15 und 40. Art. 15 gestattet jedem Mitgliedstaat, auf seinem Territorium ausländischen Verwaltern weitergehende Befugnisse einzuräumen als vom Übereinkommen vorgesehen, und nach Art. 40 I kann jeder dem Abkommen beitretende Staat die Nichtanwendung entweder von Kapitel II (Befugnisse des Konkursverwalters) oder von Kapitel III (Sekundärkonkurs) vorbehalten. Auch die Präambel und die Begründung zum Istanbuler Übereinkommen[15] stellen klar, daß das Abkommen weitergehenden nationalen Regelungen nicht entgegensteht. Das Übereinkommen legt sich somit zwar nicht auf das Universalitätsprinzip fest, schließt aber eine solche Entscheidung der Mitgliedstaaten auch nicht aus.

d. *Künftige deutsche Rechtslage*

Deutschland will im Falle eines Beitrittes von den Möglichkeiten, die die Art. 15, 40 IstanbÜ bieten, zugunsten des Universalitätsprinzips Gebrauch machen. Ein von der zuständigen Stelle eröffnetes Insolvenzverfahren gilt grundsätzlich universell - die Anerkennung ist also nicht auf bestimmte, einzeln aufgezählte Wirkungen beschränkt -, und das Parallelinsolvenzverfahren des EInsO weicht wesentlich von den Vorgaben des Übereinkommens ab. In der Frage des Zweitkonkurses zeigt sich aber zugleich die fundamentale gemeinsame Überzeugung, daß die Einheit des Konkurses nur zwischen Staaten mit eng verwandten Rechtsordnungen möglich ist und daher gegenwärtig allenfalls in bilateralen Übereinkommen verwirklicht werden kann.

---

13 Begründung zum EInsO, Teil B, Anm. 3 zu §§ 379 ff. (S. 235).

14 DAV, Stellungnahme zum ERats-Entwurf 1988, passim. Trotz der seither vorgenommenen Änderungen hält der DAV auch in der Stellungnahme zum IstanbÜ an seiner Kritik fest.

15 Begründung zum IstanbÜ, Ziff. 89 (zu Art. 15).

e. Stellungnahme

Ebenso alt wie der Streit, ob der Universalität oder der Territorialität des Konkurses der Vorzug zu geben sei, ist die Feststellung, daß die Sachfragen des Internationalen Insolvenzrechts nicht durch Rückgriff auf Prinzipien, sondern nur anhand einer Wertung der konkret auf dem Spiele stehenden Interessen gefunden werden können[16]. Dennoch spielt die Vereinbarkeit dieses oder jenes Lösungsansatzes mit dem Universalitätsprinzip auch in der aktuellen Diskussion noch eine nicht zu vernachlässigende Rolle, nehmen entsprechende Erörterungen unter Umständen erheblichen Raum ein.

Die Grundentscheidung zwischen Universalität und Territorialität ist *Ausdruck eines zentralen Interessenkonflikts des IIR*: Obwohl die Gläubigergleichbehandlung als den Konkurs beherrschender Grundsatz anerkannt ist, räumen alle nationalen Insolvenzrechte in der einen oder anderen Form bestimmten Gläubigern eine günstigere Stellung ein als anderen. Den Schutz jener Gläubiger wird eine Rechtsordnung, die ihn gegenüber einer formalen Gleichbehandlung für vorrangig hält, verwirklichen, indem sie abweichenden ausländischen Normen die Geltung im Inland versagt.

Mit diesem Zielkonflikt zwischen Gleichbehandlung aller und Schutz einzelner Gläubiger ist aber auch der Wert einer Grundentscheidung zwischen Universalität und Territorialität angesprochen: Die Lösungen einzelner Probleme des IIR haben zwar die dort jeweils auf dem Spiele stehenden Interessen zu untersuchen und zu werten. Die dabei herangezogenen Wertungen liegen jedoch der Gesamtheit der zu treffenden Regelungen zugrunde. Die Grundentscheidung zugunsten von Territorialität oder Universalität des Konkurses erübrigt keine Interessenabwägung bei den Einzelproblemen, kann hierfür aber zumindest als Leitlinie den Aufbau eines widerspruchsfreien Systems erleichtern[17], ohne sachlich gebotene Ausnahmen in der einen oder anderen Richtung auszuschließen.

Die Territorialität des Auslandskonkurses wurde zunächst damit begründet, die ausländische Konkurseröffnungsentscheidung könne als *Hoheitsakt* nicht über den Machtbereich des Eröffnungsstaates hinauswirken[18]. Es entspricht jedoch inzwi-

---

16 *Hanisch*, in: FS 100 Jahre KO, 139 (142 ff.); *ders.*, in: Montréal Reports, 104 (108); *ders.*, JZ 1988, 737 (738 f., Fn. 23); *Müller-Freienfels*, in: FS Dölle II, 359 (366 ff.); *Thieme*, in: Vorschläge und Gutachten (EG), 213 (230).

17 *Hanisch*, in: Montréal Reports, 104 (108).

18 So noch *Kuhn*, in: *Mentzel / Kuhn*, KO, 8. Aufl., § 237 Rn. 1. Vgl. auch *Kuhn*, MDR 1960, 579. Krit. bereits *Ringleb*, 67 ff.

schen einhelliger Meinung, daß die Anwendung ausländischen öffentlichen Rechts - im Sinne der Prägung zivilrechtlicher Verhältnisse durch das ausländische öffentliche Recht - in der Bundesrepublik nicht verweigert wird, wenn die anzuerkennende Norm dem Schutz oder den Interessen Privater dient. Anerkannt werden daher privatrechtsgestaltende Hoheitsakte wie die gerichtliche Auflösung juristischer Personen, die Entmündigung und die Bestellung und Abberufung von Testamentsvollstrecker, Pfleger oder Vormund. Auch Verfügungsbeschränkungen aufgrund ausländischen öffentlichen Rechts entfalten Inlandswirkungen, wenn sie ausschließlich oder vorwiegend den Interessen der einzelnen dienen oder einen billigen Ausgleich zwischen diesen bezwecken. Das ist beim Konkurs, anders als bei staats- oder wirtschaftspolitisch motivierten Konfiskationen oder Enteignungen, der Fall; daher ist die verfahrenseröffnende Entscheidung nicht schon aufgrund ihrer Rechtsnatur von der Anerkennung ausgeschlossen[19].

Für die grundsätzliche Anerkennung grenzüberschreitender Wirkungen von Insolvenzverfahren - welche Ausnahmen dieser Grundsatz im einzelnen auch erfahren wird - spricht das praktische, ergebnisorientierte Argument, daß so die *materiellrechtliche Haftung* des Schuldners mit seinem gesamten Vermögen unabhängig davon *durchgesetzt* wird, ob in jedem Staat, in dem er Vermögen hat, ein Insolvenzverfahren eröffnet werden kann. Die zunehmende Liberalisierung des Welthandels macht grenzüberschreitende Geschäfte, die Gründung ausländischer Niederlassungen und Vermögensverlagerungen in großem Stil erst möglich. Eine solche internationale wirtschaftliche Betätigung darf dann aber nicht zum Freibrief für gläubigerschädigende Vermögensverschiebungen werden; wie materiellrechtlich der Haftung dürfen auch verfahrensrechtlich ihrer Durchsetzung Staatsgrenzen nicht entgegenstehen[20]. Das gilt ebenso wie für die Einzelzwangsvollstreckung auch für die Gesamtvollstreckung im Rahmen eines Insolvenzverfahrens.

Sind die Wirkungen des Konkursverfahrens prinzipiell auf das Gebiet des Eröffnungsstaates beschränkt, so muß in allen anderen Staaten, in denen er verwertbares Vermögen hat, jeweils ein weiteres Insolvenzverfahren eröffnet oder die

---

[19] Vgl. die Nachweise oben Fn. 7; ferner BGHZ 95, 256 (264 f.); *Ebenroth*, ZZP 101 (1988), 121 (123); *Arnold*, in: *Gottwald*, InsolvenzRHdb, § 122 Rn. 13; *Leipold*, in: FS Baumgärtel, 291 (292).

[20] *Arnold*, RIW/AWD 1978, 225 (226); *ders.*, in: *Gottwald*, InsolvenzRHdb, § 122 Rn. 14; *W. J. Habscheid*, ZaöRV 50 (1990), 282 (283 f.); *Hanisch*, Schw. Jb. Int. R. 36 (1980), 109 (112 f.); *Uhlenbruck*, in: *Mentzel / Kuhn / Uhlenbruck*, KO, 9. Aufl., § 237 Rn. 1; *Merz*, ZIP 1983, 136 (137).

Einzelvollstreckung betrieben werden. Das birgt die Gefahr zwischenzeitlicher Verfügungen des Schuldners, der von der ersten Verfahrenseröffnung weiß und Anlaß hat, sein ausländisches Vermögen vor dem Zugriff der Gläubiger in Sicherheit zu bringen. Wenn dagegen das über das Vermögen des Gemeinschuldners eröffnete Insolvenzverfahren seine Beschlagwirkung auf alle Staaten erstreckt, zu denen er wirtschaftliche Beziehungen unterhält, wird ihm die Möglichkeit genommen, sich durch Verlagerung seiner Geschäftstätigkeit oder seines Vermögens in einen anderen Staat seiner Pflichten teilweise zu entziehen, die Konkursfolgen zu eigenen Gunsten abzufedern oder einzelne Gläubiger zu Lasten anderer zu befriedigen[21].

Das Universalitätsprinzip ermöglicht darüber hinaus, wie bereits angesprochen, die *gleichmäßige Befriedigung aller Gläubiger* aus dem gesamten Vermögen des Schuldners, wie sie in rein nationalen Insolvenzverfahren selbstverständlich ist, und verhilft damit dem Grundsatz der Gleichbehandlung aller Gläubiger ("par conditio creditorum") zur Durchsetzung. Der rein nationale Konkurs bewirkt zu diesem Zweck ein Vollstreckungsverbot, das für die Dauer des Kollektivverfahrens die Einzelrechtsverfolgung ausschließt (§ 14 KO / § 100 EInsO). Das gleiche Bedürfnis, das zur Befriedigung aller Gläubiger nicht ausreichende Vermögen wenigstens gleichmäßig zu verteilen, besteht auch im grenzüberschreitenden Insolvenzfall.

Gegen die Universalität des Auslandskonkurses wurde und wird die Sorge vorgebracht, unter den anerkannten Normen könnten solche sein, die nach deutschem Verständnis den *Grundprinzipien des Insolvenzverfahrens*, insbesondere dem Grundsatz der Gleichbehandlung aller Gläubiger, widersprechen, z. B. Insolvenzverfahren, die einzelne Gläubigergruppen grob diskriminieren oder die den Interessen nicht der Gläubigergesamtheit, sondern einzelner Dritter oder der Allgemeinheit (Beispiel wiederum: Enteignungen unter dem Deckmantel eines Insolvenzverfahrens) dienen. Angeführt wurde ferner der notwendige *Schutz der inländischen Gläubiger*: Da nicht sicher sei, daß sie in einem ausländischen Insolvenzverfahren gleich behandelt würden wie die im Eröffnungsstaat ansässigen Gläubiger, dürfe man sie nicht auf die Teilnahme am Auslandsverfahren verweisen, sondern müsse ihnen die Möglichkeit gewähren, ihre Rechte in einem inländischen Verfahren (Insolvenzverfahren oder Einzelzwangsvollstreckung) durchzu-

---

21 BGHZ 95, 256 (267); *Hanisch*, in: FS 100 Jahre KO, 139 (151); *ders.*, in: Probleme des IIR, 9 (14); *Pielorz*, ZIP 1980, 239 (242).

setzen[22]. Ausdruck dieses Gedankens sind die §§ 237 I, 238 III KO, die Einzelzwangsvollstreckung und Konkurs im Inland trotz anhängigen Auslandsverfahrens zulassen bzw. erleichtern.

Mitentscheidend für das Bekenntnis zur Territorialität des ausländischen Konkursverfahrens ist schließlich die Ungewißheit, in welchem Umfang *dingliche Sicherheiten* im Staat der Konkurseröffnung zur Schmälerung der Konkursmasse führen und inwieweit die ausländische *Privilegienordnung* von der inländischen abweicht. Beides kann zu einer erheblichen Schlechterstellung deutscher Gläubiger im Vergleich zu einem Inlandskonkurs führen, wenn im ersten Fall eine geringere Masse zur Befriedigung der Gläubigergesamtheit zur Verfügung steht oder ihnen im zweiten Fall von der lex fori concursus ein schlechterer Rang bei der Verteilung der Masse zugebilligt wird als vom deutschen Recht.

Inwieweit diese Bedenken durchgreifen und ggf. zu Sonderanknüpfungen zwingen, wird bei der Erörterung der Einzelprobleme zu untersuchen sein. Jedenfalls rechtfertigen sie nicht, die Anerkennung ausländischer Insolvenzverfahren generell - im Sinne eines Territorialitäts"prinzips" - zu verweigern, mit der Folge, daß sogar die Anerkennung solcher Konkurswirkungen verweigert würde, die genau so auch das deutsche Recht vorsieht. Die Nichtanerkennung eines Verfahrens oder einzelner seiner Wirkungen kann immer nur das Ergebnis einer Prüfung der konkret in Frage stehenden Rechtsordnung sein. Wenn auch eine gesetzlichen Regelung zwangsläufig typisieren muß, so kann die Verallgemeinerung doch nicht so weit gehen, aufgrund des Mißtrauens gegen einzelne Verfahren allen die Anerkennung zu versagen und damit das Ziel, auch im grenzüberschreitenden Konkurs alle Gläubiger gleichmäßig zu befriedigen, von vornherein aufzugeben.

Die Anerkennung ausländischer Entscheidungen, die ein Insolvenzverfahren eröffnen, ist somit nicht grundsätzlich ausgeschlossen.

Der *extraterritoriale Geltungsanspruch des Inlandskonkurses* ergibt sich hinreichend deutlich aus §§ 1 I, 117 I, 238 KO und wird im Interesse einer einheitlichen Gesamtliquidation des Schuldnervermögens auch für das künftige Recht einhellig befürwortet. Damit kann der deutsche Konkursverwalter vor deutschen Gerichten auch Ansprüche geltend machen und durchsetzen, die sich auf das ausländische Vermögen des Gemeinschuldners beziehen.

Würde dem ausländischen Verwalter Entsprechendes verwehrt, obwohl die Argumente, die die Bundesrepublik für den universellen Geltungsanspruch ihrer ei-

---

[22] So aus der neueren Literatur noch *Flessner*, ZIP 1989, 749 (753 ff.); *Lüderitz*, JZ 1986, 96

genen Insolvenzverfahren vorbringt, mit gleicher Berechtigung auch für ausländische Verfahren gelten, so käme darin ein unbegründetes "tiefverwurzeltes Mißtrauen gegen ausländische Rechtsordnungen und deren handelnde Organe"[23] zum Ausdruck. Es ist ein Gebot internationalprivatrechtlicher Gerechtigkeit, die Wirkungen des Auslandskonkurses im Inland grundsätzlich ebenso anzuerkennen, wie der deutsche Konkurs die Anerkennung seiner Wirkungen im Ausland erwartet. Durch *allgemeine Anerkennungsvoraussetzungen und -schranken* (ausdrückliche Regelungen und allgemeiner Vorbehalt des ordre public) kann sich das deutsche Recht die Nichtanerkennung solcher Konkurse oder Konkurswirkungen vorbehalten, die mit tragenden Grundsätzen des inländischen Rechts unvereinbar sind, insbesondere einzelne oder alle inländischen Gläubiger unbillig benachteiligen. Einige dieser Einschränkungen werden im folgenden zu untersuchen sein. Gegenüber der kategorischen Weigerung, ausländische Insolvenzwirkungen anzuerkennen, hat eine solche differenzierende Lösung den Vorteil der Flexibilität; sie ermöglicht in vielen Fällen ein einheitliches Insolvenzverfahren über das gesamte Vermögen des Schuldners unter Gleichbehandlung aller Gläubiger.

2. *Internationale Zuständigkeit zur Eröffnung eines Insolvenzverfahrens*

a. *Gegenwärtige deutsche Rechtslage*

Eine ausdrückliche Regelung der internationalen Zuständigkeit kennt das geltende deutsche Internationale Insolvenzrecht nicht. Die h. M. wendet daher das Prinzip des internationalen Zivilprozeßrechts, daß die internationale Kompetenz durch die innerstaatliche örtliche Zuständigkeit nach deutschem Recht vermittelt wird, auch im internationalen Insolvenzrecht an. Die Vorschriften der örtlichen Zuständigkeit dienen nicht nur der Bestimmung der internationalen Zuständigkeit der deutschen Gerichte als Voraussetzung für deren Tätigwerden (direkte Zuständigkeit), sondern werden zu allseitigen Normen ausgebaut[24] und bestimmen so auch die internationale Zuständigkeit der ausländischen Gerichte als Voraussetzung für die

---

(97); *W. J. Habscheid*, ZaöRV 50 (1990), 282 (303 f.).

23 *Pielorz*, ZIP 1980, 239 (241).

24 Statt aller: *J. Schmidt*, System des dt. IKR, 166 ff. - A. A. *Ebenroth*, ZZP 101 (1988), 121 (126 ff.), der die ausländische Zuständigkeit an den Ort des effektiven Verwaltungssitzes der Gesellschaft anknüpft; zust. *Ackmann / Wenner*, IPRax 1990, 209 (213, Fn. 59).

Anerkennung ihrer konkurseröffnenden Entscheidungen (indirekte oder Anerkennungszuständigkeit).

Zuständig für die Eröffnung eines Insolvenzverfahrens ist nach § 71 I KO der Staat der gewerblichen Niederlassung (Hauptniederlassung)[25], hilfsweise des allgemeinen Gerichtsstands (§§ 12 ff. ZPO) des Schuldners. Das Verfahren erfaßt grundsätzlich das gesamte Vermögen des Schuldners ungeachtet seiner Belegenheit im In- oder Ausland. Nur wenn der Schuldner in der Bundesrepublik keinen allgemeinen Gerichtsstand, aber eine gewerbliche Niederlassung hat oder ein landwirtschaftliches Gut bewirtschaftet, erstreckt sich das Insolvenzverfahren nach § 238 I, II KO nur auf das inländische Vermögen[26]. Ein solcher gegenständlich beschränkter Inlandskonkurs ist auch dann zulässig, wenn bereits ein unbeschränkter Auslandskonkurs eröffnet worden ist, und zwar sogar unter erleichterten Voraussetzungen, da ein Eröffnungsgrund nicht nachgewiesen zu werden braucht (§ 238 III KO). Entsprechendes gilt für die ausländische Zuständigkeit: Wenn ein dem § 238 I, II KO spiegelbildlich gelagerter Fall vorliegt - der Schuldner hat im ausländischen Konkurseröffnungsstaat keinen allgemeinen Gerichtsstand, aber eine gewerbliche Niederlassung oder ein landwirtschaftliches Gut -, sind auch die Wirkungen dieses Verfahrens auf das im Eröffnungsstaat belegene Vermögen beschränkt, wird also das deutsche nicht erfaßt[27].

Sind die Gerichte mehrerer Staaten zur Eröffnung eines Universalverfahrens zuständig - denkbar beispielsweise bei mehrfachem allgemeinem Gerichtsstand[28] -, so erkennt die Bundesrepublik bei Konkurrenz mehrerer ausländischer Staaten dasjenige Verfahren an, dessen Eröffnung zuerst beantragt wurde (§ 71 II KO

25 A. A. *Leipold*, in: FS Baumgärtel, 291 (297): Nur der allgemeine Gerichtsstand begründe die internationale Zuständigkeit für einen Universalkonkurs.

26 Str., jedoch ohne praktische Bedeutung ist, ob § 238 KO mit § 71 I KO zusammen zuständigkeitsbegründende Funktion hat oder ob er die zunächst allein aus § 71 I KO begründete Zuständigkeit einschränkt (vgl. dazu *Weber*, KTS 1965, 95 (103 f.)). - Auch die Unterscheidung zwischen internationaler Zuständigkeit für jede Art von Konkursverfahren und internationaler Sachregelungskompetenz für ein universales Verfahren (*Jahr*, in: *Jaeger*, KO, §§ 237, 238 Anm. 147 ff., 160 ff.; *Pielorz*, Auslandskonkurs, 68 ff.) ist dogmatisch unantastbar, jedoch entbehrlich (*v. Oertzen*, 36).

27 Dagegen kann ein ausländisches Sonderinsolvenzverfahren anzuerkennen sein, soweit sich seine Wirkungen auf das im ausländischen Eröffnungsstaat belegene Vermögen erstrecken; dazu im einzelnen unten S. 101 f., S. 154 ff.

28 Entgegen *Schlosser*, RIW 1983, 473 (479) besteht diese Möglichkeit durchaus, nämlich bei mehrfachem Wohnsitz (§ 7 II BGB); vgl. *Hartmann*, in: *Baumbach / Lauterbach*, ZPO, § 13 Rn. 3; *Schumann*, in: *Stein / Jonas*, ZPO, § 13 Rn. 3; *Vollkommer*, in: *Zöller*, ZPO, § 13 Rn. 13.

analog)[29]. Dagegen soll die deutsche unbeschränkte Zuständigkeit nach h. M.[30] unabhängig von Prioritätsgesichtspunkten stets Vorrang haben; lediglich in bezug auf das im ausländischen Eröffnungsstaat selbst belegene Vermögen trete der Geltungsanspruch des deutschen Verfahrens zurück.

b. Istanbuler Übereinkommen

Das Istanbuler Übereinkommen regelt nicht die primäre Zuständigkeit zur Eröffnung eines Insolvenzverfahrens, sondern nur die sekundäre Zuständigkeit als Voraussetzung der Anerkennung des Insolvenzverfahrens in anderen Mitgliedstaaten (Anerkennungszuständigkeit)[31]. Mit der Ratifikation verpflichten sich die Mitgliedstaaten nicht, die vertraglich vorgesehenen Kompetenzen in die nationalen Rechte zu transformieren, sondern nur, ein in einem anderen Mitgliedstaat in Übereinstimmung mit den Vorschriften des Übereinkommens eröffnetes Insolvenzverfahren im vertraglich vorgesehenen Umfang anzuerkennen.

In diesem Sinne international zuständig zur Eröffnung eines Insolvenzverfahrens mit extraterritorialer Geltung sind die Gerichte des Staates, in dem der Gemeinschuldner den Mittelpunkt seiner Hauptinteressen hat (Art. 4 I 1 IstanbÜ). Er wird bei Gesellschaften und juristischen Personen am satzungsmäßigen Sitz vermutet, der Gegenbeweis ist zulässig (Art. 4 I 2 IstanbÜ)[32]. Subsidiär ist der Staat zuständig, in dem der Schuldner eine Niederlassung hat, wenn der Mittelpunkt seiner Hauptinteressen nicht in einem Mitgliedstaat liegt oder wenn dort kein Insolvenzverfahren eröffnet werden kann (Art. 4 II 1 IstanbÜ); zu nennen

---

29 *Lüer*, in: *Kuhn / Uhlenbruck*, KO, §§ 237, 238 Rn. 49; *Kegel*, in: *Soergel*, BGB, vor Art. 7 EGBGB, Rn. 698. *Baur / Stürner* II, Rn. 37.30, stellen auf den Zeitpunkt der Verfahrenseröffnung ab.

30 *Ebenroth*, ZZP 101 (1988), 121 (125); *Arnold*, in: *Gottwald*, InsolvenzRHdb, § 122 Rn. 44; *Hanisch*, ZIP 1985, 1233 (1236, Fn. 30); *ders.*, ZIP 1992, 1125 (1132); *Jahr*, in: *Jaeger*, KO, §§ 237, 238 Anm. 100; *J. Schmidt*, System des dt. IKR, 169 ff.; *Kegel, in: Soergel*, BGB, vor Art. 7, Rn. 698; *Thieme*, RabelsZ 37 (1973), 682 (692). - Andere wollen auch hier das Prioritätsprinzip anwenden: *Baur / Stürner* II, Rn. 37.30; *Lüer*, in: *Kuhn / Uhlenbruck*, KO, §§ 237, 238, Rn. 49; *Summ*, 94 ff.; inzwischen auch *Ebenroth*, in: MünchKomm, BGB, nach Art. 10 EGBGB, Rn. 354.

31 Begründung zum IstanbÜ, Ziff. 24 f., 33 (zu Art. 4). - Eine Ausnahme gilt für die Zuständigkeit zur Eröffnung eines Sekundärinsolvenzverfahrens nach Art. 17 IstanbÜ.

32 So jetzt auch Art. 2 I EG-Entwurf 1992.

sind in diesem Zusammenhang insbesondere Rechte, die nur den kaufmännischen Konkurs kennen (z. B. Belgien[33], Italien[34]).

Im Verhältnis mehrerer subsidiärer Zuständigkeiten entscheidet das Prioritätsprinzip (Art. 4 II 2 IstanbÜ). Das gilt indes, da das Übereinkommen nur indirekte Zuständigkeitsregeln enthält, nur im Verhältnis mehrerer an sich anerkennungsfähiger Auslandskonkurse zueinander. Die Eröffnung eines weiteren Verfahrens wird dagegen, da es hier um Fragen der direkten Zuständigkeit geht, durch ein früher eröffnetes Auslandsinsolvenzverfahren nicht ausgeschlossen. In einem Staat, der trotz anerkennungsfähigen Auslandskonkurses ein weiteres Verfahren eröffnet hat, entfaltet das ältere Verfahren ungeachtet der zeitlichen Reihenfolge keine Wirkungen (Art. 14 I IstanbÜ), hat also stets der (jeweilige) Inlandskonkurs Vorrang.

c. *Künftige deutsche Rechtslage*

Wie das bisherige, so knüpft auch das künftige deutsche Recht die internationale Zuständigkeit ebenso an wie die örtliche. Maßgeblich ist nach § 3 I EInsO der allgemeine Gerichtsstand oder, wenn er davon abweicht, der Mittelpunkt einer selbständigen wirtschaftlichen Tätigkeit des Schuldners. Diese Grundsätze gelten, wie § 384 Nr. 1 EInsO[35] klarstellt, auch für die Bestimmung der Zuständigkeit ausländischer Gerichte als Anerkennungsvoraussetzung. Im Verhältnis mehrerer unbeschränkter ausländischer Zuständigkeiten entscheidet nach wie vor die Reihenfolge der Eröffnungsanträge (§ 3 II EInsO).

Ob auch im Verhältnis einer unbeschränkten deutschen zu einer unbeschränkten ausländischen Zuständigkeit der Zeitpunkt der Antragstellung entscheidet oder das deutsche Verfahren in jedem Fall den Vorrang hat, ergibt sich aus dem Wortlaut der Neuregelung nicht ausdrücklich. Für eine Geltung des Prioritätsprinzips auch in diesem Bereich spricht die allgemein gehaltene Formulierung des § 3 II EInsO ("Sind mehrere Gerichte zuständig..."). Allerdings war § 71 II KO, der Vorgänger des § 3 II EInsO, ebenso allgemein gehalten; als originäre Regelungen der örtlichen Zuständigkeit haben beide Normen keinen Grund, zwischen in- und ausländischen Gerichten zu differenzieren. Allein aus der Formulierung des § 3 II

---

[33] Art. 437 L. Faill. i. V. m. Art. 1 C. Comm.; vgl. auch *Riegel*, Grenzüberschreitende Konkurswirkungen, 9; *Colle / t'Kint*, in: Montréal Reports, 48 (49).

[34] *Jorio*, in: Montréal Reports, 169 (170 ff.); *Merz*, in: JbItalR 1 (1988), 3 (4).

[35] Ebenso § 22 I Nr. 1 GesO.

EInsO kann also nicht geschlossen werden, daß der zuerst eröffnete, nach allgemeinen Grundsätzen anerkennungsfähige ausländische Universalkonkurs einem deutschen Universalverfahren entgegensteht.

Ein Wille des Gesetzgebers, von der (auch nach der Wende im IIR) vorherrschenden Auslegung des § 71 II KO abzuweichen und dem Prioritätsprinzip nun auch im Verhältnis von deutscher und ausländischer universeller Zuständigkeit zur Geltung zu verhelfen, hätte im EInsO selbst oder zumindest in den Materialien zum Ausdruck kommen müssen. Das ist aber nicht der Fall: Die Begründung zum EInsO verweist für die internationale Zuständigkeit nur auf § 3 EInsO[36] und dort[37] auf § 71 KO. Es ist daher davon auszugehen, daß nach wie vor eine unbeschränkte inländische gegenüber einer unbeschränkten ausländischen Zuständigkeit in jedem Fall den Vorrang beansprucht.

d. *Stellungnahme*

aa. Angemessenheit der Regelungen in § 3 EInsO und Art. 4 IstanbÜ

(1) Anknüpfungsmerkmal für eine Universalzuständigkeit[38]

Den *Art. 4 I IstanbÜ* und *§ 3 EInsO* gemeinsam ist das Bemühen, die Zuständigkeit zur Eröffnung eines Insolvenzverfahrens mit universeller Wirkung eindeutig zu regeln; nach Möglichkeit soll nur ein einziger, klar bestimmbarer Gerichtsstand gegeben sein. Die Formulierung "Mittelpunkt einer selbständigen wirtschaftlichen Tätigkeit" (§ 3 EInsO), die die "gewerbliche Niederlassung" des § 71 I KO ersetzen soll, verdeutlicht, daß es bei mehreren Niederlassungen auf die Hauptniederlassung ankommt. Außerdem stellt sie klar, daß kein Gewerbe im Rechtssinne nicht ausgeübt zu werden braucht; das landwirtschaftliche Gut aus § 238 II KO muß damit nicht mehr besonders aufgeführt werden[39].

Die Kompetenzvorschriften des Internationalen Insolvenzrechts legen fest, wann inländische Gläubiger sich auf die Teilnahme an einem ausländischen Verfahren verweisen lassen müssen, und sollen verhindern, daß ein transnationales

---

36 Begründung zum EInsO, Teil B, zu § 384 (S. 408).

37 Begründung zum EInsO, Teil B, zu § 3 (S. 6).

38 Die folgende Stellungnahme beschränkt sich auf die Zuständigkeit zur Eröffnung eines Universalverfahrens. Auf das Sonderinsolvenzverfahren über das Inlandsvermögen wird erst später eingegangen, wenn geklärt ist, ob und wann seine Durchführung überhaupt sinnvoll ist.

39 Begründung zum EInsO, Teil B, zu § 3 (S. 110).

Unternehmen von seinen Randbereichen in einen Konkurs gestürzt wird[40]. Um beiden Funktionen gerecht werden zu können, muß sich die gesetzliche Regelung am Grundsatz größtmöglicher Sachnähe orientieren: Das Insolvenzverfahren sollte möglichst dort stattfinden, wo sich (im Fall der Unternehmensinsolvenz) der Schwerpunkt des Unternehmens, der Schwerpunkt des Schuldnervermögens und regelmäßig auch die Mehrzahl der Gläubiger befinden[41].

Als Anknüpfungspunkte kommen der allgemeine Gerichtsstand, der Mittelpunkt der hauptsächlichen Interessen (Varianten ohne wesentlichen Unterschied in den Ergebnissen[42]: Mittelpunkt einer selbständigen wirtschaftlichen Tätigkeit, Ort des effektiven Verwaltungssitzes) und - bei Gesellschaften und juristischen Personen - der Ort des satzungsmäßigen Sitzes des Schuldners in Frage.

Nicht selbständig Tätige werden in aller Regel die engsten vermögensrechtlichen Bindungen zum Ort ihres allgemeinen Gerichtsstandes haben[43]. Bei Gesellschaften, juristischen Personen, Kaufleuten und anderen selbständig Tätigen können dagegen der allgemeine Gerichtsstand und der Mittelpunkt ihrer wirtschaftlichen Interessen auseinanderfallen, sollte also ein stärker auf ihre Erwerbstätigkeit bezogener Anknüpfungspunkt gewählt werden. Besonders leicht festzustellen ist der satzungsmäßige Sitz bzw. die Hauptniederlassung; beides muß jedoch nicht zwangsläufig mit dem tatsächlichen Geschäftszentrum zusammenfallen. Andererseits kann die Bestimmung des tatsächlichen Geschäftszentrums (= effektiven Verwaltungssitzes = Mittelpunkts der Interessen des Schuldners), des Anknüpfungspunkts, der die größte Sachnähe aufweist, eine komplizierte Wertung erforderlich machen und daher zu erheblicher Rechtsunsicherheit führen[44]. Angemessenste, weil praktikabelste, Lösung dürfte eine widerlegliche Vermutung sein, wie sie für Gesellschaften und juristische Personen in Art. 4 I IstanbÜ[45] vorgesehen ist. Eine entsprechende Ergänzung des EInsO wäre wünschenswert.

Die Gerichte eines Staates, in dem der Schuldner nur eine Zweigniederlassung oder sonstiges Vermögen hat, sind grundsätzlich nur zuständig zur Eröffnung ei-

---

40 *V. Oertzen*, 37; *Hanisch*, in: Montréal Reports, 104 (115).

41 *Hanisch*, in: Probleme des IIR, 9 (17); *Leipold*, in: Reform des deutschen IIR, 72 (78); *v. Oerzten*, 44.

42 *Lemontey*, Bericht zum EG-Entwurf 1980, 30; *v. Oertzen*, 42.

43 *V. Oertzen*, 43 f.

44 *Ebenroth*, ZZP 101 (1988), 121 (126 ff.), hält dagegen auch dem effektiven Verwaltungssitz den Vorteil klarer Bestimmbarkeit zugute. Vgl. zur hinreichenden Bestimmtheit des Begriffs des Geschäftszentrums i. S. des Art. 3 EG-Entwurf 1980 *Schröder*, in: Vorschläge und Gutachten (EG), 299 (230).

nes auf das Inlandsvermögen beschränkten Insolvenzverfahrens (Art. 17 IstanbÜ / § 393 EInsO). *Art. 4 II 1 IstanbÜ* macht hiervon jedoch eine Ausnahme, wenn der Schuldner den Mittelpunkt seiner wirtschaftlichen Interessen nicht in einem Vertragsstaat hat (Buchst. a) oder wenn dort aus Gründen, die im Recht dieses Staates und der Person des Schuldners begründet sind - also wegen fehlender Konkursfähigkeit des Gemeinschuldners[46] -, kein Verfahren eröffnet werden kann (Buchst. b). Dann kommen auch einem Verfahren, das am Ort einer *(Zweig-)Niederlassung* eröffnet wird, die in Kapitel II des Übereinkommens bezeichneten Auslandswirkungen zu. Das Verfahren nach Buchst. b braucht jedoch in dem Staat, in dem der Gemeinschuldner den Mittelpunkt seiner Interessen hat, nicht anerkannt zu werden. - Bestehen mehrere Zuständigkeiten nach Art. 4 II, so ist nur das zuerst eröffnete Verfahren anzuerkennen (Art. 4 II 2 IstanbÜ). Entsprechende Regelungen enthielt bereits Art. 4 I EG-Entwurf 1984; der EG-Entwurf 1992 hat darauf verzichtet und begründet am Ort einer (Zweig-)Niederlassung nur eine Zuständigkeit zur Eröffnung eines auf das Inlandsvermögen beschränkten Verfahrens (Art. 2 II EG-Entwurf 1992).

Gegen eine Universalzuständigkeit am Ort einer Zweigniederlassung spricht, daß sie Mehrfachzuständigkeiten wahrscheinlich macht, die Gefahr des "forum shopping" heraufbeschwört und damit zugleich der Rechtssicherheit abträglich ist[47]. Die praktischen Ergebnisse würden hier allzu oft nur davon abhängen, am Ort welcher Niederlassung das erste Verfahren eröffnet wurde. Anders als das Gericht am Mittelpunkt der wirtschaftlichen Interessen des Gemeinschuldners ist dasjenige am Ort einer Zweigniederlassung gerade nicht durch seine Sachnähe besonders dazu berufen, ein Insolvenzverfahren mit universeller Wirkung durchzuführen.

Kann am allgemeinen Gerichtsstand wegen fehlender Konkursfähigkeit ein Insolvenzverfahren nicht eröffnet werden (*Art. 4 II 1 Buchst. b IstanbÜ*), so schafft die Universalzuständigkeit am Ort einer Zweigniederlassung erst die Möglichkeit, überhaupt ein Universalverfahren durchzuführen. Zur Abgrenzung mehrerer Zuständigkeiten bleibt nur das Prioritätsprinzip. Insoweit ist die Vorschrift des Art. 4 II IstanbÜ sachgerecht.

---

45 Ebenso Art. 3 II 2 EG-Entwurf 1984.

46 Begründung zum IstanbÜ, Ziff. 30 (zu Art. 4).

47 *Ebenroth*, ZZP 101 (1988), 121 (126 ff.); *Schack*, JZ 1989, 382 (383); *Thieme*, in: Reform des deutschen IIR, 212 (216); *ders.*, RabelsZ 45 (1981), 450 (471, Fn. 61). Zust. dagegen *Schröder*, in: Vorschläge und Gutachten (EG), 299 (230 f.). - Erst recht ist wegen der Gefahr des "Knöpfezählens" (*Hanisch*, in: Probleme des IIR, 51 (57 f.)) eine Anknüpfung an den Ort, an dem sich der größere Teil des Schuldnervermögens befindet, abzulehnen.

Wenn dagegen am allgemeinen Gerichtsstand des Gemeinschuldners ein Insolvenzverfahren eröffnet werden kann, der betreffende Staat aber nicht Mitglied des Übereinkommens ist (*Art. 4 II 1 Buchst. a IstanbÜ*), sollte das dort eröffnete Verfahren vom autonomen deutschen Recht ebenso anerkannt werden wie das eines Mitgliedstaates. Daß das Übereinkommen selbst nicht als "loi uniforme" ausgestaltet ist, seine Mitgliedstaaten also nicht zur Anerkennung der Verfahren dritter Staaten verpflichtet, versteht sich angesichts seines beschränkten Regelungsbereichs von selbst. Eine andere Frage ist aber die, ob Art. 4 II 1 Buchst. a IstanbÜ einzelne Mitgliedstaaten daran hindert, das Universalverfahren eines Drittstaates kraft autonomen Rechts und vorrangig gegenüber dem Verfahren nach Art. 4 II IstanbÜ anzuerkennen[48] (s. u. S. 32 ff.).

Klarzustellen bleibt schließlich, daß Art. 4 II IstanbÜ, auch in Verbindung mit Art. 16, entgegen *Bottiau*[49] nicht die Gefahr mehrerer paralleler Zuständigkeiten bannen und damit die Durchführung eines Einheitskonkurses garantieren kann und will: Art. 4 regelt nur die indirekte (Anerkennungs-)Zuständigkeit; einem auf abweichender nationaler Jurisdiktionsgrundlage eröffneten Verfahren räumt Art. 14 in jedem Fall den Vorrang ein.

(2) Reichweite des Prioritätsprinzips

Sind die Gerichte mehrerer Staaten zur Eröffnung von Insolvenzverfahren mit universeller Geltung zuständig, so soll nach künftigem deutschem Recht, ebenso wie nach heute h. M., nur im Verhältnis zweier ausländischer Verfahren zueinander der Zeitpunkt der Antragstellung bzw. Verfahrenseröffnung über die Anerkennung entscheiden. Dagegen soll die deutsche Universalzuständigkeit gegenüber einer gleichzeitig bestehenden ausländischen in jedem Fall den Vorrang haben[50].

Eine solche Einschränkung des Prioritätsprinzips scheint mir allerdings nicht recht einsichtig, wenn man - sofern die allgemeinen Anerkennungsvoraussetzungen vorliegen, zu denen auch die Zuständigkeit des eröffnenden Gerichts gehört - von der grundsätzlichen Gleichwertigkeit von ausländischem und inländischem Insolvenzrecht und -verfahren ausgeht. Die Eröffnung eines deutschen Insolvenzverfahrens kann zwar am Ort eines zweiten allgemeinen Gerichtsstands, nicht an-

---

48 Entsprechende Bedenken äußert im Zusammenhang mit Art. 2 EG-Entwurf 1970 *Jahr*, RabelsZ 36 (1972), 620 (633 f.).

49 *Bottiau*, Rev. proc. coll. 1990, 97 (100).

50 S. o. S. 24 f., 26 f. m. N.

ders als bei einer Zweigniederlassung des Schuldners im Inland, zur Wahrung der Interessen inländischer Gläubiger geboten sein. Bezüglich des in Deutschland belegenen Vermögens beansprucht ein solches Verfahren wegen seiner größeren Sachnähe zu Recht Vorrang gegenüber dem ausländischen Universalkonkurs, dessen Wirkungen insoweit verdrängt werden. Hinsichtlich des in einem Drittstaat belegenen Vermögens sollte aber der Vorrang des zuerst eröffneten ausländischen Universalverfahrens anerkannt werden.

Ist also bereits ein ausländisches Universalverfahren anhängig, so sollte am Ort eines zweiten allgemeinen Gerichtsstandes im Inland kein weiteres Verfahren mit universellem Geltungsanspruch mehr zulässig sein, wohl aber - jedenfalls dann, wenn man eine Mehrheit von Insolvenzverfahren überhaupt zuläßt - ein auf das Inlandsvermögen beschränktes Parallelinsolvenzverfahren[51].

bb. Vereinbarkeit des § 3 EInsO mit dem Übereinkommen

(1) Anknüpfungsmerkmal für eine Universalzuständigkeit

Da die direkte (Eröffnungs-)Zuständigkeit im Istanbuler Übereinkommen nicht geregelt ist, sind die Mitgliedstaaten in der Regelung der internationalen Zuständigkeit ihrer eigenen Gerichte frei. Sieht ein Mitgliedstaat Zuständigkeiten vor, die dem Istanbuler Übereinkommen fremd sind, so riskiert er damit nur, daß das Verfahren in anderen Mitgliedstaaten nicht anerkannt wird[52]. Die Frage der Übereinstimmung einer nationalen Regelung mit dem Übereinkommen stellt sich daher nur insoweit, als sie eine Voraussetzung für die Anerkennung ausländischer Insolvenzverfahren aufstellt. Deutschland wird, mit anderen Worten, dem Übereinkommen ohne weiteres nur dann beitreten, wenn in allen Fällen, in denen ein ausländisches Insolvenzverfahren nach den Regeln des Istanbuler Übereinkommens anzuerkennen ist, diese Wirkung ohnehin auch von § 384 Nr. 1 i. V. m. § 3 EInsO vorgesehen wäre.

Das deutsche Recht stellt für die Anerkennungsfähigkeit ausländischer Verfahren auf die Zuständigkeit nach deutschem Recht ab; das Istanbuler Übereinkommen enthält dagegen eigene Vorschriften für die indirekte (Anerkennungs-)Zu-

---

[51] Ebenso *Jahr*, in: *Jaeger*, KO, §§ 237, 238 Anm. 216 ff.; *ders.*, in: LdR / ZivilverfahrensR, 119 (124).

[52] Ist dagegen nach nationalem Recht und nach dem IstanbÜ das gleiche Gericht zuständig, so steht der Anerkennung nicht entgegen, daß die Zuständigkeit auf unterschiedlichen Kriterien beruht (Begründung zum IstanbÜ, Ziff. 26 (zu Art. 4)).

ständigkeit. Unter diesem Aspekt ist ein Beitritt Deutschlands zum Übereinkommen unproblematisch, wenn seine Zuständigkeitsnormen inhaltlich mit denen des IstanbÜ übereinstimmen.

Das Istanbuler Übereinkommen stellt für die Zuständigkeit zur Eröffnung eines Insolvenzverfahrens mit extraterritorialer Geltung auf den *Mittelpunkt der Hauptinteressen des Gemeinschuldners* ab (Art. 4 I 1), der bei Gesellschaften und juristischen Personen widerleglich am satzungsmäßigen Sitz vermutet wird (Art. 4 I 2). Nach § 384 Nr. 1 i. V. m. § 3 EInsO ist dagegen der allgemeine Gerichtsstand oder, falls er davon abweicht, der Mittelpunkt einer selbständigen wirtschaftlichen Tätigkeit des Schuldners maßgeblich.

Bei einem Schuldner, der eine selbständige wirtschaftliche Tätigkeit ausübt, dürfte das Istanbuler Übereinkommen (Mittelpunkt der Hauptinteressen des Schuldners) zum gleichen Ergebnis führen wie das neue deutsche Recht (Mittelpunkt seiner selbständigen wirtschaftlichen Tätigkeit). Auch werden Gemeinschuldner, die keine selbständige wirtschaftliche Tätigkeit ausüben, den Mittelpunkt ihrer Hauptinteressen (Art. 4 I 1 IstanbÜ) in aller Regel an ihrem allgemeinen Gerichtsstand (§ 384 Nr. 1 EInsO, § 3 I 1 EInsO, § 13 ZPO) haben. Für die Frage, ob die Lösungen des Übereinkommens aus der Sicht des deutschen Gesetzgebers zu befürworten sind, kann es nicht auf eine wortgetreue Übereinstimmung, sondern allein auf eine sachliche Gleichwertigkeit ankommen[53]; sie liegt vor, soweit es Art. 4 I IstanbÜ und die Regelung des künftigen deutschen Rechts angeht.

Nach autonomem deutschem Recht erstreckt sich ein vom zuständigen Gericht eröffnetes ausländisches Insolvenzverfahren auf das deutsche Vermögen, selbst wenn mit dem jeweiligen Staat kein Konkursübereinkommen besteht. Wenn in keinem Mitgliedstaat eine Kompetenz nach Art. 4 I IstanbÜ besteht, beansprucht aber auch ein Verfahren, das nach Art. 4 II 1 Buchst. a IstanbÜ am Ort einer *Niederlassung* eröffnet worden ist, Geltung in anderen Mitgliedstaaten. Fraglich ist, ob es der Bundesrepublik in einem solchen Kollisionsfall freistünde, entsprechend ihrem autonomen Recht das drittstaatliche Verfahren vorrangig anzuerkennen.

Nach Art. 14 I IstanbÜ braucht Deutschland nicht zuzulassen, daß der in einem anderen Mitgliedstaat bestellte Verwalter seine Befugnisse auf deutschem

---

53 Vgl. *Hanisch*, SZIER 1992, 3 (20), zu dem verwandten Problem, wann ein ausländisches Konkursdekret, dessen Anerkennung in Frage steht, von dem (aus deutscher Sicht) international zuständigen Gericht erlassen worden ist.

Gebiet ausübt, wenn dem die Eröffnung oder die Anerkennung eines anderen Verfahrens in Deutschland entgegensteht. Auf die zeitliche Reihenfolge, in der die Verfahren beantragt oder eröffnet wurden, kommt es nicht an[54]: Art. 4 II IstanbÜ will nur sicherstellen, daß überhaupt ein Insolvenzverfahren mit universeller Wirkung durchgeführt werden kann. Wenn also in einem Drittstaat, dessen Gerichte nach den Maßstäben des Art. 4 I (oder nach denen des Anerkennungsstaates) zuständig sind, ein solches Universalverfahren anhängig ist, steht es der Bundesrepublik frei, dieses Verfahren mit Vorrang gegenüber dem nach Art. 4 II IstanbÜ anzuerkennen. Auch dann, wenn das drittstaatliche Verfahren später als das nach Art. 4 II eröffnet wurde, kann die Bundesrepublik dem letzteren und seinem Verwalter die Anerkennung und die Tätigkeit im Inland verweigern.

Anders aber, solange der Drittstaat - obwohl seine Gerichte dafür zuständig sind und der Schuldner nach dem einschlägigen Recht konkursfähig ist[55] - noch kein Universalverfahren eröffnet hat. Hier greift Art. 14 I IstanbÜ nicht ein, weil die Vorschrift nicht auf die Anerkennung der Zuständigkeit eines Drittstaates, sondern auf die Anerkennung des dort eröffneten Verfahrens abstellt. Auch die Begründung zum IstanbÜ läßt nicht erkennen, daß Art. 14 I im erstgenannten, weiteren Sinne auszulegen wäre.

Bis zur Verfahrenseröffnung im Drittstaat (oder bis zur Eröffnung eines deutschen Sonderinsolvenzverfahrens[56]) müßte also die Bundesrepublik dem Verwalter eines auf Art. 4 II 1 IstanbÜ gestützten Verfahrens die Ausübung seiner Befugnisse in Deutschland, einschließlich des Zugriffs auf deutsches Vermögen, gestatten. Dem steht die Grundentscheidung des EInsO entgegen, am Ort der Zweigniederlassung nur gegenständlich beschränkte Verfahren durchzuführen bzw. anzuerkennen[57]; der universelle Geltungsanspruch eines am Ort einer Zweigniederlassung eröffneten Verfahrens wird vom autonomen deutschen Recht nicht anerkannt. Zu praktischen Unterschieden kann es im Hinblick auf das deutsche Vermögen zwar nur dann kommen, solange auch ein deutsches Parallelver-

---

54 Begründung zum IstanbÜ, Ziff. 82 (zu Art. 14); *Arnold*, ZIP 1984, 1144 (1150).

55 Seinem Wortlaut nach begründet Art. 4 II 1 Buchst. b eine Zuständigkeit nur, wenn der gemäß Art. 4 I zuständige Staat Mitglied des Übereinkommens ist. Damit Art. 4 in sich widerspruchsfrei ist, muß Abs. 2 Satz 1 Buchst. b aber auch und erst recht dann eingreifen, wenn der Gemeinschuldner nach dem Recht eines "universell kompetenten" *Dritt*staates nicht konkursfähig ist.

56 Ein Sekundärinsolvenzverfahren i. S. von Kapitel III IstanbÜ kann neben dem Verfahren nach Art. 4 II nicht eröffnet werden, da Art. 16 IstanbÜ für das Hauptinsolvenzverfahren nur auf Abs. 1 des Art. 4 verweist.

fahren nicht stattfindet - das ist aber immerhin denkbar, wenn auch dessen Voraussetzungen im EInsO recht gering gehalten sind.

In den Fällen, in denen weder die dafür zuständigen Gerichte ein Universalverfahren eröffnet haben noch (insbesondere mangels ausreichenden Wertes des Inlandsvermögens) ein deutsches Sonderinsolvenzverfahren stattfindet, besteht ein legitimes Interesse daran, daß das deutsche Vermögen überhaupt einem Gesamtvollstreckungsverfahren zugeführt wird. Ein sachgerechteres Anknüpfungskriterium als der Ort einer Zweigniederlassung dürfte sich hier kaum finden lassen. Für diese - wohl eher seltenen - Fälle dürfte eine Pflicht, dem Niederlassungskonkurs eines anderen Mitgliedstaates Wirkung für das deutsche Vermögen zuzubilligen, daher hinnehmbar sein. Im übrigen garantiert Kapitel II IstanbÜ dem Verfahren nach Art. 4 II - wie auch dem nach Art. 4 I IstanbÜ - nur sehr begrenzte Wirkungen in anderen Vertragsstaaten, ist insbesondere die Zweimonatsfrist des Art. 11 II IstanbÜ lang genug, um ein Universalverfahren im Drittstaat oder ein deutsches Sonderinsolvenzverfahren zu beantragen. Beiden kann dann in Deutschland gemäß Art. 14 I IstanbÜ Vorrang gegenüber dem Niederlassungskonkurs des Art. 4 II IstanbÜ zuerkannt werden[58]. Insgesamt ist Art. 4 II IstanbÜ daher sachgerecht und, obwohl das autonome deutsche Recht eine entsprechende Zuständigkeit nicht kennt, kein Grund, von der Ratifikation des Übereinkommens abzusehen.

(2) Reichweite des Prioritätsprinzips

Das Istanbuler Übereinkommen regelt, wie bereits mehrfach festgestellt, für Universalverfahren nur die indirekte (Anerken-nungs)Zuständigkeit. Es steht also der Eröffnung eines deutschen Insolvenzverfahrens mit universellem Geltungsanspruch nicht entgegen, auch wenn bereits ein Verfahren nach Art. 4 I IstanbÜ anhängig ist. Das später eröffnete deutsche Verfahren kann dann zwar keine Anerkennung in anderen Mitgliedstaaten verlangen, aber Deutschland ist umgekehrt auch nicht verpflichtet, das zuerst eröffnete ausländische Universalverfahren anzuerkennen und dem dort bestellten Verwalter die Ausübung seiner Befugnisse in Deutschland zu gestatten (Art. 14 I IstanbÜ). Die deutsche Regel, wonach bei mehrfachem allgemeinem Gerichtsstand die deutsche Zuständigkeit stets Vorrang

57 *Thieme*, in: Vorschläge und Gutachten (EG), 213 (266), schlägt vermittelnd einen auf das Gebiet der Mitgliedstaaten beschränkten "EG-Partikularkonkurs" vor.

58 Zum Verhältnis des Verfahrens nach Art. 4 II IstanbÜ zum später eröffneten, vorrangigen Universal- oder Sonderinsolvenzverfahrens gilt das unten S. 183 Gesagte entsprechend.

hat, verstößt also - ungeachtet ihrer rechtspolitischen Kritikwürdigkeit[59] - nicht gegen die Verpflichtungen aus dem Übereinkommen.

3. *Grundnorm des Internationalen Insolvenzrechts: Anwendbarkeit der lex fori concursus*

Wird ein in einem Staat eröffnetes Insolvenzverfahren in einem anderen Staat anerkannt, so ist damit noch nicht entschieden, welchem Recht seine Wirkungen im Zweitstaat unterliegen. Zwar werden gelegentlich die These, ein Insolvenzverfahren werde anerkannt, und die, seine Wirkungen richteten sich nach dem Recht des Eröffnungsstaates, synonym verwendet[60]. Das Bekenntnis zum Universalitäts- oder Territorialitätsprinzip seinerseits entscheidet jedoch nur darüber, ob ein Verfahren extraterritoriale Wirkungen beansprucht bzw. ob sie ihm zuerkannt werden. Welche Wirkungen dies sind - die nach dem Recht des Eröffnungsstaates (Wirkungserstreckungstheorie) oder die eines vergleichbaren Rechtsinstituts nach dem Recht des anerkennenden Zweitstaates (Gleichstellungstheorie)[61] -, ist damit noch nicht entschieden[62]. Daß sich die grenzüberschreitenden Konkurswirkungen nicht denknotwendig nach dem Recht des Eröffnungsstaates richten, zeigt Art. 170 I des schweizerischen IPR-Gesetzes[63], wonach ein ausländischer Konkurs in der Schweiz grundsätzlich die vom schweizerischen Recht vorgesehenen Rechtsfolgen entfaltet.

Im deutschen Recht ist jedoch inzwischen allgemein anerkannt, daß die Wirkungen eines Insolvenzverfahrens grundsätzlich auch dann dem Recht des Eröffnungsstaates unterliegen, wenn sie in einem anderen (dem Anerkennungs-)Staat eintreten[64]. Das gilt für die materiellrechtlichen ebenso wie für die verfahrens-

---

59 ObenS. 30 f.

60 Vgl. *J. Schmidt*, System des dt. IKR, 41 ff. (besonders klar Fn. 88 und Text dazu). Bezeichnend auch die Zusammenfassung bei *J. Schmidt*, System des dt. IKR, 134 f. - Dagegen setzt *Riegel*, Grenzüberschreitende Konkurswirkungen, 142 f., "Anwendbarkeit der lex fori concursus" mit "Einheit des Konkurses" gleich.

61 Zu Wirkungserstreckungs- und Gleichstellungstheorie im Internationalen Zivilprozeßrecht *Martiny*, in: Handbuch des IZVR III/1, Kap. 1, Rn. 362 ff.

62 *Pielorz*, Auslandskonkurs, 37 f.; *Trunk*, KTS 1987, 415 (430 f.).

63 Bundesgesetz über das Internationale Privatrecht (IPRG) vom 18. Dezember 1987, BBl 1988 I 5.

64 Ausdrücklich *Arnold*, in: *Gottwald*, InsolvenzRHdb, § 122 Rn. 32; *v. Oertzen*, 61; *Trunk*, KTS 1987, 415 (430 f.); ausführlich *Favoccia*, 71 ff. Ebenso *Schlosser*, RIW 1983, 473 (480). - Skeptisch dagegen noch *Hanisch*, ZZP 93 (1980), 215 (218 f.).

rechtlichen Wirkungen, für gegenständlich beschränkte Insolvenzverfahren ebenso wie für solche, die das gesamte Vermögen des Schuldners erfassen: Seine Aufgabe kann das Verfahren nur erfüllen, wenn die Masse möglichst nach einheitlichen Regeln erfaßt, verwaltet, verwertet und verteilt wird[65]. Das Insolvenzverfahren "lebt" von dem funktionierenden Zusammenspiel unterschiedlichster Normen; löste man aus diesem Verbund einzelne Wirkungen heraus, so würde sein Funktionieren insgesamt in Frage gestellt. - Die Geltung der lex fori concursus als "Grundnorm des internationalen Insolvenzrechts"[66] ist jetzt als allseitige Norm in § 379 EInsO niedergelegt.

Der Grundnorm des IIR unterliegen nur solche Rechtsfragen, die sachrechtlich dem Insolvenzrecht angehören (dazu sogleich). Sie wird schließlich trotz ihrer grundsätzlichen Anwendbarkeit dann durchbrochen, wenn zwingende Gründe gebieten, vom Gesamtstatut abzuweichen, um die fraglichen Tatbestände durch getrennte Anknüpfung Einzelstatuten zuzuweisen oder unmittelbar durch Sachnormen zu regeln.

4. Regelungsbereich des Internationalen Insolvenzrechts und grundsätzliche Reichweite der lex fori concursus

Gegenstand des Insolvenzrechts und damit, bei Verfahren mit Auslandsbezug, des internationalen Insolvenzrechts sind nur die konkurstypischen (dem Konkurs dienenden, "konkurszweckorientierten") Rechtswirkungen des Verfahrens. Dabei müssen sowohl der die Rechtsfolge auslösende Tatbestand dem Insolvenzverfahren immanent sein als auch die dadurch ausgelöste Rechtsfolge den Zielen des Insolvenzverfahrens dienen. Andere, nicht insolvenztypische Auswirkungen ("Tatbestandswirkungen" des Insolvenzverfahrens) sind nicht Gegenstand des Insolvenzrechts; sie unterliegen dem Recht, das durch die jeweils einschlägigen allgemeinen Kollisionsnormen berufen wird[67]. Dazu gehören etwa die Pfändbarkeit von Vermögensgegenständen des Schuldners (sie unterliegt als vollstreckungsrechtliche Frage dem Recht des Staates, in dem der Gegenstand belegen ist), die verfahrensmäßige Ausübung von Befugnissen des Konkursverwalters (sie richtet

---

65 *Arnold*, in: *Gottwald*, InsolvenzRHdb, § 122 Rn. 87 ff.

66 Grundlegend *J. Schmidt*, System des dt. IKR, 20 ff.

67 *Jahr*, in: *Jaeger*, KO, §§ 237, 238 Anm. 10 ff., 26, 278 ff.; *ders.*, in: LdR / ZivilverfahrensR, 119 (119); *Arnold*, in: *Gottwald*, InsolvenzRHdb, § 122 Rn. 13, 34; *Lüer*, in: *Kuhn / Uhlenbruck*, KO, §§ 237, 238 Rn. 75; *v. Oertzen*, 63; *Pielorz*, Auslandskonkurs, 38; *Trunk*, KTS 1987, 415 (432 f.).

sich nach dem Recht des Staates, in dem die Handlung vorgenommen wird[68]) oder Entstehung und Inhalt eines Rechts, auf das eine Aussonderung oder abgesonderte Befriedigung gestützt wird (maßgeblich ist die jeweilige lex rei sitae).

Die Abgrenzung der insolvenzrechtlichen Folgen des Eröffnungsbeschlusses zu seinen Tatbestandswirkungen entzieht sich als rechtsdogmatische Frage einer gesetzlichen Regelung[69]. Um eine positive Umschreibung des Geltungsbereichs des Insolvenzstatuts hat sich *Lüer*[70] bemüht: Es bestimme das Konkursverfahrensrecht sowie aus dem Bereich des materiellen Konkursrechts die Zusammensetzung der Insolvenzmasse (Insolvenz-Vermögensstatut), die Befugnisse des Insolvenzverwalters (Insolvenz-Verwaltungsstatut) sowie die Verwendung der Masse (Insolvenz-Verteilungsstatut).

---

68 Vgl. die Klarstellung in Art. 10 II IstanbÜ.

69 Begründung zum EInsO, Teil B, zu § 379 (S. 239).

70 *Lüer*, KTS 1990, 377 (399); *ders.*, in: Reform des deutschen IIR, 96 (115 ff.).

Kapitel III. Voraussetzungen der Anerkennung ausländischer Insolvenzverfahren

1. Gegenstand der Anerkennung

Ein ausländisches Insolvenzverfahren kann nach dem Recht des Eröffnungsstaates Wirkungen entfalten, denen - beispielsweise wegen Verstoßes gegen den deutschen ordre public - die Wirkung im Inland versagt wird. Das bedeutet nicht zwangsläufig, daß das gesamte Verfahren nicht anerkannt wird; vielmehr wird dann die einzelne, mit inländischen Rechtsgrundsätzen unvereinbare Wirkung von der Anerkennung ausgenommen (vgl. das Wort "soweit" in § 384 Nr. 2 EInsO).

Bei der Prüfung, ob und inwieweit ein ausländisches Verfahren Inlandswirkungen entfaltet, ist daher zu unterscheiden: Die Prüfung geht, auch soweit eine erst im weiteren Verlauf des Verfahrens eintretende Wirkung in Frage steht, von der verfahrenseröffnenden Entscheidung aus[1]. Wird der Eröffnungsbeschluß anerkannt, sind die einzelnen Verfahrenswirkungen sowie eventuell relevante verfahrensbegleitende oder -beendende Maßnahmen und Beschlüsse auf ihre Anerkennungsfähigkeit zu untersuchen. Dafür gelten, wie auch § 384 EInsO klarstellt, dieselben Grundsätze wie für den Eröffnungsbeschluß; sie müssen jedoch nicht zum gleichen Ergebnis führen.

2. Förmlichkeiten der Anerkennung

a. Gegenwärtige deutsche Rechtslage

In bezug auf die Art und Weise der Anerkennung sind zwei verschiedene Grundpositionen denkbar, die Durchführung eines förmlichen Exequaturverfahrens oder die formlose Inzidentanerkennung. Da die KO für ausländische Konkursentscheidungen ein besonderes Anerkennungsverfahren nicht ausdrücklich vorsieht und im Zivilprozeßrecht die Inzidentanerkennung die Regel ist (§§ 328 ZPO, 16 a

1 *Arnold*, in: *Gottwald*, InsolvenzRHdb, § 122 Rn. 34.

FGG)[2], geht die ganz h. M. von dieser Lösung auch für den ausländischen Konkurseröffnungsbeschluß aus[3].

b. *Istanbuler Übereinkommen*

Nach Art. 8 IstanbÜ kann der Verwalter vom Tag seiner Ernennung an und ohne vorherige behördliche oder gerichtliche Genehmigung auch in anderen Mitgliedstaaten die zur Sicherung des Vermögens des Gemeinschuldners nötigen Maßnahmen treffen oder veranlassen. Zum Nachweis seiner Befugnisse darf eine Legalisierung oder eine entsprechende Förmlichkeit nicht verlangt werden (Art. 2 S. 2 IstanbÜ); er hat lediglich eine beglaubigte Abschrift der Entscheidung, durch die er bestellt wurde, oder eine entsprechende amtliche Bescheinigung vorzulegen (Art. 2 S. 1 IstanbÜ). Eines Exequaturverfahrens bedarf es also auch hier nicht[4].

Besondere Vorschriften enthält Art. 12 IstanbÜ für den Fall, daß der in einem Mitgliedstaat bestellte Verwalter bei der Ausübung seiner Befugnisse in einem zweiten Mitgliedstaat auf den Widerspruch anderer Beteiligter stößt. Er hat in einem solchen Fall zur Feststellung seiner Befugnisse die Gerichte des Staates anzurufen, in dem er tätig werden will (Art. 12 I IstanbÜ). Die Beweislast für den Umfang seiner Befugnisse trägt der Verwalter (Art. 12 II IstanbÜ)[5].

c. *Künftige deutsche Rechtslage*

Wie nach bisher h. M., bleibt es bei der grundsätzlichen Inzidentanerkennung mangels gegenteiliger Regelung schließlich auch im künftigen deutschen Recht[6]: Das ausländische Insolvenzverfahren entfaltet seine Wirkungen in der Bundesrepublik ipso iure; werden die Befugnisse des Verwalters bestritten, so wird die Anerkennungsfähigkeit des Eröffnungsbeschlusses und der Bestellung des Verwalters inzident und mit Wirkung nur inter partes festgestellt.

---

2 Ausnahmen: Anerkennung familienrechtlicher Entscheidungen (Art. 7 FamRÄndG), Vollstreckbarkeit von ausländischen Urteilen und Schiedssprüchen (§§ 722 f., 1044 ZPO).

3 *Arnold*, in: *Gottwald*, InsolvenzRHdb, § 122 Rn. 33; *Hanisch*, ZIP 1985, 1233 (1235).

4 *Albanese*, in: Le droit de la faillite internationale, 145 (151); *Leipold*, in: FS Waseda Univ., 787 (817).

5 Zum Charakter des Art. 12 II als Beweislastregel: Begründung zum IstanbÜ, Ziff. 73 (zu Art. 12).

6 Begründung zum EInsO, Teil B, Anm. 5 a zu §§ 379 ff. (S. 236), zu § 384 (S. 241).

d. *Stellungnahme*

aa. Erfordernis eines Exequaturverfahrens

Der überwiegende Teil der deutschen insolvenzrechtlichen Literatur setzt sich für die formlose Anerkennung ausländischer Insolvenzverfahren ein. Dagegen leitet *W. J. Habscheid*[7] das Erfordernis eines besonderen Anerkennungsverfahrens daraus ab, daß der Konkurseröffnungsbeschluß nach deutschem Recht auch Vollstreckungstitel ist, eine ausländische Konkurseröffnung aber nicht ohne weiteres inländischer Titel sein könne; man könne vom Gerichtsvollzieher nicht verlangen, daß er die Anerkennungsprüfung vornehme.

Aus dem ausländischen Eröffnungsbeschluß kann zwar in der Tat, wie aus Entscheidungen, die im Rahmen des Konkursverfahrens ergehen[8], erst dann im Inland vollstreckt werden, wenn ein Vollstreckungsurteil ergangen ist[9] (so für die Zukunft ausdrücklich § 392 EInsO). Das Exequaturverfahren ist deshalb aber nicht in jedem Fall erforderlich, in dem die Anerkennung des Verfahrens in Frage steht, sondern nur, wenn der Eröffnungsbeschluß erstens nach dem Recht des Eröffnungsstaates[10] Vollstreckungstitel sein kann und zweitens tatsächlich in seiner Funktion als Vollstreckungstitel eingesetzt wird[11]. Im übrigen zwingt nicht schon die theoretische Möglichkeit der Vollstreckung aus diesem oder anderen

7 *W. J. Habscheid*, ZaöRV 50 (1990), 282 (291, 305).

8 Bisher §§ 722 f., 1044 ZPO analog (*Baur / Stürner* II, Rn. 37.33), jetzt § 392 EInsO, beispielsweise für Entscheidungen über Auskunftsleistung, Verfahrensmitwirkung, Vorführung oder Verhaftung von Verfahrensbeteiligten und Postsperre, die Feststellung bestrittener Forderungen und die gerichtliche Bestätigung eines Vergleichs, Zwangsvergleichs oder Insolvenzplans (Begründung zum EInsO, S. 418 f. (zu § 392)). - Anders der EG-Entwurf 1980, es sei denn, daß gegen Dritte vollstreckt würde (*Lemontey*, Bericht zum EG-Entwurf 1980, 15).

9 *Pielorz*, Auslandskonkurs, 105 f.; Begründung zum EInsO, Teil B, zu § 392 (S. 244 f.). So auch *v. Oertzen*, 100 ff., der jedoch dem Verwalter das Verfahren nach §§ 722, 723 ZPO und damit die Vollstreckung aus dem Eröffnungsbeschluß ganz verwehrt. Der Auslandskonkurs würde jedoch ganz wesentlicher Wirkungen beraubt, wenn er nicht einmal gegen den Gemeinschuldner zwangsweise durchgesetzt werden könnte. - Die Notwendigkeit eines Exequaturs verkennt das LG Krefeld, ZIP 1992, 1407; abl. *Hanisch*, LG Krefeld EWiR § 237 KO 3/92, 1121 (1122).

10 Zur Maßgeblichkeit der lex fori concursus: Begründung zum EInsO, Teil B, zu § 392 (S. 244).

11 *Baur / Stürner* II, Rn. 37.33; *Hanisch*, in: Montréal Reports, 104 (117); *ders.*, SZIER 1992, 3 (20). - In erster Linie wird es um die Herausgabevollstreckung gegen den Gemeinschuldner nach § 794 I Nr. 3 ZPO gehen. *Colle / t'Kint*, in: Montréal Reports, 48 (67), nennen für das

Eröffnungsbeschlüssen, seine Anerkennung insgesamt - und damit die Anerkennung auch aller anderen, eines konkreten Vollstreckungsaktes nicht bedürftigen Konkurswirkungen - an ein förmliches Verfahren zu binden.

Einige südeuropäische Rechtsordnungen[12] und die Schweiz[13] (Art. 166 ff. IPRG) verlangen für die Anerkennung ausländischer Konkurse ein förmliches Exequaturverfahren. Es sichert eine einheitliche Überprüfung und Bewertung der Anerkennungsvoraussetzungen, ist aber teuer, schwerfällig und zeitraubend und kann so die in der Anfangsphase eines Insolvenzverfahrens besonders drängenden Sicherungsmaßnahmen entscheidend verzögern[14]. Im übrigen ist ein Insolvenzverfahren nicht notwendigerweise insgesamt anzuerkennen; auch eine an sich anerkennungsfähige Konkurseröffnung kann nach dem Recht des Eröffnungsstaates Wirkungen entfalten, denen in der Bundesrepublik, insbesondere wegen Verstoßes gegen den ordre public, die Anerkennung zu versagen ist. Ein förmliches Anerkennungsverfahren, das zur Zeit der erstmaligen Geltendmachung konkursrechtlicher Wirkungen im Inland eingeleitet wird, erschwert die notwendige Differenzierung zwischen einzelnen Verfahrenswirkungen, da im Zeitpunkt der Entscheidung unter Umständen noch nicht alle Wirkungen des Verfahrens und alle Umstände des Einzelfalles vorhersehbar sind.

Der übereinstimmenden Entscheidung des Istanbuler Übereinkommens und des bisherigen und künftigen deutschen Rechts für die grundsätzlich formlose Anerkennung ausländischer Konkurseröffnungsakte ist daher zuzustimmen.

---

belgische Recht außerdem die Festnahme des Gemeinschuldners, die Eintragung einer Zwangshypothek an Massegegenständen und die Zwangsversteigerung derselben.

12 Z. B. Italien (*Jorio*, in: Montréal Reports, 169 (173)), Spanien (*Hanisch*, SZIER 1992, 3 (11)), Griechenland (*Hanisch*, SZIER 1992, 3 (13)), Frankreich (*Witz / Zierau*, RIW 1989, 929 (932 ff.)).

13 In der Schweiz bedürfen zunächst die Eröffnungsentscheidung, dann der ausländische Kollokationsplan (der der deutschen Konkurstabelle entspricht) eines Exequaturs. Kritisch *Hanisch*, KTS 1979, 233 (240). *Breitenstein*, Rn. 200 ff., spricht sich dafür aus, nur die Anerkennung des ausländischen Kollokationsplanes, nicht die Anerkennung sonstiger Verfahrenswirkungen an die Verbürgung der Gegenseitigkeit zu knüpfen.

14 *Flessner*, in: FS Heinsius, 111 (119); *Hanisch*, KTS 1979, 233 (240); *ders.*, in: FS Société suisse des Juristes, 107 (116); *Lemontey*, Bericht zum EG-Entwurf 1980, 14); *Drobnig*, in: Reform des deutschen IIR, 51 (70).

bb. Das Feststellungsverfahren nach Art. 12 I IstanbÜ

Stimmen das Istanbuler Übereinkommen und der EInsO noch darin überein, daß die Anerkennung nicht von vornherein an eine gerichtliche Entscheidung des Zweitstaates gebunden ist, so könnten sich ihre Lösungen unterscheiden, sobald die extraterritorialen Wirkungen des Konkurses unter den Beteiligten streitig sind.

Wegen seines begrenzten Regelungsbereichs äußert sich das Übereinkommen nur zu dem Fall, daß die Befugnisse des Verwalters in anderen Mitgliedstaaten bestritten werden. Hier hat gemäß Art. 12 I IstanbÜ der Verwalter bei den Gerichten des Staates, in dem er tätig werden will, ein förmliches Feststellungsverfahren einzuleiten. Die Beweislast für den Umfang seiner Befugnisse trägt, unabhängig von der prozessualen Situation, stets der Verwalter selbst (Art. 12 II IstanbÜ). Je nach Antrag kann sich die Feststellung auf den Umfang seiner Befugnisse nach dem Insolvenzrecht des Eröffnungsstaates oder auf die Vereinbarkeit seiner Maßnahmen mit dem Übereinkommen beziehen[15]. Ob die gerichtliche Feststellung, daß die Tätigkeit des Verwalters mit dem Übereinkommen vereinbar ist, nur zwischen den Parteien des Rechtsstreits oder erga omnes wirkt, bleibt dem Anerkennungsstaat überlassen[16], ebenso wie die Ausgestaltung des gerichtlichen Verfahrens selbst[17]. Die Begründung zum IstanbÜ äußert lediglich die Hoffnung, daß sich die Mitgliedstaaten für ein möglichst einfaches Verfahren entscheiden[18].

Da der Verwalter die seine Tätigkeit legitimierenden Rechtsvorschriften ohnehin zu kennen hat, während sie den anderen Verfahrensbeteiligten unter Umständen nur schwer zugänglich sind, hat die Beweislastregelung in *Art. 12 II IstanbÜ* hinsichtlich des Inhalts des ausländischen Insolvenzrechts sicher ihre Berechtigung.

Art. 12 I IstanbÜ verpflichtet den Verwalter, seine Befugnisse erforderlichenfalls durch die Gerichte des Anerkennungsstaates feststellen zu lassen. Entsprechende Sondervorschriften finden sich in §§ 379 ff. EInsO nicht. Aus deutscher Sicht stehen den Beteiligten eines grenzüberschreitenden Insolvenzfalles daher, wenn die Befugnisse des ausländischen Verwalters in Streit stehen, zwei Möglichkeiten offen: Erstens können die übrigen Verfahrensbeteiligten etwaige besondere insolvenzrechtliche Wege zur Kontrolle des Verwalters beschreiten,

---

[15] Begründung zum IstanbÜ, Ziff. 70 (zu Art. 12).

[16] Begründung zum IstanbÜ, Ziff. 71 (zu Art. 12).

[17] Umkehrschluß aus der Begründung zum IstanbÜ, Ziff. 72 (zu Art. 12).

[18] Begründung zum IstanbÜ, Ziff. 71 (zu Art. 12).

wenn das Recht des ausländischen Eröffnungsstaats solche vorsieht, beispielsweise den Rechtsweg zum Insolvenzgericht eröffnet. Vor allem aber können zweitens sowohl der Verwalter als auch die anderen Beteiligten an den Gerichtsständen des internationalen Zivilprozeßrechts die allgemeinen zivilprozessualen Rechtsbehelfe ergreifen. Sie werden insbesondere dann von Bedeutung sein, wenn die Anerkennung des Auslandsinsolvenzverfahrens selbst in Frage steht - hierüber können sinnvollerweise nur die Gerichte des Anerkennungsstaates, nicht die des ausländischen Eröffnungsstaates, entscheiden. Bei dem gerichtlichen Verfahren, in dessen Verlauf die Befugnisse des Verwalters - ggf. inzident - festgestellt werden, kann es sich nach deutschem Recht um einen Feststellungsprozeß, aber auch um jede andere Verfahrensart handeln.

Auch Art. 12 I IstanbÜ verlangt kein "*Feststellungsverfahren*" im zivilprozessualen Sinne - die Ausgestaltung des Verfahrens soll ja gerade den Mitgliedstaaten überlassen bleiben[19]. Die Vorschrift ist vielmehr als Einschränkung des Art. 2 IstanbÜ zu verstehen. Nach Art. 2 kann der Verwalter die ihm nach dem Recht des Eröffnungsstaates zustehenden Befugnisse in jedem anderen Mitgliedstaat ausüben, ohne daß er dafür einer besonderen Legitimation bedürfte. Einschränkend bestimmt Art. 12 I, daß der Verwalter, wenn er auf Widerspruch stößt, diesen nicht aus eigener Kompetenz überwinden kann, sondern dazu der gerichtlichen Feststellung der Reichweite seiner Befugnisse bedarf. Diese Feststellung kann ebensogut vorfrageweise in einem Rechtsstreit anderen Streitgegenstands geklärt werden wie Hauptsache eines besonderen Verfahrens sein[20]. Rechtspolitische Vorteile gegenüber einer reinen Inzidentkontrolle bietet ein Feststellungsverfahren nur dann, wenn der Feststellungsbeschluß erga omnes wirkt[21] - der Frage, ob das mit Art. 103 GG vereinbar wäre[22], kann hier nicht näher nachgegangen werden.

Art. 12 I IstanbÜ spricht mithin nur aus, daß der Verwalter außerhalb des Eröffnungsstaates keine hoheitlichen Zwangsbefugnisse hat[23] - genauer: daß die Mitgliedstaaten nicht gezwungen sind, dem in einem anderen Mitgliedstaat bestellten Verwalter die Ausübung solcher Zwangsbefugnisse auf ihrem Territorium zu gestatten. Sie dürfen ihn zur Durchsetzung seiner Rechte ggf. auf die Anrufung der Gerichte des Anerkennungsstaates verweisen. Das gilt etwa dann, wenn

---

19 Umkehrschluß aus der Begründung zum IstanbÜ, Ziff. 72 (zu Art. 12).

20 *Arnold*, ZIP 1984, 1144 (1149); *ders.*, IPRax 1986, 133 (136 f.).

21 *Stummel*, 152.

22 Bedenken äußert *Arnold*, ZIP 1984, 1144 (1149); *ders.*, IPRax 1986, 133 (137, Fn. 27); offengelassen bei *Stummel*, 152.

23 *Arnold*, ZIP 1984, 1144 (1149); *ders.*, IPRax 1986, 133 (136 f.).

der Gemeinschuldner die Herausgabe eines Massegegenstandes an den Verwalter verweigert. In dieser Auslegung stimmt Art. 12 I IstanbÜ mit dem deutschen Recht überein: Auch hier kann aus dem ausländischen Eröffnungsbeschluß im Inland erst vollstreckt werden, nachdem ein gerichtliches Vollstreckungsurteil ergangen ist[24]. Auch wenn der Verwalter einen bereits titulierten Anspruchs des Gemeinschuldners für die Masse durchsetzen will und der Drittschuldner nicht zur Leistung bereit ist, ist - ggf. nach Titelumschreibung auf den Verwalter - gem. § 722 ZPO die Zulässigkeit der Zwangsvollstreckung durch ein inländisches Vollstreckungsurteil festzustellen.

Der Wortlaut des Art. 12 I IstanbÜ legt die Annahme nahe, danach obliege es zwingend gerade dem Verwalter, zur Feststellung seiner Befugnisse gerichtliche Schritte einzuleiten. Auch diese Formulierung erklärt sich aus dem Zweck der Vorschrift, klarzustellen, daß sich etwaige Zwangsbefugnisse des Verwalters, die ihm nach dem Recht des Eröffnungsstaates zustehen, nicht auf das Gebiet anderer Mitgliedstaaten erstrecken, daß er sich vielmehr zur zwangsweisen Durchsetzung seiner Maßnahmen der Gerichte des Anerkennungsstaates zu bedienen hat.

Zu untersuchen bleibt der umgekehrte Fall, in dem ein anderer Verfahrensbeteiligter gerichtliche Schritte gegen den Verwalter ergreift, entweder gegen eine Maßnahme, für die der Verwalter keines gerichtlichen Vollstreckungsbescheids bedarf, oder gegen seine Tätigkeit insgesamt, weil das Insolvenzverfahren angeblich nicht anerkennungsfähig ist. Fraglich ist hier, ob das gerichtliche Verfahren nach Art. 12 I IstanbÜ den Verwalter in massegefährdender Weise an der Erfüllung bedeutsamer Aufgaben hindert oder ob ihm ausreichende *Befugnisse* auch *während der Dauer des Verfahrens* zustehen.

Weder Art. 12 I noch die Begründung zu dieser Vorschrift schränken seine Befugnisse während der Dauer des Prozesses ausdrücklich ein. Vom Zweck der Vorschrift her, dem Verwalter den gerichtlichen Nachweis der Rechtmäßigkeit seines Vorgehens aufzuerlegen, wäre aber immerhin denkbar, daß er Maßnahmen, die auf den Widerspruch anderer Verfahrensbeteiligter gestoßen sind, erst ergreifen kann, wenn dieser Widerspruch überwunden ist, der Verwalter also im Feststellungsprozeß obsiegt hat.

So versteht offenbar *Stummel*[25] die Vorschrift. Er fürchtet, Art. 12 I könne mißbraucht werden, weil das IstanbÜ die Widerspruchsgründe gegen die Tätigkeit des Verwalters nicht einschränke, ja nicht einmal eine Begründung des Widerspruchs verlange. *Stummel* fordert daher den einzelstaatlichen Gesetzgeber

---

[24] Oben S. 40 f.

auf, dem Konkursverwalter auch während des Feststellungsverfahrens zumindest die Sicherung von Vermögenswerten zu gestatten. Eine solche Regelung ist im Interesse der Masse sicherlich sachgerecht und entspricht der Rechtslage in vielen Staaten, die für die Tätigkeit des ausländischen Verwalters auf ihrem Hoheitsgebiet ansonsten ein Exequatur verlangen[26] - es fragt sich nur, ob sie nicht schon dem Übereinkommen selbst zu entnehmen ist.

Das IstanbÜ unterscheidet, soweit es die Befugnisse des Verwalters außerhalb des Eröffnungsstaates regelt, zwischen einstweiligen Maßnahmen zur Sicherung von Bestand und Wert der Masse einerseits (Art. 8) und (endgültigen) Verwaltungs- und Verfügungsmaßnahmen andererseits (Art. 10 I). Letztere unterliegen wesentlichen Einschränkungen: Sie müssen außerhalb des Eröffnungsstaates erst dann zugelassen werden, wenn seit Publikation der Verfahrenseröffnung in diesem Zweitstaat zwei Monate verstrichen sind (Art. 11 I 1), jedoch auch nach Fristablauf nicht, solange noch ein Antrag auf Eröffnung eines Sekundärinsolvenzverfahrens anhängig ist (Art. 11 I 2). Seine vollen Rechte erhält der Verwalter also erst, wenn endgültig - oder doch zumindest mit großer Wahrscheinlichkeit[27] - feststeht, daß das Insolvenzverfahren das im fraglichen Zweitstaat belegene Vermögen erfassen wird. Dagegen kann er Maßnahmen zur Erhaltung und Sicherung der Masse sogleich und unabhängig von den genannten Einschränkungen (Fristablauf, anhängiger Antrag auf Eröffnung eines Sekundärinsolvenzverfahrens) ergreifen[28]. Es spricht manches dafür, diese Unterscheidung auch auf Art. 12 I IstanbÜ zu übertragen: Gerade die differenzierende Lösung der Art. 8, 10 I IstanbÜ beweist, daß dem Übereinkommen mehr daran gelegen ist, die Masse überhaupt für die Gläubigergemeinschaft zu sichern, als daran, daß das durch das endgültig kompetente Organ geschieht. Dieselbe Motivation liegt auch Art. 6 IstanbÜ zugrunde.

Das Istanbuler Übereinkommen ist also, gerade weil es nicht besonders regelt, welche Rechte dem Verwalter während des Feststellungsverfahrens zustehen, dahin gehend auszulegen, daß er zumindest berechtigt sein muß, Maßnahmen zur

---

25 *Stummel*, 149 ff., zu Art. 5 ERats-Entwurf 1984, der inhaltlich Art. 12 I IstanbÜ entspricht.

26 Für Frankreich: *Grasmann*, Rev. crit. d. i. p. 1990, 421 (447 ff.); *Moreau*, in: Montréal Reports, 95 (100 f.); *Petel*, in: Heidelberger Seminar, 45 (51); *Summ*, 186 f.; *Vaïsse*, RDAI 3 (1989), 349 (354 ff.); *Witz / Zierau*, RIW 1989, 929 (932 ff.). Für Italien: *Jorio*, in: Montréal Reports, 169 (174). Für die Schweiz: *Hanisch*, JZ 1988, 737 (740).

27 Ein Antrag auf Eröffnung eines Sekundärinsolvenzverfahrens kann auch noch nach Ablauf der Zweimonatsfrist gestellt werden; dann ruhen die Befugnisse des Verwalters zwischen Antragstellung und Ablehnung des Antrags (Art. 11 I 2 IstanbÜ).

28 Im einzelnen S. 62 ff.

Sicherung und Erhaltung der Masse zu ergreifen. Das schließt sein Recht ein, erforderlichenfalls die Gerichte des Anerkennungsstaates um einstweiligen Rechtsschutz anzurufen. Die Zuerkennung weitergehender Befugnisse liegt, wie auch sonst, im Belieben des Zweitstaates (Art. 15 IstanbÜ).

In dieser Auslegung gefährdet Art. 12 I IstanbÜ den Bestand der Masse im Zweitstaat nicht. Seine praktischen Ergebnisse decken sich mit denen des deutschen Rechts.

3. *Voraussetzungen der Anerkennung ausländischer Insolvenzverfahren*

Grundlage für die Anerkennung einer ausländischen Konkurseröffnung ist bisher § 328 I ZPO analog, soweit dem nicht Unterschiede zwischen Erkenntnis- und Insolvenzverfahren entgegenstehen (§ 72 KO).

Nach einer vom BGH in seiner Entscheidung vom 11.7.1985[29] aufgestellten Generalklausel muß die Anerkennung des Auslandskonkurses "in das Gesamtgefüge der deutschen konkursrechtlichen Vorschriften und Rechtsgrundsätze eingebettet sein". Hieraus ergeben sich konkretisierend sowohl allgemeine Voraussetzungen (dazu nachfolgend) als auch Einschränkungen der Anerkennung von Auslandskonkursen (sachnotwendige besondere Anknüpfungen, Einhaltung deutscher Verfahrensvorschriften, Vorbehalte gegenüber einzelnen Konkursfolgen). Insbesondere muß es sich überhaupt um ein Insolvenzverfahren handeln; die eröffnende Stelle muß nach deutschem Recht international zuständig sein, und der Eröffnungsakt darf nicht gegen den deutschen ordre public verstoßen. In der Literatur wird darüber hinaus erwogen, die Anerkennung ausländischer Insolvenzverfahren wie die ausländischer Urteile an die Gewährleistung der Gegenseitigkeit zu knüpfen (§ 328 I Nr. 5 ZPO).

Das Istanbuler Übereinkommen nennt in Art. 3 nur drei Voraussetzungen: die Zuständigkeit der eröffnenden Stelle nach Art. 4, die Wirksamkeit der Eröffnungsentscheidung im Eröffnungsstaat und die Vereinbarkeit mit dem ordre public des Landes, in dem die fraglichen Konkurswirkungen eintreten sollen. Außerdem muß, damit das Übereinkommen überhaupt Anwendung findet, ein Insolvenzverfahren im Sinne des Art. 1 I vorliegen.

Der EInsO greift in der Begründung die von der bisher h. M. und vom Istanbuler Übereinkommen genannten Anerkennungsvoraussetzungen im wesentlichen

---

[29] BGHZ 95, 256 (269 f.).

auf - sie ergeben sich teils ausdrücklich aus § 384, teils nur aus dem Textzusammenhang oder der Begründung -; der Gesetzeswortlaut stellt klar, daß die Anerkennung die Regel sein und nur unter den bestimmten Umständen ausnahmsweise verweigert werden soll. Eine die neuere BGH-Rechtsprechung kodifizierende Regelung enthält für das Gebiet der neuen Bundesländer auch schon § 22 I der GesO, die durch die Insolvenzordnung abgelöst werden soll[30], aber zahlreiche Gedanken der Insolvenzrechtsreform vorwegnimmt und sich inhaltlich im wesentlichen mit § 384 EInsO deckt.

Im folgenden wird zu untersuchen sein, wie die vertraglich bzw. gesetzlich ausdrücklich genannten Anerkennungsvoraussetzungen zu verstehen sind und ob die Anerkennung an weitere, nicht erwähnte Bedingungen geknüpft ist.

a. Begriff des Insolvenzverfahrens

Das ausländische Verfahren, das durch die anzuerkennende Entscheidung eröffnet wurde, muß zunächst nach Struktur und Zweck als Insolvenzverfahren zu qualifizieren sein[31].

Der von der *internationalinsolvenzrechtlichen Wissenschaft* entwickelte Begriff des "internationalen Konkurses" umfaßt Konkurs, Vergleich und ähnliche Verfahren; die Begriffe "Konkurs-" und "Insolvenzverfahren" werden hier weitgehend synonym verwendet. Dem Konkurs "ähnlich" und damit Insolvenzverfahren i. S. des IIR sind staatlich geregelte oder überwachte Kollektivverfahren, die wegen der Insolvenz oder Überschuldung des Gemeinschuldners eingeleitet werden, die gleichmäßige Befriedigung der Gläubiger bezwecken und auf eine Liquidation des Vermögens des Gemeinschuldners oder auf seine Sanierung gerichtet sind[32].

Der *EInsO* greift diese Begriffsbestimmung auf. Für die Anwendung des § 384 kommt es darauf an, ob "das ausländische Verfahren im großen und ganzen den Zwecken dienstbar gemacht wird, die § 1 EInsO als Aufgaben des deutschen Insolvenzverfahrens umschreibt: bestmögliche gemeinschaftliche Befriedigung der Gläubiger durch Verwertung des Schuldnervermögens und Verteilung des Erlö-

30 Art. 2 Nr. 6 E EGInsO.

31 Begründung zum EInsO, Teil B, zu § 384 (S. 241).

32 So oder ähnlich *Arnold*, in: *Gottwald*, InsolvenzRHdB, § 122 Rn. 21; *Favoccia*, S. 8 Fn. 19; *Jahr*, in: *Jaeger*, KO, §§ 237, 238 Anm. 8 f.; *ders.*, in: LdR / ZivilverfahrensR, 119 (120); *Ebenroth*, ZZP 101 (1988), 121 (124); *Pielorz*, Auslandskonkurs, 67; *v. Oertzen*, 31

ses."[33] Nach insolvenzrechtlichen Grundsätzen anerkennungsfähig sind demnach nicht nur der klassische, auf Liquidation gerichtete Konkurs, sondern auch konkursabwendende Verfahren, sofern sie wesentlich auch der Befriedigung der Gläubiger dienen[34], sowie Verfahren wie das einheitliche Insolvenzverfahren des EInsO selbst, die beide Funktionen in sich vereinen[35]. Das Verfahren muß, mit anderen Worten, (auch) auf Gläubigerbefriedigung, aber nicht notwendig auf Gläubigerbefriedigung durch Liquidation gerichtet sein. So wird man insbesondere dem Verfahren nach Chapter 11 U. S. Bankruptcy Code (BC), das den EInsO maßgeblich beeinflußt hat, künftig nicht mehr die Anerkennung versagen können[36].

Vom Anwendungsbereich des EInsO wie des Übereinkommens (mit Ausnahme von Kapitel IV) auszuscheiden sind dagegen rein wirtschafts- und sozialpolitisch motivierte Moratorien und Sanierungsverfahren, die nicht zugleich wesentlich der gleichmäßigen Befriedigung der Gläubiger dienen[37].

Dem entspricht der Geltungsbereich des *Istanbuler Übereinkommens*: Es gilt in großen Teilen nur für Verfahren, die zur Liquidation des Schuldnervermögens führen können - nicht: führen müssen - (Art. 1 I IstanbÜ i. V. m. Anhang A)[38]; nur Kapitel IV (Benachrichtigung ausländischer Gläubiger und Anmeldung ihrer Forderungen) findet auch auf reine Sanierungsverfahren Anwendung (Art. 29 IstanbÜ i. V. mit Anhang A). Da es für Art. 1 I IstanbÜ genügt, daß die Liquidation ein möglicher Verfahrensausgang ist, werden auch einheitliche Insolvenzverfahren von Art. 1 I IstanbÜ erfaßt, falls sie in erster Linie die bestmögliche Verwendung des schuldnerischen Vermögens zugunsten der Gläubiger be-

---

m. w. N., sowie *Aderhold*, Auslandskonkurs im Inland, 171, die auf die Vergleichbarkeit von Konkursgrund und Konkurszweck und auf die staatliche Verfahrensleitung abstellt.

33 Begründung zum EInsO, Teil B, Anm. 5 b zu §§ 397 ff. (S. 236).

34 Begründung zum EInsO, Teil B, Anm. 5 b zu §§ 397 ff. (S. 236).

35 *Kirchhof*, WM 1993, 1364 (1367). Vgl. auch die Begründung zum EInsO, Teil B, zu § 384 (S. 241): Unter Umständen sei der in einem ausländischen Insolvenzverfahren ergangene Vergleich wegen Verstoßes gegen den ordre public (ausnahmsweise) nicht anzuerkennen.

36 Für seine Anerkennung auch *Flessner*, IPRax 1992, 151 (152); *Flessner / Schulz*, IPRax 1991, 162 (163). Vgl. ferner *Balz*, BGH EWiR Art. 1 EuGVÜ 1/90, 257 (258); *Flessner*, BGH EWiR § 30 KO 4/91, 1107 (1108); *Wenner*, KTS 1990, 429 (431 f.). Anders noch OLG Hamburg, IPRax 1992, 170. BGH, RIW 1990, 221, hat die Frage - entgegen *Thode*, WuB VII B. 1. Art. 1 EuGVÜ 1.90, 745 - offengelassen.

37 *Arnold*, in: *Gottwald*, InsolvenzRHdb, § 121 Rn. 20. Vgl. dazu auch *Lüke*, KTS 1986, 1 (14 ff.). Ebenso für die GesO *Arnold*, in: *Gottwald*, Nachtrag GesO zum InsolvenzRHdb, Kap. XI A Rn. 6, 8.

38 Vgl. dazu schon oben S. 10 f.

zwecken[39]. Bei Inkrafttreten der Insolvenzordnung wird das deutsche Insolvenzverfahren in Anhang A des Übereinkommens in alle Kategorien (a, b, c) aufzunehmen sein.

Nicht als Insolvenzverfahren i. S. beider Regelungen zu charakterisieren sind Enteignungen und Konfiskationen unter dem Deckmantel des Konkurses sowie Verfahren zur Durchsetzung ausländischer Fiskalforderungen[40]; sie dienen nicht der Verwertung des Schuldnervermögens zum Zwecke gleichmäßiger Befriedigung aller Gläubiger, sondern der Durchsetzung öffentlicher Interessen.

Es fällt auf, daß sowohl das Übereinkommen (mit Ausnahme des Kapitels IV) als auch der EInsO zwar auf einheitliche Insolvenzverfahren, nicht aber auf reine Sanierungs- bzw. Reorganisationsverfahren anwendbar sind, obwohl der Verfahrensausgang der gleiche sein kann. Die Unterscheidung zwischen Sanierung und Liquidation erklärt sich durch die unterschiedliche Zielsetzung beider Verfahren: Die Sanierung orientiert sich in erster Linie an öffentlichen Interessen (beispielsweise der Sicherung von Arbeitsplätzen), nicht am privatnützigen Ziel gleichmäßiger und möglichst vollständiger Befriedigung der Gläubiger.

Einheitliche Insolvenzverfahren sind dagegen, solange die Interessen der Gläubiger im Vordergrund stehen, nach konkursrechtlichen Regeln grundsätzlich umfassend anzuerkennen. Hier kann nicht die Anerkennung einer einzelnen Verfahrenswirkung, insbesondere des Konkursbeschlages, davon abhängen, welcher (voraussichtliche) Verfahrensausgang zu erwarten ist[41]. Kommt es im Einzelfall zu einer vergleichsweise Insolvenzbereinigung, ist die Anerkennungsfähigkeit des Vergleichs und seiner Wirkungen gesondert zu prüfen. Auf die Besonderheiten vergleichsweiser Insolvenzbereinigung geht das Istanbuler Übereinkommen nicht näher ein[42]; daher muß auch die vorliegende Untersuchung auf eine Würdigung der damit zusammenhängenden Fragen - Teilerlaß der Insolvenzforderungen, Rechtsstellung von privilegierten Forderungen etc. - verzichten[43].

---

39 Begründung zum IstanbÜ, Ziff. 6 (zu Art. 1).

40 Statt aller: *Ebenroth*, ZZP 101 (1988), 121 (124 f.); *Pielorz*, Auslandskonkurs, 67.

41 *Baur / Stürner* II, Rn. 37.43.

42 Nur eine Sonderfrage im Zusammenhang mit dem Vergleich in einem Sekundärinsolvenzverfahren ist in Art. 27 kurz angesprochen.

43 Vgl. im einzelnen z. B. *Baur / Stürner* II, Rn. 37.43 f.; *Arnold*, in: *Gottwald*, InsolvenzRHdb, § 123; *Hanisch*, ZIP 1985, 1233 (1240 f.); *Schomaker*, Inlandswirkungen ausländischer konkursabwendender Vergleichsverfahren.

b. *Extraterritorialer Geltungsanspruch des Verfahrens*

Die Wirkungen des Auslandsinsolvenzverfahrens erstrecken sich nicht auf das inländische Vermögen des Gemeinschuldners, wenn das Verfahren nach dem Recht des Eröffnungsstaates keine extraterritoriale Geltung beansprucht, sei es, daß das einschlägige Recht für den eigenen Konkurs generell dem Territorialitätsprinzip folgt, sei es, daß ein beschränkter Inlandskonkurs vergleichbar dem nach § 238 KO vorliegt. Der erste Fall wird nur selten vorkommen, da für den am allgemeinen Gerichtsstand oder Geschäftszentrum des Gemeinschuldners eröffneten Konkurs ein Universalitätsanspruch, der Natur des Konkurses als Gesamtbereinigungsverfahren entsprechend, international üblich ist[44]. Beschränkte Inlandskonkurse aufgrund sonstiger Zuständigkeiten sind dagegen weit verbreitet. Ihre Wirkungen erstrecken sich nicht auf das zur Zeit der Verfahrenseröffnung in anderen Staaten, beispielsweise in der Bundesrepublik, belegene Vermögen[45].

W. J. Habscheid[46] bezeichnet den Grundsatz, daß das Universalitätsprinzip nur dort gelten kann, wo die Universalität beansprucht wird, als "- freilich weitgefaßte - Reziprozität". Es geht hier indes nicht um Gegenseitigkeit in dem Sinne, daß ein Staat die Konkurse des anderen nur dann anerkennt, wenn auch der andere die des einen anerkennt, sondern um eine Art "Gleichseitigkeit" in dem Sinne, daß die extraterritoriale Wirkung eines Konkurses des übereinstimmenden Willens beider Staaten - des Eröffnungs- und des Anerkennungsstaates - bedarf.

c. *Internationale Zuständigkeit des ausländischen Gerichts*

Die den Auslandskonkurs eröffnende staatliche Stelle muß, damit ihr Verfahren anerkannt wird, zur Durchführung eines Konkurses international zuständig sein

---

44 Lange Zeit beschränkte sich nur der japanische Konkurs in jedem Fall auf das Inlandsvermögen (Art. 3 I der japanischen KO, in dt. Übersetzung wiedergegeben bei *Grasmann*, in: FS Kitagawa, 117 (118 f.)). Die jüngere Literatur und Rechtsprechung in Japan scheint sich aber zunehmend gegen die generelle territoriale Begrenzung des Inlandskonkurses zu wenden; dazu *Ishiguro*, in: Recht in Japan 8 (1991), 7 (27 ff.); *Ito*, in: Montréal Reports, 178 (180 f.); *Fletcher*, in: Montréal Reports, 269 (282, 285). - Ob auch Österreich diese Haltung einnimmt, sofern nicht Insolvenzabkommen anderes bestimmen, ist seit dem IRÄG umstritten; dafür *Holzhammer*, 11; dagegen *Wiesbauer*, Textsammlung IIR, § 1 KO Anm. 1, und *Boll*, 34 f.; vgl. ferner *Trunk*, KTS 1987, 415 (423 f.).

45 Andere Wirkungen können sie jedoch außerhalb des Eröffnungsstaates entfalten; dazu im einzelnen unten S. 154 ff.

46 *W. J. Habscheid*, ZaöRV 50 (1990), 282 (303).

(§§ 72 KO, 328 I Nr. 1 ZPO / Art. 3 Buchst. a IstanbÜ / § 384 Nr. 1 EInsO). Wann das der Fall ist, ist bereits dargelegt worden[47]. Trotz des Wortlauts des § 384 Nr. 1 EInsO - parallel zu §§ 328 I Nr. 1 ZPO, 16a Nr. 1 FGG gefaßt - braucht das Verfahren nicht von einem Gericht eröffnet worden sein: "Gericht" meint hier jede nach dem Recht des Eröffnungsstaates zuständige staatliche Stelle, insbesondere auch eine besondere Vollstreckungsbehörde[48] wie das Schweizer Konkursamt[49].

Gelegentlich wird als Voraussetzung der Anerkennung eines Auslandskonkurses formuliert, die eröffnende Stelle müsse "zur Durchführung eines Konkurses mit Inlandswirkung" international zuständig sein[50]; fast durchweg wird die Frage der Anerkennungsfähigkeit nur in bezug auf ausländische Universalverfahren erörtert. Richtig ist, daß sich ein Verfahren nur dann auf das deutsche (genauer: im Eröffnungszeitpunkt in Deutschland belegene) Vermögen des Gemeinschuldners erstreckt, wenn das eröffnende Gericht zur Eröffnung eines Universalinsolvenzverfahrens zuständig war. Im übrigen kann aber auch ein Verfahren anerkannt werden, das (wegen einer entsprechenden Vorschrift der lex fori concursus oder weil aus deutscher Sicht keine weitergehende Zuständigkeit besteht) auf das im Eröffnungsstaat belegene Vermögen beschränkt ist[51].

d. *Wirksamkeit der Entscheidung im Eröffnungsstaat*

Nach geltendem deutschem Recht muß eine ausländische Konkurseröffnungsentscheidung, um ihre Wirkungen im Inland zu entfalten, nach dem Recht des Eröffnungsstaates wirksam und zumindest vorläufig vollziehbar sein. Formelle Rechtskraft wird nicht gefordert; nur so kann die Masse gegen Vermögensverschiebungen des Schuldners und Vollstreckungsmaßnahmen der Gläubiger geschützt werden[52].

---

47 Oben S. 23 ff.

48 Begründung zum EInsO, Teil B, zu § 384 (S. 241).

49 Art. 3 SchKG.

50 Z. B. *Aderhold*, Auslandskonkurs im Inland, 169, 195; *Flessner*, in: FS Heinsius, 111 (117); der Sache nach auch *Baur / Stürner* II, Rn. 37.26; so auch noch Art. 9 I VE. In die gleiche Richtung geht die These, ein inländisches Verfahren schließe die Anerkennung des Auslandskonkurses aus (z. B. *v. Oertzen*, 45).

51 Im einzelnen S. 154 ff.

52 *Arnold*, in: *Gottwald*, InsolvenzRHdb, § 122 Rn. 13; Begründung zum IstanbÜ, Ziff. 21 (b) (zu Art. 3).

Ob die Verfahrenseröffnung nach der lex fori concursus rechtmäßig war, wird gemäß einem allgemeinen Grundsatz des internationalen Verfahrensrechts nicht überprüft (keine révision au fond)[53]. Anders als im internationalen Gesellschaftsrecht, wo eine solche materiellrechtliche Kontrolle anhand des jeweiligen Gesellschaftsstatuts vorgenommen wird, genießt hier wie im allgemeinen Zivilprozeßrecht und in der FGG die das Verfahren eröffnende öffentliche Stelle einen Vertrauensvorschuß[54]. Die inhaltlichen Mindestvoraussetzungen, denen die verfahrenseröffnende Entscheidung genügen muß, ergeben sich aus dem Recht des anerkennenden Staates selbst (Vorbehalt des ordre public). Ebensowenig wie beim Eröffnungsbeschluß unterliegen andere Einzelentscheidungen im Laufe des Konkursverfahrens einer révision au fond, wenn sie von einer Behörde oder behördlich ernsthaft kontrollierten und typischerweise interessenneutralen Stelle getroffen werden[55].

Diese Grundsätze gelten auch unter dem Istanbuler Übereinkommen (Art. 3 Buchst. b)[56] und dem EInsO, die jeweils nur auf die Wirksamkeit, nicht auf die Rechtmäßigkeit der anzuerkennenden Entscheidung abstellen.

e. *Bekanntmachung im Inland oder sonstige Kenntnis oder Kennenmüssen*

Das *geltende deutsche Recht* setzt für die Anerkennung eines ausländischen Konkursverfahrens nicht generell voraus, daß die Entscheidung über die Verfahrenseröffnung im Inland publiziert wurde[57]; auf die Bekanntmachung oder sonstige Kenntnis kommt es lediglich im Einzelfall bei der Anwendung von Gutglaubensvorschriften an[58]. Wie ein förmliches Exequaturverfahren, so würde auch eine

---

53 *V. Oertzen*, 33 f.; *Pielorz*, Auslandskonkurs, 67 f.; *ders.*, ZIP 1980, 239 (243).

54 *Trunk*, KTS 1987, 415 (417 ff.), der konkursrechtlichen Entscheidungen allerdings eine Zwischenstellung zwischen beiden Anerkennungstypen einräumt.

55 *Trunk*, KTS 1987, 415 (421).

56 *Arnold*, ZIP 1984, 1144 (1150).

57 Statt aller: *Arnold*, in: *Gottwald*, InsolvenzRHdb, § 122 Rn 23. Das LG München I, WM 1987, 222, schließt dagegen aus der Relevanz der Publikation für den Gutglaubensschutz, "daß - ausgenommen im Fall der Kenntnis oder fahrlässigen Unkenntnis - die Konkurswirkung erst mit der Veröffentlichung im Inland beginnt". Darin liegt jedoch eine unzulässige Verallgemeinerung. Abl. auch *Johlke*, WuB VI B. § 237 KO 1.87, 637; *Trunk*, KTS 1987, 415 (424 ff.).

58 Vgl. dazu im einzelnen *Kirchhof*, WM 1993, 1364 (1368 f.).

Anerkennungsvoraussetzung der Publikation die Effektivität des Konkurses in Frage stellen[59].

Nach dem *Istanbuler Übereinkommen* muß die Entscheidung über die Konkurseröffnung in den Staaten, in denen der Konkursverwalter seine Befugnisse ausüben will, gemäß den Vorschriften dieses Staates bekanntgemacht werden (Art. 9). Maßnahmen zur Erhaltung und Sicherung der Masse kann der Verwalter unabhängig von der Bekanntmachung vom Tage seiner Ernennung an treffen (Art. 8). Die Verwaltungs- und Verfügungsbefugnisse nach Art. 10 I sind dagegen während einer zweimonatigen Frist ab Bekanntmachung ausgesetzt (Art. 11 I 1, III), während der bestimmte Gruppen von Gläubigern weiterhin die Einzelzwangsvollstreckung in das Vermögen des Gemeinschuldners betreiben können (Art. 11 II, III); insoweit hängt also die Wirkungserstreckung unmittelbar von der Publikation ab. Ob und inwieweit das die Erreichung der Konkurszwecke gefährdet, wird im Zusammenhang mit der hier in Frage stehenden Konkurswirkung, dem Ausschluß der Einzelzwangsvollstreckung in das Vermögen des Gemeinschuldners, zu erörtern sein. - Mittelbar ist die Bekanntmachung ferner für die schuldbefreiende Wirkung gutgläubiger Leistungen an den Verwalter (Art. 13 I) oder an den Gemeinschuldner (Art. 13 II) von Bedeutung.

Der *EInsO* schließt sich in dieser Frage der bisherigen deutschen Praxis an: Auf Antrag des Verwalters ist die Entscheidung, durch die das ausländische Verfahren eröffnet worden ist, im Bundesanzeiger zu veröffentlichen (§ 385 I i. V. mit § 9 EInsO) und, wenn durch die Verfahrenseröffnung die Verfügungsbefugnis des Schuldners eingeschränkt wird, ins Grundbuch einzutragen (§ 386 EInsO). Beides ist nicht Voraussetzung der Anerkennung[60], sondern wiederum nur im Rahmen des Gutglaubensschutzes von Bedeutung (§§ 388 f. EInsO).

Soweit der EInsO dem Verwalter dadurch, daß seine Rechte nicht von einer Veröffentlichung der Eröffnungsentscheidung im Zweitstaat abhängen, weitergehende Befugnisse zugesteht als das Übereinkommen, ist diese Option in Art. 15 IstanbÜ ausdrücklich zugelassen.

---

59 *Trunk*, KTS 1987, 415 (425).

60 Begründung zum EInsO, Teil B, zu § 385 (S. 241).

f. Verbürgung der Gegenseitigkeit

Nach bisher wohl herrschender[61], aber umstrittener[62] Meinung setzt die Anerkennung eines ausländischen Konkursverfahrens in der Bundesrepublik nicht voraus, daß in dem betreffenden ausländischen Staat auch deutsche Insolvenzverfahren anerkannt werden; § 72 KO sehe nur eine entsprechende Anwendung der Vorschriften der ZPO vor und verweise nicht auf § 328 I ZPO, insbesondere nicht auf dessen Nr. 5. § 5 II KO sieht stattdessen Retorsions-(Vergeltungs)möglichkeiten vor, von denen jedoch ebensowenig Gebrauch gemacht wurde wie von der Ermächtigung in § 237 II KO.

Das Istanbuler Übereinkommen nennt ein Gegenseitigkeitserfordernis nicht ausdrücklich; es entspricht der Natur internationaler Übereinkommen, für alle Mitgliedstaaten dieselben Pflichten vorzusehen, so daß jeder das Maß an Anerkennung gewährt, das er selbst verlangen kann. Für den Fall, daß ein Mitgliedstaat gem. Art. 40 die Nichtanwendung von Kapitel II oder III des Übereinkommens vorbehält, regelt das Übereinkommen teils ausdrücklich, auf welche Normen er sich im Verhältnis zu anderen Mitgliedstaaten berufen kann (inwieweit sie also ihm gegenüber wegen des Vorbehalts von den Vertragspflichten befreit sind), teils ergibt sich das aus der Systematik des Übereinkommens.

Ebenso wie bereits die GesO[63] für die neuen Bundesländer setzt nun auch der EInsO für eine Anerkennung ausländischer Konkurseröffnungsentscheidungen weder die Gegenseitigkeit noch ein auch nur annähernd gleichwertiges Entgegenkommen der betreffenden ausländischen Rechtsordnung ("comitas" als abgemil-

---

61 *Ebenroth*, ZZP 101 (1988), 121 (131, v. a. Fn. 68); *Arnold*, in: *Gottwald*, InsolvenzRHdb, § 122 Rn. 21 f.; *Gottwald*, IPRax 1991, 168 (169); *Lüer*, in: *Kuhn / Uhlenbruck*, KO, §§ 237, 238 Rn. 74; *Leipold*, in: FS Waseda Univ., 787 (795 f.); *Lüke*, KTS 1986, 1 (16). Auch BGHZ 95, 256 (269 f.) hat, obwohl die Entscheidung teilweise so verstanden worden ist, ein Gegenseitigkeitserfordernis nicht erwähnt.

62 A. A. *Baur / Stürner* II, Rn. 37.27; *Staudinger / Großfeld*, IntGesR, Rn. 360; *E. J. Habscheid*, KTS 1989, 593 (604 f.); *Jahr*, in: LdR / ZivilverfahrensR, 119 (124); *Klevemann*, 131; *Mohrbutter / Mohrbutter*, Konkurs- und Vergleichsverwaltung, Rn. 1691a; *Trunk*, KTS 1987, 415 (426 ff.). Ausführlich *v. Oertzen*, 20 ff.

63 A. A. insoweit *Zeuner*, in: *Smid*, GesO, § 22 Rn. 18: Eine Anerkennung ausländischer Verfahren sei zu versagen, wenn diese Rechtsordnungen die Anerkennung von Verfahren deutscher Gerichte generell ablehnen. Im Gesetzeswortlaut findet diese These aber keine Stütze.

derte Form der Gegenseitigkeit)[64] voraus. Auch auf ein Vergeltungsrecht, wie es noch in § 5 II KO vorgesehen war, verzichtet er[65].

Für das Gegenseitigkeitserfordernis wird vorgebracht, es sei nicht gerecht, den deutschen Gläubigern Nachteile zuzumuten, indem man sie auf die Teilnahme an einem Auslandskonkurs verweise, wenn umgekehrt dem Inlandskonkurs der Zugriff auf das Auslandsvermögen verweigert bleibe[66]. Eine umfassende Schuldenbereinigung in dem Staat, in dem der Schuldner den Mittelpunkt seiner wirtschaftlichen Interessen hatte, kann jedoch auch im Interesse der deutschen Gläubiger liegen. Diesem privaten Interesse dient die Anerkennung ausländischer Entscheide: Einem ausländischen Insolvenzverfahren werden nicht deshalb Inlandswirkungen zuerkannt, weil umgekehrt auch ein deutsches Verfahren Wirkungen im Ausland entfaltet, sondern weil die Inlandswirkung des konkreten ausländischen Verfahrens im Interesse der Gläubiger liegt. Wenn der Eröffnungsstaat in seinem eigenen Verfahren den Gleichbehandlungsgrundsatz wahrt, insbesondere auch die aus seiner Sicht ausländischen Gläubiger zur gleichberechtigten Teilnahme zuläßt, sollte das Verfahren anerkannt werden. Lehnte man hier die Anerkennung des Auslandskonkurses allein wegen fehlender Gegenseitigkeit ab, so würden die par conditio creditorum und die "materielle Gerechtigkeit" (*Lüke*) nicht gewahrt, sondern gerade gestört[67].

Dem steht ein nur geringer rechtspolitischer Nutzen entgegen[68]. Es mag zwar nicht von vorherein ausgeschlossen sein, daß durch ein Gegenseitigkeitserfordernis die Haltung des ausländischen Staates zum deutschen Insolvenzverfahren geändert wird. Immerhin hat auch das Anerkennungserfordernis der "comitas" im belgischen Recht den deutschen Gerichten vor Augen geführt, daß ihre Haltung zur Territorialität des Auslandskonkurses zugleich die Realisierbarkeit des Uni-

---

64 In der Schweiz ist die Reziprozität conditio sine qua non der Anerkennung (Art. 166 I Buchst. c IPRG). In Österreich setzt die Anerkennung ausländischer Insolvenzverfahren seit dem IRÄG sogar staatsvertraglich verbürgte Gegenseitigkeit voraus (§§ 180 KO, 79 EO), was mit der vergleichsweise großen Zahl bilateraler Konkurskonventionen Österreichs - abgeschlossen mit Belgien, Frankreich, Italien und Deutschland - zusammenhängt (vgl. *Wiesbauer*, Textsammlung IIR; krit. *Boll*, 25 ff.).

65 Begründung zum EInsO, Teil B, Anm. 5 a zu §§ 379 ff. (S. 236).

66 *E. J. Habscheid*, KTS 1989, 593 (605); *Lau*, BB 1986, 1450 (1453).

67 *Arnold*, in: *Gottwald*, InsolvenzRHdb, § 122 Rn. 22; *Gottwald*, IPRax 1991, 168 (169); *Hanisch*, SZIER 1992, 3 (4); *Lüer*, in: *Kuhn / Uhlenbruck*, KO, §§ 237, 238 Rn. 74; *Lüke*, KTS 1986, 1 (16); *Staehelin*, 65 f.; *Walder*, in: FS 100 Jahre SchKG, 325 (330).

68 Anders *Pfeiffer*, RabelsZ 55 (1991), 735 (740 f.) auf der Basis einer spieltheoretischen Analyse: Das Gegenseitigkeitserfordernis verhindere einseitige Vorleistungen und biete damit jedem Beteiligten einen Anreiz zur Kooperation.

versalitätsanspruchs des Inlandskonkurses gefährdet[69], und so die Wende im deutschen Internationalen Insolvenzrecht nicht unerheblich beeinflußt[70]. Die Chance, auf diese Weise die Anerkennung des Inlandskonkurses im Ausland zu erreichen, ist jedoch zu gering, um die Nichtanerkennung des Auslandsverfahrens zu rechtfertigen[71].

g. *Kein anhängiges inländisches oder anerkennungsfähiges ausländisches Verfahren*

Ein ausländisches Insolvenzverfahren wird nicht anerkannt, wenn und soweit dem die Wirkungen eines anhängigen Inlandsverfahrens entgegenstehen, und zwar gleichgültig, ob das inländische Verfahren früher oder später eröffnet wurde als das ausländische (§ 238 KO, insbes. Abs. 3)[72]. Auch nach dem Istanbuler Übereinkommen kann ein Verwalter seine Befugnisse in einem Staat nicht ausüben, in dem entweder ein Insolvenzverfahren anhängig ist oder das in einem dritten Staat eröffnete Insolvenzverfahren anerkannt wird (Art. 14 I IstanbÜ), und zwar auch dann, wenn es später als der ausländische Konkurs eröffnet worden ist[73]. Für das neue deutsche Recht ergibt sich Entsprechendes aus §§ 393 ff., insbes. §§ 395 ff. EInsO.

Ein Teil der deutschen Literatur lehnt die Anerkennung der Inlandswirkungen des Auslandsverfahrens trotz bestehender Zuständigkeit schon dann ab, wenn die Voraussetzungen vorliegen, unter denen die deutschen Gerichte nach § 238 I, II KO zur Eröffnung eines gegenständlich beschränkten Inlandskonkurses zuständig

---

69 Tribunal de Commerce de Bruxelles, Jurisprudence Commerciale de Belgique 1976, 629 (634).

70 *Lau*, BB 1986, 1450 (1453). A. A. *Hanisch*, SZIER 1992, 3 (5, Fn. 6): In erster Linie hätten die Argumente der Literatur den BGH überzeugt - letztlich ist das ein Streit um des Kaisers Bart.

71 Skeptisch gegenüber dieser "Hoffnung des erhobenen Zeigefingers" (*Hanisch*) auch *Hanisch*, Schw. Jb. Int. R. 36 (1980), 109 (121); *ders.*, SZIER 1992, 3 (5); *v. Oertzen*, 57 f.; *Staehelin*, 65 ff.

72 Str. ist nur, ob ein inländisches *Universal*verfahren eröffnet werden *darf*, wenn bereits ein anerkennungsfähiger Auslandskonkurs anhängig ist; vgl. zur Reichweite des Prioritätsprinzips bei mehrfacher universeller Zuständigkeit oben S. 24 f., 30 f. Stets möglich bleibt aber die Eröffnung eines auf das Inlandsvermögen beschränkten Verfahrens.

73 So für das im Anerkennungsstaat selbst anhängige Verfahren *Arnold*, ZIP 1984, 1144 (1150); *Leipold*, in: FS Waseda Univ., S. 787 (817).

sind[74]. Anerkennungsvoraussetzung sei eine "Konkurslücke", die immer dann vorliege, wenn im Inland Vermögen des Gemeinschuldners belegen ist, jedoch wegen fehlender inländischer Zuständigkeit kein Inlandskonkurs eröffnet werden kann[75]. - Nach anderer Ansicht schließt die deutsche Zuständigkeit gem. § 238 I, II KO die Anerkennung der Wirkungen des ausländischen Verfahrens auf deutsches Vermögen erst dann aus, wenn das inländische tatsächlich eröffnet wird: §§ 72 KO, 35 ZPO lasse den Antragstellern die Wahl zwischen beiden internationalen zuständigen Stellen; die Zuständigkeit nach § 238 KO dürfe nicht über den Wortlaut der Norm hinaus zur ausschließlichen gesteigert werden[76].

Auch unter der Geltung des EInsO schließt die deutsche Zuständigkeit zur Durchführung eines Sonderinsolvenzverfahrens die Anerkennung eines ausländischen Verfahrens noch nicht aus, wenn die deutschen Gerichte von ihrer Kompetenz keinen Gebrauch machen. Vielmehr werden die Wirkungen eines anerkannten Auslandskonkurses nur insoweit verdrängt, als über das inländische Vermögen des Schuldners tatsächlich ein Parallelinsolvenzverfahren durchgeführt wird. Entsprechendes gilt für das Istanbuler Übereinkommen, dessen Art. 14 I nicht darauf abstellt, ob eine Zuständigkeit zur Eröffnung eines parallelen Verfahren besteht, sondern darauf, ob ein solches Verfahren tatsächlich stattfindet.

In der Tat ist nicht einzusehen, warum die Gläubiger zur Durchführung eines Separatkonkurses gezwungen werden sollten, der vielleicht weder für einzelne antragsberechtigte Gläubiger noch für die Gläubigergesamtheit wirtschaftlich sinnvoll ist, weil das Inlandsvermögen die Kosten des Separatkonkurses nicht lohnt. Eine Mitverwertung des inländischen Vermögens im Ausland kann dann die wesentlich günstigere Lösung sein. In einem solchen Fall sollte den Beteiligten die Wahl bleiben, ob sie den Inlandskonkurs herbeiführen oder im Rahmen des ohnehin durchgeführten Auslandskonkurses aus dem gesamten Vermögen des Schuldners Befriedigung suchen. Daher darf dem Auslandsverfahren nicht allein deshalb die Anerkennung verweigert werden, weil auch eine inländische Zuständigkeit besteht.

---

[74] *Ebenroth*, ZZP 101 (1988), 121 (125, 129); *v. Hoffmann*, in: *Reithmann*, Int. Vertragsrecht, 2. Aufl., Rn. 724; wohl auch *Frank*, RDAI 3 (1989), 291 (303), und *Dilger*, RIW 1988, 225 (226). A. A. jetzt *Merz*, in: *Reithmann / Martiny*, Int. Vertragsrecht, 4. Aufl., Rn. 980; *Baur / Stürner* II, Rn. 37.31, *Pielorz*, Auslandskonkurs, 74.

[75] *Ebenroth*, ZZP 101 (1988), 121 (129, 141 Fn. 124, 125); *Lüer*, KTS 1990, 377 (388 f.) (der m. E. den Unterschied zwischen Anerkennungsfähigkeit des Konkurses überhaupt und Anerkennung einzelner Konkursfolgen verkennt).

[76] *Baur / Stürner* II, Rn. 37.31; *Jahr*, in: *Jaeger*, KO, §§ 237, 238 Anm. 167; *Pielorz*, Auslandskonkurs, 74.

h. *Kein Verstoß gegen den inländischen ordre public*

Die Anerkennung eines ausländischen Verfahrens oder einzelner seiner Wirkungen (vgl. das Wort "soweit" in § 384 Nr. 2 EInsO) ist schließlich dann ausgeschlossen, wenn sie "mit wesentlichen Grundsätzen des deutschen Rechts offensichtlich unvereinbar" wäre (§ 328 I Nr. 4 ZPO, § 384 Nr. 2 EInsO), insbesondere wenn Grundrechte verletzt sind (§ 384 Nr. 2 EInsO). Der Vorbehalt des ordre public gilt für den Eröffnungsbeschluß wie für die im Laufe des Verfahrens ergehenden Entscheidungen.

Auch das Istanbuler Übereinkommen stellt klar, daß der ordre public den Auslandswirkungen eines Verfahrens allgemein (Art. 3 Buchst. c) oder speziell einzelnen Befugnissen des Verwalters in anderen Mitgliedstaaten (Art. 14 II Buchst. b) Grenzen setzt. Die Eröffnungsentscheidung bzw. Maßnahme des Verwalters darf nicht "offensichtlich" dem ordre public des anerkennenden Staates widersprechen. Dieser Wortlaut hat Anlaß zu Mißverständnissen gegeben; so merkt der DAV[77] - der Sache nach zu Recht - an, wenn die öffentliche Ordnung des Anerkennungsstaates verletzt werden würde, könne es nicht darauf ankommen, ob dies "offensichtlich" der Fall sei. Gemeint ist mit der in internationalen Verträgen üblichen Formulierung jedoch nur, daß der Begriff des ordre public eng auszulegen ist[78]. Im Ergebnis stellen also das Übereinkommen und der EInsO vergleichbare Kriterien auf, die freilich im Einzelfall anhand der Umstände des jeweiligen Anerkennungsstaates "mit Leben gefüllt" werden müssen[79].

4. *Zwischenergebnis*

Die Voraussetzungen, unter denen sich nach dem Istanbuler Übereinkommen gewisse Wirkungen des in einem Mitgliedstaat eröffneten Konkurses auf das Gebiet anderer Mitgliedstaaten erstrecken, stimmen mit den Anerkennungsvoraussetzungen des künftigen deutschen Rechts überein. Auch die gerichtliche Inzidentkontrolle der Anerkennungsfähigkeit eines ausländischen Insolvenzverfahrens genügt den Anforderungen des Art. 12 IstanbÜ. Vorbehaltlich einzelner, noch näher zu untersuchender Konkurswirkungen ist die Anerkennung der gemäß dem Überein-

---

77 DAV, Stellungnahme zum ERats-Entwurf 1988, 12 (zu Art. 3 ERats-Entwurf 1988 = Art. 3 n. F.).

78 Begründung zum IstanbÜ, Ziff. 21 c (zu Art. 3), Ziff. 86 (zu Art. 14); *Arnold*, ZIP 1984, 1144 (1150).

kommen eröffneten Insolvenzverfahren in der Bundesrepublik gesichert. Einer Ratifikation des Übereinkommens steht insoweit nichts im Wege.

---

[79] Vgl. zum ordre public im Internationalen Insolvenzrecht im einzelnen *Spellenberg*, in: Reform des deutschen IIR, 183.

Kapitel IV. Einzelne Wirkungen der Eröffnung eines anerkennungsfähigen Insolvenzverfahrens

Einem anerkennungsfähigen, insbesondere von der international zuständigen Stelle eröffneten Insolvenzverfahren schreibt das Istanbuler Übereinkommen nicht generell extraterritoriale Wirkung zu: Die anderen Mitgliedstaaten sind nur zur Anerkennung bestimmter, besonders genannter Verfahrenswirkungen verpflichtet. Nach Kapitel II des Übereinkommens kann der in einem Mitgliedstaat bestellte Verwalter seine Befugnisse grundsätzlich auch in anderen Staaten ausüben; auch die vom Recht des Eröffnungsstaates angeordnete Vollstreckungssperre erstreckt sich nach Ablauf einer bestimmten Zeitspanne auf die anderen Mitgliedstaaten, so daß sich die Gläubiger nicht mehr im Wege der Einzelvollstreckung daraus befriedigen können. Beide Grundsätze unterliegen jedoch zum Schutz der inländischen Gläubiger wichtigen Einschränkungen.

Auch der EInsO bekennt sich nicht vorbehaltlos zur Universalität des Auslandsinsolvenzverfahrens; er geht jedoch in der Anerkennung der Inlandswirkungen ausländischer Verfahren sehr viel weiter als das Istanbuler Übereinkommen. Das wirft die Frage auf, inwieweit beide Systeme voneinander abweichen, welches jeweils den Vorzug verdient und ob trotz der bestehenden Unterschiede denkbar ist, daß Deutschland das Istanbuler Übereinkommen ratifiziert. Die folgenden Erörterungen beziehen sich dabei nur auf ein ausländisches Insolvenzverfahren, das universelle Geltung beansprucht und sie aufgrund der Zuständigkeit des eröffnenden Gerichts auch beanspruchen kann. Auf die Inlandswirkungen eines ausländischen Insolvenzverfahrens, das nur das im Eröffnungsstaat belegene Vermögen erfaßt, wird später[1] einzugehen sein.

---

[1] Insbes. S. 99 ff., 154 ff., 189 ff.

1. Übergang der Verwaltungs-, Verfügungs- und Prozeßführungsbefugnisse über das inländische Vermögen

a. Gegenwärtige deutsche Rechtslage

Bis zur "Wende im Internationalen Insolvenzrecht" hatte die deutsche Rechtsprechung angenommen, § 237 KO erhalte dem Gemeinschuldner seine Verwaltungs- und Verfügungsbefugnis über das inländische Vermögen auch nach der Eröffnung eines ausländischen Konkursverfahrens[2]. Nur dem Verwalter einer ausländischen juristischen Person wurde die Prozeßführungsbefugnis für Ansprüche der ausländischen Masse im Inland zuerkannt, allerdings in seiner Eigenschaft als Liquidator, also aufgrund gesellschaftsrechtlicher Qualifikation[3].

Inzwischen hat sich die Rechtsprechung[4] der h. L.[5] angeschlossen, wonach der vom Recht des ausländischen Eröffnungsstaates vorgesehene Übergang der Verwaltungs- und Verfügungsbefugnis vom Gemeinschuldner auf den Verwalter anzuerkennen ist. Damit kann der Verwalter auch das inländische Vermögen des Gemeinschuldners zur Masse ziehen.

Gleichwohl ist der BGH bis heute der Auffassung, die Eröffnung eines ausländischen Insolvenzverfahrens führe nicht nach § 240 ZPO zur Unterbrechung eines Zivilprozesses, der im Inland über das zur Masse gehörige Vermögen geführt werde[6]. An Stelle der ursprünglichen Begründung aus § 237 I KO (danach sei auch der auf Erlangung eines Vollstreckungstitels gerichtete Prozeß gegen den Gemeinschuldner zulässig) sind jetzt Rechtssicherheitserwägungen getreten[7]. Der

---

2 BGH, NJW 1960, 774; NJW 1962, 1511 (1512); OLG Hamm, NJW 1977, 504.

3 BGH, AWD 1962, 81 m. zust. Anm. *Hofstetter*; BGH, IPRspr. 1966-67 Nr. 307; BGHZ 53, 383 (387); OLG Hamm, NJW 1977, 504 m. zust. Anm. *Oexmann*, NJW 1977, 505; OLG Hamm, ZIP 1984, 1282 (1283). Zur Abgrenzung von lex fori concursus und lex societas in diesem Bereich *Ebenroth*, ZZP 101 (1988), 121 (141 ff.); *Staudinger / Großfeld*, IntGesR, Rn. 263, 274, 359 ff.

4 BGHZ 95, 256. Den Übergang der Verfügungsbefugnis hatte bereits das RG grundsätzlich anerkannt in RGZ 6, 400 (407); 14, 412 (413).

5 Statt aller: *Arnold*, in: *Gottwald*, InsolvenzRHdb, § 122 Rn. 41; *E. J. Habscheid*, KTS 1989, 593 (607); *Pielorz*, Auslandskonkurs, 99 ff.; *Merz*, ZIP 1983, 136 (140). - A. A., soweit ersichtlich, nur noch *Hartmann*, in: *Baumbach / Lauterbach*, ZPO, § 240 Rn. 3.

6 BGH, NJW 1962, 1511; GRUR 1976, 204 (205); WM 1977, 785 (786); NJW 1979, 2477 (2478); NJW 1988, 3096 (3097); RIW 1989, 486; BPatG, GRUR 1983, 199.

7 Zust. *Hartmann*, in: *Baumbach / Lauterbach*, ZPO, § 240 Rn. 2; *Mohrbutter / Mohrbutter*, Konkurs- und Vergleichsverwaltung, Rn. 1691 b; *Uhlenbruck*, WuB VI B. § 10 KO 1.88, 1527.

überwiegende Teil der insolvenzrechtlichen Literatur[8] und zunehmend auch die Instanzgerichte[9] wollen dagegen § 240 ZPO auch auf Auslandskonkurse anwenden.

b. Istanbuler Übereinkommen

Ist in einem Mitgliedstaat ein Insolvenzverfahren eröffnet worden, so kann der dort bestellte Verwalter die Befugnisse, die ihm das Recht des Eröffnungsstaates zuspricht, nach Maßgabe von Kapitel II IstanbÜ auch auf dem Gebiet der anderen Vertragsstaaten ausüben. Wer Verwalter im Sinne dieser Vorschriften ist, ergibt sich aus der Legaldefinition des Art. 1 III Buchst. a IstanbÜ i. V. mit Anhang B. Über die in Art. 1 I i. V. mit Anhang A genannten Verfahren hinaus findet Kapitel II IstanbÜ auch Anwendung auf die ihnen vorangehenden Verfahren, die darauf gerichtet sind, das Vermögen des Schuldners vorläufig zu sichern (Art. 6 IstanbÜ).

Der Verwalter kann außerhalb des Staates der Verfahrenseröffnung zunächst nur Maßnahmen zur Sicherung und Erhaltung der Masse (Art. 8) treffen. Die verfahrenseröffnende Entscheidung ist im Zweitstaat zu veröffentlichen (Art. 9). Erst wenn seit dieser Veröffentlichung zwei Monate verstrichen sind, stehen dem Verwalter die in Art. 10 I bezeichneten Rechte zu, das im Zweitstaat belegene Vermögen zu verwalten, über es verfügen und es zu diesem Zweck aus dem Belegenheitsstaat entfernen (Art. 11 I)[10]. Wenn nach Art. 11 III IstanbÜ (erst) nach Ablauf der Zweimonatsfrist "nur" noch der Verwalter die in Art. 10 I bezeichneten Maßnahmen treffen kann, so ergibt sich daraus im Umkehrschluß, daß es bis zu diesem Zeitpunkt auch der Gemeinschuldner kann; das ist nur möglich, wenn er während des Fristlaufs seine Verwaltungs- und Verfügungsbefugnis im Zweitstaat nicht verliert. In dieser Zeit sind also (vorbehaltlich weitergehender Aner-

---

[8] *Baur / Stürner* II, Rn. 37.32; *E. J. Habscheid*, KTS 1989, 593 (613 f.); *ders.*, KTS 1990, 403 (420); *Lau*, BB 1986, 1450; *Leipold*, in: Reform des deutschen IIR, 72 (87 f.); *ders.*, in: FS Schwab, 289 (295 ff.); *Lüer*, in: *Kuhn / Uhlenbruck*, KO, §§ 237, 238 Rn. 77; *Lüke*, KTS 1986, 1 (11 ff.); *Sundermann*, WuB VII A. § 240 ZPO 2.90, 1545; *Thieme*, RabelsZ 37 (1973), 682 (700). Für den Aktivprozeß des Gemeinschuldners bereits *Ringleb*, 86 ff.

[9] OLG Stuttgart, KTS 1985, 281; OLG Karlsruhe, NJW-RR 1991, 295; RIW 1992, 940.

[10] Kritisch dazu DAV, Stellungnahme zum ERats-Entwurf 1988, 15.

kennungsvorschriften des Zweitstaates) der Gemeinschuldner und der Verwalter nebeneinander - letzterer beschränkt auf Maßnahmen nach Art. 8 - zuständig[11].

Dasselbe kann unter Umständen auch nach Ablauf der Zweimonatsfrist gelten, nämlich wenn - gleichgültig, ob vor oder nach Fristablauf - die Eröffnung eines Sekundärinsolvenzverfahrens beantragt wurde: Nach Art. 11 I 2 IstanbÜ ruhen dann die Befugnisse des Verwalters so lange, bis über den Antrag entschieden ist[12]. Diese Vorschrift unterscheidet ihrem Wortlaut nach ("the powers of the liquidator" / "les pouvoirs du syndic") nicht zwischen den Verwaltungs- und Verfügungsbefugnissen des Verwalters gemäß Art. 10 I IstanbÜ und den Maßnahmen zur Erhaltung und Sicherung der Masse gemäß Art. 8 IstanbÜ. Nach dem Normzweck des Art. 11 I 2 und seinem systematischen Zusammenhang ist jedoch davon auszugehen, daß nur die endgültigen Maßnahmen nach Art. 10 I bis zur Entscheidung über den Insolvenzantrag ruhen. Denn zum einen verweist der unmittelbar vorangehende Art. 11 I 1 auf Art. 10 I, zum anderen kann der Verwalter nicht - unter ansonsten gleichen Umständen - nach Ablauf der Zweimonatsfrist geringere Befugnisse haben als vorher.

Der bereits vielfach erwähnte Art. 8 IstanbÜ erklärt "Maßnahmen zur Erhaltung und Sicherung der Masse" für sofort zulässig. Aufgrund dieser Vorschrift kann der Verwalter - nach Maßgabe der Rechtsordnung des Staates, in dem gehandelt werden soll - insbesondere Siegel anbringen, Sicherungshypotheken auf den Grundstücken des Gemeinschuldners eintragen lassen bzw. seine Mobilien pfänden lassen, verderbliche Güter verkaufen, Geschäftsbücher und -unterlagen des Gemeinschuldners in Besitz nehmen, fällige Forderungen einziehen und das Geschäft des Schuldners verwalten[13].

Bedauerlicherweise geht das Übereinkommen nicht auf das Konkurrenzverhältnis zwischen den Befugnissen des Verwalters nach Art. 8 IstanbÜ und der zunächst fortbestehenden Dispositionsbefugnis des Gemeinschuldners ein. Im Interesse der Effektivität des Verfahrens sollte man den Rechten des Verwalters zur Sicherung und Erhaltung der Masse den Vorrang einräumen, so daß der Gemeinschuldner über solche Gegenstände nicht mehr verfügen kann, die der Verwalter

---

11 *Arnold*, IPRax 1986, 133 (137); *ders.*, ZIP 1984, 1144 (1147 f.); *ders.*, in: *Gottwald*, InsolvenzRHdb, § 124 Rn. 47; *Boll*, 83; *Leipold*, in: FS Waseda Univ., S. 787 (817); *Petel*, in: Heidelberger Seminar, 45 (55); *Wiesbauer*, in: Neuerungen im IIR, 64 (68); *ders.*, ÖJZ 1988, 12 (15). - Nach den Vorentwürfen blieb der Gemeinschuldner sogar zeitlich unbegrenzt verfügungsbefugt (*Arnold*, ZIP 1984, 1144 (1148); *ders.*, IPRax 1986, 133 (137); *Boll*, 82; *Favoccia*, 154, 158; *Wiesbauer*, ÖJZ 1988, 12 (15)).

12 Krit. DAV, Stellungnahme zum ERats-Entwurf 1989, 10 (zu Art. 11).

13 Begründung zum IstanbÜ, Ziff. 42 (zu Art. 8).

"gesichert" hat (z. B. nicht von einem auf Veranlassung des Verwalters gesperrten Konto Geld abheben kann)[14]. Aufgrund von Art. 8 soll der Verwalter gerade auch Vermögensverschiebungen des Gemeinschuldners unterbinden können[15]. Da aber das Übereinkommen keine sofortige und umfassende Beschlagwirkung des Konkurses im Ausland kennt, bedarf es dazu stets einer konkreten, auf das jeweilige Zugriffsobjekt bezogenen Sicherungsmaßnahme.

Ob inländische Masseprozesse durch das Auslandsverfahren unterbrochen werden, hängt zwar von der Anerkennung der Prozeßführungsbefugnis des Verwalters ab; die Frage der Prozeßunterbrechung selbst ist jedoch zivilprozeßrechtlicher Natur[16] und fällt daher nicht in den Regelungsbereich des Übereinkommens.

Welche Maßnahmen der Verwalter im einzelnen ergreifen kann, richtet sich nach dem Recht des Eröffnungsstaates (Art. 10 I IstanbÜ). Die verfahrensrechtlichen Modalitäten ihrer Geltendmachung und Durchsetzung - nicht der materiellrechtliche Umfang der Befugnisse[17] - unterliegen dem Recht des Staates, in dem er tätig werden will (Art. 10 II IstanbÜ). Zum Nachweis seiner Befugnisse hat der Verwalter lediglich eine beglaubigte Kopie der Bestellungsurkunde vorzulegen (Art. 7 IstanbÜ).

c. *Künftige deutsche Rechtslage*

Der EInsO schließt sich, in konsequenter Durchführung des Universalitätsprinzips, wiederum der neueren deutschen Rechtsprechung an, ohne daß dies im Gesetzestext noch besonders erwähnt werden müßte: Daß der vom Recht des Eröffnungsstaates vorgesehene Übergang der Verwaltungs- und Verfügungsbefugnis in Bezug auf die Masse vom Gemeinschuldner auf den Verwalter anerkannt wird, er also sofort sämtliche ihm nach dem Recht des Eröffnungsstaates zustehenden Be-

---

[14] So versteht auch *Arnold* die ERats-Entwürfe 1984 bzw. 1986 (*Arnold*, ZIP 1984, 1144 (1148); *ders.*, ZIP 1986, 133 (137); *ders.*, in: *Gottwald*, InsolvenzRHdb, § 124 Rn. 47).

[15] Begründung zum IstanbÜ, Ziff. 42 (zu Art. 8).

[16] *Ackmann / Wenner*, IPRax 1989, 144 (145, 148); *Lüer*, in: *Kuhn / Uhlenbruck*, KO, §§ 237, 238 Rn. 77; *Jahr*, in: *Jaeger*, KO, §§ 237, 238 Anm. 417; *Klevemann*, S. 130; *Leipold*, in: FS Schwab, 289 (299 ff.); *ders.*, in: Reform des deutschen IIR, 72 (88 f.); *v. Oertzen*, 104 ff.; *Trunk*, ZIP 1989, 279 (280).

[17] Unklar noch Art. 9 II ERats-Entwurf 1988: "The acts of administration, management and disposal are subject to the national law of the Party in whose territory the assets are situated." Dazu hatte der DAV, Stellungnahme zum ERats-Entwurf 1988, 2 ff., kritisch angemerkt, die

fugnisse auch im Inland ausüben kann, ergibt sich schon aus § 379 EInsO. Anerkannt wird zugleich die Prozeßführungsbefugnis des Verwalters, so daß auch ein anerkennungsfähiges Auslandsinsolvenzverfahren einen in Deutschland anhängigen (Aktiv- oder Passiv-)Prozeß der Masse unterbricht[18] (§ 391 EInsO). Die Bedenken, die der BGH unter dem Gesichtspunkt der Rechtssicherheit vorgebracht hatte - bei einem Auslandskonkurs sei nicht gewährleistet, daß die Beteiligten rechtzeitig von der Verfahrenseröffnung erführen -, sind dadurch entkräftet worden, daß ein Auslandsinsolvenzverfahren künftig in gleicher Weise publiziert wird wie ein inländisches (§§ 385, 386 EInsO). Wer zur Aufnahme des Verfahrens berechtigt ist, entscheidet das Recht des Eröffnungsstaates (§ 391 S. 2 EInsO); die Art und Weise der Aufnahme unterliegen deutschem Prozeßrecht. Nur wenn neben dem Auslandskonkurs zugleich ein auf das Inlandsvermögen beschränktes deutsches Parallelinsolvenzverfahren stattfindet, erstreckt sich die Beschlagwirkung des ausländischen Universalkonkurses einschließlich der Dispositionsbefugnis des Verwalters nicht auf das inländische Vermögen.

Mit dem Istanbuler Übereinkommen ist diese Erweiterung der Befugnisse des Verwalters gegenüber dem vertraglich vorgesehenen Mindestmaß, ebenso wie die damit einhergehende Einschränkung der Rechtsmacht des Gemeinschuldners, aufgrund von Art. 15 des Übereinkommens ohne weiteres zulässig.

d. *Stellungnahme*

Während also der EInsO den Übergang der Verwaltungs- und Verfügungsbefugnis umfassend anerkennt, stehen dem Verwalter nach Art. 11 II IstanbÜ zentrale Rechte im Zweitstaat frühestens[19] zwei Monate nach Publikation der Verfahrenseröffnung in diesem Staat zu. Während der Zweimonatsfrist kann er nur Maßnahmen zur Sicherung und Erhaltung des Schuldnervermögens ergreifen (Art. 8 IstanbÜ). So lange können die Eröffnung eines Sekundärinsolvenzverfahrens beantragt und die Einzelzwangsvollstreckung betrieben werden (Art. 11 I, II IstanbÜ). Dieser Aufschub hilft, die Wirkungen des Hauptverfahrens von den vorrangigen eines später eröffneten Sekundärinsolvenzverfahrens abzugrenzen.

Norm führe zur grundsätzlichen Überlagerung des Konkursstatuts durch das Belegenheitsstatut.

[18] Zur Alternative einer Aussetzung auf Antrag des Verwalters (so noch Art. 12 VE) *E. J. Habscheid*, KTS 1989, 593 (615); *Leipold*, in: Reform des deutschen IIR, 72 (89 ff.); *Riegel*, RIW 1990, 546 (549); *Trunk*, ZIP 1989, 279 (285 f.).

Dem Ablauf der Zweimonatsfrist kommt insoweit grosso modo dieselbe Wirkung zu wie einem Exequatur des Anerkennungsstaates in Staaten, die dieses für eine umfassende Anerkennung ausländischer Konkurswirkungen verlangen: Auch dort kann der Verwalter bis zum Erlaß des Exequaturs immerhin Maßnahmen zur Sicherung der Masse vornehmen[20]. Den Übergang der Verwaltungs- und Verfügungsbefugnis um zwei Monate aufzuschieben ist indes nur dann gerechtfertigt, wenn damit - abgesehen von der gesondert zu würdigenden Zwangsvollstreckungsmöglichkeit[21] - keine Gefährdung des Bestands der Masse verbunden ist.

Bedenklich ist zunächst, ob die Befugnisse des Verwalters nach Art. 8 IstanbÜ ausreichen, um die Masse effektiv gegen Verfügungen des Gemeinschuldners zu sichern, der immerhin zwei Monate lang dispositionsbefugt bleibt (arg. e Art. 11 III IstanbÜ). Eindeutige Kompetenzabgrenzungen zwischen Gemeinschuldner und Verwalter fehlen. Zwar ist den Kompetenzen des Verwalters, die zur Sicherung und Erhaltung der Masse erforderlichen Maßnahmen zu ergreifen, Vorrang einzuräumen gegenüber der Dispositionsbefugnis des Schuldners[22]. Aber selbst in dieser Auslegung bleiben Verfügungen des Gemeinschuldners über Gegenstände möglich, von denen der Verwalter nicht oder nicht rechtzeitig erfährt oder auf die er nicht schnell genug zugreifen kann. Auch zum Empfang von Leistungen bleibt der Gemeinschuldner befugt[23]. Seine Verfügungsbefugnis gefährdet daher trotz ihrer zeitlichen Begrenzung den Bestand der Masse nicht unerheblich[24]; im Interesse der Gläubiger sollte er an jeglichen Einwirkungsmöglichkeiten auf die Masse gehindert werden[25], also seine Verfügungsbefugnis - eine entsprechende Bestimmung der lex fori concursus vorausgesetzt - auch bezüglich des in anderen Staaten belegenen Vermögens verlieren.

Damit ist indes noch nicht gesagt, daß diese Befugnis sofort und uneingeschränkt auf den Verwalter übergehen muß: Wenn im Zweitstaat später ein Sekundärinsolvenzverfahren eröffnet wird, ist es für dessen Abwicklung günstiger,

---

19 Er erhält sie auch nach Fristablauf noch nicht, wenn inzwischen im Anerkennungsstaat ein Sekundärinsolvenzverfahren beantragt wurde (Art. 11 I 2 IstanbÜ).

20 Nachweise oben Kap. III, Fn. 26.

21 Dazu unten S. 67 ff.

22 S. o. S. 63 f.

23 *Wiesbauer*, ÖJZ 1988, 12 (15). - Ein anderes ergibt sich auch nicht aus Art. 13 II IstanbÜ: Die Frage, ob der gutgläubig an den Gemeinschuldner leistende Dritte geschützt wird, stellt sich zwar nur, wenn der Gemeinschuldner nicht mehr zur Annahme berechtigt war. Aber diese Wirkung des Insolvenzverfahrens muß sich nicht aus dem Übereinkommen ergeben, sie kann auch auf dem autonomen Recht des Mitgliedstaates beruhen (Art. 15).

24 DAV, Stellungnahme zum ERats-Entwurf 1988, 15 (zu Art. 10).

25 *Arnold*, in: *Gottwald*, InsolvenzRHdb, § 122 Rn. 41; *Thieme*, RabelsZ 37 (1973), 682 (707).

weil einfacher, wenn das im Zweitstaat belegene Vermögen noch in seinem "ursprünglichen" Bestand, unbeeinträchtigt durch Verfügungen des im Hauptkonkurs bestellten Verwalters, vorhanden ist.

Andererseits ist im Einzelfall ungewiß, ob und in welchen Zweitstaaten tatsächlich Sekundärinsolvenzverfahren stattfinden werden. Hat der Verwalter des Hauptverfahrens zum Zeitpunkt der Eröffnung des Zweitverfahrens einen im Zweitstaat belegenen Gegenstand bereits verwertet, so droht der Masse des Zweitverfahrens dadurch kein wesentlicher Nachteil, weil sie zumindest den Erlös herausverlangen kann. Umgekehrt ist eine effektive Arbeit des Verwalters im Hauptverfahren nur möglich, wenn er sogleich mit umfassenden Kompetenzen ausgestattet wird. Ihm bezüglich des - aus seiner Sicht - ausländischen Vermögens ein zweimonatiges Verwertungsverbot aufzuerlegen, ist nicht erforderlich; den Interessen der Gläubiger, die in Zweitinsolvenzverfahren günstiger stünden, wäre auch durch ein Verbot Genüge getan, den Verwertungserlös auszukehren.

Wenn das Recht des Eröffnungsstaates vorsieht, daß mit der Verfahrenseröffnung der Gemeinschuldner seine Dispositionsbefugnis verliert, ist diese Konkurswirkung somit uneingeschränkt anzuerkennen. Die entsprechende Lösung des EInsO ist zu befürworten.

2. *Befugnis zur Einzelrechtsverfolgung im Inland*

a. *Gegenwärtige deutsche Rechtslage*

Mit Eröffnung eines deutschen Insolvenzverfahrens unterliegt das Vermögen des Gemeinschuldners dem Konkursbeschlag, steht es mithin zur Verwertung zugunsten der Gläubigergemeinschaft zur Verfügung. Zugunsten der gemeinschaftlichen Befriedigung ist der Zugriff Einzelner auf das Vermögen des Gemeinschuldners entweder eingeschränkt (Aufrechnung, Verwertung dinglicher Sicherheiten) oder ganz ausgeschlossen (Einzelzwangsvollstreckung). Das deutsche Insolvenzverfahren beansprucht diese Wirkung für das ausländische ebenso wie für das inländische Vermögen des Gemeinschuldners; insbesondere das Vollstreckungsverbot des deutschen Rechts (§ 14 KO / § 100 EInsO) soll auch insoweit gelten, als sich die fraglichen Vermögensgegenstände im Ausland befinden[26].

[26] Grundlegend BGHZ 88, 147.

Dagegen bleibt nach § 237 I KO ungeachtet der Eröffnung eines anerkennungsfähigen Auslandsverfahrens die Einzelzwangsvollstreckung[27] in das inländische Vermögen des Gemeinschuldners möglich. Die Vorschrift wird seit der "Wende im Internationalen Insolvenzrecht"[28] nicht mehr als Ausdruck des Territorialitätsprinzips, sondern nur noch als spezielle Beschränkung ausländischer Konkurswirkungen im Inland betrachtet und damit enger ausgelegt, so daß nach jetzt h. M. die Einzelvollstreckung nur noch aus bei Konkurseröffnung bereits vorhandenen Titeln betrieben werden kann[29]. Titelprozesse und Eilmaßnamen titelloser Gläubiger (Arreste) werden dagegen nach Eröffnung eines ausländischen Insolvenzverfahrens als unzulässig behandelt. Auch in dieser Auslegung stößt § 237 I KO aber zunehmend auf Ablehnung, zumal er seinen - an sich schon höchst umstrittenen - ursprünglichen Zweck, die inländischen Gläubiger zu schützen, nach verbreiteter Ansicht nicht mehr zu erreichen vermag. Noch weiter geht *E. J. Habscheid*[30]: Einer "nach § 237 KO angeblich zulässigen" Zwangsvollstrekkung könne der Verwalter nach § 767 ZPO die Unzulässigkeit der Rechtsausübung entgegenhalten, da das Erlangte später ohnehin herauszugeben sei. *Habscheids* Lösung hebelt § 237 KO letztlich aus und ist deshalb mit dem (noch) geltenden Recht unvereinbar. Allgemein wird gefordert, die Norm im Rahmen der Insolvenzrechtsreform aufzuheben. Für die neuen Bundesländer hat die Gesamtvollstreckungsordnung bereits darauf verzichtet, trotz anhängigen Auslandskonkurses die Einzelvollstreckung zuzulassen.

---

27 Lebhaft umstritten ist, ob § 237 KO als Parallele zur Zwangsvollstreckung auch die Aufrechnung als "Privatvollstreckung" zuläßt. Darauf kann hier nicht näher eingegangen werden.

28 BGHZ 95, 256 (267); vorbereitend schon BGHZ 88, 147 (155).

29 BGHZ 95, 256 (270) (obiter dictum); RIW 1990, 221 (222); OLG Düsseldorf, ZIP 1982, 1341; OLG Karlsruhe, NJW-RR 1987, 1407. Zust. *Buchner*, ZIP 1985, 1114 (1115 f.); *Hanisch*, ZIP 1983, 1289 (1299); *ders.*, ZIP 1985, 1233 (1234); *Lüer*, in: *Kuhn / Uhlenbruck*, KO, §§ 237, 238 Rn. 82, 84; *Wenner*, KTS 1990, 429 (432). So schon *J. Schmidt*, System des dt. IKR, 135 ff.; *Pielorz*, Auslandskonkurs, 90 ff., 94 ff.; *Thieme*, RabelsZ 37 (1973), 682 (702). Zust. *Uhlenbruck*, in: *Mentzel / Kuhn / Uhlenbruck*, KO, 9. Aufl., § 237 Rn. 1; *Merz*, ZIP 1983, 136 (139 f.). Kritisch dagegen *Baur / Stürner* II, Rn. 37.35 ("Gesetzesdurchbrechung"); *Häsemeyer*, ZZP 107 (1994), 111 (112) (hier werde "der Gesetzesgehorsam auf ein Lippenbekenntnis reduziert"); *Schütze*, Deutsches Internationales Zivilprozeßrecht, 197; *Frank*, RDAI 3 (1989), 291 (300). - A. A. in jüngster Zeit noch *Jahr*, in: LdR / ZivilverfahrensR, 119 (123).

30 *E. J. Habscheid*, KTS 1989, 593 (615 f.). Ebenso *Grasmann*, KTS 1990, 157 (166); *Summ*, 105. Abl. *K. Schmidt*, in: *Kilger / K. Schmidt*, KO, § 237 Anm. 7.

b. Istanbuler Übereinkommen

Gemäß Art. 11 II IstanbÜ können bestimmte Gläubiger nach der Konkurseröffnung zunächst weiter die Einzelrechtsverfolgung betreiben. Dieses Recht erlischt erst zwei Monate nach Bekanntmachung der Konkurseröffnung im Belegenheitsstaat, wobei die zu diesem Zeitpunkt begonnenen, aber noch nicht abgeschlossenen Vollstreckungsmaßnahmen fortgeführt werden können[31].

Die Einzelrechtsverfolgung betreiben können Gläubiger, deren Forderung nach dem Recht des Zweitstaates ein Vorrecht genießt, öffentlich-rechtlicher Natur ist (und zwar dem öffentlichen Recht des Zweitstaates unterliegt[32]) oder dem Betrieb oder der Tätigkeit einer Niederlassung oder einem Dienstverhältnis im Belegenheitsstaat entstammt[33]. Außerdem hat der Konkursverwalter Maßnahmen zu unterlassen, die dingliche Rechte oder Sicherheiten Dritter an Gegenständen verletzen würden, die im Zweitstaat belegen sind (Art. 14 II Buchst. a). Nur für die übrigen Gläubiger bedeutet also schon die Konkurseröffnung[34] das Ende des individuellen Zugriffs auf das Schuldnervermögen.

Die Einzelvollstreckung auf Titel zu beschränken, die vor der Konkurseröffnung erwirkt wurden, hatten die Mitgliedstaaten auch bei den Verhandlungen zum Istanbuler Übereinkommen erwogen. Letztlich wurde eine Differenzierung danach, ob der Titel früher oder später datiert als der Eröffnungsbeschluß, abgelehnt. Dementsprechend ist der endgültige Text des Übereinkommens weiter gefaßt ("... may pursue individual legal action against the assets of the debtor"); als Maßnahmen der Einzelrechtsverfolgung i. S. des Art. 11 II sind Anträge auf einstweiligen Rechtsschutz, auf Erlangung eines Vollstreckungstitels gerichtete Klagen und Vollstreckungsmaßnahmen zu verstehen[35].

Das Recht der in Art. 11 II IstanbÜ genannten Gläubiger, sich im Wege der Einzelrechtsverfolgung aus dem schuldnerischen Vermögen zu befriedigen, kann mit dem Recht des Verwalters nach Art. 8 I IstanbÜ konkurrieren, Maßnahmen

---

31 Begründung zum IstanbÜ, Ziff. 65 (zu Art. 11); vgl. Art. 11 III ("... may no longer commence..." / "... ne peuvent plus engager..."). Unzutreffend *W. Nussbaum*, Das schweizerische IIR, 51.

32 Begründung zum IstanbÜ, Ziff. 61 (zu Art. 11).

33 Ältere Entwürfe hatten das Verhältnis des Verwalters zu ungesicherten Gläubigern überhaupt nicht geregelt; zu den erwogenen Lösungen *Albanese*, in: Le droit de la faillite internationale, 145 (153).

34 Anders *Wiesbauer*, in: Neuerungen im IIR, 64 (67): "*Die Publikation* bewirkt einen Exekutionsstop..." (Hervorhebung der Verf.).

35 Begründung zum IstanbÜ, Ziff. 63 (zu Art. 11).

zur Sicherung und zur Erhaltung dieses Vermögens vorzunehmen. Die Begründung zum Übereinkommen[36] weist darauf hin, daß "these measures may... be frustrated by creditors' action under the terms of Article 11, paragraph 2". Doch ist weder der englischen Fassung noch der französischen ("peuvent... être écartées") zu entnehmen, ob die Gläubiger den Sicherungsmaßnahmen des Verwalters nur zuvorkommen können oder ob auch die Vollstreckung in Gegenstände zugelassen werden kann, die der Verwalter bereits in Besitz genommen hat oder hat pfänden lassen. Auch die Feststellung, Art. 11 II sei zum Schutz bestimmter Gläubigergruppen eingefügt worden, denen dadurch eine privilegierte Stellung zukomme[37], läßt nicht erkennen, wie weit diese Privilegierung reicht. Das oben[38] für die Konkurrenz von Verwalter und Gemeinschuldner Gesagte muß hier entsprechend gelten: Die Einzelvollstreckung sollte schon dann ausgeschlossen sein, wenn der Verwalter den Gegenstand in Besitz genommen oder sonst (etwa durch Arrest oder einstweilige Verfügung) sichergestellt hat, nicht erst, wenn er ihn ins Ausland - insbesondere in den Eröffnungsstaat - verbracht hat[39] oder die Zweimonatsfrist abgelaufen ist.

c. *Künftige deutsche Rechtslage*

Anders als § 237 I KO und Art. 11 II IstanbÜ erkennt das neue deutsche Recht den von der lex fori concursus vorgesehenen Ausschluß der Einzelrechtsverfolgung uneingeschränkt an (§ 379 EInsO). Abgesehen von der Verwertung dinglicher Sicherheiten (Sonderregelung: § 390 EInsO) ist somit vom Zeitpunkt der Verfahrenseröffnung an die Befriedigung einzelner Gläubiger aus dem deutschen Vermögen ausgeschlossen, wenn das Recht des Eröffnungsstaates eine entsprechende Vorschrift kennt. Dazu hat man sich erst im RefE EGInsO entschließen können; noch die Neuformulierung des VE vom September 1989 behielt in Art. 18 I einem ähnlichen Gläubigerkreis die Einzelrechtsverfolgung vor wie das Istanbuler Übereinkommen.

---

36 Begründung zum IstanbÜ, Ziff. 43 (zu Art. 8).

37 Begründung zum IstanbÜ, Ziff. 64 (zu Art. 11).

38 Oben S. 63.

39 So zu Recht *Arnold*, ZIP 1984, 1144 (1151).

d. *Stellungnahme zur Zulassung der Einzelzwangsvollstreckung*

Indem § 237 I KO und Art. 11 II IstanbÜ die Einzelzwangsvollstreckung in das inländische Vermögen des Schuldners ungeachtet der Konkurseröffnung im Ausland zulassen, verwehren sie dem ausländischen Verfahren die Anerkennung in einem wesentlichen Punkt, in dem das deutsche Recht sie für den Inlandskonkurs bisher selbstverständlich in Anspruch nahm und künftig in Anspruch nehmen wird. Eine solche Regelung widerspricht dem Grundsatz der Universalität des ausländischen Insolvenzverfahrens, da das Verfahren eine seiner zur Erhaltung der Masse wesentlichsten Wirkungen, die zudem allen nationalen Rechten bekannt ist, nicht auf das Inland erstrecken kann. Gleichzeitig verliert der Auslandskonkurs den Charakter eines umfassenden Schuldenbereinigungsverfahrens, das das gesamte Vermögen ungeachtet seiner Belegenheit umfaßt (Einheit des Konkurses), ohne daß das dem ausländischen Verfahren entzogene Vermögen zumindest einem anderen (Parallel-)Insolvenzverfahren unterläge. In einem universalistisch geprägten internationalen Insolvenzrecht stellt die Möglichkeit der Einzelzwangsvollstreckung, wie sie in § 237 I KO generell und in Art. 11 II IstanbÜ zugunsten bestimmter Gläubigergruppen vorbehalten wird, einen Fremdkörper dar, der besonderer Rechtfertigung bedarf. Zwar ist man sich in Deutschland inzwischen weitgehend einig, daß de lege ferenda auf § 237 I KO verzichtet und die Sperrwirkung eines ausländischen Konkurses anerkannt werden sollte; die entgegenstehende Regelung des Art. 11 II IstanbÜ zwingt aber zu einer erneuten Auseinandersetzung mit der Frage.

Die Vorschrift des § 207 KO a. F. (heute § 237 KO) war nach dem Willen des historischen Gesetzgebers zum Schutz der inländischen Gläubiger des Gemeinschuldners in die Konkursordnung aufgenommen worden, von denen man annahm, sie hätten bei Aufnahme der Geschäftsbeziehungen zum Gemeinschuldner auf dessen inländisches Vermögen als Haftungsgrundlage vertraut, und denen daher der Zugriff auf dieses Vermögen auch nach Eröffnung eines ausländischen Konkursverfahrens gesichert werden sollte, zumal ihre Position im Auslandskonkurs unsicher sei. Daher hatte selbst die frühere, dem Territorialitätsprinzip verhaftete Rechtsprechung die Vollstreckung in Gegenstände, die der Gemeinschuldner erst nach Konkurseröffnung oder der Verwalter mit Mitteln der Masse erworben hatte, für ausgeschlossen erklärt[40]. § 237 KO kommt aber, da der Grundsatz der Gleichbehandlung in- und ausländischer Gläubiger (§ 5 KO) nicht abbedun-

[40] So schon RG LZ 1915, Sp. 1588; RGZ 114, 82 (84); vgl. ferner RGZ 14, 424 (426 f.) (auf der Basis des Universalitätsprinzips). Ebenso *A. Nußbaum*, 454; *Ringleb*, 98 f.

gen ist, auch letzteren zugute[41]. Der Gesetzgeber hatte darauf vertraut, inländische Gläubiger würden wegen der größeren Nähe zum inländischen Vermögen des Schuldners de facto schneller vollstrecken können als die ausländischen. Daher war auf einen ausdrücklichen Ausschluß ausländischer Gläubiger verzichtet worden aus Furcht, dies werde umgekehrt Benachteiligungen deutscher Gläubiger im Ausland nach sich ziehen[42]. - Auch auf die Rechtsnatur und Herkunft der Forderung, aus der vollstreckt werden soll, und auf ihren konkursrechtlichen Rang kommt es für § 237 I KO nicht an.

Art. 11 II IstanbÜ begünstigt dagegen nur Gläubiger, die nach dem Recht des Belegenheitsstaates ein Vorrecht haben oder im Fall eines dort eröffneten Konkurses hätten, die Gläubiger öffentlichrechtlicher Forderungen und diejenigen, deren Forderung aus dem Betrieb oder der Tätigkeit einer Niederlassung des Schuldners oder aus einem Dienstverhältnis im Belegenheitsstaat hervorgegangen ist.

Die Zulassung der Einzelzwangsvollstreckung läßt sich nur rechtfertigen, wenn die begünstigten Gläubiger - welche das auch sein mögen - nicht auf die Teilnahme am Auslandsinsolvenzverfahren verwiesen werden können und gerade das Fortbestehen der Zwangsvollstreckungsmöglichkeit zu ihrem Schutz geeignet und erforderlich ist. Die Teilnahme am Auslandsinsolvenzverfahren kann insbesondere dann unzumutbar sein, wenn ein Gläubiger dort erheblich schlechter stünde als im Inland oder wenn seine Verfahrensteilnahme mit unzumutbaren praktischen Schwierigkeiten verbunden ist. Insbesondere bei inländischen Arbeitnehmern wurde außerdem ein besonderes Fürsorgebedürfnis des Zweitstaates angenommen[43], das es ausschließe, den Gläubiger auf die Teilnahme am Auslandsverfahren zu verweisen.

aa. Schutzbedürfnis der Gläubiger

Art. 11 II IstanbÜ erhält das Recht zur Einzelzwangsvollstreckung zunächst Gläubigern, deren *Forderung öffentlichrechtlicher Natur* ist. Soweit sie, was häu-

---

41 *Förger*, 42; *Grasmann*, KTS 1990, 157 (162 f.); *Hess*, in: *Hess / Kropshofer*, KO, 3. Aufl., § 237 Rn. 23; *Merz*, ZIP 1983, 136 (138); v. *Oertzen*, 65; *Pielorz*, Auslandskonkurs, 89 f.; *ders.*, ZIP 1980, 239 (244); *Ringleb*, 95; *Willer*, 106 f.; RGZ 153, 200 (207). A. A. *Thieme*, RabelsZ 37 (1973), 682 (712). Vermittelnd *Uhlenbruck*, in: *Mentzel / Kuhn / Uhlenbruck*, KO, 9. Aufl., § 237 Rn. 3: Von der Vollstreckung ausgeschlossen seien diejenigen ausländischen Gläubiger, die sich am Auslandskonkurs beteiligen.

42 *Grasmann*, KTS 1990, 157 (162 f.).

fig der Fall sein wird[44], von der Teilnahme an einem ausländischen Insolvenzverfahren ausgeschlossen sind, muß ihnen eine Möglichkeit vorbehalten werden, sich in dem Staat, dessen Recht ihre Forderung unterliegt, aus dem dort belegenen Vermögen zu befriedigen. Zwar zeigt der deutsche Gesetzgeber durch die geplante Novellierung des materiellen Insolvenzrechts - insbesondere durch die Abschaffung aller Konkursvorrechte einschließlich des Fiskusprivilegs, daß er grundsätzlich öffentlich-rechtliche und privatrechtliche Forderungen im Konkurs gleich behandeln will. Wo aber die ausländische lex fori concursus diese Gleichstellung nicht respektiert, sondern den deutschen Fiskus von der Teilnahme am Konkurs völlig ausschließt, wird man ihm in irgendeiner Form die Befriedigung aus dem Inlandsvermögen ermöglichen müssen.

Hierfür kommt neben der Einzelzwangsvollstreckung auch die Gesamtvollstreckung in Form eines Zweitinsolvenzverfahrens in Betracht. Den Fiskus zur Durchsetzung seiner Forderungen auf ein Zweitinsolvenzverfahren zu verweisen, würde aber bedeuten, daß ein solches sehr vielen Fällen, wenn nicht praktisch in jedem Fall, eröffnet werden müßte. Nach bisherigem deutschem Recht wäre damit für die Gläubigergesamtheit gegenüber der Einzelzwangsvollstreckung kein wesentlicher Vorteil verbunden, da Forderungen des Fiskus auch im Konkurs vorrangig befriedigt werden (§ 61 I Nr. 2 KO). Unter diesen Umständen erschiene es aber wenig sinnvoll, den mit einem Parallelkonkurs verbundenen Aufwand zu erzwingen[45]. Nach Inkrafttreten des EInsO würde dagegen, ließe man trotz Auslandskonkurses die Einzelvollstreckung in das Inlandsvermögen (nur) zugunsten öffentlich-rechtlicher Forderungen zu, ihnen "durch die Hintertür" doch wieder eine privilegierte Stellung zugebilligt.

Welche Lösung - Einzelzwangsvollstreckung oder Sonderinsolvenzverfahren - den Vorzug verdient, kann erst dann abschließend beurteilt werden, wenn feststeht, ob auch andere Gläubiger ein legitimes Interesse an der Einzelzwangsvollstreckung haben (dazu sogleich) bzw. unter welchen Umständen ein Sonderinsolvenzverfahren wünschenswert erscheint und wie es im einzelnen ausgestaltet ist bzw. sein sollte[46].

---

43 Vgl. *Drobnig*, in: Reform des deutschen IIR, 51 (57), zu Art. 17 VE.

44 *Lau*, BB 1986, 1450 (1452); *Riegel*, Grenzüberschreitende Konkurswirkungen, 203; *Kegel*, in: *Soergel*, BGB, vor Art. 7 EGBGB, Rn. 692. Krit. *Smart*, Int. Comp. L. Q. 35 (1986), 704 ff.; *Hunter*, Int. Comp. L. Q. 21 (1972), 682 (690). Nach Art. 44 III EG-Entwurf 1984 hätten öffentlich-rechtliche Forderungen in anderen Staaten wenigstens als einfache Konkursforderungen befriedigt werden können.

45 DAV, Stellungnahme zum ERats-Entwurf 1988, 4 f.

Den *Gläubigern zivilrechtlicher Forderungen* wird die Teilnahme am ausländischen Insolvenzverfahren zwar von lex fori concursus im allgemeinen nicht verwehrt werden[47]; sie kann jedoch mit erheblichen praktischen Schwierigkeiten verbunden sein. Die außerhalb des Staats der Verfahrenseröffnung ansässigen Gläubiger werden möglicherweise später von der Verfahrenseröffnung erfahren, und fehlende Rechts- und Sprachkenntnisse erschweren die Geltendmachung ihrer Rechte. Daraus leiten *Lüderitz*[48] und, ihm folgend, *Flessner*[49] ein schutzwürdiges Interesse inländischer Gläubiger an der Rechtsverfolgung im Inland her (Gedanke der "Zuständigkeitsgerechtigkeit").

Kapitel IV IstanbÜ enthält eine Reihe von Vorschriften, die den außerhalb des Eröffnungsstaats ansässigen Gläubigern die Teilnahme am Verfahren erleichtern sollen; insbesondere sind sie einzeln von der Verfahrenseröffnung zu benachrichtigen und darüber zu belehren, welche Maßnahmen sie ergreifen müssen (Art. 30 IstanbÜ). Auch der EInsO trägt Sorge, daß deutsche Gläubiger von der Eröffnung eines Auslandskonkurses erfahren: Nach §§ 385 f. EInsO ist der anerkennungsfähige ausländische Eröffnungsbeschluß in gleicher Weise zu publizieren wie ein inländischer. Der Verwalter muß das zwar - anders als beim deutschen Insolvenzverfahren - beantragen. Er wird aber die Veröffentlichung im Interesse der Masse herbeiführen, sobald er Grund hat anzunehmen, daß der Schuldner Geschäftsverbindungen in die Bundesrepublik unterhielt. Das dürfte sich ungeachtet aller rechtlichen und tatsächlichen Unklarheiten, zu denen es im Zusammenbruch eines Unternehmens kommen kann, aus den Büchern des Gemeinschuldners recht schnell ersehen lassen. Für den Eintrag im Bundesanzeiger selbst sind keine umfangreichen rechtlichen Prüfungen erforderlich oder auch nur zulässig, vielmehr ist dem Antrag stattzugeben, sobald der Verwalter glaubhaft macht, daß die Voraussetzungen für die Anerkennung der Verfahrenseröffnung vorliegen (§ 385 II 1 EInsO). Der praktische Aspekt der Unkenntnis von der Verfahrenseröffnung rechtfertigt es also künftig nicht mehr, den inländischen Gläubigern weiterhin die Einzelvollstreckung in das inländische Vermögen zu gestatten.

Ferner können die Gläubiger ein schutzwürdiges Interesse daran haben, sich im Wege der Zwangsvollstreckung nach deutschem Recht aus dem hier belegenen Vermögen zu befriedigen, wenn sie im ausländischen Insolvenzverfahren deutlich

---

46 Unten Kap. VIII, insbes. S. 177 ff.

47 Vgl. Begründung zum IstanbÜ, Ziff. 147 (zu Kap. IV), für die Mitgliedstaaten des Europarates; *Fletcher*, in: Montréal Reports, 269 (282).

48 *Lüderitz*, JZ 1986, 96 (97).

49 *Flessner*, ZIP 1989, 749 (753 f.).

schlechter stünden als in einem inländischen. Daher nennt Art. 11 II IstanbÜ u. a. diejenigen Gläubiger, deren *Forderungen* nach dem Recht des Belegenheitsstaates *privilegiert* sind oder wären, wenn dort ein Insolvenzverfahren eröffnet worden wäre.

Art. 11 II IstanbÜ differenziert nicht danach, ob den Gläubigern nach dem Recht des Eröffnungsstaates eine niedrigere Rangstelle zukommt als nach dem des Zweitstaates. Eine solche Unterscheidung dürfte in der Praxis auch kaum durchführbar sein, da sich die Rangposition eines Gläubigers nicht allein in einer Nummer ausdrückt, sondern wesentlich davon abhängt, wie groß die vorrangigen Gläubigergruppe und die Zahl der an der gleichen Rangstelle konkurrierenden Gläubiger sind. Die Stellung eines Einzelnen innerhalb verschiedener Rechtssysteme zu vergleichen ist hier kaum möglich[50]. Daher führt wohl, wenn man den nach dem Recht des Zweitstaates privilegierten Gläubigern diese Position auch nach Eröffnung eines Auslandsinsolvenzverfahrens sichern will, an einer typisierenden, vom Inhalt des jeweiligen ausländischen Rechts unabhängigen Betrachtung kein Weg vorbei.

Mit Inkrafttreten der Insolvenzordnung entfallen allerdings im deutschen Recht alle allgemeinen Konkursvorrechte; nur bestimmte Forderungen, die bisher ganz von der Verfahrensteilnahme ausgeschlossen waren, werden nachrangig befriedigt (§ 46 EInsO). Daher kann künftig kein Gläubiger mehr geltend machen, er habe darauf vertraut, daß ihm im Konkurs seines Schuldners ein Recht auf bevorzugte Befriedigung zukomme, das ihm die ausländische lex fori concursus nicht zuerkenne. Das bedeutet indes nicht, daß deshalb kein Interesse an der Anwendung deutschen Rechts trotz ausländischen Insolvenzverfahrens mehr bestünde. Vielmehr besteht jetzt verstärkt die Gefahr, daß Gläubiger, deren Forderung deutschem Recht unterliegt, im ausländischen Insolvenzverfahren ganz leer ausgehen, weil die lex fori concursus sie entsprechend ihrem Forderungsstatut als einfache Konkursgläubiger behandelt, die Masse aber durch die nach dem Recht anderer Staaten (vor allem des Eröffnungsstaates) begründeten Vorrechte aufgezehrt wird. Waren deutsche Gläubiger früher daran interessiert, bevorrechtigt befriedigt zu werden, so haben sie künftig ein Interesse daran, in einem klasselosen Konkurs befriedigt oder doch zumindest nicht in einem System allgemeiner Konkursvorrechte letztrangig eingestuft zu werden. Ob das Recht zur Einzelvollstreckung im Inland diesem Interesse angemessen Rechnung trägt, bleibt zu untersuchen.

---

50 Aus demselben Grund kann sich auch die Rangfolge der Befriedigung von Konkursforderungen nur nach der lex fori concursus richten (unten S. 139 ff.).

Maßgeblich für die fortbestehende Möglichkeit der übrigen (privatrechtlichen und nicht privilegierten) Gläubiger, sich im Wege der Einzelvollstreckung zu befriedigen, ist schließlich der Gedanke, vor allem die inländischen Gläubiger hätten dem Gemeinschuldner Kredit gegeben im Vertrauen darauf, sein *inländisches Vermögen* stehe ihnen *als Haftungssubstrat* zur Verfügung. Auf diesem Gedanken beruht vor allem die Vollstreckungsmöglichkeit der Gläubiger, deren Forderung aus einer Geschäftsbeziehung zu einer Niederlassung des Schuldners im Zweitstaat herrührt, gemäß Art. 11 II IstanbÜ.

Ob das hier vorausgesetzte Vertrauen tatsächlich besteht und realistischerweise gerechtfertigt ist, ist zu Recht bezweifelt worden[51] angesichts der Bestrebungen, die wirtschaftliche Mobilität einschließlich der grenzüberschreitenden Verlagerung von Vermögenswerten möglichst zu erleichtern. Die Kreditwürdigkeit eines Schuldners kann im allgemeinen nicht mehr allein nach seinem inländischen Vermögen beurteilt werden; kein inländischer Kreditgeber wird mehr die Chance, trotz Auslandskonkurses in das inländische Vermögen zu vollstrecken, als Sicherheit akzeptieren. Vertraut ein Gläubiger trotz allem darauf, sich notfalls aus dem inländischen Vermögen befriedigen zu können, so bleibt es ihm unbenommen, sich dinglich zu sichern[52]. Im übrigen muß er ebenso mit der Eröffnung eines ausländischen Universalkonkurses rechnen wie damit, daß der Schuldner die fraglichen Gegenstände (legitimerweise!) schon vor Konkurseröffnung ins Ausland verbringt.

Daß die Schuldner auf das inländische Vermögen als Haftungssubstrat vertraut hätten, kann also ihr Recht zur Einzelvollstreckung trotz Auslandskonkurses nicht rechtfertigen.

Zusammenfassend ist festzustellen, daß vor allem die Gläubiger öffentlich-rechtlicher Forderungen ein legitimes Interesse daran haben, sich trotz der Eröffnung des Auslandsverfahrens aus dem inländischen Vermögen unter Anwendung deutschen Rechts zu befriedigen. Darüber hinaus kann nicht ausgeschlossen werden, daß Gläubiger, deren Forderung deutschem Recht unterliegt[53], im Auslandskonkurs als nicht privilegiert eingestuft werden und dadurch praktisch leer ausgehen. Beide Aspekte rechtfertigen nur dann die Zulassung der Einzelvollstreckung

---

[51] *Ebenroth*, ZZP 101 (1988), 121 (132 f.); *Hanisch*, in: FS 100 Jahre KO, S. 139 (151); *Pielorz*, Auslandskonkurs, 57; Thieme, RabelsZ 37 (1973), 682 (696).

[52] *Thieme*, RabelsZ 37 (1973), 682 (695 f.).

[53] Vor allem dieses Kriterium kommt - neben dem Ort der Verfahrenseröffnung - als Anknüpfungspunkt für die Rangfolge der Befriedigung ungesicherter Forderungen in Frage; s. u. S. 135 ff.

in das inländische Vermögen, wenn das der zum Schutz der Betroffenen angemessene Weg ist.

bb. Geeignetheit der Einzelzwangsvollstreckung zur Erreichung dieses Schutzes

§ 237 I KO will inländische Gläubiger schützen[54], berechtigt aber nach ganz h. M.[55] jedenfalls wegen § 5 KO auch ausländische Gläubiger zur Einzelzwangsvollstreckung. In der Praxis hat sich gezeigt, daß sich die Vorschrift eher zu Gunsten der ausländischen als, seinem Schutzzweck entsprechend, zu Gunsten der inländischen Gläubiger auswirkt[56]: Für die Kenntnisse, die ein schneller Vollstreckungszugriff voraussetzt, ist die räumliche Nähe zum Schuldner und seinem Geschäftsbetrieb eine große Hilfe[57], beim Vollstreckungszugriff selbst nützt die Nähe zum Vollstreckungsobjekt wenig[58]. Art. 11 II IstanbÜ behält daher das Vollstreckungsrecht konsequenterweise nur den als schutzbedürftig erachteten Gläubigern vor.

cc. Erforderlichkeit und Angemessenheit zur Erreichung des Schutzes

Die Zulassung der Einzelzwangsvollstreckung hat gegenüber der Vermögensverteilung in einem Kollektivverfahren den Nachteil, einzelnen Gläubigern zu Lasten anderer eine Möglichkeit der Vorzugsbefriedigung zu gewähren und damit den *Grundsatz der Gläubigergleichbehandlung* zu durchbrechen.

Innerhalb der Gläubigergruppe, der die Möglichkeit der Einzelzwangsvollstreckung erhalten bleibt, entscheiden nun die Zufälligkeiten des ersten Zugriffs über den Umfang der Befriedigung. Mögen auch bestimmte Gläubiger ein berechtigtes und schutzwürdiges Interesse daran haben, sich aus dem inländischen Vermögen des Gemeinschuldners vorrangig befriedigen zu können, so steht doch

---

54 A. A. *J. Schmidt*, System des dt. IKR, 149 (Fn. 289): Die Bevorzugung der Inlandsgläubiger sei eine faktische Auswirkung der Norm.

55 Nachweise oben Fn. 41.

56 *Ebenroth*, ZZP 101 (1988), 121 (134); *Grasmann*, KTS 1990, 157 (163 f.); *Hanisch*, Schw. Jb. Int. R. 36 (1980), 109 (113); *Pielorz*, ZIP 1980, 239 (244); *Willer*, 107 ff.

57 *Pielorz*, ZIP 1980, 239 (244). Daran ändert auch eine Publikation der Verfahrenseröffnung im Zweitstaat (Art. 9 IstanbÜ / §§ 385, 386 EInsO) nichts, weil sie später kommen wird als die Veröffentlichung im Eröffnungsstaat und Pressemeldungen etc. nicht ersetzen kann.

58 *Ebenroth*, ZZP 101 (1988), 121 (134); *v. Oertzen*, 66; *J. Schmidt*, System des dt. IKR, 149; *Willer*, 107 ff. - A. A. *Müller-Freienfels*, in: FS Dölle II, 359 (366 f., Fn. 33); *Hanisch*, KTS 1978, 193 (195).

der Grundsatz der par conditio creditorum als "Kernstück des Konkursrechts" einer Regelung entgegen, die aus dem Kreis der als schutzwürdig erachteten Gläubiger wiederum dem Schnellsten den Vortritt läßt[59]. Die in Art. 11 II IstanbÜ einheitlich als "bevorrechtigt" bezeichneten Forderungen können ganz unterschiedliche Rangstellen einnehmen, so daß möglicherweise eine nachrangige weitergehend befriedigt wird als eine vorrangige. Auch einfache Konkursforderungen können sich in der Einzelzwangsvollstreckung gegenüber anderen durchsetzen, die in einem im Zweitstaat eröffneten Konkurs einen höheren Rang innehätten[60]. Die par conditio creditorum gebietet eine Gleichbehandlung auch innerhalb der Gläubigergruppe, der bestimmte Privilegien eingeräumt werden, hier also innerhalb des Kreises derjenigen Gläubiger, die man durch die Möglichkeit, nach deutschem Recht in das deutsche Vermögen zu vollstrecken, schützen zu müssen glaubt. Dem so verstandenen Gleichbehandlungsgrundsatz wird ein gegenständlich beschränktes Insolvenzverfahren über das deutsche Vermögen besser gerecht als die Einzelzwangsvollstrek-kung.

Im übrigen können auch die Gläubiger, die ein besonderes Interesse an der Befriedigung gerade aus dem Inlandsvermögen haben, nicht darauf vertrauen, dies unter Ausschluß anderer Gläubiger zu tun (sie können sozusagen *keinen "Ausschließlichkeitsanspruch"* erheben). Sie können allenfalls erwarten, so gestellt zu werden, wie sie in einem inländischen Insolvenzverfahren stünden; an ihm könnten aber sämtliche Gläubiger des Gemeinschuldners teilnehmen.

Das mit der Eröffnung des Insolvenzverfahrens einsetzende "*Rennen um den schnellsten Vollstreckungszugriff*"[61] erschwert zudem die Sanierung eines in Schwierigkeiten geratenen Unternehmens erheblich, zum Nachteil vor allem der an einer Sanierung typischerweise besonders interessierten Arbeitnehmer. Die Zweimonatsfrist des Art. 11 II IstanbÜ, nach deren Ablauf die Einzelvollstreckung ganz ausgeschlossen ist, dürfte diesen Effekt eher noch verstärken; sie ist jedenfalls zu lang, um eine effektive Begrenzung zu versprechen[62].

§ 237 I KO drohte schließlich die *Großgläubiger* im Verhältnis zu anderen Kreditgebern *zu bevorzugen*, da erstere aufgrund besserer Informationsmöglichkeiten im Wettlauf um die verbliebenen Vermögenswerte in tatsächlicher Hinsicht

59 Vgl. bereits *Weber*, KTS 1965, 95 (117 ff.); ferner *Hanisch*, Schw. Jb. Int. R. 36 (1990), 109 (117).

60 DAV, Stellungnahme zum ERats-Entwurf 1988, 5.

61 *Ebenroth*, ZZP 101 (1988), 121 (135). Krit. auch DAV, Stellungnahme zum ERats-Entwurf 1988, 18 (zu Art. 10).

die besten Chancen haben[63]. Auch eine Publikation des ausländischen Eröffnungsbeschlusses und selbst die individuelle Benachrichtigung der Gläubiger können diesen Effekt nicht ausschließen, weil die Großgläubiger auf eine bekanntgewordene Insolvenz schneller reagieren können.

Die Befriedigung im Wege der Einzelzwangsvollstreckung birgt schließlich für die Gläubiger, die davon Gebrauch machen, die *Gefahr, das Erlangte* später an die ausländische Insolvenzmasse *herausgeben zu müssen*, wenn das Recht des Eröffnungsstaates eine entsprechende Vorschrift enthält[64]. Das deutsche Recht könnte zwar - ließe es die Einzelzwangsvollstreckung trotz Auslandskonkurses zu - zugleich klarstellen, daß die Gläubiger das Erlangte behalten können. Dann müßte im umgekehrten Fall auch das deutsche Recht bei Auslandsvollstreckung trotz Inlandsverfahrens auf eine Ablieferungspflicht verzichten[65]. Selbst in diesem Fall bestünde aber die Gefahr, daß die Herausgabepflicht mittelbar durchgesetzt, das Erlangte etwa auf die Auslandsquote angerechnet wird.

Die Möglichkeit der Einzelzwangsvollstreckung führt schließlich zu Schwierigkeiten bei der Abwicklung miteinander verbundener Rechtsverhältnisse, die unterschiedlich lokalisiert sind. Sie *gefährdet* insbesondere *die Belange inländischer Drittschuldner*[66]: Läßt man die Einzelvollstreckung in inländisches Vermögen des Gemeinschuldners zu, so unterliegt ihr - als im Inland belegen - auch eine Forderung des Gemeinschuldners gegen einen in der Bundesrepublik ansässigen Dritten. Der in diese Forderung vollstreckende Gläubiger könnte nach deutschem Recht die Leistung des Drittschuldners erzwingen. Diese Leistung wird aber der Staat, in dem das Konkursverfahren eröffnet wurde, nicht als schuldbefreiend anerkennen, mit dem Ergebnis, daß der Konkursverwalter vom inländi-

62 *Aderhold*, Auslandskonkurs im Inland, 248 f.

63 *Ebenroth*, ZZP 101 (1988), 121 (135); *v. Oertzen*, 66; *Pielorz*, ZIP 1980, 239 (244).

64 *Grasmann*, KTS 1990, 157 (164); *Leipold*, in: Reform des deutschen IIR, 72 (86 f.). - *Hanisch*, JZ 1988, 737 (740) (miß)versteht BGHZ 88, 147 dahin gehend, danach seien auch Erlöse aus einer *In*landsvollstreckung an die *Aus*landsmasse abzuliefern. Richtigerweise unterliegt der Herausgabeanspruch hier jedoch der ausländischen lex fori concursus (OLG Düsseldorf, IPRspr. 1990 Nr. 254b; LG Kleve, IPRspr. 1990 Nr. 254a); nur ob er in Deutschland anerkannt wird, richtet sich nach deutschem Recht.

65 So in der Tat Art. 22 II VE in Ergänzung des Art. 17 VE, der zugunsten bestimmter Gläubigergruppen die Einzelrechtsverfolgung im Inland trotz anerkennungsfähigen Auslandsinsolvenzverfahrens zuläßt.

66 *Grasmann*, KTS 1990, 157 (167 f.) (der § 237 I KO deshalb sogar wegen Verstoßes gegen Art. 3 GG für partiell verfassungswidrig und nichtig hält); *ders.*, Rev. crit. d. i. p. 1990, 421 (452); *Müller-Freienfels*, in: FS Dölle II, 359 (379).

schen Drittschuldner nochmalige Zahlung verlangt. Diese doppelte Inanspruchnahme eines Drittschuldners verspricht zumindest dann Erfolg, wenn der Dritte im Staat der Konkurseröffnung (oder in weiteren Staaten, die den Konkurs anerkennen) Vermögen hat, in das vollstreckt werden kann - ein höchst unerwünschtes Ergebnis.

Dem Interesse bestimmter Gläubiger, sich aus deutschem Vermögen nach Maßgabe deutschen Rechts zu befriedigen, trägt nach alledem nicht die Zulassung der Einzelzwangsvollstreckung, sondern allenfalls ein inländisches Sonderinsolvenzverfahren angemessen Rechnung[67]. Wann der damit verbundene Aufwand im Interesse der Betroffenen gerechtfertigt ist, ist hier (noch) nicht zu entscheiden. Jedenfalls sollte grundsätzlich der von der ausländischen lex fori concursus vorgesehene Ausschluß der Einzelzwangsvollstreckung anerkannt werden. Die universalistische Lösung des EInsO verdient gegenüber Art. 11 II IstanbÜ den Vorzug; sie schützt das inländische Vermögen wirkungsvoll gegen den Vollstrekkungszugriff einzelner Gläubiger, auch solange ein inländisches Sonderinsolvenzverfahren noch nicht eröffnet wurde. Die Einzelvollstreckung ausnahmsweise doch zuzulassen kommt allenfalls in Betracht für Gläubiger öffentlich-rechtlicher Forderungen und andere Gläubiger, die von der Teilnahme an einem Auslandsinsolvenzverfahren von vornherein ausgeschlossen sind; auch hier muß die endgültige Entscheidung einem späteren Zeitpunkt vorbehalten bleiben[68].

e. *Stellungnahme zur Zulassung von Leistungsklage und Arrest*

aa. Leistungsklage

Solange die Rechtsprechung die Vorschrift des § 237 I KO als Ausdruck des Territorialitätsprinzips verstand, erachtete sie auch Verfahren, die die Erlangung eines vollstreckbaren Titels zum Ziel hatten, als zulässig, weil hierdurch erst die Voraussetzungen für die ausdrücklich gestattete Zwangsvollstreckung geschaffen würden. Seit § 237 I KO als spezielle Beschränkung ausländischer Konkurswirkungen im Inland betrachtet und enger ausgelegt wird, kann nach h. M. nur noch aus bei Konkurseröffnung bereits vorhandenen Titeln vollstreckt werden. Neue Leistungsklagen gegen den Gemeinschuldner sind nach Eröffnung eines anerken-

---

67 So auch *Flessner*, ZIP 1989, 749 (754); *Hanisch*, Schw. Jb. Int. R. 36 (1980), 109 (123); *Thieme*, RabelsZ 37 (1973), 682 (697). - A. A. wohl *W. J. Habscheid*, ZaöRV 50 (1990), 283 (286, 303).

68 Unten S. 177 ff.

nungsfähigen Auslandskonkurses unzulässig[69], da aus dem angestrebten Titel ohnehin nicht mehr im Inland vollstreckt werden kann. Das muß erst recht dann gelten, wenn, wie nach dem EInsO, vom Zeitpunkt der Verfahrenseröffnung im Ausland die Einzelvollstreckung in das Inlandsvermögen gänzlich - auch aus bereits vorhandenen Titeln - ausgeschlossen ist.

Ob es vom Ausgangspunkt des Istanbuler Übereinkommens aus gerechtfertigt ist, in Art. 11 II mit der Einzelzwangsvollstreckung auch Leistungsklagen zuzulassen, braucht hier nicht entschieden zu werden. Im universalistisch geprägten neuen deutschen IIR ist es jedenfalls konsequent, daß § 379 EInsO eine dem § 98 EInsO entsprechende Vorschrift der ausländischen lex fori concursus anerkennt.

bb. Arreste

Nach überwiegender Ansicht[70] schließt ein anerkennungsfähiges ausländisches Insolvenzverfahren auch den einstweiligen Rechtsschutz im Inland, insbesondere einen dinglichen Arrest nach §§ 916 ff. ZPO, aus. Während die Ermächtigung zur Einzelrechtsverfolgung ("individual legal action" / "poursuites individuelles") in Art. 11 II IstanbÜ neben Einzelvollstreckung und Klage auch Maßnahmen des einstweiligen Rechtsschutzes zuläßt, hält der EInsO an der Unzulässigkeit auch des einstweiligen Rechtsschutzes fest[71].

Der dingliche Arrest ist nur zulässig, wenn er vom Insolvenzrecht des Eröffnungsstaates nicht ausgeschlossen wird[72] und seine Voraussetzungen nach dem Zivilprozeßrecht des Lageortes vorliegen.

Nach Ansicht *Flessners*[73] schließt ein anerkennungsfähiger Auslandskonkurs den Arrest auch dann nicht zwangsläufig aus, wenn die lex fori concursus der

---

69 Nachweise oben Fn. 29. A. A. aus Gründen der "Zuständigkeitsgerechtigkeit" *Lüderitz*, JZ 1986, 96 f.; *Flessner*, ZIP 1989, 749 (753 f.); *ders.*, in: FS Heinsius, 111 (119 ff.).

70 BGH, RIW 1990, 221 (222); OLG Düsseldorf, ZIP 1982, 1341 (1342 f.); *K. Schmidt*, in: *Kilger / K. Schmidt*, KO, § 237 Anm. 7; *Lüer*, in: *Kuhn / Uhlenbruck*, KO, §§ 237, 238 Rn. 84; *v. Oertzen*, 71; *Pielorz*, Auslandskonkurs, 94 ff.; *ders.*, ZIP 1980, 239 (244); *Riegel*, Grenzüberschreitende Konkurswirkungen, 216 f. *Thieme*, RabelsZ 37 (1973), 682 (702). - A. A. *Flessner*, IPRax 1992, 151 (153); *ders.*, in: FS Merz, 93 (101 ff.); *ders.*, in: FS Heinsius, 111 (122); *ders.*, BGH EWiR § 30 KO 4/91, 1107 (1108); *J. Schmidt*, System des dt. IKR, 175.

71 Begründung zum IstanbÜ, Ziff. 63 (zu Art. 11).

72 Auf das ausländische Insolvenzrecht, nicht unmittelbar auf § 14 KO, stellt zu Recht das OLG Düsseldorf, ZIP 1982, 1341 (1342), ab.

73 *Flessner*, in: FS Merz, 93 (103 f.).

Konkurseröffnung eine solche Wirkung zuspricht: Einstweiliger Rechtsschutz müsse jedenfalls solange zulässig sein, bis am Ende des ausländischen Verfahrens feststehe, ob seine Durchführung und seine Ergebnisse im Inland volle Anerkennung verdienen. In der Tat leben nach der Einstellung des Auslandsverfahrens die Möglichkeit der Einzelzwangsvollstreckung und die Gefahr ihrer Beeinträchtigung durch den Schuldner wieder auf. Diese Gefahr besteht aber auch beim Inlandskonkurs. Dennoch schließen hier § 14 KO bzw. §§ 100 I, 12 EInsO[74] den dinglichen Arrest kategorisch aus.

Vor allem aber sichert der dingliche Arrest nicht schlechthin einen Zahlungsanspruch, sondern eine Vollstreckung wegen eines solchen Anspruchs aus einem Urteil oder einem vergleichbaren Titel (vgl. § 916 I ZPO). § 917 ZPO setzt keine titulierte Forderung voraus (arg. e § 926 ZPO), aber der Erlaß eines Titels, aus dem die Einzelvollstreckung betrieben werden kann, muß zumindest möglich sein[75]. Auch Art. 11 II IstanbÜ ermöglicht den Arrest nur denjenigen Gläubigern, denen (Leistungs-)Klage und Einzelvollstreckung offen steht. Wegen einer noch nicht titulierten Forderung kann aber nach Eröffnung eines Auslandskonkurses keine Leistungs-, sondern nur noch Feststellungsklage erhoben werden; ist das Verfahren bei Konkurseröffnung bereits anhängig, dann ist der Antrag von einem Leistungs- in einen Feststellungsantrag abzuändern (vgl. § 146 III KO).

Da der anerkennungsfähige Auslandskonkurs also die Erlangung inländischer Titel ausschließt, deren Einzelvollstreckung durch den Arrest gesichert werden könnte, wird mit dem Zeitpunkt der Eröffnung des Insolvenzverfahrens auch der einstweilige Rechtsschutz im Inland unzulässig. Wie schon bei Einzelzwangsvollstreckung und Titelprozessen, so steht auch das hier gefundene Ergebnis im Einklang mit der Regelung im EInsO und im Widerspruch zu Art. 11 II IstanbÜ.

---

74 Künftig wird allerdings bei Einstellung mangels Masse nach § 317 I 1 EInsO das unzureichende Vermögen gleichwohl verwertet und verteilt (§ 320 EInsO), so daß mangels pfändbaren Vermögens die Gefahr der Vollstreckungsvereitelung nicht wieder auflebt.

75 *Hartmann*, in: *Baumbach / Lauterbach*, ZPO, § 917 Rn. 1, 10; *Flessner*, in: FS Merz, 93 (100 f.); *Lüer*, in: *Kuhn / Uhlenbruck*, KO, §§ 237, 238 Rn. 84; *Thieme*, RabelsZ 37 (1973), 682 (702); OLG Düsseldorf, ZIP 1982, 1341 (1343); ausführlich LG Köln, KTS 1989, 723 (725) m. zust. Anm. *Werres*, KTS 1989, 728 (729).

f. Vereinbarkeit des Ausschlusses der Einzelrechtsverfolgung mit einer Ratifikation des Istanbuler Übereinkommens

Nach Art. 15 IstanbÜ haben die Vertragsstaaten die Möglichkeit, dem ausländischen Insolvenzverwalter weitergehende Befugnisse einzuräumen, als ihm nach dem Übereinkommen zustehen. Es fragt sich, ob diese Ermächtigung auch den Ausschluß der Einzelrechtsverfolgung (Einzelzwangsvollstreckung, Titelprozeß, einstweiliger Rechtsschutz) umfaßt. Sowohl die Befugnisse des Verwalters als auch der Ausschluß der Einzelrechtsverfolgung hängen eng mit der Anerkennung der Beschlagwirkung des ausländischen Insolvenzverfahrens zusammen. Andererseits ermächtigt Art. 15 IstanbÜ seinem Wortlaut nach nur zur Ausdehnung der Befugnisse des Verwalters als einer Ausprägung der Beschlagwirkung des Konkurses, nicht zur Ausdehnung der Beschlagwirkung insgesamt einschließlich des Ausschlusses der Einzelrechtsverfolgung. Der Konkursbeschlag findet eine wesentliche, aber bei weitem nicht die einzige Ausprägung im Recht des Verwalters, diesen Beschlag durchzusetzen; hier kann nicht ohne weiteres aus der ausdrücklich geregelten Teilfrage (weitergehende Anerkennung der Befugnisse des Verwalters) auf das Gesamtproblem (weitergehende Anerkennung des Konkursbeschlags) geschlossen werden.

Die Einschränkung der Einzelzwangsvollstreckung über Art. 11 II hinaus bzw. ihr vollständiger Ausschluß wäre unzweifelhaft zulässig, wenn sie *zwangsläufig mit der Ausdehnung der Befugnisse des Verwalters verbunden* wäre. Es ist jedoch denkbar, daß zwar der Übergang der Verwaltungs- und Verfügungsbefugnis über das Vermögen des Schuldners auf den Verwalter anerkannt wird - also masseschädigende Verfügungen des Schuldners selbst unterbunden werden -, aber den Gläubigern das Recht verbleibt, sich aus dem inländischen Vermögen des Gemeinschuldners zu befriedigen, zumindest bis der Verwalter es zur ausländischen Masse gezogen hat. Daher ist der Ausschluß der Einzelrechtsverfolgung nicht zwingend mit der in Art. 15 IstanbÜ ausdrücklich gestatteten weitergehenden Anerkennung der Befugnisse des Verwalters verbunden.

Die Materialien zum IstanbÜ weisen indes darauf hin, daß die Vorschrift, über ihren Wortlaut hinaus, ganz allgemein anerkennungsfreundlichere Lösungen zulasse, so auch den Ausschluß der Einzelrechtsverfolgung nach Eröffnung eines ausländischen Insolvenzverfahrens[76]. Auch der deutsche Gesetzgeber hat Art. 15 in diesem Sinne verstanden[77].

Für eine weite Auslegung des Art. 15 spricht seine *Entstehungsgeschichte*. Frühere Übereinkommensentwürfe, die eine vergleichbare Regelung noch nicht enthielten, waren auf deutscher Seite - sowohl bei offiziellen Stellungnahmen als auch in der Literatur - auf Ablehnung gestoßen, weil sie einen Rückschritt gegenüber der neueren, dem Universalitätsprinzip folgenden Rechtsprechung darstellten. Auf Betreiben eines Unterausschusses des CDCJ wurden dann, um Deutschland die Ratifikation zu erleichtern, einige Änderungen vorgenommen und Klarstellungen eingefügt. Dazu gehört in erster Linie der heutige Art. 15; außerdem stellen die Präambel des Übereinkommens und die Begründung[78] klar, daß es nur ein Minimum an rechtlicher Zusammenarbeit sichern will, ohne weitergehende, anerkennungsfreundlichere Regelungen auszuschließen. Gerade der Wunsch nach Aufnahme eines neuen Art. 13b (jetzt Art. 15) wurde von deutscher Seite damit begründet, die bevorzugte Behandlung bestimmter Gläubigergruppen stelle einen Rückschritt gegenüber dem Universalitätsprinzip dar.

Art. 15 selbst erhielt zwar nicht den von Deutschland vorgeschlagenen Wortlaut, der klargestellt hätte, daß die Befugnisse des Verwalters im Verhältnis zu sämtlichen anderen Beteiligten, einschließlich den in Art. 11 II begünstigten Gläubigern, erweitert werden können. Die Begründung zum Istanbuler Übereinkommen greift die Formulierung aber auf: "A Party that recognises a bankruptcy opened by a competent court or authority in another Party and *gives full effect to such a bankruptcy vis-à-vis* the debtor, the latter's debtors and *his creditors* shall not be bound to abrogate or be barred from introducing rules that are more favourable to the general body of the creditors in the bankruptcy than the articles enumerated in the text."[79] Die kürzere Fassung der Vorschrift ist somit nur auf Gründe sprachlicher Vereinfachung zurückzuführen. Sie läßt sich außerdem damit erklären, daß das Übereinkommen selbst in Kapitel II nur regelt, unter welchen Voraussetzungen sich die Befugnisse des Verwalters auf andere Vertragsstaaten erstrecken und welchen Einschränkungen sie unterworfen werden dürfen. Möglicherweise hat man daher die Formulierung, dem Verwalter dürften weitergehende Befugnisse zugestanden werden, als ausreichend erachtet, um generell universalitätsfreundlichere Lösungen zuzulassen.

---

[76] Begründung zum IstanbÜ, Ziff. 89 (zu Art. 15).

[77] Begründung zum EInsO, Teil B, Anm. 3 zu §§ 379 ff. (S. 235).

[78] Begründung zum IstanbÜ, Ziff. 89 (zu Art. 15).

[79] Begründung zum IstanbÜ, Ziff. 89 (zu Art. 15) (Hervorhebungen der Verf.).

Unter diesen Umständen kann Art. 15 nur dahin ausgelegt werden, daß er die Einschränkung oder den Ausschluß der Einzelrechtsverfolgung im Inland nach Eröffnung eines ausländischen Insolvenzverfahrens zuläßt. Daß der EInsO die Befugnis aller Gläubiger, die Einzelzwangsvollstreckung zu betreiben, schon mit der Verfahrenseröffnung enden läßt, während sie nach dem Istanbuler Übereinkommen zugunsten bestimmter Gläubiger innerhalb von zwei Monaten ab der Bekanntmachung fortbesteht, wird also vom Übereinkommen als - nicht zwangsläufige, aber naheliegende - Kehrseite der Befugnis nach Art. 15, die Rechte des Verwalters auszuweiten, akzeptiert.

Wenn der DAV betonte, "schon um die Folgen von Art. 10 (ERats-Entwurf 1988, jetzt Art. 11 II) zu vermeiden, (müsse) empfohlen werden, dem Abkommen keinesfalls beizutreten"[80], so hat sich dieses Problem also durch den neu aufgenommenen Art. 15 entschärft. Eine inhaltlich dem Art. 11 II entsprechende Haltung anderer Staaten kann die Bundesrepublik auch dann nicht verhindern, wenn sie dem Abkommen nicht beitritt; sie selbst wird durch die Vorschrift nicht gezwungen, trotz Auslandskonkurses die Einzelzwangsvollstreckung in das inländische Vermögen des Gemeinschuldners zuzulassen. Die Lösung der §§ 379, 384 EInsO, die den von der lex fori concursus vorgesehenen Ausschluß der Einzelrechtsverfolgung umfassend anerkennt, entspricht dem Gebot der Gleichbehandlung aller Gläubiger und ist daher zu begrüßen.

3. *Zwischenergebnis*

Eröffnet das dafür zuständige ausländischen Gericht ein anerkennungsfähiges Insolvenzverfahren, das universelle Geltung beansprucht, so sollte der von der lex fori concursus vorgesehene Übergang der Verwaltungs- und Verfügungsbefugnis auch insoweit anerkannt werden, als sich das Vermögen des Gemeinschuldners in Deutschland befindet. Zugleich ist die Einzelvollstreckung in dieses Vermögen nach Maßgabe der lex fori concursus für alle Gläubiger ausgeschlossen. Sie können sie ihre Forderungen nur im ausländischen Verfahren - oder in einem inländischen Parallelinsolvenzverfahren, was zu untersuchen bleibt - geltend machen. Auch wenn die Bundesrepublik das Istanbuler Übereinkommen ratifiziert, kann sie an beiden Grundpositionen trotz der abweichenden Lösungen des Übereinkommens festhalten.

[80] DAV, Stellungnahme zum ERats-Entwurf 1988, 5.

Kapitel V. Durchsetzung der Auslandswirkungen inländischer Insolvenzverfahren

1. Geltungsanspruch des Inlandsinsolvenzverfahrens im Ausland und faktische Anerkennung

Ein in Deutschland eröffnetes Insolvenzverfahren beansprucht grundsätzlich extraterritoriale Wirkung, will mit anderen Worten das gesamte Vermögen des Gemeinschuldners ungeachtet seiner Belegenheit im In- oder Ausland erfassen. Das entsprach für die Zugehörigkeit des ausländischen Vermögens zur Konkursmasse (§ 1 I KO) mit der Folge entsprechender Verfügungsbefugnis des Verwalters (§§ 6, 7 KO) stets einhelliger Meinung. Auch in der Frage der Einzelvollstrekkung in das ausländische Vermögen (§ 14 KO) hat sich die Rechtsprechung nach anfänglichem Zögern zum Universalitätsanspruch des deutschen Rechts durchgerungen[1]. Der deutsche Konkurs unterliegt nach der "Grundnorm des Internationalen Konkursrechts" den Vorschriften des deutschen Konkursrechts auch dann, wenn das Verfahren Auslandsbezüge aufweist.

Am Anspruch grundsätzlich universeller Geltung des im Inland eröffneten Verfahrens hält das neue deutsche Recht fest (universelle Geltung des Verfahrens: § 42 EInsO; Anwendbarkeit deutschen Rechts: § 379 EInsO). Zur Masse des deutschen Insolvenzverfahrens gehört wiederum das gesamte Vermögen des Gemeinschuldners, es sei denn, daß in einem anderen Staat ein weiteres, gegenständlich beschränktes Insolvenzverfahren eröffnet wurde, für das die Gerichte dieses Staates nach deutschem Recht international zuständig sind und das den sonstigen Anerkennungsvoraussetzungen genügt; dann tritt insofern, als sich Schuldnervermögen im Zweitstaat befindet, der Geltungsanspruch des Inlandskonkurses zurück. Nur wenn die deutschen Gerichte nicht zur Eröffnung eines Insolvenzverfahrens über das gesamte Vermögen des Schuldners zuständig sind, der Schuldner aber im Inland eine Niederlassung oder sonstiges Vermögen hat, ist das auf dieser Grundlage eröffnete Insolvenzverfahren von vornherein auf das Inlandsvermögen beschränkt.

[1] BGHZ 88, 147; vgl. im einzelnen unten S. 89 ff.

An einem deutschen Insolvenzverfahren mit universellem Geltungsanspruch[2] können deutsche und ausländische Gläubiger gleichberechtigt teilnehmen. Was bisher die §§ 5 I KO, 37 VglO klargestellt haben, ergibt sich künftig schon daraus, daß die Vorschriften des EInsO über die Teilnahme der Gläubiger am Verfahren keine Beschränkungen auf inländische Gläubiger enthalten[3].

Ob der universelle Geltungsanspruch des deutschen Insolvenzverfahrens faktisch durchgesetzt werden kann, hängt davon ab, ob der Staat, in dem sich das Vermögen des Schuldners befindet, den Geltungswillen des Inlandskonkurses samt der Anwendbarkeit deutschen Rechts anerkennt. Die Bundesrepublik kann die Haltung der lex rei sitae in dieser Frage allenfalls mittelbar beeinflussen, wie etwa dadurch, daß sie selbst ausländische Verfahren weitgehend anerkennt und so einem dort geltenden Gegenseitigkeitserfordernis Genüge tut. Unmittelbaren Einfluß hat sie darauf jedoch nicht. Deshalb beschränkt sich der EInsO darauf, die Universalität des Inlandsinsolvenzverfahrens durch die umfassende Formulierung des § 42 zum Ausdruck zu bringen, ohne nähere Einzelheiten zu regeln[4].

Dem deutschen Recht bleibt jedoch die Möglichkeit, dem umfassenden Schuldenregelungsanspruch des Inlandsverfahrens mittelbar zur Durchsetzung zu verhelfen durch Sachnormen, die, wenn das Verfahren im Ausland nicht anerkannt wird, nach Möglichkeit dasselbe wirtschaftliche Ergebnis herbeizuführen versuchen wie wenn es anerkannt würde. Beispielsweise kann ein Staat, in dem sich Vermögen des Gemeinschuldners befindet, ungeachtet der Eröffnung eines deutschen Insolvenzverfahrens zulassen, daß sich Gläubiger im Wege der Einzelzwangsvollstreckung oder durch Verwertung ausländischer dinglicher Sicherheiten befriedigen; möglicherweise eröffnet er ein eigenes Insolvenzverfahren über das Vermögen desselben Schuldners. Ist in diesen Fällen die Befriedigung im Ausland nach der deutschen lex fori concursus insolvenzrechtlich unzulässig, so ist der Gläubiger möglicherweise verpflichtet, das Erlangte an die Masse abzuliefern. Wo ein Herausgabeanspruch nicht vollstreckt werden kann, bleibt - vorausgesetzt, daß der Gläubiger im Ausland keine volle Befriedigung erlangt hat und deshalb auch am deutschen Insolvenzverfahren teilnimmt - die Möglichkeit, das Erlangte bei der Berechnung der Inlandsquote zu berücksichtigen. Eine Anrechnung ist aber auch dann zu erwägen, wenn der ausländische Erwerb aus deutscher Sicht zulässig war (Beispiele: Verwertung einer dinglichen Sicherheit, Teilnahme

2 Ebenso an einem auf das Inlandsvermögen beschränkten Sonderinsolvenzverfahren; dazu im einzelnen unten S. 168 ff.

3 Begründung zum EInsO, Teil B, Anm. 5 a zu §§ 379 ff. (S. 236).

4 Begründung zum EInsO, Teil B, Anm. 5 a zu §§ 379 ff. (S. 235).

an einem Zweitkonkurs); für den Fall der parallelen Teilnahme eines Gläubigers an mehreren Insolvenzverfahren ist sie im Istanbuler Übereinkommen unmittelbar geregelt (Art. 5).

Zu den spezifischen Rechtsproblemen eines Inlandskonkurses mit Auslandsbezug gehören schließlich die Behandlung von dinglichen Sicherungsrechten am Auslandsvermögen sowie die Einordnung von allgemeinen Konkursprivilegien ausländischer Gläubiger. Da beide Fragen auch für die Anerkennung ausländischer Insolvenzverfahren im Inland von Bedeutung sind, sollen sie aus diesem Kapitel ausgegliedert und in einem eigenen Abschnitt (Kapitel VI) für Inlands- und Auslandsverfahren gemeinsam untersucht werden.

Abgesehen von dem bereits erwähnten Art. 5 regelt das Istanbuler Übereinkommen die Folgen, die sich aus der Universalität oder Territorialität eines Insolvenzverfahrens im Eröffnungsstaat selbst ergeben, nicht ausdrücklich. Sie sind indes nicht von rein nationaler Bedeutung, so daß sie von vornherein außerhalb des Regelungsbereichs eines internationalen Konkursübereinkommens lägen: Aus den Aussagen des Istanbuler Übereinkommens zur Auslandswirkung von Konkursen können sich mittelbar Konsequenzen auch im Eröffnungsstaat ergeben; denkbar ist beispielsweise, daß die Zulassung von Einzelvollstreckung oder Zweitinsolvenzverfahren im Istanbuler Übereinkommen einen materiellrechtlichen Regelungsgehalt hat, also die Mitgliedstaaten verpflichtet, dem Gläubiger das auf diesem Wege Erlangte zu belassen. Daher kann die Auslandswirkung von Inlandsinsolvenzverfahren hier nicht außer Betracht bleiben.

2. *Erlöse aus einer Maßnahme der Einzelrechtsverfolgung im Ausland*

a. *Gegenwärtige deutsche Rechtslage*

Nach früher h. M.[5] galt das Verbot der Einzelzwangsvollstreckung in § 14 KO, da § 237 I KO zur allseitigen Kollisionsnorm auszubauen sei, nur für die inländische Zwangsvollstreckung. Der Gläubiger mußte also das durch Einzelvollstrekkung im Ausland Erlangte selbst dann nicht an den Verwalter abliefern, wenn das

---

[5] RGZ 54, 193 (194); BayObLG, LZ 1908, Sp. 550 ff.; *Lent*, in: *Jaeger*, KO, 8. Aufl., § 14 Rn. 35; *Kuhn*, in: *Mentzel / Kuhn*, KO, 8. Aufl., § 14 Rn. 16; *Ringleb*, 99 ff.; *J. Schmidt*, System des dt. IKR, 138 ff.; *ders.*, SAG 1973, 153 (159). So auch noch OLG Hamm, ZIP 1982, 1343 (1344); *Jahr*, in: LdR / ZivilverfahrensR, 119 (124). - Krit. bereits *Lüer*, KTS 1978, 200 (204 ff.) und KTS 1979, 12 (21 ff.), jeweils m. w. N.; *Förger*, 147 ff.; *Grunsky*, JZ 1983, 902.

Auslandsvermögen zur Sollmasse des Inlandskonkurses gehörte. Da der Gläubiger somit nichts Gesetzwidriges begehe, wenn er die vom Recht des Belegenheitsstaates zugelassene Einzelvollstreckung betreibe, fehle im Inland eine Anspruchsgrundlage, die ihn zur *Herausgabe* verpflichte.

In seinem Urteil vom 13.7.1983[6], das die "Wende im Internationalen Insolvenzrecht" einleitete, entschied der BGH dagegen, das Vollstreckungsverbot des § 14 KO beanspruche Geltung für das gesamte dem Konkursverfahren unterliegende, also auch für das ausländische Vermögen. Darauf, ob der ausländische Belegenheitsstaat das Vollstreckungsverbot anerkenne, komme es nicht an: Selbst wenn die Einzelvollstreckung nach ausländischem Recht rechtmäßig betrieben werden könne, sei der Erwerb aus ihr im Inland gegenüber der im Interesse der gleichmäßigen Befriedigung aller Gläubiger geschützten Konkursmasse nicht rechtmäßig und daher auf der Grundlage einer Eingriffskondiktion herauszugeben. Daß die Konkursordnung das Prinzip der gleichmäßigen Behandlung aller Gläubiger auch hinsichtlich des Auslandsvermögens durchsetzen wolle, ergebe sich auch aus §§ 50, 56 KO. Ob daneben auch Ansprüche aus Geschäftsführung ohne Auftrag oder Delikt gegeben sind, blieb ausdrücklich offen. - Die Entscheidung ist auf ein geteiltes Echo gestoßen: Die Annahme eines Herausgabeanspruches wurde überwiegend begrüßt[7], die beiläufig angedeutete Einschränkung auf im Inland ansässige Gläubiger[8] jedoch abgelehnt[9].

Ist der Herausgabeanspruch nicht durchsetzbar, nimmt der Bereicherte jedoch auch am inländischen Konkursverfahren teil, so ist gegenwärtig das im Ausland Erlangte grundsätzlich auf die inländische Konkursquote *anzurechnen*[10]. Nur

---

6 BGHZ 88, 147. Vgl. auch schon BGHZ 68, 16 zur Prozeßführungsbefugnis des deutschen Verwalters bezüglich des Auslandsvermögens.

7 *Canaris*, ZIP 1983, 647 (650 ff.); *Grunsky*, JZ 1983, 902; *Hanisch*, ZIP 1983, 1289 (1291 ff.); *K. Schmidt*, in: *Kilger / K. Schmidt*, KO, § 237 Anm. 5, 7; *Pielorz*, IPRax 1984, 241 (241 f.). Wie BGHZ 88, 147 auch *Baur / Stürner* II, Rn. 37.6 f. Abl. *Arnold*, in: *Gottwald*, InsolvenzRHdb, § 122 Rn. 77 ff., und (insbesondere für den inländischen Vergleich) *Westermann*, in: FS Werner, 989 (996 ff.).

8 BGHZ 88, 147 (154 ff.).

9 *Flessner*, ZIP 1989, 749 (752); *Frank*, RDAI 3 (1989), 291 (298); *Hanisch*, ZIP 1983, 1289 (1293); wohl auch *Baur / Stürner* II, Rn. 37.7, vgl. auch Rn. 37.19. Zu einer Beschränkung des Kreises herausgabepflichtiger Gläubiger in dem vom BGH angedeuteten Sinne neigt *Pielorz*, IPRax 1984, 241 (243 f.). *Förger*, 149 f., will in Anlehnung an die englische Rechtslage nur am Konkurs teilnehmende Gläubiger zur Herausgabe des Erlangten verpflichten; i. E. ebenso *K. Schmidt*, in: *Kilger / K. Schmidt*, KO, § 237 Anm. 5, 7.

10 *Baur / Stürner* II, Rn. 37.17; *Arnold*, in: *Gottwald*, InsolvenzRHdb, § 122 Rn. 85; *Hanisch*, ZIP 1983, 1289 (1294).

wenn das inländische Konkursverfahren (als gegenständlich beschränkter Inlandskonkurs) das ausländische Vermögen ausnahmsweise von vornherein nicht mit einbezieht, ist der Erlös statt mit der Quote mit der im Inlandskonkurs geltend gemachten Forderung zu verrechnen[11].

b. *Künftige deutsche Rechtslage*

§ 383 I 1 EInsO greift die jüngere Rechtsprechung und h. M. auf, erweitert aber die *Herausgabepflicht* auf alle Fälle, in denen der Gläubiger "durch Zwangsvollstreckung, durch eine Leistung des Schuldners oder in sonstiger Weise" etwas auf Kosten der Masse aus dem ausländischen Vermögen des Schuldners erlangt hat. Als Beispiele nennt die Begründung zum EInsO[12] die unbefugte Nutzung, Verbindung, Vermischung, Verarbeitung von Gegenständen des Massevermögens. Auch eine nach ausländischem Recht wirksame, nach deutschem dagegen unzulässige[13] Aufrechnung dürfte als Bereicherung in sonstiger Weise unter § 383 I EInsO fallen. - Ein dinglich gesicherter Gläubiger, der seine Sicherheit verwertet, wird allerdings regelmäßig "die bevorzugte Befriedigung auch im inländischen Insolvenzverfahren zu beanspruchen haben", so daß er "nicht auf Kosten der Insolvenzmasse" (zumindest aber nicht ungerechtfertigt auf Kosten der Insolvenzmasse) bereichert ist[14]. - Für die Rechtsfolgen des Herausgabeanspruchs verweist § 383 I 2 EInsO insbesondere auf §§ 818, 819 BGB.

§ 383 I EInsO ist "zur Förderung der internationalen Zusammenarbeit"[15] als allseitige Norm formuliert und im 9. Teil des EInsO (Internationales Insolvenzrecht) bei den allgemeinen Vorschriften, die gleichermaßen für das Inlands- und das Auslandsinsolvenzverfahren gelten, eingeordnet. Daher kann im umgekehrten Fall - der Gläubiger eines ausländischen Insolvenzverfahrens erlangt etwas aus dem inländischen Vermögen des Schuldners - der ausländische Verwalter seinen Herausgabeanspruch auch vor den deutschen Gerichten durchsetzen[16].

---

11 *Arnold*, in: *Gottwald*, InsolvenzRHdb, § 122 Rn. 86.

12 Begründung zum EInsO, Teil B, zu § 383 (S. 240).

13 Nach welchem Recht - Forderungsstatut der Hauptforderung, Insolvenzstatut oder Kumulation - sich die Zulässigkeit der Aufrechnung richtet, muß hier aus Platzgründen offenbleiben.

14 Begründung zum EInsO, Teil B, zu § 383 (S. 240).

15 Begründung zum EInsO, Teil B, zu § 383 (S. 240 f.).

16 Begründung zum EInsO, Teil B, zu § 383 (S. 240 f.).

Zur Frage der *Anrechnung* des durch Einzelrechtsverfolgung im Ausland Erlangten enthält der EInsO keine besonderen Vorschriften. § 383 II 2 EInsO betrifft nur den Erlös aus einem ausländischen Parallelinsolvenzverfahren; hier tritt die Anrechnung an die Stelle der nach § 383 II 1 entfallenden Ablieferungspflicht. Ob und ggf. in welcher Form sich die Anrechnung des durch Einzelrechtsverfolgung Erlangten aus allgemeinen Grundsätzen ergibt, bleibt zu untersuchen.

c. *Stellungnahme*

aa. Folgen der unzulässigen Befriedigung aus dem Auslandsvermögen

(1) Herausgabepflicht

Gehört aus der Sicht des deutschen Rechts der ausländische Vermögensgegenstand, aus dem sich der Gläubiger befriedigt hat, zur Masse des deutschen Insolvenzverfahrens und bestand daran keine dingliche Sicherheit, die zur vorrangigen Befriedigung berechtigte, so verstieße es gegen die par conditio creditorum, den Verwertungserlös einem oder mehreren einzelnen Gläubigern zu belassen[17]. Es kann dabei nicht darauf ankommen, ob der Erwerb aus einer *Einzelvollstreckung* stammt, aus einer aus deutscher Sicht *unzulässigen abgesonderten Befriedigung* oder auf einer *Leistung des* aus deutscher Sicht nicht mehr dispositionsbefugten *Gemeinschuldners* beruht. Hier wie dort ist das Erlangte, das der inländischen Masse und damit allen Gläubigern gebührte, nach bereicherungsrechtlichen Grundsätzen an diese herauszugeben. Dem herausgabepflichtigen Gläubiger verbleibt nur der Betrag, den er aufgewandt hat, um die Zwangsvollstreckung durchzuführen, sowie die Quote des Inlandskonkurses; um diese Beträge ist er nicht ungerechtfertigt bereichert[18].

Gegen eine Herausgabepflicht als Folge der nach dem Recht des Eröffnungsstaates unzulässigen Befriedigung im Ausland ist vorgebracht worden, sie widerspreche dem Gebot der Achtung und Anerkennung ausländischer Rechtsordnun-

---

[17] *Lüer*, KTS 1978, 200 (213), jedoch noch ohne die Konsequenz einer Herausgabepflicht; *Hanisch*, in: FS 100 Jahre KO, 139 (155); *ders.*, in: Probleme des IIR, 51 (57); *ders.*, in: FS Société suisse des Juristes, 107 (126); *Kirchhof*, WM 1993, 1401 (1402).

[18] *Baur / Stürner* II, Rn. 37.7.; *Hanisch*, Schw. Jb. Int. R. 36 (1980), 109 (125); *ders.*, ZIP 1983, 1289 (1294).

gen[19]. In Wirklichkeit verweigert jedoch gerade der Zweitstaat dem deutschen Insolvenzverfahren die Anerkennung, wenn er die Befriedigung aus dem Schuldnervermögen in einer Form zuläßt, die nach der deutschen lex fori concursus unzulässig ist. Unter diesen Umständen kann die ausländische Rechtsordnung nicht erwarten, daß ihre Entscheidung vom deutschen Recht höher geachtet wird als die des deutschen Rechts selbst, zumal viele andere Rechtsordnungen einen entsprechenden Herausgabeanspruch kennen.

Zwar wird der Herausgabeanspruch in dem Staat, der die Vollstreckung zugelassen hat, in der Regel nicht durchgesetzt werden; vielleicht hat sich der BGH in seiner Entscheidung vom 13.7.1983[20] deshalb nur zur Ablieferungspflicht inländischer Gläubiger geäußert. Der Anspruch kann aber anderweitig durchsetzbar sein, z. B. wenn der vollstreckende Gläubiger Vermögen im Inland hat oder in einem Drittstaat, der den Anspruch anerkennt. Schließlich bleibt die Möglichkeit der Aufrechnung mit dem Anspruch auf die Inlandsquote[21]. Im übrigen muß die Ablieferungspflicht schon aus Gründen der Gleichbehandlung gleichermaßen für in- und ausländische Gläubiger gelten; sie kann für letztere nicht rechtlich vom Bestehen einer Vollstreckungsmöglichkeit abhängen[22].

Der Streit um die Rechtsgrundlage der Herausgabepflicht - (nur) die Eingriffskondiktion oder auch das Recht der Geschäftsführung ohne Auftrag (§§ 687 II, 681 II, 667 BGB)[23] - hat sich mit der ausdrücklichen Regelung in § 383 I EInsO erledigt; internationalprivatrechtlich zuständig zur Regelung des Herausgabeanspruches ist das deutsche Insolvenz-, nicht das ausländische Vollstreckungsstatut[24].

(2) Anrechnung des Erlangten

Der Herausgabeanspruch nach § 383 I EInsO kann unter Umständen nicht vollstreckt werden, weil ihn der Staat, der die Befriedigung aus dem Schuldnerver-

[19] *Westermann*, in: FS Werner, 989 (996 ff.); *Zeuner*, in: *Smid*, GesO, § 22 Rn. 13. - Abl. *Hanisch*, ZIP 1989, 273 (274).

[20] BGHZ 88, 147 (154).

[21] *Flessner*, ZIP 1989, 749 (752).

[22] *Flessner*, ZIP 1989, 749 (752).

[23] Zum Anspruch aus GoA statt aller *Hanisch*, in: FS 100 Jahre KO, 139 (156 f.).

[24] Der BGH hatte das in BGHZ 88, 147 (153 ff.) stillschweigend vorausgesetzt. Im einzelnen *Grasmann*, KTS 1990, 157 (164 f., Fn. 30); *Hanisch*, ZIP 1983, 1289 (1290 f.); zur Maßgeblichkeit des ausländischen Konkursstatuts im umgekehrten Fall *K. Schmidt*, in: *Kilger / K. Schmidt*, KO, § 237 Anm. 7; *Kirchhof*, WM 1993, 1401 (1402).

mögen zugelassen hat, nicht anerkennt. Nimmt der Gläubiger aber auch am deutschen Insolvenzverfahren teil, so ist der Erlös zumindest bei der Berechnung der Inlandsquote zu berücksichtigen. Dafür sind die folgenden Lösungsmöglichkeiten[25] denkbar:

Das "Minimum einer rechtlich haltbaren Lösung"[26] schon wegen § 362 BGB ist eine Anrechnung auf die Forderung, soweit ohne eine solche Anrechnung der Gläubiger durch die Teilnahme am Inlandskonkurs und das im Ausland Erlangte zusammen mehr erhielte, als seine ursprüngliche Forderung ausmacht[27]. - Üblicherweise ist mit dem Begriff "Anrechnung auf die Forderung" dagegen weitergehend gemeint, daß die Inlandsquote voll ausbezahlt, aber auf der Basis der um das Erlangte verminderten Forderung berechnet wird. - Für den betroffenen einzelnen Gläubiger am ungünstigsten ist schließlich die Anrechnung auf die Inlandsquote: Sie wird auf der Basis der ursprünglichen Forderung des Gläubigers berechnet, dann aber um das Erlangte vermindert.

Ist ein einzelner Gläubiger durch Einzelvollstreckung, Verwertung einer Sicherheit oder Leistung des Gemeinschuldners aus dem ausländischen Vermögen des Gemeinschuldners befriedigt worden, und war dies aus deutscher Sicht nicht gerechtfertigt, so stehen sich der Anspruch der Masse aus § 383 I EInsO einerseits und der des Gläubigers auf die Inlandsquote andererseits aufrechenbar gegenüber. Die auszuzahlende Quote verringert sich also um den Betrag des Erlangten (abzüglich etwaiger Aufwendungen zur Rechtsverfolgung). Die Anrechnung auf die Quote ergibt sich aus allgemeinen Grundsätzen und bedarf daher keiner besonderen Feststellung im EInsO.

bb. Folgen der zulässigen Befriedigung aus dem Auslandsvermögen

(1) Herausgabepflicht

Gehörte dagegen der Gegenstand nicht zur inländischen (Soll-)Masse, weil nur ein auf das Inlandsvermögen *beschränktes Insolvenzverfahren* eröffnet worden

---

25 Vgl. *Grasmann*, KTS 1990, 157 (179, Fn. 79) mit Berechnungsbeispielen.

26 *Hanisch*, in: FS 100 Jahre KO, 139 (155).

27 So z. B. OLG Köln, KTS 1978, 249; das Urteil ist jedoch von den Besonderheiten des Falles geprägt und entgegen *Kalter*, KTS 1978, 253 (254), und *Hanisch*, KTS 1978, 193 (197 ff.), nicht verallgemeinerungsfähig: Der dem OLG Köln vorliegende deutsche Liquidationsvergleich hatte eine Anrechnung des Erlöses aus einem ausländischen Konkurs oder Vergleich vorgesehen, eine Anrechnung des Erlöses aus einer Maßnahme der Einzelzwangsvollstreckung im Ausland aber gerade ausgeschlossen.

war oder weil an dem verwerteten Gegenstand ein auch aus deutscher Sicht im Konkurs wirksames *Aussonderungsrecht* bestand, so ist derjenige, der den Gegenstand verwertet hat, nicht "auf Kosten der Insolvenzmasse" i. S. des § 383 I EInsO bereichert. Gläubiger, die ein Recht auf *abgesonderte Befriedigung* geltend machen, sind durch die Verwertung des Sicherungsguts zwar auf Kosten der Masse bereichert. Wenn aber die Rechtsposition des Sicherungsnehmers ihn auch aus der Sicht des deutschen Rechts zur vorrangigen Befriedigung aus dem Sicherungsgut berechtigte, liegt insoweit keine ungerechtfertigte Bereicherung vor. In all diesen Fällen besteht kein Herausgabeanspruch nach § 383 I EInsO.

(2) Anrechnung des Erlangten

Dennoch stellt sich auch im Fall des aus deutscher Sicht berechtigten Auslandserwerbs die Frage, ob und wie das Erlangte bei der Verteilung der inländischen Masse zu berücksichtigen ist, wenn der Sicherungsnehmer an diesem Verfahren teilnimmt. Eine Anrechnung auf die Quote erschiene hier allerdings nicht angemessen: Sie entzöge dem Sicherungsnehmer den wirtschaftlichen Wert der Sicherheit, der ihm doch, wenn dem dinglichen Recht Wirkung im Konkurs anerkannt wird, gerade zustehen soll[28].

In bezug auf die restliche Masse darf der Sicherungsnehmer aber nicht besser stehen als jeder andere Gläubiger, dessen Forderung bereits vor Konkurseröffnung teilweise erfüllt worden war. Er kann daher seine Forderung nicht in der ursprünglichen Höhe zur Inlandsmasse anmelden, sondern nur in Höhe des unbefriedigt gebliebenen Betrages, bzw. wird bei der Berechnung der Quote nur mit diesem Betrag berücksichtigt. Das durch (aus deutscher Sicht) zulässige Verwertung einer ausländischen Sicherheit Erlangte wird also auf die Forderung angerechnet. Insoweit besteht kein Unterschied zur abgesonderten Befriedigung aus dem Inlandsvermögen; die Anrechnungsvorschriften des materiellen Insolvenzrechts gelten für beide Fälle gleichermaßen (§ 64 KO, künftig § 61 EInsO), einer Sonderregelung im 9. Teil des EInsO bedarf es wiederum nicht.

---

[28] Gegen eine Anwendung des Art. 5 IstanbÜ auf den Erlös aus der Verwertung einer dinglichen Sicherheit ausdrücklich die Begründung zum IstanbÜ, Ziff. 35 (zu Art. 5).

d. *Vereinbarkeit von Herausgabepflicht und Anrechnung mit dem Istanbuler Übereinkommen*

Die Anrechnung des auch aus deutscher Sicht zulässigen Auslandserwerbs wirft keine spezifisch international-insolvenzrechtlichen Probleme auf. Dagegen ist fraglich, ob der Herausgabeanspruch, den § 383 I EInsO bei (aus deutscher Sicht) unzulässiger Befriedigung aus dem Auslandsvermögen statuiert, in den Fällen mit der Ratifikation des Istanbuler Übereinkommens vereinbar ist, in denen die Befriedigung nach dem Übereinkommen zulässig war.

aa. Konfliktfälle zwischen § 383 I EInsO und dem Istanbuler Übereinkommen

Nach Art. 11 II IstanbÜ können sich bestimmte Gläubiger ungeachtet des Insolvenzverfahrens im Wege der *Einzelrechtsverfolgung* aus dem außerhalb des Eröffnungsstaates belegenen Vermögen befriedigen. Dagegen ist nach deutschem Recht, wenn ein deutscher Universalkonkurs eröffnet wird, von diesem Zeitpunkt an gemäß § 14 KO bzw. § 100 EInsO die Einzelvollstreckung auch in das ausländische Vermögen des Gemeinschuldners unzulässig. Befriedigt sich ein Gläubiger dennoch aus dem Auslandsvermögen, so ist das Erlangte nach deutschem Recht an die Inlandsmasse abzuliefern (§ 383 I EInsO), gleich ob die Befriedigung von Art. 11 II IstanbÜ gedeckt war.

Zu ähnlichen Konflikten kann es bei der ausländischen *Verwertung dinglicher Sicherheiten* kommen. Nach Art. 14 II Buchst. a IstanbÜ bleiben "dingliche Rechte oder Sicherheiten einer anderen Person als des Schuldners..., die nach dem Recht dieses (= des Belegenheits-)Staates bestellt oder anzuerkennen sind", von den Befugnissen, die dem Verwalter nach dem Recht des Eröffnungsstaates zustehen, unberührt. Da die Vorschrift des § 390 EInsO nur für die Wirkungen ausländischer Insolvenzverfahren auf Sicherungsrechte an deutschem Sicherungsgut gilt, wird man davon ausgehen müssen, daß es im umgekehrten Fall (Wirkungen des deutschen Insolvenzverfahrens auf ausländisches Sicherungsgut) bei der Geltung des deutschen Insolvenzstatuts bleiben soll (§ 379 EInsO). Es ist also gut möglich, daß in einem deutschen Insolvenzverfahren eine ausländische Sicherheit nicht oder nicht mit der Wirkung anerkannt wird, die ihr das Recht des Lageortes zubilligt. Dann ist der Gläubiger, der die Sicherheit nach der lex rei sitae zulässigerweise verwertet, aufgrund von § 383 I EInsO zur Herausgabe des Erlangten verpflichtet, sofern die deutsche lex fori concursus sein Recht auf vorrangige Befriedigung im Insolvenzverfahren nicht anerkennt.

In beiden Fällen fragt sich, ob der Herausgabeanspruch des § 383 I EInsO mit dem Übereinkommen vereinbar, insbesondere von der Ermächtigung des Art. 15 IstanbÜ gedeckt ist.

bb. Dispositivität von Art. 11 II, 14 II Buchst. a IstanbÜ

(1) Rechtfertigung von Herausgabeanspruch und Anrechnung durch Art. 15 IstanbÜ

Seinem Wortlaut nach gestattet Art. 15 IstanbÜ den Vertragsstaaten zunächst nur, die verfahrensrechtlichen Befugnisse des Verwalters in anderen Staaten auszuweiten; damit muß nicht zwangsläufig eine Einschränkung der Rechte, die Einzelzwangsvollstreckung zu betreiben bzw. dingliche Sicherheiten zu verwerten, einhergehen[29].

Andererseits ist die Norm trotz ihrer engen Formulierung in der weitergehenden Absicht eingefügt worden, den Mitgliedstaaten anerkennungsfreundlichere Lösungen zu ermöglichen. Man könnte daher folgendermaßen argumentieren: Wenn Art. 15 IstanbÜ eindeutig zu dem Zweck eingefügt worden sei, den Mitgliedstaaten den von Art. 11 II abweichenden Ausschluß der Einzelrechtsverfolgung zuzugestehen, dann müsse es ihnen auch offenstehen, aus der unzulässigen Vollstreckung die Konsequenz eines Herausgabeanspruchs zu ziehen. Hätte das Istanbuler Übereinkommen bestimmten Gläubigergruppen materiell die Befriedigung aus bestimmten Teilvermögensmassen auch gegen den Willen des Eröffnungsstaates sichern wollen, so hätte es auch ihre verfahrensmäßige Durchsetzung in Gestalt der Zwangsvollstreckung nach Art. 11 II IstanbÜ oder der Teilnahme an einem Sekundärkonkurs (vgl. Art. 21, 40 IstanbÜ) nicht zur Disposition der Mitgliedstaaten stellen dürfen.

Noch deutlicher wird der Zusammenhang zwischen Art. 14 II Buchst. a und Art. 15 IstanbÜ angesichts der Formulierung des Art. 14 II: Er ist - anders als Art. 11 II - nicht aus der Sicht der betroffenen Gläubiger formuliert, sondern begrenzt seinem Wortlaut nach die Befugnisse des Verwalters; unmittelbar anschließend statuiert Art. 15 das Recht der Mitgliedstaaten, diese Befugnisse zu erweitern.

Diese Möglichkeit steht indes nicht allen Mitgliedstaaten für jeden Fall der Befriedigung aus dem außerhalb des Eröffnungsstaates belegenen Vermögen des Gemeinschuldners zu. Vielmehr können gemäß Art. 15 "die Vertragsstaaten... ei-

---

29 Vgl. für die Einzelzwangsvollstreckung bereits oben S. 83.

nem ausländischen Verwalter gestatten, auf ihrem Gebiet weitergehende Befugnisse auszuüben, als sie in diesem Kapitel vorgesehen sind". Die Kompetenz, die Befugnisse des Verwalters gegenüber dem durch die Konvention vorgegebenen Rahmen auszuweiten, kommt also immer nur demjenigen Staat zu, in dem der Verwalter seine Tätigkeit gerade ausüben will. Auf den konkreten Fall bezogen heißt das, daß nur der jeweilige Belegenheitsstaat die Zulässigkeit von Einzelzwangsvollstreckung und Verwertung dinglicher Sicherheiten gegenüber den Vorgaben des Übereinkommens einschränken kann.

Wenn sich aber während eines deutschen Insolvenzverfahrens ein Gläubiger aus dem Auslandsvermögen befriedigt und das deutsche Recht ihn daraufhin zur Herausgabe des Erlöses verpflichtet, greift Deutschland gerade nicht als Belegenheits-, sondern als Konkurseröffnungsstaat regelnd ein. Die Entscheidung des am ausländischen Lageort geltenden Rechts, in Übereinstimmung mit dem Übereinkommen die Befriedigung aus der Sicherheit im Konkurs zuzulassen, wird damit mißachtet. Der Herausgabeanspruch nach § 383 I EInsO ist also mit dem Übereinkommen nicht schon aufgrund von Art. 15 IstanbÜ vereinbar.

(2) Materiellrechtlicher Regelungsgehalt der Art. 11 II, 14 II Buchst. a IstanbÜ

Einer Ermächtigung nach Art. 15 bedarf es indes nicht, wenn der Regelungsgehalt von Art. 11 II und Art. 14 II Buchst. a IstanbÜ von vornherein enger zu verstehen ist, nämlich dahin gehend, daß nur die verfahrensrechtliche Verwertungsbefugnis geregelt, nicht auch über die materiellrechtliche Güterzuordnung - d. h. darüber, wem der Erlös aus der Verwertung endgültig gebührt - entschieden wird.

Wenn man Art. 11 II, 14 II Buchst. a IstanbÜ solchermaßen als verfahrensrechtliche Vorschriften ohne materiellrechtlichen Zuweisungsgehalt versteht, ist auch die enge Formulierung des Art. 15 IstanbÜ systemgerecht: Ob der Verwalter die Befugnisse, die ihm nach der lex fori concursus zustehen, auch außerhalb des Eröffnungsstaates ausüben kann, kann natürlich immer nur der jeweilige Belegenheitsstaat entscheiden. Wenn Art. 15 dem Belegenheitsstaat zubilligt, die Befugnisse des Verwalters umfassend anzuerkennen, sagt das noch nichts darüber aus, welchen extraterritorialen Geltungsanspruch der Konkurs nach der lex rei sitae erhebt oder unter der Geltung des Übereinkommens erheben darf.

Für eine (auch) materiellrechtliche Auslegung der Art. 11 II, 14 II IstanbÜ könnte die Existenz des *Art. 5 IstanbÜ* sprechen. Danach ist der Erlös, den ein Gläubiger in einem Insolvenzverfahren erlangt, bei der Verteilung der Masse eines zweiten, parallelen Insolvenzverfahrens auf die ihm dort zustehende Quote anzurechnen. Denkbar wäre der Umkehrschluß, das Übereinkommen lasse eine Berücksichtigung des ausländischen Erwerbs offenbar nur dann zu, wenn dieser Erwerb auf einem Gesamtvollstreckungsverfahren beruhe, nicht aber dann, wenn sich der Gläubiger durch Einzelvollstreckung oder Verwertung einer dinglichen Sicherheit befriedigt habe.

Dieses Argument geht indes fehl: Wenn das Übereinkommen bei Befriedigung nach Art. 11 II oder Art. 14 II Buchst. a nicht selbst einen Herausgabeanspruch oder die Anrechnung des Erlangten vorsieht, so muß beides nicht unzulässig sein, es kann auch im Belieben des Eröffnungsstaates stehen. Wiederum ist an den begrenzten Regelungsgehalt des Übereinkommens zu erinnern. Es will seinen Mitgliedstaaten gerade nicht die Entscheidung zwischen Universalität und Territorialität des Insolvenzverfahrens abnehmen. Jedem Mitgliedstaat bleibt bezüglich des in einem *anderen* Staat eröffneten Verfahrens die Entscheidung zwischen Universalitäts- und Territorialitätsprinzip überlassen; er kann insbesondere nach Belieben entscheiden, ob er den in Art. 11 II IstanbÜ genannten Gläubigern die Vollstreckung und den in Art. 14 II Buchst. a genannten Dritten die Verwertung ihrer Sicherheit gestattet. Dann muß es aber erst recht dem Eröffnungsstaat selbst offenstehen, die Reichweite des Universalitätsanspruchs seines *eigenen* Verfahrens zu definieren. An die Mißachtung dieses Universalitätsanspruchs kann er dann - obwohl sie übereinkommenskonform ist - die von der eigenen Grundeinstellung geforderten materiellrechtlichen Konsequenzen knüpfen.

Eine rein verfahrensrechtliche Auslegung der Art. 11 II, 14 II Buchst. a IstanbÜ würde diese Vorschriften auch *keineswegs völlig entwerten*. Denkbar ist beispielsweise, daß ein Gläubiger, der sich durch Einzelzwangsvollstreckung aus dem ausländischen Vermögen des Gemeinschuldners befriedigt hat, vom autonomen Recht des Eröffnungsstaates nur dann zur Herausgabe des Erlangten verpflichtet wird, wenn er seine Forderung zum Inlandsverfahren anmeldet[30]. Auch ein weitergehender Herausgabeanspruch ist nicht ohne weiteres durchsetzbar und macht damit Art. 11 II, 14 II Buchst. a IstanbÜ nicht von vorherein obsolet.

Art. 11 II und 14 II Buchst. a sind also nur im Sinne einer verfahrensrechtlichen Regelung zu verstehen, ohne über die materielle Güterzuweisung zu entscheiden. Mit anderen Worten: Hat ein Mitgliedstaat einen Universalkonkurs eröffnet, so dürfen (nicht: müssen) andere Mitgliedstaaten, auf deren Gebiet sich

---

[30] Eine entsprechende Beschränkung wird insbesondere in England für Gläubiger vertreten, die nicht der englischen Insolvenzgerichtsbarkeit unterliegen (*Cheshire / North*, 912 ff.; *Summ*, 131 f.).

Massegegenstände befinden, den in Art. 11 II, 14 II Buchst. a IstanbÜ genannten Gläubigern die Befriedigung aus diesen Gegenständen gestatten. Das hindert den Eröffnungsstaat aber nicht daran, für sein Verfahren umfassende extraterritoriale Wirkung zu beanspruchen und aus der Mißachtung dieses Anspruchs (sei sie auch übereinkommenskonform) die Konsequenz eines Bereicherungsanspruchs zu ziehen bzw. das Erlangte auf die Inlandsquote des Bereicherten anzurechnen. Dadurch wird nicht - was mit dem Übereinkommen unvereinbar wäre - entgegen dem Recht des Lageortes die Einzelzwangsvollstreckung verhindert, es wird nur an den Tatbestand der Vollstreckung zulässigerweise die Rechtsfolge eines Herausgabeanspruchs bzw. einer Anrechnung geknüpft[31].

e. *Zwischenergebnis*

Der Herausgabeanspruch nach § 383 I EInsO ebenso wie, im Falle seiner Undurchsetzbarkeit, die Anrechnung des Erlangten auf die Quote ist mit dem Übereinkommen zu vereinbaren. Das gilt auch dann, wenn der Erlös, zu dessen Herausgabe der Gläubiger aus deutscher Sicht verpflichtet ist, aus einer Maßnahme der Einzelrechtsverfolgung gemäß Art. 11 II IstanbÜ oder aus der Geltendmachung des Rechtes eines Dritten an der Insolvenzmasse gemäß Art. 14 II Buchst. a IstanbÜ stammt.

3. ***Erlöse aus der Teilnahme an einem ausländischen Parallel-Insolvenzverfahren***

a. *Herausgabeanspruch der Masse*

aa. Gegenwärtige deutsche Rechtslage

Hat ein Gläubiger nicht durch Einzelzwangsvollstreckung oder Verwertung einer Sicherheit, sondern durch Teilnahme an einem ausländischen Insolvenzverfahren etwas aus dem ausländischen Vermögen des Schuldners erlangt, so ist umstritten, ob er das Erlangte an den Verwalter des Inlandsverfahrens abzuliefern hat. Die wohl h. L.[32] lehnt die Herausgabepflicht jedenfalls dann ab, wenn das Auslands-

---

[31] Vgl. die Argumentation *Lüers*, KTS 1979, 12 (16 f.).

[32] *Aderhold*, Auslandskonkurs im Inland, 216 ff.; *Baur / Stürner* II, Rn. 37.17 f.; *Summ*, 99 f.; OLG Köln, ZIP 1989, 321; zust. *Hanisch*, ZIP 1989, 273 (276); *Hanisch*, OLG Köln EWiR

verfahren "auf einer aus deutscher Sicht anerkennungswürdigen Jurisdiktionsgrundlage beruht"[33], insbesondere wenn es sich um einen gegenständlich beschränkten Konkurs über das ausländische Vermögen vergleichbar dem nach § 238 KO handelt, und deutsche Gläubiger gleichberechtigt daran teilnehmen durften. Wurden von dem ausländischen Separatkonkurs dagegen deutsche Gläubiger ausgeschlossen, dann ist das im ausländischen Verfahren Erlangte an die inländische Masse herauszugeben[34]. Von den übrigen europäischen Staaten kennt, soweit ersichtlich, nur England eine Pflicht zur Ablieferung des in einem ausländischen Insolvenzverfahren Erlangten[35].

bb. Istanbuler Übereinkommen

Nach Art. 5 IstanbÜ wird einem Gläubiger, der an mehreren parallelen Insolvenzverfahren teilnimmt, das in einem Verfahren Erlangte auf die Quote angerechnet, die ihm im anderen Verfahren zusteht. Daraus ergibt sich im Umkehrschluß, daß er das Erlangte nicht herauszugeben braucht, sofern - was stillschweigend vorausgesetzt wird - das Insolvenzverfahren, dessen Masse zuerst verteilt wurde, nach den Vorschriften des Entwurfs, insbesondere von einer dafür zuständigen Stelle und unter gleichberechtigter Beteiligung aller Gläubiger, durchgeführt worden ist[36]. Für die Anwendung des Art. 5 IstanbÜ kommt es nicht darauf an, ob und ggf. welches der beiden Verfahren universelle Geltung beansprucht.

cc. Künftige deutsche Rechtslage

Auch nach § 383 II EInsO kann der Schuldner das in einem gegenständlich beschränkten Auslandskonkurs Erlangte unter Anrechnung auf die Inlandsquote behalten. Der umgekehrte Fall - ein Gläubiger nimmt, nachdem er in einem ausländischen Universalverfahren teilweise befriedigt wurde, an einem deutschen Sonderinsolvenzverfahren teil - ist in § 383 II EInsO, anders als in Art. 5 IstanbÜ, nicht geregelt.

---

§ 812 BGB 2/89, 349 (350); *Florian*, 50 f. - A. A. *Lüer*, in: Reform des deutschen IIR, 96 (119 ff.).

33 *Hanisch*, ZIP 1989, 273 (277).

34 *Baur / Stürner* II, Rn. 37.17. Zur Vorfrage der Anerkennung ausländischer Sekundärinsolvenzverfahren unten S. 154 ff., 189 ff.

35 So die sog. "hotch-pot rule": *Elland-Goldsmith*, RDAI 3 (1989), 207 (219 f.); *Florian*, 44 ff.; *Summ*, 133.

36 Ebenso ausdrücklich Art. 12 II EG-Entwurf 1992.

dd. Stellungnahme

(1) Ausländisches Sonderinsolvenzverfahren

Anders als die Einzelzwangsvollstreckung ist ein parallel durchgeführtes zweites Insolvenzverfahren nicht zwangsläufig mit dem Grundsatz der Gläubigergleichbehandlung unvereinbar. Vielmehr kann eine Durchbrechung der Einheit des Konkurses aus noch näher darzulegenden Gründen durchaus sinnvoll sein[37]. Ein ausländisches Sonderinsolvenzverfahren wird daher - vorausgesetzt, daß es bestimmten Mindestanforderungen genügt - vom deutschen Recht anerkannt; insoweit tritt der extraterritoriale Geltungsanspruch des deutschen Verfahrens zurück[38]. Entgegen *Lüer*[39] besteht zwischen der Einzelzwangsvollstreckung und der Teilnahme an einem ausländischen Insolvenzverfahren sehr wohl "qualitativ (ein) Unterschied": Das im betreffenden Zweitstaat belegene Vermögen gehört, wenn das dort eröffnete Auslandsinsolvenzverfahren anerkannt wird, auch aus deutscher Sicht nicht zur Masse des deutschen Insolvenzverfahrens. Ein Gläubiger, der sich daraus befriedigt, ist folglich auch nicht auf Kosten der deutschen Masse bereichert und nicht zur Herausgabe des Erlangten an den inländischen Verwalter verpflichtet[40].

Genügt das ausländische Sonderinsolvenzverfahren dagegen nicht den deutschen Anerkennungsvoraussetzungen, dann tritt der Geltungsanspruch des deutschen Rechts nicht zu seinen Gunsten zurück; es bleibt dabei, daß das im Zweitstaat belegene Vermögen aus deutscher Sicht zur Masse des Universalverfahrens gehört. Das in diesem Verfahren Erlangte ist, nicht anders als bei unzulässiger Einzelrechtsverfolgung im Ausland, an die Inlandsmasse herauszugeben.

---

37 Unten S. 146 ff.

38 *Aderhold*, Auslandskonkurs im Inland, 215; *Arnold*, in: *Gottwald*, InsolvenzRHdb, § 122 Rn. 8; *Grasmann*, KTS 1990, 157 (159 f., Fn. 8); *Hanisch*, ZIP 1985, 1233 (1236); *ders.*, ZIP 1989, 273 (276); *Jahr*, in: *Jaeger*, KO, §§ 237, 238 Anm. 153 ff., 233, 240; *ders.*, in: LdR / ZivilverfahrensR, 119 (124); *Pielorz*, Auslandskonkurs, 70 f.; *Summ*, 35 f. So jetzt auch die Begründung zum EInsO, Teil B, zu § 383 (S. 240). - A. A. *Schlosser*, RIW 1983, 473 (478); *Wenner*, KTS 1990, 429 (433 ff., insbes. 436).

39 *Lüer*, in: Reform des deutschen IIR, 96 (119 f.). Im Ergebnis ebenso *Wenner*, KTS 1990, 429 (433 ff., insbes. 436).

40 *Baur / Stürner* II, Rn. 37.18; *Flessner*, ZIP 1989, 749 (752); *Hanisch*, ZIP 1989, 273 (277, 279); *ders.*, in: Aberystwyth Papers, 192 (198 ff.); OLG Köln, ZIP 1989, 321; zust. *Hanisch*, OLG Köln EWiR § 812 BGB 2/89, 349 (359); *Florian*, 50 f. - *E. J. Habscheid*, KTS 1989, 593 (596 ff.), differenziert unter dem Gesichtspunkt der Gegenseitigkeit danach, welche Haltung das Auslandsrecht im umgekehrten Fall einnähme.

Diese Differenzierung zwischen anerkennungsfähigen und nicht anerkennungsfähigen Insolvenzverfahren spiegelt sich im Wortlaut des § 383 II EInsO nicht wider. Der Gläubiger "darf behalten, was er in einem besonderen Insolvenzverfahren erlangt hat, das in einem anderen Staat eröffnet worden ist und nur das in diesem Staat belegene Vermögen erfaßt" - die allgemeinen Anerkennungsvoraussetzungen nach § 384 EInsO, die für beschränkte ebenso wie für universelle Insolvenzverfahren gelten, werden nicht erwähnt. Am Wortlaut des § 383 II EInsO festmachen läßt sich nur die Prüfung, ob das ausländische Verfahren als Insolvenzverfahren zu qualifizieren ist. Es liegt allerdings nahe, auch die übrigen Anerkennungsvoraussetzungen in § 383 II EInsO hineinzulesen.

§ 383 EInsO unterscheidet zwischen Sonderinsolvenzverfahren (Abs. 2) und sonstigem Erwerb (Abs. 1), wobei die Pflicht zur Herausgabe des aus dem Auslandsvermögen Erlangten nach Absatz 1 die Regel, die (Nur-)Anrechung unter Verzicht auf einen Herausgabeanspruch nach Absatz 2 die Ausnahme ist. Auf die Einbeziehung des ausländischen Vermögens (für die ja eine inländische Zuständigkeit besteht) verzichtet das deutsche Recht nur, wenn gewährleistet ist, daß dieses Vermögen nach konkursmäßigen Grundsätzen unter Wahrung der par conditio creditorum verteilt wird oder wurde. Der Wahrung des Gleichbehandlungsgrundsatzes dienen aber gerade die allgemeinen Anerkennungsvoraussetzungen, wie sie zum Teil in § 384 EInsO genannt sind, zum Teil durch Kodifikation der bisher h. M. stillschweigend übernommen wurden. Daher muß § 383 EInsO in dem oben beschriebenen Sinne verstanden werden: Erfüllt ein Auslandsverfahren zwar die in § 383 II EInsO genannten Bedingungen, aber nicht die allgemeinen Anerkennungsvoraussetzungen, dann kann der Gläubiger, der daran teilgenommen hat, das Erlangte nicht nach § 383 II EInsO behalten, sondern er hat es als "Erwerb in sonstiger Weise" nach § 383 I EInsO herauszugeben.

(2) Ausländisches Universalverfahren

§ 383 II EInsO bezieht sich, wie sein Wortlaut unmißverständlich klarstellt ("in einem besonderen Insolvenzverfahren..., das... nur das in diesem Staat belegene Vermögen erfaßt"), nur auf den Erwerb in einem ausländischen Sonderinsolvenzverfahren[41]. Denkbar ist jedoch auch der umgekehrte Fall, daß ein Gläubiger, der in einem ausländischen Universalkonkurs teilweise befriedigt wurde, an einem

[41] So auch noch Art. 24 II VE; vgl. dazu DAV, Stellungnahme zum ERats-Entwurf 1989, 8 f.

deutschen Parallelinsolvenzverfahren[42] teilnimmt. § 383 II EInsO ist nicht einschlägig. Es scheint daher bei der Grundregel nach Abs. 1 zu bleiben, wonach das Erlangte, da "in sonstiger Weise" erworben, an den deutschen Verwalter herauszugeben ist.

Gegen einen solchen Herausgabeanspruch bestehen jedoch schwerwiegende Bedenken. Erfüllt das ausländische Universalverfahren die allgemeinen Anerkennungsvoraussetzungen, so steht auch ein deutsches Parallelinsolvenzverfahren nicht generell seiner Anerkennung, sondern nur seiner Erstreckung auf das deutsche Vermögen entgegen. Wird ein Gläubiger in diesem Verfahren aus dem in anderen Staaten - im Eröffnungsstaat des Universalverfahrens selbst oder in Drittstaaten - belegenen Vermögen befriedigt, so ist dieser Erwerb auch aus deutscher Sicht rechtmäßig. Ein Anspruch des deutschen Verwalters auf Herausgabe des Erlangten ist hier ebensowenig zu rechtfertigen wie im umgekehrten Fall des deutschen Universal- und ausländischen Sonderinsolvenzverfahrens. Zu recht differenziert daher Art. 5 IstanbÜ bei der Frage der Anrechnung nicht danach, ob es sich bei dem Verfahren, in dem der Gläubiger zuerst befriedigt wurde, um ein auf das Inlandsvermögen beschränktes Verfahren handelt oder um eines, dem universelle Geltung zukommt bzw. von anderen Mitgliedstaaten zuerkannt wird: Auch wenn zuerst die Masse des Hauptinsolvenzverfahrens verteilt wurde, ist das dort Erlangte (nur) auf die Quote weiterer, beschränkter Verfahren anzurechnen, aber nicht an die Masse des weiteren Verfahrens herauszugeben[43].

Der richtige Ansatzpunkt, um zu diesem allein angemessenen Ergebnis auch im künftigen deutschen Recht zu gelangen, ist jedoch nicht in § 383 II, sondern bereits in § 383 I EInsO zu suchen. Danach ist nur dasjenige herauszugeben, was der Insolvenzgläubiger "auf Kosten der Insolvenzmasse" erlangt. Daran fehlt es hinsichtlich des ausländischen Erwerbs, wenn das deutsche Insolvenzverfahren von vornherein auf das Inlandsvermögen beschränkt ist.

Die hier befürwortete Lösung paßt auch zum gedanklichen System des EInsO. Zwar findet sich in den Gesetzesmaterialien zu Abs. 1 oder Abs. 2 des § 383 EInsO kein Hinweis auf die Frage, wie der Erwerb aus einem ausländischen Uni-

---

42 In der Terminologie des EInsO ist Parallelinsolvenzverfahren dasjenige auf das Inlandsvermögen beschränkte deutsche ("Sonder-")Insolvenzverfahren, das neben einem ausländischen Universalverfahren stattfindet.

43 Krit. DAV, Stellungnahme zum ERats-Entwurf 1989, 9: Dadurch würden Sekundärinsolvenzverfahren dem Hauptverfahren gleichgestellt. In einem System paralleler Insolvenzverfahren, für das sich das IstanbÜ und der EInsO nun einmal entschieden haben, besteht jedoch kein Grund, Universal- und gegenständlich beschränkte Insolvenzverfahren, soweit ihr sachlicher Geltungsbereich reicht, nicht als gleichwertig anzuerkennen.

versalverfahren zu behandeln ist, wenn zugleich ein deutsches Parallelinsolvenzverfahren stattfindet.

§ 383 I ist aber, wie die in der Begründung genannten Beispiele[44] zeigen, auf den aus deutscher Sicht unzulässigen Auslandserwerb zugeschnitten. Insbesondere soll er - auch das kommt in der Vorschrift selbst nicht zum Ausdruck - keine Anwendung finden auf die Verwertung einer dinglichen Sicherheit[45]. Ein ausländisches Universalverfahren, das die allgemeinen Voraussetzungen erfüllt, erfährt im künftigen deutschen Recht umfassende Anerkennung. Wenn schon der Geltungsanspruch eines deutschen Universalverfahrens gegenüber einem ausländischen Sonderinsolvenzverfahren zurücktritt und das dort Erlangte nicht an die Inlandsmasse herauszugeben ist (§ 383 II EInsO), muß Entsprechendes erst recht dann gelten, wenn sich das deutsche Verfahren von vornherein auf das Inlandsvermögen beschränkt[46]. Es ist nicht anzunehmen, daß der Gesetzgeber das in einem ausländischen Universalverfahren Erlangte bei der Verteilung der Masse eines inländischen Sonderinsolvenzverfahrens als ungerechtfertigte Bereicherung behandeln wollte.

"Sonstiger Erwerb" im Sinne dieser Vorschrift ist daher nur der aus Sicht des deutschen Insolvenzrechts ungerechtfertigte, weil dem universellen Geltungsanspruch des deutschen Insolvenzverfahrens zuwiderlaufende, Erwerb. In allen übrigen Fällen besteht kein Herausgabeanspruch. Das gilt für das in einem ausländischen Sonderinsolvenzverfahren Erlangte aufgrund der ausdrücklichen Regelung des § 383 II EInsO und ergibt sich für den Erwerb aus einem ausländischen Universalverfahren bereits daraus, daß dieser Erwerb nicht "auf Kosten der (deutschen) Insolvenzmasse" i. S. des § 383 I EInsO ging.

---

[44] Einzelzwangsvollstreckung, unbefugte Nutzung oder Verbindung, Vermischung oder Verarbeitung von Gegenständen des Massevermögens (Begründung zum EInsO, Teil B, zu § 383 (S. 240)).

[45] Begründung zum EInsO, Teil B, zu § 383 (S. 240). Das dort vorgebrachte Argument, der Sicherungsnehmer sei regelmäßig "nicht auf Kosten der Insolvenzmasse bereichert", überzeugt allerdings nicht ganz: Der Gläubiger, der sich zulässigerweise abgesondert befriedigt hat, ist auf Kosten der Masse, aber nicht ungerechtfertigt bereichert.

[46] Auf den kompliziertesten Fall zweier konkurrierender Universalverfahren - jeweils auf anzuerkennender Jurisdiktionsgrundlage, z. B. bei mehrfachem allgemeinem Gerichtsstand - kann hier nicht im einzelnen eingegangen werden. M. E. wird das *früher* eröffnete Auslandsverfahren in gleicher Weise anerkannt, wie wenn nur eine deutsche Sonderkonkurszuständigkeit bestünde (insoweit anders die h. M.), das *später* eröffnete Auslandsverfahren insoweit, als sich seine Wirkungen mit denen eines aus deutscher Sicht zulässigen Sonderinsolvenzverfahrens decken, als sich also das verwertete Vermögen im ausländischen Eröffnungsstaat befindet.

b. *Anrechnung des Erlangten*

Der Gläubiger, der an einem anerkennungsfähigen ausländischen Insolvenzverfahren teilgenommen hat, ist zwar, weil sein Erwerb rechtmäßig ist, nicht verpflichtet, das Erlangte an den inländischen Verwalter herauszugeben. Es besteht aber Einigkeit darüber, daß es aus Gründen der Gleichbehandlung bei der Berechnung dessen, was ihm im deutschen Hauptkonkurs gebührt, zu berücksichtigen ist.

Denkbar ist wiederum eine Anrechnung auf die Forderung oder auf die Inlandsquote. Nach wohl überwiegender Auffassung[47] ist das in einem ausländischen Insolvenzverfahren Erlangte auf die Inlandsquote anzurechnen; andere[48] wollen das Erlangte hier - anders und für den betroffenen Gläubiger günstiger als bei der Einzelrechtsverfolgung im Ausland - nicht mit der Quote, sondern mit der im Inlandskonkurs geltend gemachten Forderung verrechnen.

Auch nach dem Übereinkommen und nach künftigem deutschem Recht ist das Erlangte auf die Inlandsquote anzurechnen; Vorbild war die "marshalling rule" in § 508 a des US-amerikanischen Bankruptcy Code (BC)[49]. Gemäß Art. 5 IstanbÜ kann ein Gläubiger, der an einem anderen Vertragsstaat an einem Insolvenzverfahren teilgenommen hat und dort teilweise befriedigt worden ist, an einem zweiten Verfahren so lange nicht teilnehmen, bis die anderen Gläubiger ihm bezüglich der Quote gleichgestellt sind. Nach § 383 II 2 EInsO wird der Gläubiger bei den Verteilungen erst berücksichtigt, wenn die übrigen Gläubiger mit ihm gleichgestellt sind.

Der Grundsatz der par conditio creditorum gilt nicht nur innerhalb jedes einzelnen Verfahrens - etwa bei der Bestimmung der teilnahmeberechtigten Forderungen -, sondern auch bei der Abstimmung mehrerer Verfahren. Auch wenn die

---

47 *Aderhold*, Auslandskonkurs im Inland, 218; *Baur / Stürner* II, Rn. 37.17; *Grasmann*, KTS 1990, 157 (Fn. 79); *Hanisch*, Schw. Jb. Int. R. 36 (1980), 124 f.; *ders.*, in: Aberystwyth Papers, 192 (200); *ders.*, ZIP 1983, 1289 (1294); *ders.*, in: Probleme des IIR, 9 (28); *ders.*, ZIP 1989, 273 (278 f.).

48 *Arnold*, in: *Gottwald*, InsolvenzRHdb, § 122 Rn. 47, 86; OLG Köln, ZIP 1989, 321; *Lüer*, in: *Kuhn / Uhlenbruck*, KO, §§ 237, 238 Rn. 93, 105. *Häsemeyer*, ZZP 107 (1994), 111 (115 f.) differenziert danach, ob der Erwerb des Hauptverfahrens im Sonderkonkurs anzurechnen ist (dann Anrechnung auf die Forderung) oder der des Sonderkonkurses im Hauptverfahren (dann Anrechnung auf die Quote).

49 11 U. S. C. § 508 a; vgl. dazu *Hanisch*, in: FS 100 Jahre KO, 139 (156); *ders.*, in: Probleme des IIR, 9 (28, Fn. 62); *Hay*, in: FS Müller-Freienfels, 247 (253); *Nadelmann*, Int. Comp.

Kompetenz eines anderen Staates zur Durchführung eines eigenen (universellen oder gegenständlich beschränkten) Insolvenzverfahrens anerkannt wird, darf die Teilnahme eines oder mehrerer Gläubiger daran nicht dazu führen, daß sie gegenüber Gläubigern, die nur am Inlandsverfahren teilnehmen, besser gestellt werden. Das dort Erlangte ist hier also zu berücksichtigen, gleichgültig ob sonst beide Quoten zusammen den Wert der Forderung überschritten[50].

Auch die Art der Anrechnung des im ausländischen Insolvenzverfahren Erlangten hat sich am Grundsatz der Gläubigergleichbehandlung zu orientieren. Erhielten die an beiden Verfahren teilnehmenden Gläubiger zunächst die Auslandsquote und dann auf dieselbe Forderung (vermindert um den ausländischen Verfahren erlangten Betrag) zusätzlich die Inlandsquote, so würden sie gegenüber denen, die nur am Inlandsverfahren teilnehmen, bessergestellt. Die Möglichkeit zur Teilnahme an einem beschränkten Auslandsinsolvenzverfahren ist jedoch, anders als die zur Verwertung einer dinglichen Sicherheit, gerade nicht Folge einer materiellen Vorzugsstellung, nicht Ausdruck eines besonderen Rechts zur vorrangigen Befriedigung.

Das in einem anerkennungsfähigen ausländischen Insolvenzverfahren Erlangte ist daher, wie in § 383 II 2 EInsO und Art. 5 IstanbÜ vorgesehen, auf die Inlandsquote, nicht auf die Forderung, anzurechnen.

c. *Vereinbarkeit der deutschen Lösung mit dem Istanbuler Übereinkommen*

Weder nach § 383 II EInsO noch nach Art. 5 IstanbÜ hat ein Gläubiger, der an einem ausländischen Sonderinsolvenzverfahren teilgenommen hat, das dort Erlangte an den inländischen Verwalter abzuliefern. Beide Vorschriften stimmen ferner darin überein, daß der Erwerb auf die Quote des Hauptinsolvenzverfahrens anzurechnen ist. Trotzdem ist denkbar, daß das Übereinkommen und das deutsche Recht zu unterschiedlichen Ergebnissen kommen: Für § 383 II 1 EInsO sind die Anerkennungsvoraussetzungen des deutschen Rechts maßgeblich, für Art. 5 IstanbÜ die des Übereinkommens selbst.

Das Übereinkommen verpflichtet seine Mitgliedstaaten grundsätzlich, die in anderen Mitgliedstaaten eröffneten Sekundärinsolvenzverfahren in dem vertraglich vorgesehenen Umfang anzuerkennen. Zu den anzuerkennenden Wirkungen

---

L. Q. 33 (1984), 430 (435). Ebenso die englische "hotch-pot rule" und für die Schweiz Art. 172 III IPRG.

50 *Baur / Stürner* II, Rn. 37.17.

gehört gerade auch die in Art. 5 beschriebene, daß das in einem Sekundärinsolvenzverfahren Erlangte bei der Verteilung der Masse eines zweiten, parallelen (Universal-)Verfahrens nicht herauszugeben, sondern nur auf die Quote anzurechnen ist. Wirtschaftlich unterscheiden sich beide Lösungen - die Herausgabepflicht und die (Nur-)Anrechnung auf die Quote des Zweitverfahrens -, wenn der Gläubiger im Sekundärverfahren mehr erlangt hat, als er bei der Verteilung der Masse des Hauptverfahrens erwarten kann.

Deutschland müßte also im Falle einer Ratifikation des Übereinkommens sicherstellen, daß Gläubiger, die an einem Sonderinsolvenzverfahren gemäß Kapitel III IstanbÜ teilnehmen, nicht verpflichtet werden, den Erlös an den deutschen Verwalter abzuliefern. Die Bundesrepublik kann zwar bei der Ratifikation des Übereinkommens erklären, Kapitel III (Sekundärinsolvenzverfahren) nicht anzuwenden (einfacher bzw. erweiterter Vorbehalt nach Art. 40 IstanbÜ), und damit der Pflicht zur Anerkennung dieser Verfahren weitgehend entgehen. Gerade Art. 5 IstanbÜ wird jedoch aufgrund seiner systematischen Stellung in Kapitel I von einem Vorbehalt nicht erfaßt.

Das "Istanbuler Modell" eines Sekundärinsolvenzverfahrens weicht in zahlreichen Fragen vom Sonderinsolvenzverfahren, wie es der EInsO vorsieht, ab. Als Grund dafür, dem Sekundärinsolvenzverfahren in Deutschland die Anerkennung zu verweigern und die Gläubiger zur Herausgabe des Erlangten zu verpflichten, kommt in erster Linie die Regelung des Art. 21 IstanbÜ in Frage. Danach sind zur Verteilung der Masse des Sekundärinsolvenzverfahrens nur bestimmte Forderungen zugelassen. Nach deutschem Recht werden dagegen in einem gegenständlich auf das Inlandsvermögen beschränkten Insolvenzverfahren die gleichen Forderungen befriedigt wie in einem Universalverfahren (§ 399 EInsO).

Das beschränkte Teilnahmerecht des Art. 21 ist dem deutschen Recht zwar fremd. Es baut aber auf sachlichen Differenzierungskriterien einschließlich der - vom deutschen Recht grundsätzlich anerkannten - ausländischen Privilegienordnung auf und wird durch die besonderen Verteilungskriterien für den Masseüberschuß aus dem Sekundärverfahren zusätzlich abgemildert. Gegen den deutschen ordre public verstößt eine dem Art. 21 IstanbÜ entsprechende Regelung daher nicht, wie an anderer Stelle[51] noch ausführlicher zu begründen sein wird.

---

[51] Unten S. 190 ff.

d. *Zwischenergebnis*

Ist ein Gläubiger, solange ein deutsches Insolvenzverfahren anhängig war, aus dem ausländischen Vermögen des Gemeinschuldners befriedigt worden, so ist er nicht verpflichtet, das Erlangte an den deutschen Verwalter herauszugeben, sofern das ausländische Insolvenzverfahren vom deutschen Recht anerkannt wird; der Erlös wird ihm auf die Inlandsquote angerechnet. Das gilt im Wege teleologischer Reduktion des § 383 I 1 EInsO auch für den Erwerb durch Teilnahme an einem anerkannten ausländischen Universalverfahren, wenn im Inland ein Sonderinsolvenzverfahren eröffnet ist. Wird das ausländische Insolvenzverfahren dagegen nicht anerkannt, hat der Verwalter eines deutschen Universalverfahrens einen Anspruch auf Herausgabe des Erlangten. Dieser Anspruch steht mit Art. 5 IstanbÜ in Einklang, weil einem Sekundärinsolvenzverfahren nach Kapitel III IstanbÜ, trotz der erheblichen Unterschiede zum deutschen Recht, nicht schon aufgrund des beschränkten Teilnahmerechts ein Verstoß gegen den deutschen ordre public vorgeworfen und die Anerkennung verweigert wird.

Kapitel VI. Vorzugsrechte und Privilegien im internationalen Insolvenzverfahren

Ein besonders heikles Kapitel des internationalen Insolvenzrechts ist die Behandlung von Sicherungsrechten und Privilegien im grenzüberschreitenden Konkurs: So groß wie die Unterschiede zwischen den beteiligten Sachrechten sind die wirtschaftlichen Interessen, die auf dem Spiele stehen. Die europäischen Staaten unterscheiden sich in der Frage, welche Sicherungsrechte anerkannt und wie sie im Konkurs behandelt werden, zu deutlich, und ihre Privilegienordnungen sind zu sehr auf die Wirtschafts- und Sozialordnung eines Staates abgestimmt, als daß ihre universelle Geltung ohne weiteres akzeptiert würde. *Ebenroth* bringt einen weitverbreiteten Gedanken zum Ausdruck, wenn er kategorisch formuliert: "Kreditierungsformen wie Eigentumsvorbehalt und Sicherungsübereignung stellen ein zentrales Element unserer Wirtschaft dar, müssen kalkulierbar bleiben und dürfen nicht durch ein sie nicht anerkennendes Auslandsrecht unterlaufen werden."[1] Gerade der Umstand, daß diese Sicherungsrechte im wesentlichen wegen der Rechtsfolgen im Konkurs bestellt werden, läßt ihre Schwächung durch ausländische Konkursrechte so schwer akzeptabel erscheinen[2]. Das gilt um so mehr, als kaum eine andere Rechtsordnung dinglichen Sicherheiten, insbesonderen publizitätslosen Mobiliarsicherheiten, eine so weitgehende Wirkung im Konkurs zubilligt wie das geltende deutsche Recht.

Der EG-Entwurf von 1984 enthält gerade auf diesem Gebiet besonders ausdifferenzierte Regelungen, um trotz der Durchführung eines einheitlichen Insolvenzverfahrens nicht auf die Durchsetzung der Eigenheiten der jeweiligen nationalen Rechtsordnungen verzichten zu müssen; sie haben ihm den Vorwurf eingebracht, sowohl die Universalität als auch die Funktionsfähigkeit des grenzüberschreitenden Konkurses in Frage zu stellen[3].

Bei der Untersuchung, welchem Recht Bestand und Wirkung von Sicherungsrechten und Privilegien im Konkurs unterliegen, ist nach dem Gegenstand des Vorzugsrechts zu unterscheiden. Das deutsche Recht kennt zum einen Rechtsposi-

---

1 *Ebenroth*, ZZP 101 (1988), 121 (140).

2 *Drobnig*, in: Vorschläge und Gutachten (EG), 357 (358); *Ebenroth*, ZZP 101 (1988), 121 (139 f.); *Favoccia*, 32 f.

tionen, die dem Gläubiger eine vorrangige oder ausschließliche Befriedigung aus einem bestimmten Gegenstand des Schuldnervermögens erlauben (Bezeichnungen: besondere Vorrechte, besondere Vorzugsrechte, Sonderungsrechte, dingliche Vorzugsrechte; unten 1.,S. 110 ff.), zum anderen Rechte auf vorzugsweise Befriedigung aus der Gesamtmasse (allgemeine Privilegien, relative Vorzugsrechte, Vorrechte, allgemeine Vorrechte, allgemeine Vorzugsrechte; unten 2., S. 135 ff.). Eine Zwischenstellung nehmen die gegenständlich beschränkten Vorrechte ein, die ein Recht auf vorzugsweise Befriedigung aus einer bestimmten Teilvermögensmasse gewähren (auch sie werden häufig als allgemeine Vorrechte bezeichnet; unten 3., S. 143 f.)[4].

Während Bestand und Wirkung dinglicher Sicherungsrechte sich rechtstechnisch ohne weiteres für jeden Gegenstand nach einem anderen Sachrecht beurteilen lassen[5], spricht bei allgemeinen Privilegien manches dafür, zur einheitlichen Anwendung einer einzigen Rechtsordnung - welcher auch immer - zu kommen. Daher ist eine Gleichbehandlung beider Problemkreise nicht so selbstverständlich, daß es ratsam erschiene, sie, wie das in der international-insolvenzrechtlichen Literatur gelegentlich getan wird[6], in einem Atemzug zu nennen und gemeinsam zu untersuchen.

1. Vorzugsrechte an bestimmten Gegenständen der Masse

Zu untersuchen ist zunächst, welche Rechtsordnung für Wirksamkeit und Wirkung im Konkurs der dinglichen Vorzugsrechte maßgeblich ist, also derjenigen, die sich auf einen bestimmten Gegenstand beziehen, an dem sie ihrem Inhaber eine bestimmte Rechtsposition auch außerhalb des Konkurses verschaffen.

Die Rechte Dritter an einem bestimmten Gegenstand der (Ist-)Insolvenzmasse lassen sich in zwei Grundtypen einteilen: Während mit der Aussonderung die Nichtzugehörigkeit des fraglichen Gegenstandes zur Masse geltend gemacht wird,

---

3 *Großfeld*, ZIP 1981, 925 (933); *Leipold*, in: FS Waseda Univ., 787 (815); *Thieme*, in: Vorschläge und Gutachten (EG), 213 (283).

4 Ähnlich *Klevemann*, 87 ff. mit Ausführungen zum (sehr uneinheitlichen) Sprachgebrauch. Insbesondere der Begriff der allgemeinen Vorrechte wird in recht unterschiedlichem Sinne verwandt.

5 *Stummel*, 351.

6 *Baur / Stürner* II, Rn. 37.11 ff. Getrennte Erörterungen finden sich bei *Jahr*, in: *Jaeger*, KO, §§ 237, 238 Anm. 323 ff., 331 ff. / 395 ff.; *Arnold*, in: *Gottwald*, InsolvenzRHdb, § 122 Rn. 94 ff. / 114 ff.

richtet sich die Absonderung auf vorrangige Befriedigung aus einem Gegenstand, dessen Massezugehörigkeit nicht bestritten wird, aufgrund eines Pfand- oder Zurückbehaltungsrechts. Auf eine ausführliche rechtsvergleichende Untersuchung muß hier aus Platzgründen verzichtet werden; angesichts der erheblichen Unterschiede wird eine gesetzliche Regelung des Internationalen Insolvenzrechts ohnehin nicht kasuistisch differenzieren können.

In zahlreichen Rechtsordnungen unterliegen dingliche Sicherungsrechte im Konkurs gewissen verfahrensrechtlichen oder materiellen Beschränkungen. Beispielsweise geht nach künftigem deutschem Recht mit der Verfahrenseröffnung das Recht zur Verwertung eines beweglichen Gegenstandes, an dem ein Absonderungsrecht besteht, auf den Verwalter über (§ 191 EInsO). So soll dem Interesse der Masse, der bei Übersicherung der Mehrerlös zusteht, an einem möglichst hohen Erlös Rechnung getragen werden. Bei Verwertung der Sache durch den Verwalter sind dem Erlös "die Kosten der Feststellung, der Erhaltung und der Verwertung des Gegenstands vorweg für die Insolvenzmasse zu entnehmen" (§ 195 I 1 EInsO; zur Berechnung des Kostenbeitrags § 196 EInsO). Auf diese Weise wird den Sicherungsnehmern ein Teil der allgemeinen Verfahrenskosten auferlegt. Um die Sanierung zu erleichtern, sieht der EInsO einen Verwertungsstop und die befristete entschädigungslose Weiternutzung der Sache durch den Verwalter vor (§ 197 EInsO). Auch ein Insolvenzplan kann die Rechte der dinglich gesicherten Gläubiger kürzen (§ 266 EInsO)[7]. Welcher Rechtsordnung diese und ähnliche *Beschränkungen dinglicher Sicherheiten im Insolvenzverfahren* unterliegen, ist im folgenden zu untersuchen.

Die Vorfrage nach *Entstehung und Inhalt* des Rechts, auf das eine Aussonderung oder ein Recht auf abgesonderte Befriedigung gestützt wird, ist nicht Gegenstand des materiellen Insolvenzrechts und damit auch nicht des internationalen Insolvenzrechts. Sie bestimmt sich nach dem jeweiligen Sachstatut, das in Insolvenzverfahren mit Auslandsbezug gemäß den Regeln des IPR zu bestimmen ist[8], d. h. bei Rechten an Sachen dem Recht des Staates, in dem das Sicherungsgut belegen ist. Mit dem Inhalt eines Rechts an einer Sache bestimmt die lex rei sitae zugleich die Rangfolge mehrerer dinglicher Rechte an derselben Sache. (Erst) wenn das Recht, auf das die Aussonderung oder abgesonderte Befriedigung gestützt wird, materiellrechtlich wirksam begründet ist, stellt sich die weitere Fra-

---

[7] Vgl. zur Einbeziehung der gesicherten Gläubiger in das Insolvenzverfahren Begründung zum EInsO, Teil A, Anm. 4. c. aa. (S. 86 f.); Begründung zum EInsO, Teil B, zu § 390 (S. 243); *Drobnig*, ZGR 1986, 252; *Landfermann*, ZGR 1986, 281.

[8] Statt aller: *Arnold*, in: *Gottwald*, InsolvenzRHdb, § 122 Rn. 94 f.

ge, ob die sich daraus nach dem Recht des Belegenheitsortes grundsätzlich ergebenden Befugnisse durch das Insolvenzverfahren eingeschränkt werden.

International-insolvenzrechtliche Probleme wirft die Einschränkung dinglicher Sicherheiten im Konkurs auf, wenn sich bei Verfahrenseröffnung das Sicherungsgut nicht im Eröffnungsstaat befindet, gleich ob der Gegenstand von vornherein nach dem Recht dieses (oder eines anderen) Zweitstaates belastet oder im späteren Eröffnungsstaat belastet, dann aber ins Ausland verbracht wurde: Die Folgen grenzüberschreitender Lageortswechsel vor Konkurseröffnung unterliegen der nach Internationalem Sachenrecht zu bestimmenden Rechtsordnung[9]. Entsprechend fehlt ein international-insolvenzrechtlich relevanter Auslandsbezug, wenn die zunächst im Ausland belegene und belastete Sache noch vor Konkurseröffnung in den späteren Eröffnungsstaat gebracht wurde.

Das deutsche Recht hat demgemäß zu unterscheiden zwischen den Wirkungen des deutschen Insolvenzverfahrens auf ausländische Sicherheiten (genauer: dingliche Sicherheiten an Gegenständen, die sich bei Verfahrenseröffnung im Ausland befinden) einerseits und den Wirkungen des Auslandskonkurses auf inländische Sicherheiten (genauer: dingliche Sicherheiten an Gegenständen, die sich bei Verfahrenseröffnung im Inland befinden) andererseits.

Der Zugriff des deutschen Verwalters auf ausländisches Sicherungsgut, dessen Massezugehörigkeit das deutsche Recht beansprucht, hängt zwar faktisch davon ab, daß dieser deutsche Anspruch am Lageort anerkannt wird. Ob der Sicherungsnehmer auch aus hiesiger Sicht materiell berechtigt war, sich aus dem Sicherungsgut zu befriedigen, ist aber jedenfalls für die Frage von Bedeutung, in welcher Form ihm der Verwertungserlös, wenn er die gesicherte Forderung zur Masse des deutschen Insolvenzverfahrens anmeldet, bei der Berechnung der Inlandsquote angerechnet wird[10].

Im umgekehrten Fall - der Anerkennung von Rechten, die nach der deutschen lex rei sitae die Aussonderung oder abgesonderte Befriedigung zulassen, im Auslandsverfahren - wird sich die Bundesrepublik zu fragen haben, ob sie die Vorstellungen des Eröffnungsstaates anerkennt, d. h. diesen Vorstellungen gemäß den Zugriff auf die Sache zur Verwertung zuläßt.

---

9 *Hanisch*, in: Montréal Reports, 104 (119); *Lemontey*, Bericht zum EG-Entwurf 1980, 124.

10 Oben S. 91 ff.

a. Gegenwärtige deutsche Rechtslage

Solange die deutsche Praxis einem Auslandskonkurs jegliche Wirkung im Inland versagte, blieben selbstverständlich auch die Rechte Dritter an in Deutschland belegenen Sachen des Gemeinschuldners von konkursrechtlichen Einschränkungen frei. Erst in jüngerer Zeit wird die Behandlung dinglicher Sicherheiten[11] im grenzüberschreitenden Konkurs eingehender erörtert; sie ist lebhaft umstritten. Einschlägige Entscheidungen sind, soweit ersichtlich, in Deutschland noch nicht ergangen.

Das Problem wird oft auf die Frage nach der Anwendbarkeit oder Nichtanwendbarkeit des Rechts des ausländischen Eröffnungsstaates reduziert[12]. Die Bandbreite der möglichen Lösungen und Ansichten reicht aber viel weiter: Denkbar sind außer der Anwendung der lex fori concursus[13] die Geltung des am jeweiligen Lageort geltenden Insolvenzrechts[14] über die Kombination beider Rechte[15] bis zur Zubilligung eines von jeglichen insolvenzrechtlichen Beschränkungen freien Befriedigungsrechts des Sicherungsgläubigers[16].

---

[11] Das Recht eines Dritten an einem Gegenstand der Insolvenzmasse kann, muß aber nicht auf der Bestellung einer Sicherheit beruhen; zu denken ist auch an das Recht des Vermieters zur Aussonderung der Mietsache im Konkurs des Mieters etc. Die folgende Untersuchung beschränkt sich auf die Geltendmachung von Sicherheiten als den problematischeren Fall.

[12] Z. B. *Aderhold*, Auslandskonkurs im Inland, 281 f.; *Ebenroth*, in: *MünchKomm*, BGB, nach Art. 10 EGBGB, Rn. 360; *ders.*, ZZP 101 (1988), 121 (139 f.); *Flessner*, ZIP 1989, 749 (754 f.); *Staehelin*, 153 f.

[13] *Lüer*, in: *Kuhn / Uhlenbruck*, KO, §§ 237, 238 Rn. 67, 92; *Favoccia*, 45 ff., 83 ff.; *Kirchhof*, WM 1993, 1401 (1404); *Riegel*, Grenzüberschreitende Konkurswirkungen, 192 ff. (20); *Summ*, 64, 66; *Thieme*, RabelsZ 37 (1973), 682 (694, Fn. 32); *ders.*, in: Vorschläge und Gutachten (EG), 213 (282, 284); *ders.*, RabelsZ 37 (1973), 682 (694, Fn. 32); DAV, KTS 1975, 59 (68 f.); für die Absonderung auch *Jahr*, in: *Jaeger*, KO, §§ 237, 238 Anm. 331 ff. und *v. Oertzen*, 132 f.

[14] *Baur / Stürner* II, Rn. 37.11 (unter Einbeziehung der lex fori concursus im Wege der Angleichung); *Frank*, RDAI 3 (1989), 291 (306); *Klevemann*, 154. - *Ebenroth*, ZZP 101 (1988), 121 (139 f.); *Flessner*, ZIP 1989, 749 (754 f.); *Staehelin*, 153 f., sprechen sich für eine Anwendung der lex rei sitae aus, ohne klarzustellen, ob auch das am Lageort geltende Insolvenzrecht Anwendung finden soll.

[15] *Arnold*, in: *Gottwald*, InsolvenzRHdb, § 122 Rn. 94 ff., 97 f.; *Drobnig*, in: Reform des deutschen IIR, 177 (181); *v. Oertzen*, 132 f.; *Thieme*, RabelsZ 37 (1973), 682 (694, Fn. 32).

[16] *Jahr*, in: *Jaeger*, KO, §§ 237, 238 Anm. 338 f. So auch Art. 3 VE und für das ausländische Insolvenzverfahren § 390 I EInsO.

Nach derzeit wohl h. M.[17] entscheidet über die konkursrechtliche Stellung eines Sicherungsrechts grundsätzlich das Recht des Eröffnungsstaates: Die Sachnorm des § 50 KO setze eine Kollisionsnorm des Inhalts voraus, daß über die konkursrechtliche Zulässigkeit auch einer im Ausland vorgenommenen Absonderung die deutsche lex fori concursus entscheide. - Eine Einschränkung soll jedoch dann gelten, wenn der ausländische Verwalter auf einen im Inland belegenen Gegenstand zugreifen will; dann sei "die deutsche sachenrechtliche Ordnung zu wahren", habe er insbesondere ein an dem Gegenstand bestehendes Sicherungsrecht entsprechend dem in einem deutschen Konkursverfahren geltenden Vorschriften zu beachten[18]. Danach werden die Wirkungen ausländischer Insolvenzverfahren auf inländische Sicherungsrechte nur insoweit dem Recht des Eröffnungsstaates entnommen, als sie auch nach dem Insolvenzrecht des Staates eintreten, in dem das Sicherungsgut bei Verfahrenseröffnung belegen war. Einer nach dem deutschen Sachstatut materiellrechtlich begründeten Rechtsposition könne also das Recht eines ausländischen Konkurseröffnungsstaates die Wirkungen, die das deutsche Insolvenzrecht daran knüpft, nicht aberkennen. Das Sicherungsrecht solle sich gerade in der Insolvenz bewähren; diese Bewährung dürfe in einem Auslandskonkurs mit Inlandswirkung nicht geringer sein als in einem Inlandskonkurs[19]. Beim Auslandsinsolvenzverfahren wendet diese Auffassung also, was die spezifisch insolvenzrechtlichen Wirkungen des Konkurses auf ein nach dem Belegenheitsrecht bestehendes Vorzugsrecht anlangt, das Insolvenz- und das Belegenheitsstatut kumulativ an (daher auch "kollisionsrechtliche Kumulation"). Für die Wirkungen eines Inlandskonkurses auf die Geltendmachung ausländischer Sicherheiten soll es dagegen bei der Geltung der deutschen lex fori concursus verbleiben[20].

---

[17] Nachweise oben Fn. 13.

[18] *Arnold*, in: *Gottwald*, InsolvenzRHdb, § 122 Rn. 94 ff., 97 f.; ebenso, jedoch auch für die Auslandswirkungen des Inlandsverfahrens, *Drobnig*, in: Reform des deutschen IIR, 177 (181). Enger *Thieme*, RabelsZ 37 (1973), 682 (694, Fn. 32); *v. Oertzen*, 132 f.: Die Opfergrenze sei erst dann erreicht, wenn das Sicherungsrecht als systemfremd gar nicht anerkannt oder der Sicherungswert dem Gläubiger nicht voll zugute gebracht wird.

[19] *Drobnig*, in: Vorschläge und Gutachten (EG), 357 (358); *Frank*, RDAI 3 (1989), 291 (306); *Arnold*, in: *Gottwald*, InsolvenzRHdb, § 122 Rn. 98; *Klevemann*, 154; vgl. schon die Begründung zum VE, S. 50, 56 (zu Art. 3).

[20] *Arnold*, in: *Gottwald*, InsolvenzRHdb, § 122 Rn. 95.

b. Istanbuler Übereinkommen

Nach Art. 14 II Buchst. a IstanbÜ kann der Verwalter außerhalb des Eröffnungsstaates keine Maßnahmen treffen, die die dingliche Sicherheit oder ein sonstiges dingliches Recht eines Dritten beeinträchtigen, wenn es nach dem Recht des Lageortes begründet ist oder anerkannt wird. Der Verwalter muß also auch ein Sicherungsrecht beachten, das nach dem Recht des Eröffnungsstaates nicht "konkursfest" wäre[21].

Fraglich ist, wann eine Maßnahme des Verwalters ein Sicherungsrecht im Sinne des Art. 14 beeinträchtigt - dann, wenn sie die Position des Sicherungsnehmers gegenüber der vor Verfahrenseröffnung schmälert, oder erst dann, wenn sie auch nach dem Insolvenzrecht des Lageortes unzulässig wäre. Mit anderen Worten: Schließt Art. 14 II Buchst. a IstanbÜ jede Maßnahme des Verwalters aus, die für den Dritten irgendwie nachteilig ist, oder nur eine, die nicht auch dem inländischen (im Belegenheitsstaat bestellten) Verwalter offenstünde?

Den Formulierungen des Übereinkommens selbst, ausgeschlossen seien Maßnahmen "contrary to any security..." bzw. "au détriment des sûretés...", läßt sich Genaueres nicht entnehmen. In der Begründung heißt es jedoch: "According to the terms of paragraph 2, sub-paragraph a, the rights of a liquidator acting in a Party other than that in which the bankruptcy was opened *will be superseded* by the rights of persons holding in rem rights on the estate of the bankrupt person and the rights of creditors having the guarantee of security rights attached to that same estate" ("... le syndic... *voit ses droits primés par...*)[22]. Dingliche Rechte Dritter genießen also gegenüber denen des ausländischen Verwalters absoluten Vorrang. Für die Frage, wann sie diesen Vorrang genießen, stellt Art. 14 II Buchst. a IstanbÜ nur auf die (ursprünglich) wirksame Begründung einer Sicherheit ab. Käme es daneben auch auf die insolvenzrechtlichen Einschränkungen an, denen sie nach dem (Insolvenz-)Recht des Lageortes unterliegt, so müßte das im Wortlaut des Übereinkommens deutlicher zum Ausdruck kommen.

Ein sachenrechtlich wirksam begründetes Recht an einer außerhalb des Eröffnungsstaates belegenen Sache bleibt also nach Art. 14 II Buchst. a von Zugriffsrechten des Verwalters völlig unberührt; darauf, ob das am Lageort geltende Insolvenzrecht die Sicherheit im Fall eines Inlandskonkurses denselben Einschrän-

---

21 *Arnold*, IPRax 1986, 133 (137); *ders.*, ZIP 1984, 1144 (1150 f.); *Leipold*, in: FS Waseda Univ., 787 (818). Kritisch zu Art. 13 II Buchst. a ERats-Entwurf 1988 = Art. 14 II Buchst. a IstanbÜ: DAV, Stellungnahme zum ERats-Entwurf 1988, 3.

22 Begründung zum IstanbÜ, Ziff. 84 (zu Art. 14) (Hervorhebung der Verf.).

kungen und Zugriffsrechten unterwerfen würde, kommt es nicht an. Für insolvenzrechtliche Einschränkungen der Rechte Dritter an Gegenständen der Insolvenzmasse gelten also weder die lex rei sitae noch die lex fori concursus noch werden die Voraussetzungen beider Rechtsordnungen kumuliert, vielmehr sind grenzüberschreitende Konkurswirkungen insoweit ganz ausgeschlossen[23].

c. *Künftige deutsche Rechtslage*

aa. § 390 I EInsO

Gemäß § 390 I EInsO wird "das Recht eines Dritten an einem Gegenstand der Insolvenzmasse... von der Eröffnung des ausländischen Insolvenzverfahrens nicht berührt, wenn der Gegenstand zur Zeit der Eröffnung im Inland belegen war". Anders als bei Art. 14 II Buchst. a IstanbÜ stellen hier die Materialien klar, daß jede Einschränkung dinglicher Rechte Dritter ausgeschlossen sein soll[24]. Die Vorschrift dient vor allem dem Schutz der Kreditsicherheiten der nach deutschem Recht absonderungsberechtigten Gläubiger. Sie sollen nicht dem Risiko ausgesetzt werden, daß die ausländische lex fori concursus ihrem Sicherungsrecht weniger weitgehende Rechtswirkungen zuerkennt als das deutsche Recht. Darüber hinaus soll aber auch angesichts des außerordentlichen Formenreichtums des Rechts der Kreditsicherheiten die Abwicklung des Insolvenzverfahrens vereinfacht werden[25].

Wie Sicherungsrechte an im Ausland belegenen Gegenständen im Inlandsinsolvenzverfahren behandelt werden, ergibt sich aus dem - bewußt als einseitige Kollisionsnorm formulierten[26] - § 390 I EInsO nicht. Hier soll es also bei der Geltung der lex fori concursus (§ 379 KO) bleiben, d. h. die ausländischen Sicherheiten unterliegen den vom deutschen Insolvenzrecht vorgesehenen Einschränkungen.

---

23 *Drobnig*, in: Reform des deutschen IIR, 51 (69); *ders.*, in: Reform des deutschen IIR, 177 (178 f., Fn. 5); *Hanisch*, ZIP 1992, 1125 (1137 f.); aus dem Schrifttum zu Vorentwürfen: *Favoccia*, 156; *Wiesbauer*, ÖJZ 1988, 12 (15); *ders.*, in: Neuerungen im IIR, 64 (67). So auch Art. 4 I, 5 I EG-Entwurf 1992.

24 Begründung zum EInsO, Teil B, zu § 390 (S. 243).

25 Begründung zum EInsO, Teil B, zu § 390 (S. 243 f.).

26 Begründung zum EInsO, Teil B, zu § 390 (S. 244).

bb. § 390 II EInsO

Nach § 390 II EInsO hat "die Eröffnung eines ausländischen Insolvenzverfahrens... auf Rechte an im Inland belegenen Immobilien keine Wirkungen, die im deutschen Recht nicht vorgesehen sind".

(1) International-insolvenzrechtliche Sonderregelung für Immobiliarsicherheiten Dritter

Auf den ersten Blick unterscheiden sich § 390 I und § 390 II dadurch, daß Absatz 1 auf dingliche Rechte an Mobilien und an Immobilien, Absatz 2 nur auf dingliche Rechte an unbeweglichen Gegenständen Anwendung findet. Auf sie hat das Insolvenzverfahren keine Wirkungen, die im deutschen Recht nicht vorgesehen sind, sie können daher nur mit dinglichen Rechten der deutschen Rechtsordnung belastet werden[27]. Das bedeutet aber, wenn § 390 II als Sonderregelung gegenüber § 390 I verstanden wird, umgekehrt auch, daß Immobiliarsicherheiten im Fall der Eröffnung eines ausländischen Insolvenzverfahrens die vom deutschen Recht vorgesehenen Einschränkungen erfahren, wenn das Recht des Eröffnungsstaates entsprechende Regelungen vorsieht.

Wird also ein ausländisches Insolvenzverfahren eröffnet und bestehen dingliche Rechte am Inlandsvermögen des Schuldners, so könnten Mobiliarsicherheiten weiterhin ungeachtet des Konkurses verwertet werden, während dingliche Rechte an unbeweglichen Gegenständen denjenigen Einschränkungen unterliegen, die das ausländische Konkurs- und das deutsche Belegenheitsstatut übereinstimmend vorsehen. Deutsche Immobiliarsicherheiten würden im Auslandskonkurs weniger geschützt als Sicherheiten an Mobilien, die zur Zeit der Verfahrenseröffnung - und sei es auch nur zufällig oder ohne Wissen und Zutun des Sicherungsgläubigers - in Deutschland belegen sind.

Dem Willen des Gesetzgebers entspricht dieses überraschende[28] Ergebnis jedoch nicht: So knapp sich die Materialien zu Sinn und Zweck des - erst spät in

27 Begründung zum EInsO, Teil B, zu § 390 (S. 244).

28 Vgl. zur umgekehrten Lösung der belgisch-niederländischen und französisch-italienischen Konkursabkommen - Zuweisung der Sicherheiten an beweglichen Sachen an das Insolvenzstatut und derjenigen an Grundstücken an das "Sachen"statut - *Drobnig*, in: Reform des deutschen IIR, 177 (180). Auch das englische Internationale Insolvenzrecht trennt klar zwischen Mobilien und Immobilien und schützt letztere sehr viel weitergehend vor den Wirkungen der ausländischen lex fori concursus. Insbesondere geht das Eigentum an in England belegenen

den Gesetzentwurf aufgenommenen[29] - § 390 II äußern, so klar drücken sie doch aus, daß "Absatz 2... die Rechte an im Inland belegenen unbeweglichen Gegenständen noch weitergehend (als Absatz 1) vor Beeinträchtigungen durch das ausländische Insolvenzverfahren (schützt)..."[30].

Als Grund, inländische Immobiliarsicherheiten im Auslandskonkurs weitergehenden Einschränkungen zu unterwerfen als Mobiliarsicherheiten, käme allenfalls der Umstand in Frage, daß hier der Verwalter keine faktische Zugriffsmöglichkeit hat. Dagegen kann er bewegliche Gegenstände leichter zur Verwertung zur ausländischen Masse ziehen; ist das erst einmal geschehen, besteht keine Gewähr, daß er das Drittrecht bei der Verteilung des Erlöses auch tatsächlich berücksichtigt[31].

Für ein solches generelles Mißtrauen gegen den ausländischen Verwalter fehlt jedoch jede sachliche Grundlage. Im übrigen könnte eine Regelung, die dem Auslandskonkurs jegliche Wirkungen auf inländische Sicherheiten verwehrt (§ 390 I EInsO), ebensowenig verhindern, daß im Einzelfall inländisches Sicherungsgut zu Unrecht ins Ausland abgezogen und dort verwertet wird, wie eine Regelung, die dem Auslandskonkurs (nur) die vom deutschen Recht vorgesehenen Beschränkungen inländischer Sicherheiten zubilligt (§ 390 II EInsO). Hier wie dort kann der Verwalter die Grenzen, die das deutsche Recht seinen Befugnissen setzt, mißachten.

(2) International-sachenrechtliche Regelung für Immobiliarrechte (auch) des Gemeinschuldners

Zwischen den beiden Absätzen des § 390 EInsO gibt es jedoch einen weiteren Unterschied: § 390 I spricht vom "Recht *eines Dritten* an einem Gegenstand der Insolvenzmasse", § 390 II allgemeiner von "Rechte(n) an unbeweglichen Gegenständen", ohne das Recht als das eines Dritten zu bezeichnen. Es liegt nahe, dies auf sprachliche Gründe (Vermeidung von Wiederholungen) zurückzuführen. Andererseits wurde mit der Aufnahme des Abs. 2 zugleich die amtliche Überschrift des § 390 von "Dingliche Rechte Dritter" in "Dingliche Rechte" geändert.

Grundstücken, anders als das an Mobilien, nicht mit Verfahrenseröffnung an den ausländischen Verwalter über (*Fletcher*, in: Montréal Reports, 217 (233 f.); *Florian*, 67, 106 f.).

29 Noch der RefE EGInsO kennt keine entsprechende Norm.

30 Begründung zum EInsO, Teil B, zu § 390 (S. 244).

31 Solche Bedenken äußert der Deutsche Rat für IPR, in: Reform des deutschen IIR, 265 (269) zu Art. 3 VE, ohne allerdings zwischen Mobilien und Immobilien zu unterscheiden.

Möglicherweise ist § 390 II EInsO daher nicht oder nicht primär Sonderregelung gegenüber § 390 I für die insolvenzrechtlichen Einschränkungen der Rechte Dritter an Immobilien des Gemeinschuldners. Die Norm könnte stattdessen auch die Wirkungen der Konkurseröffnung auf dingliche Rechte des Gemeinschuldners an inländischen Gütern regeln. Denkbar ist beispielsweise, daß nach der lex fori concursus mit Verfahrenseröffnung die Konkursgläubiger ein gesetzliches Generalpfandrecht am Vermögen des Schuldners erwerben[32], daß Spezialhypotheken zur Sicherung privilegierter Gläubiger entstehen[33] oder absolute Verfügungsverbote angeordnet werden, die über §§ 6, 7 KO bzw. §§ 92, 93 EInsO hinausgehen. Die Inlandswirkung solcher konkurstypischer Beschränkungen dinglicher Rechte des Gemeinschuldners könnte § 390 II EInsO ausschließen oder beschränken.

Dafür spricht der erläuternde Satz[34]: "So können an einem inländischen Grundstück keine dem deutschen Sachenrecht fremden Generalhypotheken oder Superprivilegien entstehen." Da es auch bisher schon ganz herrschender Ansicht in der Literatur entsprach, ausländischen Generalhypotheken die Inlandswirkung zu versagen[35], bedürfte § 390 II EInsO, so verstanden, in der Tat keiner weiteren Begründung.

Auch die übrigen, in der Begründung[36] genannten Anwendungsfälle des § 390 II EInsO betreffen Vermögensgegenstände des Gemeinschuldners. Es heißt dort, die Eintragungen im Grundbuch können sich nur auf im deutschen Recht vorgesehene Rechte beziehen; ins Grundbuch einzutragen ist die Verfahrenseröffnung bei Grundstücken des Gemeinschuldners und bei für ihn eingetragenen Rechten an Grundstücken und an eingetragenen Rechten (§ 386 I EInsO). Außerdem soll der ausländische Verwalter ebensowenig wie der inländische (vgl. § 11 II WEG) die Auflösung einer Wohnungseigentümergemeinschaft verlangen können. Ferner sind für die Verwertung inländischer Immobilien die Regeln des ZVG bzw. bei freihändigem Verkauf des BGB zu beachten. Beide Rechtshandlungen des Verwalters knüpfen an die Rechtsinhaberschaft des Gemeinschuldners an.

---

32 So das französische und das belgische Recht; vgl. *Colle / t'Kint*, in: Montréal Reports, 48 (68); *Lemontey*, Bericht zum EG-Entwurf 1980, 71; *Verougstraete*, 234 f.

33 Beispiel nach *Hanisch*, ZIP 1992, 1125 (1129).

34 Begründung zum EInsO, Teil B, zu § 390 (S. 244).

35 Ausführlich *Klevemann*, 1 ff. m. w. N.

36 Begründung zum EInsO, Teil B, zu § 390 (S. 244).

§ 390 II EInsO bezieht sich also auf dingliche Rechte des Gemeinschuldners selbst und ihre Einschränkungen durch den Konkursbeschlag[37]. Das allein schließt zwar nicht aus, daß er *auch* auf Rechte Dritter anwendbar ist[38]; gegen diese Doppelfunktion spricht aber eben, daß dann Immobiliarsicherungsrechte Dritter weniger stark vor den Wirkungen eines ausländischen Insolvenzverfahrens geschützt wären als Mobiliarsicherungsrechte. Es ist also davon auszugehen, daß § 390 II EInsO nur die Wirkungen des Insolvenzverfahrens auf Grundstücksrechte des Gemeinschuldners regeln will. Für die insolvenzrechtlichen Einschränkungen dinglicher Sicherheiten Dritter bleibt es dann bei der Anwendung des § 390 I EInsO, so daß insofern Mobiliar- und Immobiliarsicherheiten gleichermaßen von jeglichen Einschränkungen durch den Auslandskonkurs frei bleiben.

d. *Stellungnahme*

Die Vorfrage, ob an einer Sache wirksam ein Sicherungsrecht begründet wurde, unterliegt aufgrund ihrer sachenrechtlichen Natur der jeweiligen lex rei sitae. Das gleiche gilt für den "allgemeinen" Inhalt des Sicherungsrechts, d. h. für die Frage, unter welchen Voraussetzungen, in welchem Umfang und in welchem Verfahren sich der Sicherungsnehmer aus dem Sicherungsgut befriedigen kann, solange kein Gesamtvollstreckungsverfahren anhängig ist.

Lebhaft umstritten ist hingegen die hier zu untersuchende Frage, ob die Geltendmachung von Sicherheiten, wenn sich das Sicherungsgut außerhalb des Eröffnungsstaates befindet, durch ein Insolvenzverfahren überhaupt eingeschränkt werden sollte und welcher Rechtsordnung diese Einschränkungen ggf. unterliegen sollten. Einen ersten Anhaltspunkt für die Anwendbarkeit der lex fori concursus oder lex rei sitae kann eine rechtssystematische Einordnung bieten. Im Anschluß daran bleibt zu prüfen, ob sachliche Gründe eine - alternative oder kumulative - Berücksichtigung einer anderen Rechtsordnung gebieten oder ob gar, wie nach Art. 14 II Buchst. a IstanbÜ und § 390 I EInsO, inländische Sicherheiten vom Auslandskonkurs völlig unberührt bleiben sollten.

---

37 So auch *Hanisch*, ZIP 1992, 1125 (1129 f.), der die weitere Frage aufwirft, ob die Wirkungsversagung sich bereits auf Rechtswirkungen bezieht, die dem Grunde nach im deutschen Recht nicht vorgesehen sind, oder nur auf solche, die das deutsche Recht ihrem Typus nach nicht kennt.

38 *Hanisch*, ZIP 1992, 1125 (1130) spricht der Vorschrift beide Wirkungen zu, ohne freilich zu sehen, daß es dadurch zu Wertungswidersprüchen gegenüber § 390 I EInsO kommt.

aa. Rechtssystematische Einordnung

Die Einschränkungen, denen die Rechtsposition eines Sicherungsnehmers im Insolvenzverfahren unterworfen ist, finden ihre Begründung und Rechtfertigung in der Natur eines Gesamtvollstreckungsverfahrens. Es ist auf gleichmäßige und möglichst vollständige Befriedigung aller Gläubiger gerichtet. Wenn einzelne Verfahrensbeteiligte eine Einschränkung ihrer sachenrechtlich wirksam begründeten Vorzugsrechte hinnehmen müssen, dann geschieht das im Interesse der Gesamtheit aller Gläubiger, also aus typisch insolvenzrechtlichen Erwägungen[39]. Auch der EInsO bindet künftig die Inhaber dinglicher Sicherungsrechte mit dem Ziel stärker in das Insolvenzverfahren ein, die Funktionsfähigkeit dieses Verfahrens wiederherzustellen[40].

Einer Anknüpfung der insolvenzrechtlichen Zulässigkeit der Aus- oder Absonderung an die lex fori concursus wird jedoch entgegengehalten, das ausländische Sachrecht und seine Haftungsverwirklichung ließen sich nicht trennen[41]. Ob ein Privileg im materiellen Recht oder im Insolvenzrecht geregelt wird, sei oft eine Frage von Tradition oder schlicht Zufall, und die Abgrenzung von materiellrechtlichen Voraussetzungen eines Privilegs (lex causae) und konkursrechtlichen Voraussetzungen (lex fori concursus) ergebe "kaum durchgehend befriedigende Ergebnisse". Die Anknüpfung an die lex rei sitae ermögliche dagegen eine einheitliche Anknüpfung von materiellem Recht und Haftungsverwirklichung[42].

Es geht indes nicht um die Unterscheidung von materiellrechtlichen und konkursrechtlichen "Voraussetzungen" eines Privilegs. Zu trennen ist zwischen den (sachenrechtlichen) Voraussetzungen der *Begründung* eines Sicherungsrechts *und* seinem allgemeinen (sachenrechtlichen) *Inhalt*, d. h. der Rechtsposition, die es *außerhalb des Konkurses* gewährt, einerseits, und Voraussetzungen und Art der

---

39 Ebenso *Favoccia*, 29, 79. Unklar dagegen *Riegel*, Grenzüberschreitende Konkurswirkungen, 193 ff.: Er hält die Geltung der lex fori concursus als "Abweichung vom Belegenheitsstatut" (S. 196) für besonders rechtfertigungsbedürftig, will dann aber doch die lex fori concursus anwenden (S. 200), weil das Spannungsverhältis zwischen den Interessen der Sicherungsnehmer und denen der Gläubigergemeinschaft im Insolvenzrecht des Eröffnungsstaates geregelt ist - letztlich also, weil ein insolvenzrechtliches Problem vorliege.

40 Begründung zum EInsO, Teil A, Anm. 4. c. aa. (S. 86).

41 *Baur / Stürner* II, Rn. 37.14; *Frank*, RDAI 3 (1989), 291 (306).

42 *Baur / Stürner* II, Rn. 37.42.

besonderen (insolvenzrechtlichen) *Einschränkungen*, denen es *im Gesamtvollstreckungsverfahren* unterliegt, andererseits[43].

Recht klar zuordnen lassen sich die Fälle, in denen nur die *Art der Ausübung* einer Sicherheit *eingeschränkt*, nicht aber dem Sicherungsnehmer die Geltendmachung überhaupt verwehrt wird. Bereits genannt wurden der Übergang des Verwertungsrechts auf den Verwalter (§ 191 EInsO), die Beteiligung des Sicherungsnehmers an den Kosten der Verwertung der Sicherheit oder an den allgemeinen Verfahrenskosten (§§ 195 I 1, 196 EInsO), ein Verwertungsstop und die befristete entschädigungslose Weiternutzung der Sache durch den Verwalter (§ 197 EInsO)[44].

Schwieriger zu qualifizieren sind die Fälle, in denen eine Rechtsordnung einem Sicherungsrecht, obwohl es zivilrechtlich wirksam ist, die Geltendmachung in der Insolvenz ganz versagt, es als *nicht "konkursfest"* behandelt. So ist nach französischem Recht eine Verarbeitungsklausel, nach belgischem Recht der Eigentumsvorbehalt im Konkurs unwirksam[45]. Auch solche Sachverhalte sind aber ein insolvenzrechtlicher Natur, da am Konkurszweck der gleichmäßigen Gläubigerbefriedigung orientiert: Obwohl im üblichen Sprachgebrauch dem Sicherungsrecht "die Wirksamkeit versagt" wird, geht es nicht um seine wirksame Begründung (denn außerhalb des Insolvenzverfahrens kann es ja geltend gemacht werden), sondern um eine - die weitestmögliche - insolvenzrechtliche Einschränkung[46].

Die Einschränkungen dinglicher Sicherheiten im Insolvenzverfahren sind also insolvenzrechtlich zu qualifizieren. Über ihre kollisionsrechtliche Behandlung ist damit indes noch nicht das letzte Wort gesprochen: Aufgrund ihrer Qualifikation unterliegen sie gemäß der "Grundnorm des IIR" dem Recht des Eröffnungsstaates, wenn nicht sachliche Gründe eine abweichende Behandlung, insbesondere den Ausschluß jeglicher Einschränkungen oder eine Sonderanknüpfung an das

---

43 Ebenso *Riegel*, Grenzüberschreitende Konkurswirkungen, 195. Näher zur Abgrenzung von Vorfrage und insolvenzrechtlicher Rechtsfolge: *Favoccia*, 47 f. - Lediglich Insolvenzanfechtung und Rückschlagsperre stellen aus insolvenztypischen Gründen bereits die zivilrechtliche Wirksamkeit eines Sicherungsrechts in Frage. Beide Rechtsinstitute müssen hier der Übersichtlichkeit halber außer Betracht bleiben.

44 Vgl. bereits oben S. 111.

45 *Callewaert*, RIW 1989, 683 (684); ebenso bis 1980 auch das französische Recht.

46 Ebenso *Hanisch*, IPRax 1992, 187 (189 f.); *Drobnig*, in: Reform des deutschen IIR, 177 (178); *ders.*, RabelsZ 44 (1980), 784 (800); für die Konkursfestigkeit des Eigentumsvorbehalts auch *Colle / t'Kint*, in: Montréal Reports, 48 (71). - A. A. *Frank*, RDAI 3 (1989), 291 (306); *Summ*, 76 f.; Begründung zum VE, S. 57 (zu Art. 3).

Recht des Lageortes, gebieten. Ob solche Gründe vorliegen, bleibt im folgenden zu untersuchen.

bb. Grenzüberschreitende Wirkungen des Insolvenzverfahrens auf Sicherheiten überhaupt

(1) Generelle Nichtexistenz des Insolvenzverfahrens für Aussonderungsrechte

Nach Ansicht *Jahrs* ist bei Aussonderungsrechten neben der materiellrechtlichen Frage, ob der Gegenstand dem Gemeinschuldner gehört und aus der Masse herausverlangt werden kann, "für eine besondere Frage nach der 'Aussonderungskraft' oder 'Aussonderungsfähigkeit' einer Rechtsstellung kein Raum mehr"[47]. Der Begriff des Aussonderungsrechts unterscheide die Rechtsstellung des Gläubigers nur terminologisch, nicht inhaltlich von der außerhalb eines Konkurses. Die Aussonderung sei "die Berücksichtigung der außerhalb des Konkursverfahrens geltenden Zuständigkeits- und Zuweisungsordnung, die durch das jeweilige Einzelstatut bestimmt wird und im Konkursverfahren nicht aufgehoben ist"[48]. Daher sei die Position des Aussonderungsrechts ipso iure gegen insolvenzrechtliche Beschränkungen sozusagen "immun", so daß sich insoweit auch die Frage, welcher Rechtsordnung die Beschränkungen zu entnehmen seien, nicht stelle.

Damit wird allerdings die dem Bestehen eines "Aussonderungsrechts" vorgelagerte Frage übergangen, ob eine bestimmte zivilrechtliche Rechtsposition im Konkurs überhaupt ein Aussonderungsrecht im Sinne der deutschen Terminologie gewährt[49]. Beispielsweise ist selbst bei ansonsten völlig übereinstimmender sachenrechtlicher Ausgestaltung des Eigentumsvorbehalts denkbar, daß ein Staat ihm im Konkurs des Vorbehaltskäufers die Wirkung vollen Eigentums zubilligt (mit der Folge eines Aussonderungsrechts, d. h. die Sache gehört nicht zur Masse und ist frei von insolvenzrechtlichen Beschränkungen)[50], der andere Staat nur die Folgen eines Pfandrechts (mit der Folge eines Absonderungsrechts, das insolvenzrechtlichen Beschränkungen unterliegen kann)[51]. Schon die Frage, ob eine

---

47 *Jahr*, in: *Jaeger*, KO, §§ 237, 238 Anm. 324. Ebenso *Arnold*, in: *Gottwald*, InsolvenzRHdb, § 122 Rn. 94; *v. Oertzen*, 127 ff.

48 *V. Oertzen*, 128.

49 *Favoccia*, 31; *Kirchhof*, WM 1993, 1401 (1404).

50 So das künftige deutsche Recht für den einfachen Eigentumsvorbehalt in der Insolvenz des Käufers (*Landfermann*, ZIP 1991, 1660 (1661)).

51 *Drobnig*, RabelsZ 44 (1980), 784 (801 f., 805 f.); *ders.*, ZGR 1986, 252 (254 f., 260). Aus demselben Grund kritisiert *ders.*, in: Vorschläge und Gutachten (EG), 357 (377 f.), die Unterscheidung im EG-Entwurf 1980 zwischen "Sicherheiten" und "Eigentumsvorbehalt".

bestimmte dingliche Rechtsposition im Konkurs zur "Aussonderung" berechtigt, enthält spezifisch insolvenzrechtliche Wertungen. Denkbar ist auch, daß ein nach allgemeinen Grundsätzen bestehender Herausgabeanspruch gegen den Verwalter zeitweise nicht durchgesetzt werden kann, etwa weil dieser den Gegenstand zur vorläufigen Fortführung des Geschäfts benötigt[52]. Daher können die Aussonderungsrechte nicht von vornherein aus den folgenden international-insolvenzrechtlichen Erörterungen ausgeschlossen werden können.

Entsprechendes gilt für Absonderungsrechte und ist dort allgemein anerkannt[53]: Wenn nach deutschem materiellem Recht die abgesonderte Befriedigung außerhalb des Konkurses erfolgt, muß das nicht zwangsläufig bedeuten, daß die abweichende Lösung einer ausländischen Rechtsordnung in Deutschland unbeachtlich wäre.

(2) Gesetzlicher Ausschluß grenzüberschreitender Wirkungen von Insolvenzverfahren auf die Geltendmachung dinglicher Sicherheiten

§ 390 I EInsO und Art. 14 II Buchst. a IstanbÜ schließen Wirkungen eines anerkennungsfähigen Auslandskonkurses auf die Geltendmachung inländischer Sicherheiten generell aus.

Die Materialien zum EInsO begründen das zunächst mit dem notwendigen *Schutz der Sicherungsnehmer*. Zwar werde auch im künftigen deutschen Recht die Einbeziehung der gesicherten Gläubiger in das Insolvenzverfahren verstärkt. Dabei sei jedoch gewährleistet, daß sie durch das Verwertungsrecht des Verwalters keine Nachteile erlitten und daß keinem Gläubiger gegen seinen Willen der Liquidationswert der Sicherheit entzogen werde. § 390 I EInsO schütze die Sicherungsgläubiger vor ausländischen Rechten, die diese Gewähr nicht bieten[54]. Diese Begründung erklärt auch, warum § 390 I EInsO, ganz entgegen der sonstigen Tendenz des Gesetzes, als einseitige Kollisionsnorm formuliert ist: Einschränkungen ausländischer Sicherungsrechte im Inlandskonkurs werden wegen der Schutzvorschriften des deutschen Sachrechts als zumutbar erachtet, so daß es

---

52 *Arnold*, in: *Gottwald*, InsolvenzRHdb, § 122 Rn. 94.

53 Mißverständlich *E. J. Habscheid*, KTS 1990, 403 (421): "Der Grundsatz der lex fori concursus kann hier keine Anwendung finden, da es letztlich zur Befriedigung außerhalb des Konkursverfahrens kommt...". Aus dem Zusammenhang ergibt sich jedoch, daß *E. J. Habscheid* letztlich weniger auf rechtssystematische als auf rechtspolitische (Vertrauensschutz) Erwägungen abstellt.

54 Begründung zum EInsO, Teil B, zu § 390 (S. 243).

insoweit bei der grundsätzlichen Auslandswirkung des Inlandsinsolvenzverfahrens (§ 379 EInsO) bleiben kann.

Daneben stützt sich die Begründung zu § 390 I EInsO auf den Gesichtspunkt der *Verfahrensvereinfachung*: Dem ausländischen Eröffnungsstaat soll die Einbeziehung dinglicher Sicherheiten, die sachenrechtlich einer anderen Rechtsordnung als der des Eröffnungsstaates unterliegen, samt der damit verbundenen Anpassungsprobleme erspart bleiben[55]. Konsequenterweise müßte dann jedoch § 390 I EInsO allseitig formuliert sein[56]; das deutsche Recht müßte gerade für seine eigenen Verfahren bestrebt sein, die Einbeziehung ausländischer Sicherheiten zu vermeiden. Hier beläßt es aber der Gesetzentwurf beim Geltungsanspruch des deutschen Insolvenzrechts. Die angebliche Verfahrensvereinfachung kann also für § 390 I EInsO nicht ausschlaggebend gewesen sein.

Als tragendes Motiv und mögliche Rechtfertigung des § 390 I EInsO bleibt allein der Schutz inländischer Sicherungsnehmer vor ausländischen Rechtsordnungen, die ihre Sicherungsrechte in der Insolvenz womöglich unbillig einschränken. Dieser Gedanke wird für all jene Lösungen angeführt, die von der reinen Anwendung der lex fori concursus abweichen.

Ob die Interessen der Sicherungsgläubiger es rechtfertigen, die lex rei sitae allein oder neben der lex fori concursus anzuwenden, sei vorläufig dahingestellt. Sie stehen aber jedenfalls einer Anerkennung derjenigen Einschränkungen nicht entgegen, denen ein bestimmtes Sicherungsrecht sowohl nach dem Insolvenzrecht des Lageorts als auch nach dem des Konkursorts unterliegt: Kein Gläubiger kann schutzwürdigerweise darauf vertrauen, seine Sicherheit trotz der Eröffnung eines anerkennungsfähigen Auslandskonkurses unbehelligt von jenen Einschränkungen durchsetzen zu können, denen die Geltendmachung seines Rechts auch in einem deutschen (Universal- oder Sonder-)Insolvenzverfahren unterläge. Indem § 390 I EInsO selbst diesen Wirkungen des Auslandskonkurses die Geltung im Inland versagt, dehnt er den Schutz der am Inlandsvermögen gesicherten Gläubiger auf Kosten der übrigen Verfahrensteilnehmer aus, ohne daß das zu ihrem Schutz erforderlich wäre[57]. Die wirtschaftliche Position der übrigen Verfahrensbeteiligten kann dadurch ohne Not entscheidend geschwächt werden; auch und gerade für ei-

---

[55] Begründung zum EInsO, Teil B, zu § 390 (S. 243 f.). So auch schon die Begründung zum VE, S. 50, 56 (zu Art. 3).

[56] So noch Art. 3 VE.

[57] Abl. auch *Hanisch*, IPRax 1992, 187 (191); *ders.*, ZIP 1992, 1125 (1130).

ne Sanierung können die Einschränkungen, denen die Geltendmachung von Sicherheiten unterliegen, von erheblicher Bedeutung sein[58].

Daß es für die Masse insgesamt und die ungesicherten Gläubiger nicht unproblematisch ist, dingliche Rechte Dritter von jeglichen insolvenzrechtlichen Einschränkungen freizuhalten, hat man bei den Vorarbeiten zur Insolvenzordnung erkannt. Der VE n. F. enthielt daher in Art. 17, 17a "Abfederungsklauseln", die dem ausländischen Verwalter das Recht zugestanden, die Verwertung des Sicherungsgutes oder die Zwangsvollstreckung in dasselbe für höchstens drei Monate zu verhindern. Bereits der RefE EGInsO ist davon wieder abgerückt, weil die Art. 17, 17a VE n. F. als "rein prozessuale Behinderung des Verwertungszugriffs ohne finanzielle Einbuße für den Sicherungsgläubiger und ohne finanziellen Gewinn für die Masse" blieben - der Verwalter konnte das Sicherungsgut weder selbst verwerten noch nach Fristablauf die Verwertung durch den Sicherungsgläubiger verhindern[59].

Die Begründung zum EInsO verweist den ausländischen Verwalter nun auf die Möglichkeit, die Eröffnung eines *inländischen Parallelinsolvenzverfahrens* zu beantragen, in das auch die am Inlandsvermögen gesicherten Gläubiger einbezogen werden[60]. Dadurch hängt aber die Einbindung der gesicherten Gläubiger in ein Insolvenzverfahren davon ab, daß tatsächlich ein deutsches Parallelverfahren stattfindet. Seine Durchführung muß nicht in jedem Fall wirtschaftlich sinnvoll sein und stellt daher keine befriedigende Alternative zur Einbeziehung inländischen Sicherungsgutes in einen ausländischen Universalkonkurs dar[61], wenn die vom ausländischen Konkursstatut vorgesehenen Einschränkungen aus deutscher Sicht akzeptabel sind.

Außerdem versagt die einseitige Kollisionsnorm des § 390 I EInsO dem ausländischen Recht in einem Bereich die Inlandsgeltung, in dem das deutsche Recht seinerseits Wirkungen im Ausland beansprucht[62]. Der Anspruch des deutschen Rechts, auch ausländische Sicherheiten in das deutsche Verfahren einzubeziehen, ist aber in seiner unmittelbaren Durchsetzung von der Anerkennung durch den Belegenheitsstaat abhängig und wird unter Umständen nur dann eine Chance ha-

58 *Drobnig*, in: Reform des deutschen IIR, 177 (179 f.).

59 *Favoccia*, 85. Auch *Drobnig*, in: Reform des deutschen IIR, 177 (180), kritisiert die Art. 17, 17a VE n. F. als schwerfällig und wirft ihnen ihre Einseitigkeit vor.

60 Begründung zum EInsO, Teil B, zu § 390 (S. 244).

61 *Favoccia*, 84.

62 Kritisch *Favoccia*, 84.

ben, sich realisieren zu lassen, wenn auch der entsprechende Geltungswille des ausländischen Rechts respektiert wird.

Entgegen Art. 14 II Buchst. a IstanbÜ und § 390 I EInsO sollte daher die Einschränkung dinglicher Rechte an inländischem Sicherungsgut durch die Eröffnung eines (nach allgemeinen Regeln anerkennungsfähigen) ausländischen Insolvenzverfahrens nicht generell ausgeschlossen werden.

cc. Grenzüberschreitende Wirkungen des Insolvenzverfahrens auf Sicherheiten - anwendbares Recht

Zu klären bleibt, ob die vom Recht des Eröffnungsstaates vorgesehenen Einschränkungen ohne weiteres auch für außerhalb des Eröffnungsstaates belegenes Sicherungsgut gelten (universelle Anwendung der lex fori concursus) oder ob, wie das international gängig ist[63], alternativ oder kumulativ das Insolvenzrecht des Lageortes Anwendung findet. Selbst Übereinkommen, die ansonsten die Grundsätze der Universalität und Einheit des Konkurses verwirklichen, und Übereinkommen zwischen Staaten mit eng verwandten Rechtsordnungen unterstellen die insolvenzrechtlichen Einschränkungen dinglicher Sicherungsrechte der lex rei sitae[64], obwohl das Risiko, auf das sich der Belegenheitsstaat bei der Anwendung der lex fori concursus einläßt, bei Konkursverträgen besser zu überschauen ist als bei einer entsprechenden Regelung im autonomen Recht[65].

(1) Enger Sachzusammenhang mit dem Sachenrecht

Für die Anwendung des Insolvenzrechts der jeweiligen lex rei sitae spricht zunächst der bereits angesprochene enge Regelungszusammenhang zwischen der sachenrechtlich wirksamen Begründung eines Sicherungsrechts und seiner Durchsetzung außerhalb des Konkurses einerseits und den Einschränkungen seiner Durchsetzung im Konkurs andererseits. Wenn auch es auch möglich ist, das dingliche Recht und seine Haftungsverwirklichung dogmatisch zu unterscheiden, so

---

[63] *Jaeger*, Lehrbuch, 215 beruft sich sogar auf einen anerkannten zwischenstaatlichen Grundsatz.

[64] Z. B. der DÖKV (Art. 18 I) (von *Aderhold*, Auslandskonkurs im Inland, 282, dagegen inhaltlich gleichgesetzt mit § 390 I EInsO), die Nordische Konkurskonvention von 1933, der Vertragsentwurf der Beneluxländer von 1957, der Código Bustamante von 1928. Vgl. *Hanisch*, in: FS Merz, 159, passim; *Müller-Freienfels*, in: FS Dölle II, 359 (391 f.).

[65] *Müller-Freienfels*, in: FS Dölle II, 359 (389); *Klevemann*, 154.

sind doch beide Bereiche so eng miteinander verwoben, daß es naheliegt, sie kollisionsrechtlich gleich zu behandeln.

In jeder Rechtsordnung sind die einzelnen Sicherungsformen des materiellen Rechts, die prozessualen Vorzugsrechte und die Rangfolge der Gläubiger im Konkurs aufeinander abgestimmt; dieser enge, wohl abgewogene Zusammenhang, die "Gläubigerordnung"[66], wird gestört, wenn man die Wirkungen des Insolvenzverfahrens auf Sicherungsrechte einer anderen Rechtsordnung entnimmt[67]. Ein ähnlich enger Zusammenhang besteht zwischen der Regelung dinglicher Sicherheiten im Konkurs und den übrigen Normen des Insolvenzrechts. Die Sicherungsrechte sind nicht nur in die Rechts- und Sozialordnung des Gläubigers, sondern auch in die des Schuldners eingebunden. Einen angemessenen Ausgleich zwischen den Interessen aller Gläubiger eines bestimmten insolventen Schuldners zu finden und dazu notfalls auch die Rechtsposition einzelner Gläubiger einzuschränken, ist gerade Aufgabe des Insolvenzrechts. Auch dieses Rechtsgebiet besteht nicht aus lose nebeneinander stehenden Vorschriften, von denen ohne weiteres einzelne herausgebrochen werden könnten, um die dort geregelten Probleme anderen Rechtsordnungen zu unterstellen[68]. Allein aus objektiven Gründen des engeren Sachzusammenhangs ist daher die lex rei sitae nicht anzuwenden.

(2) Schutz wohlerworbener Rechte

Die Befürworter einer Anwendung der lex rei sitae stützen sich ferner und vor allem auf die These, das Vertrauen der Sicherungsgläubiger in die Wirksamkeit ihrer Sicherungsrechte nach dem Recht des Lageortes dürfe nicht in Frage gestellt werden. Der Handel müsse auf insolvenzfeste Vorzugsrechte vertrauen können[69]; die Gläubiger dürften in ihrem Vertrauen auf Bestand und Wirksamkeit ihres Vorzugsrechts nach dem Lagerecht nicht just in dem Augenblick enttäuscht werden, in dem es sich gegen andere Gläubiger des Schuldners bewähren soll[70].

---

66 *Staudinger / Stoll*, IntSachenR, Rn. 300; *Stoll*, RabelsZ 38 (1974), 450 (463).

67 *Drobnig*, in: Vorschläge und Gutachten (EG), 357 (359); *v. Oertzen*, 134.

68 So wohl auch *Großfeld*, ZIP 1981, 925 (933).

69 Vgl. zur wirtschaftlichen Bedeutung von Mobiliarsicherheiten die Untersuchung von *Drukarczyk / Duttle / Rieger*, Mobiliarsicherheiten; *Drobnig*, RabelsZ 44 (1980), 784 (797 f.); *ders.*, ZGR 1986, 252 (253).

70 *Arnold*, in: *Gottwald*, InsolvenzRHdb, § 122 Rn. 98; *Drobnig*, in: Vorschläge und Gutachten (EG), 357 (358); *ders.*, in: Reform des deutschen IIR, 177 (180 f.); *Ebenroth*, ZZP 101 (1988), 121 (139 f.); *ders.*, in: *MünchKomm*, BGB, Nach Art. 10 EGBGB, Rn. 360; *Frank*, RDAI 3 (1989), 291 (306); *E. J. Habscheid*, KTS 1990, 403 (420 f.); *Klevemann*, 154; *Bog-*

Der Schwerpunkt der wirtschaftlichen Aktivitäten, an den die internationale Zuständigkeit zur Eröffnung eines Universalverfahrens anknüpft und der daher auch über die insolvenzrechtlichen Einschränkungen dinglicher Sicherheiten entscheiden würde, mag für die Kreditgeber häufig vorhersehbar sein. Nicht vorhersehbar ist aber, ob es in dem Staat, in dem das Sicherungsgut belegen ist, zu einem gegenständlich beschränkten Insolvenzverfahren kommt oder nicht[71]; davon sollte die Stellung einer dinglichen Sicherheit im Konkurs möglichst nicht abhängen. Insofern birgt die Anwendung der lex fori concursus tatsächlich erhebliche Unsicherheiten.

Solche Ungewißheiten lassen sich zwar auch dann nicht ganz ausschließen, wenn man die insolvenzrechtlichen Einschränkungen dinglicher Rechte dem Recht des jeweiligen Lageorts unterstellt; der Lageort des Sicherungsguts kann sich ohne Wissen und Zutun des Sicherungsnehmers ändern[72]. Den künftigen Lageort und das dort geltende Recht muß der Gläubiger aber bei der Wahl der zu bestellenden Sicherheit ohnehin berücksichtigen, soweit das möglich ist: Die lex rei sitae gilt in jedem Fall für die sachenrechtliche Wirksamkeit des Sicherungsrechts sowie jedenfalls dann für seine insolvenzrechtlichen Einschränkungen, wenn am Lageort ein Partikularverfahren stattfindet. Unterstellt man die "Konkursfestigkeit" der Sicherheit hingegen dem Recht des jeweiligen Eröffnungsstaates, so müssen die Gläubiger auch dessen Inhalt sowie den jeweiligen Geltungsbereich beider Rechtsordnungen (samt der damit verbundenen international-insolvenzrechtlichen Probleme) berücksichtigen. Das ist aber praktisch nicht möglich[73].

Den Interessen der Sicherungsnehmer trägt daher eine Lösung am besten Rechnung, die die Einschränkung von Sicherheiten in der Insolvenz dem Insolvenzrecht des jeweiligen Lageortes unterstellt. Dabei besteht unter dem Gesichtspunkt des Vertrauensschutzes kein Anlaß, zwischen deutschen Sicherheiten im

---

dan, RabelsZ 53 (1989), 573 (576) für ein den Rahmen der EG überschreitendes Übereinkommen. So auch die Begründung zum VE, S. 50, 56 (zu Art. 3). - Anders *Lau*, BB 1986, 1450 (1451): Die inländische kreditgewährende Wirtschaft werde sich "darauf einrichten müssen, daß gewisse übliche Sicherheiten einem Auslandskonkurs nicht standhalten werden".

71 *Riegel*, Grenzüberschreitende Konkurswirkungen, 196 f.

72 Daraus leitet *Riegel*, Grenzüberschreitende Konkurswirkungen, 196, her, auch bei Anwendung der lex rei sitae sei kein effektiver Vertrauensschutz möglich.

73 Wie hier auch *Klevemann*, 154; a. A. *Favoccia*, 36. M. E. zu hohe Anforderungen stellt *Riegel*, Grenzüberschreitende Konkurswirkungen, 197: "Gerade weil die dinglichen Sicherheiten für den Insolvenzfall vereinbart werden, ist es nicht unbillig, die Auseinandersetzung mit nationalem und internationalem Konkursrecht zu fordern."

Auslandskonkurs und ausländischen Sicherheiten im deutschen Insolvenzverfahren zu differenzieren. Außerdem könnte ein weitergehender Anspruch des deutschen Rechts dergestalt, daß für den Inlandskonkurs die deutsche lex fori concursus gelten soll, ohnehin nicht unmittelbar durchgesetzt werden, weil sich die Sache im Ausland befindet; wird am Lageort der Geltungswille des deutschen Konkurses nicht anerkannt, kann das deutsche Recht die Herausgabe des Sicherungsguts nicht erzwingen. Akzeptiert das deutsche Recht stattdessen die Geltung des ausländischen Insolvenzrechts, so bestehen gute Chancen, daß wenigstens die dort vorgesehenen Einschränkungen Anwendung finden (beispielsweise die Sache zwecks Verwertung an den deutschen Verwalter herausgegeben wird, wenn auch das Konkursrecht des Lageortes ein entsprechendes Verwertungsrecht kennt).

(3) Gefahr der Auszehrung der Masse durch Anwendung der lex rei sitae

Gegen die Anwendung der lex rei sitae könnte eingewandt werden, sie berge die Gefahr der Auszehrung der Masse, weil innerhalb ein und desselben Konkursverfahrens die Sicherungsrechte zahlreicher Staaten nebeneinander durchgesetzt werden können[74]; zudem würde der Staat, der die Vorrechte am stärksten ausbaut, "international prämiert"[75].

Jedem Staat kommt aber insofern die Regelungsbefugnis nur für eine bestimmte Teilvermögensmasse - das auf seinem Gebiet belegene Vermögen des Gemeinschuldners - zu. Dadurch erhöht sich zwar die Zahl der Typen von Sicherungsrechten, was zu Schwierigkeiten bei der Verfahrensabwicklung führen kann. Wertmäßig droht aber keine Aushöhlung der Masse, zumal die meisten Rechtsordnungen bei der Anerkennung dinglicher Sicherheiten im Konkurs wesentlich zurückhaltender sind als die deutsche[76]. Außerdem besteht ja beim Universalkonkurs eine gewisse Vermutung dafür, daß sich der größte Teil des Vermögens in dem Staat befindet, der zur Verfahrenseröffnung zuständig ist; in bezug auf diese Gegenstände bleibt die Regelungskompetenz des Rechts des Eröffnungsstaates ohnehin unangetastet.

Die Einschränkungen dinglicher Sicherheiten im Insolvenzverfahren sind also grundsätzlich der jeweiligen lex rei sitae zu entnehmen. Der Gesichtspunkt des

---

74 DAV, KTS 1975, 59 (68); *Lüer*, KTS 1981, 147 (161).

75 *Großfeld*, ZIP 1981, 925 (933).

76 Das gilt auch künftig, da die Einschränkungen, denen die Sicherungsgläubiger im EInsO unterworfen werden, den Liquidationswert ihrer Sicherheit unberührt lassen (Begründung zum EInsO, Teil B, zu § 390 (S. 243)).

Vertrauensschutzes gebietet hingegen nicht, die Sicherungsnehmer - wie in Art. 14 II Buchst. a IstanbÜ und § 390 I EInsO vorgesehen - auch von denjenigen Einschränkungen der Geltendmachung ihrer Sicherungsrechte freizuhalten, die sich aus dem am Lageort geltenden Insolvenzrecht ergeben.

(4) Anwendung nur der lex rei sitae oder Kumulation?

Zu erwägen bleibt, die vom Recht des Lageortes angeordneten Wirkungen nur insoweit eintreten zu lassen, als sie auch vom Recht des Eröffnungsstaates vorgesehen sind[77]. Zugunsten einer solchen "kollisionsrechtlichen Kumulation" könnte vorgebracht werden, die Gesamtheit der Gläubiger könne nicht darauf vertrauen, daß dinglich gesicherte Gläubiger insolvenzrechtlichen Einschränkungen unterlägen, die vom Recht des Eröffnungsstaates nicht vorgesehen sind.

In der Tat kann ein ungesicherter Gläubiger nicht auf die Lastenfreiheit eines bestimmten Vermögensgegenstands und damit auf seine unbegrenzte Verfügbarkeit als Haftungsobjekt vertrauen; er hat sich ja gerade nicht dinglich abgesichert. Eines solchen positiven Vertrauens bedarf es indes auch nicht, da die gleichmäßige und möglichst weitgehende Befriedigung aller, auch der ungesicherten, Gläubiger aus der Gesamtmasse objektiver Verfahrenszweck ist. Das Prinzip des "kleinsten gemeinsamen Nenners" in der Frage der insolvenzrechtlichen Einschränkungen dinglicher Sicherheiten würde die Sicherungsgläubiger ungerechtfertigt zu Lasten der Masse bevorzugen[78].

Eine kollisionsrechtliche Kumulation stößt zudem auf Schwierigkeiten, wenn sich die von der lex fori concursus und der lex rei sitae vorgesehenen Wirkungen, was häufig der Fall sein wird, nicht in ein eindeutiges Verhältnis von "mehr" zu "weniger" bringen lassen[79]. Selbst wo der Vergleich möglich ist, erschwert er die Rechtsanwendung im Einzelfall erheblich[80]; zudem kann die isolierte Betrachtung einzelner Wirkungen zu Widersprüchen und zu Ergebnissen führen, die so weder von der lex rei sitae noch von der lex fori concursus gewollt sind[81].

Die insolvenzrechtlichen Beschränkungen dinglicher Sicherheiten Dritter an Sachen des Gemeinschuldners sollten daher, abweichend von der Lösung des

---

[77] *Drobnig*, in: Reform des deutschen IIR, 177 (181 f.).

[78] *Favoccia*, 42 f., 45 (ausgehend von einer Anwendung der lex fori concursus).

[79] *Favoccia*, 43, 76.

[80] *Drobnig*, in: Vorschläge und Gutachten (EG), 357 (358); *Riegel*, Grenzüberschreitende Konkurswirkungen, 194.

[81] *Favoccia*, 78; *Riegel*, Grenzüberschreitende Konkurswirkungen, 194 f.

Istanbuler Übereinkommens und des EInsO, sowohl für das inländische als auch für das ausländische Insolvenzverfahren dem am Lageort der jeweiligen Sicherheit geltenden Recht unterliegen.

(5) Sondervorschrift für Rechte an Forderungen

Es fragt sich schließlich, ob dasselbe für Rechte Dritter an Forderungen des Gemeinschuldners gilt. Bei Rechten an Sachen werden die Anknüpfung an die lex rei sitae bzw. der Verzicht auf jegliche insolvenzrechtliche Einschränkung mit dem Schutz des Sicherungsnehmers begründet: Er müsse darauf vertrauen können, sich nach dem Recht des Staates, in dem sich das Sicherungsgut befindet und in dem es daher im Sicherungsfall zu verwerten ist, daraus auch im Konkurs befriedigen zu können. Konsequenterweise ist dann auch bei Rechten an Forderungen auf das Recht des Staates abzustellen, in dem die Sicherheit verwertet, also die Forderung eingezogen wird - regelmäßig der Staat, in dem der Drittschuldner seinen Wohnsitz hat. Da dieses Merkmal aber nach überwiegender Ansicht gerade auch die Belegenheit einer Forderung bestimmt[82], bedarf es keiner Differenzierung zwischen Rechten an Sachen und Rechten an Forderungen. Hier wie dort sollten Rechte Dritter an Gegenständen der Masse, die außerhalb des Eröffnungsstaates belegen sind, abweichend von Art. 14 II Buchst. a IstanbÜ bzw. § 390 I EInsO den insolvenzrechtlichen Einschränkungen des Rechts des Lageortes unterliegen.

(6) Sondervorschrift für den Eigentumsvorbehalt

Anders als das Istanbuler Übereinkommen und der EInsO schlagen die EG-Entwürfe von 1980 (Art. 41) und 1992 (Art. 5) schließlich besondere Vorschriften für die Behandlung des Eigentumsvorbehalts in der Insolvenz des Käufers vor. Der Eigentumsvorbehalt samt seiner verschiedenen Verlängerungs- und Erweiterungsformen ist von enormer wirtschaftlicher Bedeutung, in den einzelnen Rechtsordnungen aber sehr unterschiedlich ausgestaltet; den europäischen Harmonisierungsbestrebungen auf diesem Gebiet war bislang noch kein Erfolg beschieden[83].

---

[82] *Jahr*, in: *Jaeger*, KO, §§ 237, 238 Anm. 63; *Lüer*, in: *Kuhn / Uhlenbruck*, KO, §§ 237, 238 Rn. 75; *Martiny*, in: Handbuch des IZVR III/1, Kap. 1, Rn. 676. Vgl. auch Art. 3a VE n. F. und die Begründung zum EInsO, Teil B, zu § 390 (S. 243).

[83] Vgl. insbesondere den 1981 vom Europarat vorgelegten Vorentwurf eines Internationalen Übereinkommens über die Anerkennung des Eigentumsvorbehalts, abgedruckt in ZIP 1981,

Beim Eigentumsvorbehalt hängen dingliche Sicherung und schuldrechtliches Geschäft besonders eng zusammen: Ein Eigentumsvorbehalt, den im Konkurs des Vorbehaltskäufers das Recht des Lageortes als wirksam anerkennt, hätte gleichwohl seinen Sicherungszweck verfehlt, wenn der Verwalter den Kaufpreis nicht in voller Höhe begleichen müßte, um den Eigentumsübergang herbeizuführen. Dennoch sollte zwischen den Wirkungen des Konkurses auf den noch nicht erfüllten Kaufvertrag einerseits und den Wirkungen auf den Eigentumsvorbehalt als dingliches Recht andererseits unterschieden werden.

Nach deutschem Recht gleichen bestimmte Verlängerungs- und Erweiterungsformen des Eigentumsvorbehalts rechtstechnisch und wirtschaftlich anderen Sicherheiten (z. B. der Vorausabtretung von Forderungen). Sie werden daher auch konkursrechtlich so behandelt, berechtigen also nur zur Absonderung. Das spricht dagegen, international-insolvenzrechtlich - wie das in den genannten EG-Entwürfen der Fall ist - zwischen der Geltendmachung von "Sicherheiten" und "Eigentumsvorbehalt" zu unterscheiden[84].

Auch für das Schicksal des schuldrechtlichen Geschäfts besteht kein Grund, von der Geltung des Rechts des Eröffnungsstaates (§ 379 EInsO) abzuweichen; nur so ist gewährleistet, daß der Verwalter sein Wahlrecht für alle Vorbehaltswaren in der Masse einheitlich ausüben kann[85].

Es besteht daher keine Veranlassung, eine Sonderregelung für den Eigentumsvorbehalt in den EInsO aufzunehmen.

e. *Vereinbarkeit mit dem Istanbuler Übereinkommen*

aa. Vereinbarkeit des § 390 I EInsO mit dem Istanbuler Übereinkommen

Nach § 390 I EInsO wird das Recht eines Dritten an einem im Inland belegenen Gegenstand von der Eröffnung eines anerkennungsfähigen *Auslandsinsolvenzverfahrens* nicht berührt; der Sicherungsnehmer kann die Sache in gleicher Weise herausverlangen und zum Zwecke der Befriedigung verwerten, wie wenn kein Insolvenzverfahren anhängig wäre. Das stimmt mit Art. 14 II Buchst. a IstanbÜ überein, wonach der ausländische Verwalter keine Maßnahmen ergreifen darf,

---

1156-1157; dazu *Albanese*, in: Le droit de la faillite internationale, 145 (146 ff.); *Summ*, 81 f.

[84] *Drobnig*, in: Vorschläge und Gutachten (EG), 357 (377 f.).

[85] *Drobnig*, in: Vorschläge und Gutachten (EG), 357 (377 f.)

die die nach dem Recht des Lageortes bestellten dinglichen Rechte oder Sicherheiten Dritter beeinträchtigen. - Ausländische Sicherheiten sollen dagegen im *Inlandsinsolvenzverfahren* den Einschränkungen des deutschen Rechts unterliegen. Dieser Anspruch des deutschen Rechts und die sich daraus ggf. ergebende Pflicht des Sicherungsnehmers, den Erlös herauszugeben, sind mit Art. 14 II Buchst. a IstanbÜ vereinbar (s. o. S. 97 ff.).

bb. Vereinbarkeit der hier vorgeschlagenen Lösung mit dem Istanbuler Übereinkommen

Vom Übereinkommen abweichen würde hingegen die hier favorisierte Lösung, insolvenztypische Einschränkungen inländischer Sicherungsrechte dem am jeweiligen Lageort geltenden Insolvenzrecht zu unterstellen. Auch das wäre mit einer Ratifikation vereinbar, da die Mitgliedstaaten nach Art. 15 IstanbÜ dem Verwalter weitergehende Rechte zugestehen können, als ihm nach Kapitel II zukommen. Daher kann auch der Staat, in dem sich Sicherungsgut befindet, dem ausländischen Verwalter den Zugriff auf dieses Sicherungsgut gestatten. Es stünde der Bundesrepublik frei, die Einbeziehung deutschen Sicherungsguts in ein ausländisches Insolvenzverfahren in dem Umfang anzuerkennen, in dem das Sicherungsgut auch in ein deutsches Verfahren einbezogen würde, es also den insolvenzrechtlichen Einschränkungen der deutschen Rechts zu unterwerfen.

f. Zusammenfassung und Zwischenergebnis

Die kollisionsrechtliche Behandlung der insolvenzrechtlichen Einschränkungen, denen die Geltendmachung dinglicher Sicherheiten im grenzüberschreitenden Konkurs unterliegt, ist weder im EInsO noch im Istanbuler Übereinkommen angemessen gelöst. Die Ausgestaltung des § 390 I EInsO als einseitige Kollisionsnorm - mit der Folge der Ungleichbehandlung von inländischen Sicherheiten im Auslandskonkurs (§ 390) und ausländischen Sicherheiten im Inlandskonkurs (§ 379) - kann nicht befriedigen. § 390 II EInsO bezieht sich nicht auf die Einschränkung dinglicher Rechte Dritter durch das Insolvenzverfahren, sondern auf Rechte an Vermögensgegenständen des Gemeinschuldners, die erst mit Verfahrenseröffnung entstehen; der Wortlaut der Norm läßt allerdings an Klarheit zu wünschen übrig.

Es erscheint nicht sinnvoll, mit § 390 I EInsO und Art. 14 II Buchst. a IstanbÜ jede Einschränkung deutscher Sicherheiten durch ein ausländisches Insolvenzverfahren auszuschließen. Zum Schutz der Sicherungsgläubiger, die ebenso auf konkursfeste dingliche Sicherheiten wie auf praktikable Regelungen angewiesen sind, sollte vielmehr einheitlich an das Recht des Staates angeknüpft werden, in dem sich die Sicherheit im Augenblick der Verfahrenseröffnung befindet. Mit einer Ratifikation des Übereinkommens wäre das wegen dessen Art. 15 ohne weiteres zu vereinbaren.

2. *Allgemeine Konkursprivilegien*

Nach § 61 I Nr. 1-5 KO und vergleichbaren Bestimmungen in Spezialgesetzen werden aus sozialen oder fiskalischen Gründen die Forderungen bestimmter Gläubiger bevorzugt aus der Konkursmasse befriedigt. Diese Privilegien beziehen sich nicht auf einen bestimmten Massegegenstand, an dem ein Verwertungsrecht auch außerhalb des Konkurses bestünde, sondern sind erst mit Eröffnung des Insolvenzverfahrens von Bedeutung. Obwohl der EInsO selbst auf alle allgemeinen Konkursprivilegien verzichtet, stellt sich die Frage nach der auf allgemeine Konkursprivilegien anwendbaren Rechtsordnung auch künftig, da die meisten anderen Länder entsprechende Vorschriften kennen. Ähnlich gelagert ist die Frage, welcher Rechtsordnung die Eigenschaft einer Forderung als Insolvenzforderung oder Masseschuld, das Rangverhältnis der Masseschulden und das Verhältnis zu den Massekosten unterliegt. Die übereinstimmend auftretenden Rechtsprobleme sollen im folgenden anhand der Rangordnung der Insolvenzforderungen untersucht werden.

a. *Gegenwärtige deutsche Rechtslage*

Nach bisher herrschender, aber nicht unumstrittener Ansicht unterlag die Reihenfolge, in der die angemeldeten Forderungen zu befriedigen waren, grundsätzlich dem Konkursstatut[86]; andere wollen sie dem Forderungsstatut des jeweils in Frage stehenden Anspruchs[87] oder dem Recht des Lageortes[88] unterstellen. Denkbar

---

86 *Aderhold*, Auslandskonkurs im Inland, 290; *Arnold*, in: *Gottwald*, InsolvenzRHdb, § 122 Rn. 114; *Lüer*, in: *Kuhn / Uhlenbruck*, KO, §§ 237, 238 Rn. 67, 92; *Jahr*, in: *Jaeger*, KO, §§ 237, 238 Anm. 395; *Hanisch*, in: Montréal Reports, 104 (113, 117 f.); *v. Oertzen*, 108 f.; *Riegel*, Grenzüberschreitende Konkurswirkungen, 201 ff. (211); DAV, KTS 1975, 59 (68 f.). Ebenso *Thieme*, in: Vorschläge und Gutachten (EG), 213 (282 f.), "wenigstens für alle öffentlich-rechtlichen und vom öffentlichen Interesse geprägten Konkursprivilegien".

87 *Baur / Stürner* II, Rn. 37.11, 37.36.

ist schließlich, mehrere Rechte zu verknüpfen, etwa dergestalt, daß einem Gläubiger die Privilegierung der lex fori concursus nur dann zugute kommt, wenn sie auch dem Recht, dem die Forderung selbst unterliegt, bekannt ist.

b. *Istanbuler Übereinkommen*

Das Istanbuler Übereinkommen regelt diese Frage nicht ausdrücklich. Zu den Gläubigern, die in das außerhalb des Eröffnungsstaates belegene Vermögen vollstrecken können, gehören aber all die, deren Forderungen nach dem Recht des jeweiligen Zweitstaates, in dem sich Vermögen des Gemeinschuldners befindet, bevorrechtigt sind oder wären, wenn dort ein Insolvenzverfahren eröffnet worden wäre (Art. 11 II IstanbÜ). Das läßt darauf schließen, daß nach der Konzeption des Übereinkommens die Kompetenz zur Bestimmung der Privilegienordnung dem Eröffnungsstaat zukommt, genauer: daß sich ein Staat, der als Eröffnungsstaat diese Kompetenz beansprucht, dadurch nicht vertragswidrig verhält. Sonst wäre es nicht nötig gewesen, zum Schutz derjenigen Gläubiger, deren Privilegierung sich aus dem Recht eines Zweitstaates ergibt, die Einzelzwangsvollstreckung offenzuhalten. Andererseits verhelfen die Art. 11 II, 14 II Buchst. a IstanbÜ in der Praxis den am Lageort vorgesehenen Privilegien weitgehend zur Durchsetzung, soweit das der Einzelvollstreckung unterliegende Vermögen dafür ausreicht.

c. *Künftige deutsche Rechtslage*

Auch der EInsO äußert sich zur kollisionsrechtlichen Behandlung der Frage, welchem Recht die Rangfolge der Befriedigung im grenzüberschreitenden Konkurs unterliegt, nicht ausdrücklich. Daher findet der Grundsatz des § 379 EInsO Anwendung: Es bleibt entsprechend der bisher h. M. bei der Anwendung der lex fori concursus.

---

[88] *Drobnig*, in: Vorschläge und Gutachten (EG), 357 (358). Nach Art. 43 I, 44 I EG-Entwurf 1984 wird für jeden Vertragsstaat, in dessen Hoheitsgebiet sich zu verwertendes Vermögen befindet, eine rechnerische Untermasse gebildet, und werden die Konkursforderungen aus jeder Untermasse nach der Rangordnung des am jeweiligen Lageort geltenden Rechts befriedigt.

d. Stellungnahme

aa. Grundentscheidung zwischen lex causae und lex fori concursus

Die Rangfolge der Befriedigung der Insolvenzforderungen ist ein insolvenztypisches Problem, dessen Beantwortung nach den oben[89] dargelegten Grundsätzen grundsätzlich der lex fori concursus als der sachnächsten Rechtsordnung zukommt[90]. Sachliche Gründe könnten aber wiederum gebieten, die Frage einem anderen Recht zu unterstellen. Als Alternativen zur einheitlichen Anwendung der lex fori concursus werden eine Anknüpfung an den jeweiligen Lageort von Schuldnervermögen oder an das Forderungsstatut erwogen[91].

Die Anwendung des *Rechts am Lageort des Vermögens*, aus dem eine bestimmte Forderung zu befriedigen ist, hieße bei allgemeinen Vorrechten - die ja definitionsgemäß ein Recht auf vorzugsweise Befriedigung aus der Gesamtmasse gewähren -, daß jeweils aus dem in einem Staat belegenen Vermögen alle Insolvenzforderungen gemäß der im jeweiligen Lageort geltenden Privilegienordnung befriedigt würden. So fänden bei der Verwertung des in der Bundesrepublik belegenen Vermögens die Rangordnung des deutschen Rechts Anwendung, bei der Verwertung des in Frankreich belegenen Vermögens die Rangordnung des französischen Rechts etc.

Der Aspekt des Vertrauensschutzes[92] kann eine Anknüpfung an den Lageort des zur Befriedigung zur Verfügung stehenden Vermögens jedoch nicht rechtfertigen: Bei den hier in Rede stehenden allgemeinen Vorrechten fehlt es gerade am Bezug der Forderung zu der Vermögensmasse, die in einem bestimmten Staat belegen ist. Gläubiger, die einem ausländischen Schuldner ohne dingliche Sicherheit Kredit gegeben haben, können nicht schutzwürdigerweise darauf vertrauen, aus einer bestimmten Vermögensmasse unter Anwendung einer bestimmten Rechtsordnung befriedigt zu werden. Sie haben bei der Begründung ihrer Forderung nicht die eventuelle zwangsweise Befriedigung aus einer bestimmten Sache im Auge gehabt und gesichert und können sich daher nicht darauf verlassen, in den Genuß eines allgemeinen Vorrechts zu kommen, das am Lageort gilt.

---

89 Oben S. 35 ff.

90 So wohl auch *Stummel*, 348.

91 Vgl. die Nachweise oben Fn. 87, 88.

92 Vgl. *Drobnig*, in: Vorschläge und Gutachten (EG), 357 (358) (wobei jedoch nicht ganz klar ist, ob *Drobnig* wirklich auf die Belegenheit der Sache oder nicht vielmehr auf die der Insolvenzforderung abstellt).

Wichtigste Alternative zur Anwendung der lex fori concursus ist darum die Berücksichtigung der allgemeinen Konkursprivilegien nach Maßgabe des jeweiligen Forderungsstatuts[93]. Ist das danach maßgebliche Recht nicht das des Eröffnungsstaates, so soll eine "Angleichung" die adäquate Einordnung in das System des Eröffnungsstaates ermöglichen. Allenfalls wenn hier eine vergleichbare Kategorie fehlt, so daß die Angleichung nicht möglich ist, soll das Konkursprivileg der lex fori concursus unterstehen.

(1) Enger Sachzusammenhang der Konkursprivilegien mit der lex causae

Für die Anwendung des Forderungsstatuts wird ins Feld geführt, die par conditio creditorum, die außer dem Gleichbehandlungs- auch ein Differenzierungsgebot enthalte, gebiete nicht die "Gleichbehandlung von Forderungen völlig verschiedener Rechtsordnungen"[94]. Die Anwendung der lex causae ermögliche eine *einheitliche Anknüpfung von materiellem Recht und Haftungsverwirklichung* und eine widerspruchsfreie Behandlung aller Privilegien[95]. Angesichts des "Wildwuchses der Konkursprivilegien"[96] und der erheblichen Unterschiede in den nationalen Rechten auf diesem Gebiet bestehe ein Interesse der Konkursgläubiger an der Anwendung ihrer "eigenen" Privilegienordnung[97]; dem liegt letztlich der Gesichtspunkt des Vertrauensschutzes, der Gedanke des wohlerworbenen Rechts zugrunde[98]. Ferner seien die so gefundenen Lösungen *unabhängig davon, ob* im Einzelfall (nur) ein Konkurs mit universellem Geltunganspruch oder daneben *parallele Separatkonkurse durchgeführt würden*[99].

(2) Abweichung vom nationalen Insolvenzverfahren

Gegen die Anknüpfung an das Forderungsstatut ist zunächst einzuwenden, daß sie nicht auch in *rein nationalen Verfahren*, in denen Vermögen nur in einem Staat belegen ist, vorgesehen ist. Hier wird selbstverständlich das Recht des Eröffnungsstaates angewandt, ohne danach zu fragen, welchem Recht die angemeldeten Forderungen unterliegen. Allein die Tatsache, daß der Schuldner Vermögen -

[93] *Baur / Stürner* II, Rn. 37.11 ff. (für das Inlandsverfahren), 37.36 ff. (für das Auslandsverfahren); *Drobnig*, in: Vorschläge und Gutachten (EG), 357 (358 f.).

[94] *Baur / Stürner* II, Rn. 37.11 ff, 37.36 ff.

[95] *Baur / Stürner* II, Rn. 37.42.

[96] *Amonn*, in: FS 100 Jahre SchKG, 343 ff.

[97] *W. J. Habscheid*, ZaöRV 50 (1990), 282 (304).

[98] *Thieme*, in: Vorschläge und Gutachten (EG), 213 (282).

und sei es nur eine einzelne Sache von geringem Wert - im Ausland hat, kann nicht ohne weiteres die Rangfolge derselben Insolvenzforderungen derart radikal ändern, wie das bei einer Verweisung auf das jeweilige Forderungsstatut der Fall sein könnte[100].

(3) Gefahr der Auszehrung der Masse durch ausländische Privilegien

Speziell im Fall eines inländischen Insolvenzverfahrens wird ferner befürchtet, die ausländischen Konkursprivilegien, die bei Anwendung der jeweiligen lex causae zu berücksichtigen sind, könnten die *Insolvenzmasse auszehren*[101]: Anders als bei den dinglichen Sicherheiten würden hier tatsächlich die Privilegien zahlreicher Staaten kumuliert.

Dieses Bedenken wird durch die Insolvenzrechtsreform noch verschärft werden. Im deutschen Recht sollen alle bisher geltenden allgemeinen Konkursvorrechte abgeschafft werden, um größere Verteilungsgerechtigkeit zu erreichen und den einfachen Gläubigern eine Chance der Befriedigung zu gewähren. Bestimmt man dann im internationalen Konkurs die Rangfolge der Befriedigung nach der lex causae, so wird die Masse von den nach ihrer jeweiligen lex causae vorrangigen ausländischen Forderungen aufgezehrt und gehen alle Gläubiger, deren Forderung deutschem Recht unterliegt, völlig leer aus[102]. Unterliegt dagegen die Privilegienordnung dem Recht des Eröffnungsstaats, so wird die Tendenz des EInsO, Vorrechte abzubauen, auch im deutschen Insolvenzverfahren mit Auslandsbezug gewahrt, ohne diejenigen Gläubiger, deren Forderung deutschem Recht unterliegt, zu benachteiligen.

(4) Gleichzeitige Anwendung zahlreicher Rechte

Schließlich und vor allem steht der Auffassung, daß sich die Rangfolge der Befriedigung jeder einzelnen Insolvenzforderung nach dem für sie maßgeblichen Forderungsstatut richtet, entgegen, daß es dadurch - so wie übrigens auch bei Anwendung der lex rei sitae - unvermeidlich zur *gleichzeitigen Anwendung zahlreicher Rechte* kommt. Das macht zum einen umfangreiche rechtsvergleichende

---

99 *Baur / Stürner* II, Rn. 37.42.

100 *Riegel*, Grenzüberschreitende Konkurswirkungen, 210; *Thieme*, in: Vorschläge und Gutachten (EG), 213 (282).

101 *Hanisch*, in: FS 100 Jahre KO, 139 (152) ("Der Furcht vor dieser Gefahr verdankt vermutlich das Territorialitätsprinzip sein zähes Überleben.")

102 *Klevemann*, 108 f.

Untersuchungen erforderlich, die die Insolvenzabwicklung erheblich erschweren und damit auch verteuern. Zum anderen ist aus den unterschiedlichen Aussagen der beteiligten Forderungsstatute ("Rangfolgengemisch aus einer Vielzahl von Rechten"[103]) ein einheitliches System zu entwickeln, nach dem die Forderungen befriedigt werden.

Dazu kann entweder aus allen Forderungsstatuten eine gemeinsame Rangordnung entwickelt werden, oder man bildet Untermassen, die getrennt nach dem jeweils einschlägigen Forderungsstatut verteilt werden.

Eine *Bildung von rechnerischen Untermassen*, die nach dem Recht des jeweiligen Belegenheitsstaates zu verteilen sind, sieht für allgemeine Vorrechte auch der EG-Entwurf 1984 vor (Art. 43 ff.). Da es für den Umfang der Befriedigung einer Forderung von ganz erheblicher Bedeutung sein kann, aus welcher Untermasse sie befriedigt wird, enthält der EG-Entwurf "sehr komplizierte, zugleich aber auch sehr scharfsinnige Regeln, wie Forderungen mit allgemeinen Vorrechten auf die Untermassen zu 'verteilen' sind"[104]. Nicht zuletzt die "horrendous complexity"[105] dieser Vorschriften hat ihm den Vorwurf praktischer Undurchführbarkeit eingebracht und so zu seinem Scheitern beigetragen[106].

Es müßte also bei Anwendung der lex causae aus allen einschlägigen Privilegienordnungen eine gemeinsame, *einheitliche Privilegienordnung* "geschneidert" werden, nach der dann alle Forderungen aus dem gesamten dem Konkurs unterliegenden Vermögen des Schuldners befriedigt werden.

Stürner schlägt hierfür eine Angleichung an die entsprechenden Kategorien der lex fori concursus vor. Es ist jedoch sehr fraglich, ob eine solche Angleichung zur Aufstellung einer sinnvollen Rangfolge führen kann. Sie ist bei Vorzugsrechten, die *Stürner* nach denselben Grundsätzen behandelt wie Privilegien und anhand deren er seine Lösung im wesentlichen entwickelt, möglich: Der Inhalt ei-

---

[103] *Riegel*, Grenzüberschreitende Konkurswirkungen, 210.

[104] *Bogdan*, RabelsZ 53 (1989), 573 (575 f.). Vgl. dazu die Berechnungsbeispiele bei *Lemontey*, Bericht zum EG-Entwurf 1980, 114 ff.

[105] *Fletcher*, Eur. L. Rev. 2 (1977), 15 (28).

[106] *Thieme*, in: Vorschläge und Gutachten (EG), 213 (282) ("dessen komplizierte Anrechnungsregelungen (stellen) wohl alles in den Schatten..., was Konkurspraktiker verkraften können"); *ders.*, RabelsZ 45 (1981), 459 (482 ff.); *Bogdan*, RabelsZ 53 (1989), 573 (576); *Gilliéron*, SZIER 1992, 135 (152); *Flessner*, in: FS Heinsius, 111 (115); *Lüer*, KTS 1981, 147 (161, 163); DAV, KTS 1975, 59 (67, 75). Kritisch zur perfektionistischen Ausgestaltung der EG-Entwürfe auch *Schack*, JZ 1989, 382 (383). Vorsichtig zustimmend dagegen *Drobnig*, in: Vorschläge und Gutachten (EG), 357 (366); *Hauschild*, in: Le droit de la faillite internationale, 139 (142 f.).

nes jeden dinglichen Sicherungsrechts läßt sich isoliert bestimmen; diese inhaltliche Bestimmung ist dann Grundlage eines Vergleichs mit dem deutschen Recht, in dem es entsprechende Kategorien zu finden gilt. Die Rangfolge der Befriedigung im Konkurs definiert sich dagegen immer nur in bezug auf das Gesamtsystem - mit der Aussage, eine bestimmte Forderung nehme den zweiten Rang ein, ist nichts gewonnen, solange nicht feststeht, welche Forderungen erstrangig befriedigt werden. Einzelne Rangstellen können sinnvollerweise nicht aus dem Zusammenhang einer Privilegienordnung herausgenommen und in eine andere eingefügt werden[107]. Es fehlt der gemeinsame Maßstab, es sei denn, man orientierte sich an dem der lex fori concursus, was aber die dann nur mehr verbale Anwendung des Forderungsstatuts ad absurdum führen würde. Unter Umständen kann selbst aus sehr ähnlichen Privilegienordnungen keine gemeinsame herausgefiltert werden, so wenn ein System Arbeitnehmerforderungen vor Verfahrenskosten befriedigt und das andere genau umgekehrt[108]. Der in diesem vereinfachten Beispiel vielleicht noch denkbare rechtsschöpferische Kompromiß, beide gleich zu behandeln, scheitert spätestens dann, wenn ein drittes Recht mit stärker abweichenden Lösungen ins Spiel kommt.

Daher kann bei Anwendung der lex causae "selbst auf dem Wege der Angleichung kein klares Ergebnis gefunden werden"[109]. Die einheitliche Anwendung eines geschlossenen Rechtssystems, nämlich der am Ort der Verfahrenseröffnung geltenden Privilegienordnung, ist demgegenüber eine erheblich einfachere und damit auch kostengünstigere Lösung, die Wertungswidersprüche vermeidet.

bb. Berücksichtigung minderen Ranges nach der lex causae

Riegel[110] schlägt vor, ein Vorrecht nur dann anzuerkennen, "wenn dieses im Eröffnungsstaat und in jedem Belegenheitsstaat anerkannt ist". Sachnäher erscheint mir, auf die lex causae abzustellen[111] mit dem Argument, kein Gläubiger könne auf die vorrangige Befriedigung seiner Forderung vertrauen, der dieser Vorrang nicht schon nach dem Forderungsstatut zukommt. Im künftigen deutschen Insolvenzverfahren wäre eine solche Kumulation wegen der Abschaffung der Konkurs-

---

107 So schon OAG Dresden, Seufferts Archiv 13, 321 (Nr. 230); OAG Rostock, Seufferts Archiv 11, 3 (Nr. 4); *Jaeger*, Lehrbuch, 215.

108 Beispiel nach *Riegel*, Grenzüberschreitende Konkurswirkungen, 209.

109 *Riegel*, Grenzüberschreitende Konkurswirkungen, 210; ebenso *Klevemann*, 103; *Willer*, 97.

110 *Riegel*, Grenzüberschreitende Konkurswirkungen, 209.

privilegien - deren Kreis folglich durch das Forderungsstatut nicht weiter eingeschränkt werden kann - nur noch für die Bestimmung der Massekosten und Masseschulden von Bedeutung.

Den allgemeinen Konkursprivilegien wie der Bestimmung des Kreises der Masseschulden und Massekosten liegt jedoch nicht primär der Gedanke des Vertrauensschutzes zugrunde; sie dienen vielmehr der Verwirklichung allgemeinpolitischer, wirtschaftlicher und sozialer Zielsetzungen eines Staates sowie der Sicherung der Funktionsfähigkeit des Verfahrens. Im übrigen entstehen Privilegien wie Massekosten und -schulden erst im Konkurs und in enger Verbindung mit diesem. Daher könnte sich ein eventuelles schutzwürdiges Vertrauen auf eine bevorzugte Position auch nur auf das Recht des Eröffnungsstaates beziehen[112]. Eine kumulative Anknüpfung an das Forderungsstatut würde diejenigen Gläubiger ungerechtfertigt benachteiligen, deren Forderung einem Recht unterliegt, das - wie das künftige deutsche Recht - gegenüber Vorzugsrechten generell zurückhaltender ist[113]. Schließlich bestehen die beschriebenen Bedenken gegen die gleichzeitige Anwendung verschiedener Rechtsordnungen auch hier.

cc. Zwischenergebnis

Die Rangfolge der Befriedigung der Insolvenzforderungen sollte sich daher künftig, wie vom EInsO vorgesehen, nach dem Recht des jeweiligen Eröffnungsstaates richten. Mit einer Ratifikation des Istanbuler Übereinkommens ist das ohne weiteres vereinbar, da es hierzu keine besondere Regelung trifft. Dem Risiko, daß die von einem ausländischen Recht vorgesehene Regelung den Interessen einzelner Gläubigergruppen aus deutscher Sicht nicht ausreichend Rechnung trägt, kann das deutsche Recht nicht dadurch wirksam begegnen, daß es die Privilegierung einzelner Gläubigergruppen der lex causae unterstellt, sondern nur durch Eröffnung eines zweiten, parallelen Insolvenzverfahrens, in dem dann die deutsche Privilegienordnung gilt.

---

111 So *Jahr*, in: *Jaeger*, KO, §§ 237, 238 Anm. 395, 403, wobei im Vergleich von Anm. 395 und Anm. 403 nicht ganz klar wird, ob die Einschränkung nur bei vertraglich vereinbartem Rangrücktritt oder allgemein gelten soll.

112 *Klevemann*, 108.

113 *Klevemann*, 108 f.

3. *Vorrechte an Sachgesamtheiten*

Eine Zwischenstellung zwischen den dinglichen Sicherungsrechten an einzelnen Massegegenständen einerseits und den Konkursprivilegien andererseits nehmen die dem deutschen Recht unbekannten Vorrechte an einem Inbegriff von Gegenständen ein. Sie gewähren - anders als Pfandrechte - kein besonderes Verwertungsrecht an bestimmten belasteten Gegenständen, berechtigen aber, wenn der Gegenstand in einem Verfahren der Einzel- oder Gesamtvollstreckung verwertet wird, zur bevorzugten Befriedigung aus dem Erlös. Hauptfälle sind die gesetzlichen *privilèges généraux* des französischen Rechts sowie die rechtsgeschäftlich bestellte anglo-amerikanische *floating charge*.

Die international-insolvenzrechtliche Behandlung der Vorrechte an einem Inbegriff von Gegenständen ist lebhaft umstritten. Da sie sich auf Sachgesamtheiten in ihrem wechselnden Bestand beziehen können, läßt sich im Augenblick der Entstehung noch nicht feststellen, aus welchen Gegenständen der Gläubiger im Sicherungsfall befriedigt werden wird. Ihr dinglicher Charakter, der nach dem Wortlaut der einschlägigen Vorschriften über die Anwendung von § 390 I EInsO[114] und Art. 14 II Buchst. b IstanbÜ[115] entscheidet, ist zweifelhaft und umstritten.

Da die von einem allgemeinen Vorrecht erfaßte Teilvermögensmasse das gesamte Schuldnervermögen oder einen wesentlichen Teil desselben ausmachen kann, liegt es nahe, sie wie allgemeine Konkursprivilegien dem Recht des Eröffnungsstaates zu unterstellen[116]. Andererseits gewähren sie, wie Absonderungsrechte, ein Recht auf bevorzugte Befriedigung auch außerhalb des Konkurses[117],

---

114 "Recht... an einem Gegenstand der Insolvenzmasse".

115 Vgl. den französischen Wortlaut ("sûretés réelles ou... droits réels"). Nach Angaben des DAV, Stellungnahme zum ERats-Entwurf 1989, 14 f., ist man während der Verhandlungen zum Übereinkommen übereingekommen, daß Sicherungsrecht i. S. des Art. 14 II IstanbÜ auch die floating charge ist.

116 So *Kreuzer*, in: *MünchKomm*, BGB, nach Art. 38 EGBGB Anh. I, Rn. 104 ff., für die privilèges généraux. *Drobnig*, in: Vorschläge und Gutachten (EG), 357 (360), verweist für Vorrechte "am gesamten Vermögen oder an einem Inbegriff von Sachgesamtheiten" auf Art. 44, 45 EG-Entwurf 1980 (ähnlich Art. 44, 45 EG-Entwurf 1984). *Lemontey*, Bericht zum EG-Entwurf 1980, 110 (Fn. 108), setzt die "floating charges" den allgemeinen Konkursprivilegien gleich.

117 Darin liegt der Unterschied zu den von *Gottwald*, in: *Gottwald*, InsolvenzRHdb, § 44 Rn. 52, in diesem Zusammenhang genannten Rechten der Kommittenten, Hinterleger und Verpfänder von Wertpapieren (§§ 32, 33 DepG), der Pfandbrief- und Schuldverschreibungsgläu-

so daß ein schutzwürdiges Vertrauen besteht, diese Rechtsposition bleibe auch im Insolvenzfall erhalten; das spricht dafür, wie bei Aus- und Absonderungsrechten die lex rei sitae anzuwenden[118]. Die Anwendung mehrerer Rechte in einem einzigen Insolvenzverfahren ist hier, anders als bei allgemeinen Konkursprivilegien, auch rechtstechnisch möglich: Spätestens mit Verfahrenseröffnung steht fest, welche Gegenstände dem Vorrecht unterfallen; das am Lageort des jeweiligen Gegenstandes geltende Recht bestimmt die Rangfolge der daran bestehenden Rechte. Vor allem bei umfangreichen Vorrechten kann die praktische Abwicklung allerdings sehr aufwendig sein und wird sie möglicherweise wiederum zur Bildung rechnerischer Untermassen nötigen.

Es spricht manches dafür, hier danach zu unterscheiden, ob dem jeweiligen Gläubiger aufgrund seiner Rechtsposition ein Befriedigungsrecht auch außerhalb des Insolvenzverfahrens zukommt oder erst im Verfahren. Das Vorrecht wäre im ersten Fall wie das dingliche Recht eines Dritten nach dem Insolvenzrecht des Lageortes zu behandeln, im zweiten Fall wie allgemeine Konkursprivilegien dem Recht des Eröffnungsstaates zu unterstellen. Eine halbwegs erschöpfende Beurteilung müßte die einzelnen Typen allgemeiner Vorrechte einschließlich ihrer Rechtsnatur und Ausgestaltung im einzelnen einbeziehen. Das ist hier nicht möglich; es mag daher mit den angedeuteten Gesichtspunkten sein Bewenden haben, zumal die Stellung allgemeiner Vorrechte an Sachgesamtheiten weder im Istanbuler Übereinkommen noch im künftigen deutschen Recht ausdrücklich geregelt ist.

---

biger (§§ 35, 41 HypBG) und der Versicherungsnehmer im Konkurs der Versicherung (§§ 77 VI, 79 VAG).

[118] *Colle / t'Kint*, in: Montréal Reports, 48 (69).

Kapitel VII. Einheit und Mehrheit von Insolvenzverfahren

Wie nach bisherigem deutschem Recht (§ 238 KO) schließt auch nach dem Istanbuler Übereinkommen (Kapitel III = Art. 16 ff.) und nach dem EInsO (§§ 395 ff.) das in einem Staat anhängige, anerkennungsfähige Insolvenzverfahren nicht aus, daß in einem oder mehreren anderen Staaten weitere Verfahren eröffnet werden, die als "Sekundär-" bzw. "Sonderinsolvenzverfahren" auf das im jeweiligen Eröffnungsstaat belegene Vermögen des Gemeinschuldners beschränkt sind. Sie unterliegen dem formellen und materiellen Insolvenzrecht des Staates, der das jeweilige Sonderinsolvenzverfahren eröffnet hat. Mit der Universalität wird also nicht zugleich die Einheit des Konkurses verwirklicht: Ein Verfahren, dessen Wirkungen sich auf das Inland erstrecken, erfaßt das hier belegene Vermögen nur unter dem Vorbehalt der Durchführung eines - insoweit dann vorrangigen - Inlandsinsolvenzverfahrens. *Hanisch*[1] hat für ein solches Modell den Begriff der "kontrollierten Universalität" geprägt. Doch nicht nur die Ausgestaltung des Zweitinsolvenzverfahrens im einzelnen, sondern schon sein Sinn und seine Berechtigung in einem dem Universalitätsprinzip verpflichteten Internationalen Insolvenzrecht sind Gegenstand lebhafter Diskussionen.

Das Verhältnis von Universalität und Einheit des Konkurses ist dogmatisch höchst umstritten; allzu oft werden beide gleichgesetzt[2] und wird daher einem System paralleler Insolvenzverfahren vorgeworfen, es bedeute eine Rückkehr zum

---

1 Vgl. aus seinen zahlreichen Schriften insbesondere *Hanisch*, in: Probleme des IIR, 9 (23 ff.); *ders.*, Schw. Jb. Int. R. 36 (1980), 109 (115 ff.).

2 *Bottiau*, Rev. proc. coll. 1990, 97 (104 f.); *Dallèves*, BlSchK 37 (1973), 161 (162 ff.) = BlSchK 38 (1974), 65 (66 ff.); *Ebenroth*, ZZP 101 (1988), 121 (129 f.); *ders.*, JZ 1988, 18 (28); *Flessner*, in: FS Heinsius, 111 (112); *W. J. Habscheid*, ZaöRV 50 (1990), 282 (286); *Petel*, in: Heidelberger Seminar, 45 (56 f.); *Wenner*, KTS 1990, 429 (433 ff.); *Willer*, 93 ff. So auch DAV, Stellungnahme zum ERats-Entwurf 1989, passim (allerdings auf der Grundlage der oben Kap. II, Fn. 1, dargelegten Terminologie *Lüers*); DAV, KTS 1975, 59 (70). - Zutreffend dagegen *Hanisch*, in: Montréal Reports, 104 (107 f.); *ders.*, in: Vorschläge und Gutachten (EG), 319 (321); *ders.*, ZIP 1994, 1 f.; *Häsemeyer*, ZZP 107 (1994), 111 (117 f.); *Jahr*, in: *Jaeger*, KO, §§ 237, 238 Anm. 47.

Territorialitätsprinzip[3]. Auch hier kann aber ein Streit um Prinzipien nicht über die sachgerechte Lösung entscheiden.

1. Vor- und Nachteile der Durchführung von Sonderinsolvenzverfahren

a. Funktionen eines Sonderinsolvenzverfahrens

Die Durchführung eines auf das Inlandsvermögen beschränkten (Sonder-)Insolvenzverfahrens kann im einzelnen geboten sein, um das inländische Vermögen in ein Gesamtvollstreckungsverfahren einzubeziehen, wenn ein Auslandsverfahren nicht eröffnet wurde oder seine Inlandswirkungen nicht anerkannt werden (Ersatzfunktion), um ein anerkanntes ausländisches Verfahren zu unterstützen (Unterstützungsfunktion) oder um im Interesse einzelner Gläubiger das Inlandsvermögen dem ausländischen Verfahren und der ausländischen lex fori concursus zu entziehen und dem Recht des Zweitstaates zu unterstellen (Vorzugsfunktion)[4]. Der jeweilige Verfahrens(haupt)zweck schlägt sich in der Ausgestaltung des Verfahrens nieder.

aa. Ersatzfunktion

Findet in dem Staat, dessen Gerichte aus deutscher Sicht dafür international zuständig sind, kein ausländisches Insolvenzverfahren mit Wirkung für das Inlandsvermögen statt - sei es, daß überhaupt kein Auslandskonkurs eröffnet wurde oder werden kann, sei es, daß er keine universelle Wirkung beansprucht oder sie nicht anerkannt wird -, so kann die Notwendigkeit bestehen, das Inlandsvermögen gleichwohl in einem Gesamtvollstreckungsverfahren zu verwerten; dem trägt die Möglichkeit eines gegenständlich beschränkten Inlandsverfahrens Rechnung (Ersatzfunktion des Sonderinsolvenzverfahrens).

Das entspricht allgemeiner Ansicht, wenn ein ausländisches Insolvenzverfahren, das universelle Wirkung beansprucht, bereits eröffnet wurde, jedoch nicht anerkannt wird: Hier verhindert das inländische Sonderinsolvenzverfahren, daß der Gemeinschuldner sein Vermögen auf die Seite schafft oder zugunsten einzel-

---

3 *Ebenroth*, ZZP 101 (1988), 121 (130, Fn. 61; 137, Fn. 104); *Lüer*, KTS 1990, 377 (393, Fn. 92); *Mohrbutter / Mohrbutter*, Konkurs- und Vergleichsverwaltung, Rn. 1692; *Wenner*, KTS 1990, 429 (433 ff.); DAV, Stellungnahme zum ERats-Entwurf 1988, 6.

4 Ähnlich Deutscher Rat für IPR, in: Reform des deutschen IIR, 265 (267); *Flessner*, in: FS Heinsius, 111 (115).

ner Gläubiger darüber verfügt und daß, sobald mit Eröffnung des Auslandskonkurses die finanziellen Schwierigkeiten des Gemeinschuldners offensichtlich werden, ein Vollstreckungswettlauf der Gläubiger einsetzt.

Für die Durchführung eines deutschen Sonderinsolvenzverfahrens verliert dieser Gesichtspunkt zwar in dem Maße an Bedeutung, in dem ausländischen Insolvenzverfahren auch nach deutschem Recht Inlandswirkung zukommt[5]. Die Anerkennung tritt aber auch künftig, wenngleich sie gesetzlicher Regelfall ist (vgl. die Fassung des § 384 EInsO), nicht unter allen Umständen und in bezug auf alle Verfahrenswirkungen ein. Auch für den gesetzlichen Ausnahmefall[6] gilt es Vorsorge zu treffen.

Die Ersatzfunktion kann außerdem - was aus deutscher Sicht für die Anerkennung ausländischer Partikularkonkurse von Bedeutung ist - die Durchführung eines Zweitkonkurses in einem Staat rechtfertigen, der die Wirkungen eines Insolvenzverfahrens mit universellem Geltungsanspruch nicht uneingeschränkt anerkennt. Eine solche Haltung anderer Staaten ist nicht nur auf absehbare Zeit recht wahrscheinlich[7], sondern wäre auch im Verhältnis von Mitgliedstaaten des Istanbuler Übereinkommens untereinander zulässig. Gerade dann, wenn ein Mitgliedstaat erklärt hat, Kapitel II nicht anzuwenden, gewinnt der Sekundärkonkurs unter dem Gesichtspunkt der Ersatzfunktion besondere Bedeutung. Er ist dann unter den Voraussetzungen des (wegen Art. 40 zwangsläufig uneingeschränkt anwendbaren) Kapitel III stets zulässig, kann insbesondere auch vom Verwalter des - ansonsten nicht anerkannten - Hauptinsolvenzverfahrens beantragt werden (Art. 18 Buchst. a IstanbÜ).

Umstritten ist hingegen, ob ein inländisches Sonderinsolvenzverfahren auch dann zugelassen werden sollte, wenn (noch) kein ausländischer Universalkonkurs stattfindet (isoliertes Sonderinsolvenzverfahren im Gegensatz zum Parallelinsolvenzverfahren). Von der Ersatzfunktion des Verfahrens her gesehen besteht aber insofern kein Unterschied gegenüber dem nicht anerkannten Auslandskonkurs.

---

5 DAV, Stellungnahme zum ERats-Entwurf 1988, 9 f.

6 Ob die Nichtanerkennung ausländischer Insolvenzverfahren oder -wirkungen auch in der Praxis die Ausnahme bleiben wird, hängt von der Anwendung der §§ 379 ff. EInsO durch die Gerichte ab und bleibt abzuwarten.

7 Derzeit folgen nur Belgien und Luxemburg auch für ausländische Insolvenzverfahren dem Universalitätsprinzip (*Colle / t'Kint*, in: Montréal Reports, 48 (56, 60 f., 63, 68)).

bb. Unterstützungsfunktion

Die Durchführung eines Sonderinsolvenzverfahrens kann ferner zur Unterstützung des Hauptkonkurses sinnvoll sein, wenn dessen Inlandswirkungen zwar - vorbehaltlich des Zweitkonkurses - grundsätzlich anerkannt werden, die Durchführung mehrerer Insolvenzverfahren aber aus der Sicht der Gläubigergesamtheit günstiger ist (Unterstützungsfunktion des Sonderinsolvenzverfahrens)[8]. Das kann daran liegen, daß das Insolvenzrecht des Zweitstaates für die Masse günstiger ist (z. B. leichtere Insolvenzanfechtung, weniger schwerfällige Formvorschriften), oder daran, daß mehrere lokale Verfahren ausnahmsweise einfacher und damit kostengünstiger durchzuführen sind als ein einheitliches.

Besonders stark geprägt von dieser Idee der Unterstützung ausländischer Insolvenzverfahren sind die *"ancillary proceedings"* (eigentlich: "cases ancillary to foreign proceedings") *des amerikanischen Rechts*[9]. Es handelt sich um ein reines Nebenverfahren, das dem Zweck des ausländischen Hauptverfahrens dient, als speziell auf die Bedürfnisse des ausländischen Verwalters zugeschnittene Form der Konkursrechtshilfe ausgestaltet ist[10] und sich durch große Flexibilität auszeichnet. Eine eigenständige Konkursmasse wird in den USA nicht begründet[11]. Die Eröffnung und Ausgestaltung des Verfahrens stehen weitgehend im Ermessen des jeweiligen Gerichts; bei dessen Ausübung sind zu berücksichtigen: der Gleichbehandlungsgrundsatz, die schutzwürdigen Interessen amerikanischer Gläubiger, die Notwendigkeit, die Masse gegen mißbräuchliche Verfügungen des Schuldners zu sichern, die Verteilung der Masse in Übereinstimmung mit den Grundsätzen des amerikanischen Rechts, der Grundsatz der "comity"[12] und gege-

---

8 Der Deutsche Rat für IPR, in: Reform des deutschen IIR, 265 (267) nennt das die "Hilfsfunktion" des Sonderinsolvenzverfahrens.

9 S. 304-306 Bankruptcy Code (BC), eingeführt durch den Bankruptcy Reform Act von 1978. Vgl. dazu *Bottiau*, J. D. I. 1992, 89; *Breitenstein*, Rn. 143 ff.; *Gitlin / Flaschen / Grimes*, in: Aberystwyth Papers, 69 (75 ff.); *Hirte*, ZIP 1989, 1493; *Kozyris*, in: Montréal Reports, 243 (248 ff.); *Lebow / Tait*, RDAI 3 (1989), 258 (259 ff.); *Trautmann*, in: Neuerungen im IIR, 72 (89). Tendenziell ähnlich das Recht Englands, Australiens und der kanadischen Common-Law-Provinzen.

10 *W. J. Habscheid*, ZaöRV 50 (1990), 282 (295). Daher ist s. 304 selbst dann anwendbar, wenn dem Gemeinschuldner nach US-amerikanischem Recht die Konkursfähigkeit fehlt (*Riesenfeld*, in: FS Merryman, 409 (423)).

11 *Gitlin / Flaschen / Grimes*, in: Aberystwyth Papers, 69 (77); *W. J. Habscheid*, ZaöRV 50 (1990), 282 (295).

12 Vgl. zur US-amerikanischen "comity"-Doktrin statt vieler *Breitenstein*, Rn. 88 ff.; *W. J. Habscheid*, ZaöRV 50 (1990), 282 (293 ff.).

benenfalls das Interesse des Schuldners an einem wirtschaftlichen Neuanfang (s. 304 (b), (c) BC).

cc. Vorzugsfunktion

Auf dem Gebiet des Insolvenzrechts wie auf benachbarten Rechtsgebieten (etwa im Kreditsicherungsrecht, im Gesellschafts- und im Arbeitsrecht) bestehen erhebliche Unterschiede zwischen den nationalen Rechtsordnungen. Sie können einen Staat, in dem sich Vermögen des Gemeinschuldners befindet, veranlassen, dieses Vermögen einem ausländischen Universalkonkurs zu entziehen, indem darüber ein zweites, paralleles Insolvenzverfahren[13] eröffnet wird, das dem Recht des Zweitstaates unterliegt. Das Zweitinsolvenzverfahren dient dann dem Schutz bestimmter, meist der im Zweitstaat ansässigen, Gläubiger (Vorzugsfunktion des Sonderinsolvenzverfahrens). Damit sollen ihnen zunächst die mit der Teilnahme am Auslandskonkurs verbundenen praktischen Schwierigkeiten erspart werden. Vor allem aber kommen so diejenigen Gläubiger in den Genuß der Anwendung des Insolvenzrechts des Zweitstaates, deren Rechtsposition - z. B. Sicherungsrechte, Recht auf vorzugsweise Befriedigung oder schon das Konkursteilnahmerecht als solches - im Hauptinsolvenzverfahren keine oder keine gleichwertige Berücksichtigung fände.

Daß die im Zweitstaat ansässigen Gläubiger schutzwürdig und -bedürftig sind, wird, wenngleich in unterschiedlichem Umfang, von den meisten, wenn nicht gar allen Staaten anerkannt. Die wohl weitestgehende Berücksichtigung finden ihre Interessen im *Hilfskonkurs des schweizerischen Rechts*[14], den die Anerkennung eines ausländischen Hilfsverfahrens nach Art. 170 I IPRG stets nach sich zieht[15]. Dort werden, abgesehen von pfandversicherten Forderungen, nur bestimmte bevorrechtigte Forderungen von Gläubigern mit Wohnsitz in der Schweiz befriedigt. Auch der verbleibende Überschuß wird nur dann an die ausländische Masse ausgekehrt, wenn der für ihre Verteilung geltende Kollokationsplan in einem gesonderten Verfahren anerkannt worden ist; die Anerkennung hängt wiederum

[13] Zum höchst uneinheitlichen Sprachgebrauch *Thieme*, in: Reform des deutschen IIR, 212 (244 f.).

[14] Art. 166 ff. IPRG. Vgl. dazu *Breitenstein*, Rn. 294 f.; *Drobnig*, in: Reform des deutschen IIR, 51 (58 f.); *Gilliéron*, SZIER 1992, 135 (159 f.); *Krauskopf*, in: Neuerungen im IIR, 72; *Staehelin*, 153 ff. - Ähnlich das Recht Norwegens (*Hanisch*, SZIER 1992, 3 (18)).

[15] Vorbehalten bleibt ein territorial beschränkter Niederlassungskonkurs nach Art. 50 I SchKG (Art. 166 II IPRG).

davon ab, daß die Interessen der Schweizer Gläubiger angemessene Berücksichtigung finden.

Auch für die Regelung des Zweitkonkurses im Istanbuler Übereinkommen und im EInsO waren - in unterschiedlichem Umfang - Interessen lokaler, aus der Sicht des Zweitstaates besonders schutzwürdiger Gläubiger mitausschlaggebend[16]. Zum Schutz der Inlandsgläubiger trotz Auslandskonkurses die Einzelzwangsvollstreckung offenzuhalten ist, wie festgestellt[17], grundsätzlich keine sinnvolle Alternative: In einem Zweitkonkurs können die teilnahmeberechtigten Gläubiger[18] aus dem im Zweitstaat belegenen Vermögen des Gemeinschuldners nach dem Recht des Zweitstaates befriedigt werden, ohne daß es zu den zufälligen Ergebnissen eines Vollstreckungswettlaufs käme. Damit wird der Zweitkonkurs zugleich dem Grundsatz der Gläubigergleichbehandlung und dem Bedürfnis nach Anwendung einer bestimmten Rechtsordnung gerecht.

b. *Praktische Nachteile der Mehrheit von Insolvenzverfahren*

Gegen die Durchführung mehrerer paralleler Insolvenzverfahren wird in erster Linie eingewandt, sie habe eine *Erhöhung* des Verwaltungsaufwands und damit *der Verfahrenskosten* zur Folge: Es sind mehrere Verwalter zu bestellen[19], mehrere Konkurstabellen aufzustellen und Verteilungspläne zu erarbeiten; die Gläubiger haben ihre Forderungen mehrfach - und zwar in der jeweiligen Gerichtssprache - anzumelden und nachzuweisen, bedürfen mehrfacher anwaltlicher Vertretung etc.[20].

Es wäre allerdings zu einfach, anzunehmen, die Durchführung von n parallelen Insolvenzverfahren sei genau n-mal so teuer wie ein Einheitsverfahren. Denn erstens sind in dem Einheitsverfahren zahlreiche unterschiedliche Rechtsordnungen anzuwenden - daß ein Einheitsverfahren unter konsequenter Geltung nur der lex fori concursus derzeit nicht realisierbar ist, haben die EG-Entwürfe bewiesen -, die der Verwalter erst einmal ermitteln muß und deren Zusammenspiel die

---

16 Begründung zum IstanbÜ, Ziff. 92 (zu Kap. III); Begründung zum EInsO, Teil B, Anm. 5 c zu §§ 379 ff. (S. 237), zu § 393 (S. 245).

17 Oben S. 77 ff.

18 Welche das sind, bleibt zu klären (unten S. 168 ff.).

19 Entgegen *Schlosser*, RIW 1983, 473 (479 f.); *Lau*, BB 1986, 1450 (1452) und *Hanisch*, Schw. Jb. Int. R. 36 (1980), 109 (122), bestehen wegen der Gefahr von Interessenkonflikten Bedenken, dieselbe Person zum Verwalter beider Verfahren zu bestellen.

Verfahrensabwicklung erschwert[21]. Dabei spielen neben den nationalen Insolvenzrechten auch das allgemeine Zivilrecht einschließlich des Kreditsicherungsrechts, Arbeits-, Sozial- und Steuerrecht eine wesentliche Rolle. Dagegen ist ein auf das Inlandsvermögen beschränktes Verfahren, dem ja der Auslandsbezug der Vermögensbelegenheit fehlt, ausnahmslos oder doch weitgehend nach dem Recht des Eröffnungsstaates abzuwickeln. - Zweitens wird in einem System der Mehrheit von Konkursen jeder der Verwalter die lokalen Verhältnisse, insbesondere die örtliche Rechtsordnung und Sprache, besser kennen, als das der "zentrale" Verwalter eines Einheitskonkurses könnte[22]. Die Kosten paralleler Insolvenzverfahren lassen sich darüber hinaus durch ihre Koordination und eine umfassende Zusammenarbeit der Verwalter begrenzen[23]. Bei erheblicher systematischer Divergenz der Rechtsordnungen kann es daher, wie bereits angedeutet, in Einzelfällen sogar praktisch einfacher sein, über das Vermögen eines Gemeinschuldners zwei Teilverfahren nach unterschiedlichen Insolvenzrechten durchzuführen, als das Insolvenzrecht eines einzigen Staates auf das gesamte Vermögen zu erstrecken[24]. Ansonsten ist abzuwägen, ob die Vorteile eines Zweitkonkurses den damit verbundenen Aufwand rechtfertigen.

Die Aufspaltung der Masse in Teilvermögensmassen kann ferner die *Sanierung* des zusammengebrochenen Unternehmens *erschweren*. In jüngster Zeit setzen sich Reorganisations- und Sanierungsverfahren gegenüber den traditionell vorherrschenden Liquidationsverfahren immer stärker durch[25]. Die Sanierung eines zusammengebrochenen Unternehmens verspricht am ehesten dann Erfolg, wenn die in verschiedenen Staaten belegenen Unternehmenseinheiten zusammengehalten werden. Daß "jeder Verwalter... die Chancen einer Sanierung unterschiedlich (beurteilt)", muß zwar nicht zwangsläufig zur Folge haben, daß jede

---

20 Vgl. statt aller nur *Kespohl-Willemer*, AnwBl. 1988, 575 (576); *Lüer*, in: Reform des deutschen IIR, 96 (131); DAV, Stellungnahme zum ERats-Entwurf 1988, 7.

21 *Hanisch*, in: Probleme des IIR, 51 (53), unter Verweis auf eine nicht näher bezeichnete "Stellungnahme eines Wirtschaftsverbandes zum Entwurf des EG-Konkursabkommens"; *ders.*, in: Montréal Reports, 104 (107); *ders.*, ZIP 1994, 1 (2 f.); *Flessner*, in: FS Heinsius, 111 (116).

22 *Flessner*, in: FS Heinsius, 111 (116); *Grasmann*, KTS 1990, 157 (180 und Fn. 10); *Hanisch*, in: Probleme des IIR, 9 (22); *ders.*, in: Aberystwyth Papers, 149 (153).

23 *Hanisch*, in: Aberystwyth Papers, 149 (153).

24 *Flessner*, in: FS Heinsius, 111 (116); *Grasmann*, KTS 1990, 157 (180 und Fn. 10); *Hanisch*, in: Probleme des IIR, 9 (25); *ders.*, ZIP 1994, 1 (2 f.).

25 *Arnold*, ZIP 1985, 321; Conférence des Ministres européens de la justice, Rapport présenté par la Suisse, VPB 48 (1984), 237 (238); *Flessner*, Sanierung und Reorganisation, 2 f., 5 f.; *Lowry*, 1975 J. B. L. 73 (76).

Sanierung von vornherein zum Scheitern verurteilt ist[26]; eine umfassende Kooperation zwischen den Verwaltern der verschiedenen Insolvenzverfahren mag die Einigung, wenn nicht zu ersparen, so doch zu erleichtern[27], und in Extremfällen ist an die gerichtliche Ersetzung einer zu Unrecht verweigerten Zustimmung zu denken[28]. Nichtsdestoweniger ist gerade hier die Aufspaltung des Schuldnervermögens besonders hinderlich.

c. *Wertung, Zusammenfassung und Zwischenergebnis*

Schon innerhalb eines vergleichsweise homogenen Wirtschaftsraumes wie der EG, erst recht aber in einem größeren Staatenkreis unterscheiden sich Insolvenzrecht und andere, im Insolvenzverfahren besonders bedeutsame Rechtsgebiete erheblich. Im materiellen Insolvenzrecht bestehen wesentliche Unterschiede schon in so grundlegenden Fragen wie dem Kreis der einem Insolvenzverfahren unterworfenen Personen (Unternehmen, Kaufleute, Privatpersonen) oder dem rechtstechnischen und rechtspolitischen Verfahrensziel (Liquidation oder Sanierung) einschließlich der Frage, ob das Verfahren stärker auf die Interessen des Schuldners oder der Gläubiger ausgerichtet ist[29]. Die Differenzen setzen sich in benachbarten Rechtsgebieten fort und sind dort nicht minder stark ausgeprägt; eine Vereinheitlichung auch nur der grundlegendsten Fragen ist in absehbarer Zeit nicht zu erwarten[30]. Es kann so zu Anpassungsschwierigkeiten zwischen lex fori concursus und lex rei sitae und zur Benachteiligung bestimmter Gläubigergruppen kommen, die die Durchführung paralleler Verfahren vernünftig und wirtschaftlich zu lösen vermag. Aus diesen Gründen läßt sich der Grundsatz der Einheit des Konkurses sinnvollerweise nur zwischen Staaten mit eng verwandten Rechtsordnungen verwirklichen, deren technische Ausgestaltung und grundlegende Wertungen in etwa übereinstimmen[31] - also typischerweise in bilateralen Übereinkommen wie etwa im DÖKV zwischen Österreich und Deutschland. Außer Belgien

---

26 Pessimistisch *Riegel*, Grenzüberschreitende Konkurswirkungen, 209; *Wenner*, KTS 1990, 429 (434).

27 *Hanisch*, in: Probleme des IIR, 9 (25 f.).

28 Art. 27 S. 2 IstanbÜ; im Ergebnis ebenso Art. 27 I Buchst. a EG-Entwurf 1992.

29 Rechtsvergleichend *Fletcher*, in: Montréal Reports, 269 (270 ff.).

30 Auf die Gründe dafür hat *Didier*, RDAI 3 (1989), 201 (202 ff.), hingewiesen.

31 *Hanisch*, in: Probleme des IIR, 9 (16); ausführlich *ders.*, in: Probleme des IIR, 51 (52 f.); *ders.*, in: Montréal Reports, 104 (107 f.); *ders.*, Schw. Jb. Int. R. 36 (1980), 109 (115). - A. A. offenbar DAV, Stellungnahme zum ERats-Entwurf 1988, 5 ff.; *ders.*, Stellungnahme

und Luxemburg lassen auch die europäischen Staaten, die ausländische Insolvenzverfahren prinzipiell anerkennen, auf das Inlandsvermögen beschränkte Zweitverfahren zu[32], und selbst zahlreiche Konventionen unter nahestehenden Staaten kommen, auch wenn sie sich grundsätzlich zum Universalitätsprinzip bekennen, ohne Zweitkonkurs nicht aus[33].

Auch zu dem Minimum an gegenseitiger Anerkennung, auf das man sich bei den Verhandlungen zum Istanbuler Übereinkommen hatte einigen können, gehört wesentlich der Vorbehalt, dem eigenen Recht im Rahmen eines Zweitkonkurses zur Geltung zu verhelfen. Sogar innerhalb der EG war man, wie der EG-Entwurf von 1984 beweist, nur unter dem Vorbehalt zahlreicher Sonderanknüpfungen (nach der Devise "Wasch mir den Pelz, aber mach mich nicht naß") zur Anerkennung der Einheit des Konkurses bereit. Der jüngste EG-Entwurf hat das Ziel eines Einheitsverfahrens aufgegeben und ermöglicht Sekundärinsolvenzverfahren in jedem Mitgliedstaat, in dem sich eine Niederlassung oder sonstiges Vermögen des Gemeinschuldners befindet (Art. 2 II, III EG-Entwurf 1992).

Erst recht aber wäre ein Versuch, die Einheit des Konkurses im nationalen Alleingang durchzusetzen, als "Sprung ins Dunkle" mit erheblichen Unsicherheiten und unvertretbaren Risiken für die Gläubiger und für die praktische Verfahrensabwicklung verbunden[34]. Zumindest derzeit ist die Institution des Zweitkonkurses noch gerechtfertigt und notwendig; er kann die ausländische lex fori concursus "wertgleich ersetzen"[35]. Dafür, daß er nicht zum Rückfall in das alte Territorialitätsdenken führt, sondern daß nur dort ein Zweitkonkurs durchgeführt wird, wo das zum Schutz der Gläubiger nötig und wirtschaftlich vertretbar ist, ist bei den gesetzlichen Voraussetzungen und der Ausgestaltung des Verfahrens im einzelnen Sorge zu tragen.

---

zum ERats-Entwurf 1989, passim, insbes. 16; *Lüer*, AnwBl. 1990, 444 (446); *Riegel*, Grenzüberschreitende Konkurswirkungen, 212, 219.

32 Für Italien *Summ*, 150 f.; für Frankreich *Summ*, 190; für England *Elland-Goldsmith*, RDAI 3 (1989), 207 (233).

33 Z. B. die Nordische Konvention (1933), der Código Bustamante (1928) und die Verträge von Montevideo (1889 und 1940). Vgl. dazu *Müller-Freienfels*, in: FS Dölle II, 359 (390 ff.); *Dobson*, in: Aberystwyth Papers, 237 (237 ff., 249 ff., mit Abdruck der Vertragstexte); *Stummel*.

34 *Hanisch*, Schw. Jb. Int. R. 36 (1980), 109 (115 f.).

35 *Hanisch*, Schw. Jb. Int. R. 36 (1980), 109 (117); *ders.*, in: Probleme des IIR, 9 (17).

Die US-amerikanischen ancillary proceedings haben aufgrund ihrer außerordentlichen Flexibilität überwiegend Zustimmung gefunden[36]. Sie berücksichtigen die Interessen inländischer Gläubiger, unterscheiden sich aber, trotz der gelegentlich betonten Vorbildfunktion des s. 304 (c) BC für den Sekundärkonkurs des Istanbuler Übereinkommens[37], in einem ganz wesentlichen Punkt von jenem: Die Abwägung der relevanten Interessen, die im amerikanischen Recht der Richter unter Berücksichtigung aller Umstände des Einzelfalles vornimmt, ist im Übereinkommen vorweggenommen und in eine starre Regelung gegossen worden, in der den Interessen lokaler Gläubiger großes Gewicht zukommt. Insoweit folgt das Übereinkommen eher dem Vorbild der Schweiz als dem der USA[38]. Stärker als das Übereinkommen trägt der EInsO der Unterstützungsfunktion des Sonderinsolvenzverfahrens Rechnung.

Ob ein dem US-amerikanischen Recht entsprechendes richterliches Ermessen in Deutschland verfassungsrechtlich zulässig wäre, wird bezweifelt[39]; es hat im anglo-amerikanischen Recht Tradition ("equity"), im kontinentaleuropäischen nicht[40]. Doch sollte eine gesetzliche Regelung nach Möglichkeit zumindest beweglich genug sein, um den unterschiedlichsten Bedürfnissen des Rechtsverkehrs - die je nach Zweck des Sonderinsolvenzverfahrens im Einzelfall ganz unterschiedlich ausfallen können - Rechnung zu tragen.

2. *Anerkennung ausländischer Sonderinsolvenzverfahren*

Als Voraussetzung der Anerkennung eines Auslandsinsolvenzverfahrens wird immer wieder genannt, die eröffnende Stelle müsse zur Eröffnung eines Universalverfahrens international zuständig sein bzw. das ausländische Recht müsse die

---

36 *Riesenfeld*, in: FS Merz, 497 (504); *Ebenroth*, ZZP 101 (1988), 121 (150 Fn. 178); *W. J. Habscheid*, ZaöRV 50 (1990), 282 (294 f.). Geradezu euphorisch *Bottiau*, J. D. I. 1992, 89 passim.

37 *Bottiau*, J. D. I. 1992, 89 (89, 99); *dies.*, Rev. proc. coll. 1990, 97 (103 ff.); *Riesenfeld*, in: FS Merryman, 409 (429).

38 Vgl. zum Vorbildcharakter des schweizerischen IPRG für das IstanbÜ auch *W. Nussbaum*, Das schweizerische IIR, 51 f.

39 Dazu *Thieme*, in: Reform des deutschen IIR, 212 (228), der selbst gegenüber einer Ermessensklausel positiv eingestellt ist; ferner *ders.*, in: Vorschläge und Gutachten (EG), 213 (231 f.).

40 *Hanisch*, in: Probleme des IIR, 51 (55).

Wirkungen der Konkurseröffnung auf das Inlandsvermögen erstrecken wollen[41]. Dem liegt die Vorstellung zugrunde, nur ein Universalkonkurs sei außerhalb des Eröffnungsstaates anerkennungsfähig; dagegen könne ein Sonderinsolvenzverfahren in anderen Staaten nicht anerkannt werden bzw. stelle sich die Anerkennungsfrage gar nicht erst, da es ja ipso iure keine Auslandswirkungen entfalte[42].

Richtigerweise ist jedoch zu unterscheiden zwischen der allgemeinen Frage, ob einem Insolvenzverfahren überhaupt Auslandswirkungen zukommen, und der besonderen, ob sich seine Wirkungen auf das außerhalb des Eröffnungsstaates belegene Vermögen des Gemeinschuldners erstrecken. Nur im zweiten Sinne unterscheidet sich der Sonder- vom Universalkonkurs: Er ist nicht territorial auf das Inland, sondern gegenständlich auf das zur Zeit der Verfahrenseröffnung im Inland belegene Vermögen - oder auf einen Teil des inländischen Vermögens - beschränkt[43].

Ein solches Verfahren kann daher in anderen Staaten - einschließlich demjenigen, der gleichzeitig ein Universalinsolvenzverfahren durchführt - anzuerkennen und zu beachten sein[44]. Wenn beispielsweise ein Vermögensgegenstand bei Eröffnung des Sonderinsolvenzverfahrens im Eröffnungsstaat belegen ist und daher von der Masse dieses Verfahrens beansprucht wird, kann der Verwalter den Gegenstand, falls er nach Verfahrenseröffnung ins Ausland verbracht wurde, dort an sich nehmen oder seine Ansprüche notfalls auch im Zweitstaat gerichtlich durchsetzen. Auch Ansprüche aus Konkursanfechtung kann der Verwalter eines gegenständlich beschränkten Insolvenzverfahrens außerhalb des Eröffnungsstaates geltend machen. Und wenn ein anderer Staat dem Verwalter des Sonderkonkurses das Recht zugesteht, einen parallelen (Haupt- oder zweiten Sonder-)Konkurs zu beantragen, erkennt er seine Rechtsstellung in gewissem Umfang an. Bereits erörtert wurde schließlich, daß das deutsche Recht von einem Gläubi-

---

41 Z. B. *Aderhold*, Auslandskonkurs im Inland, 169, 195 (die jedoch an anderer Stelle - S. 207 f., 215 - für die Anerkennung ausländischer Sonderinsolvenzverfahren eintritt); *Flessner*, in: FS Heinsius, 111 (117); *Hess*, KO, § 237 Rn. 13; Art. 9 I VE; ähnlich *Baur / Stürner* II, Rn. 37.26.

42 So ausdrücklich *Pielorz*, Auslandskonkurs, 38.

43 Zutreffend daher die Formulierung bei *Leipold*, in: FS Waseda Univ., 787 (795).

44 Zutreffend *Leipold*, in: FS Baumgärtel, 291 (300); jetzt auch Art. 9 I VE n. F.; zust. *Thieme*, in: Reform des deutschen IIR, 212 (219). Zur Anerkennungsfähigkeit beschränkter ausländischer Konkurse und zum Unterschied zwischen territorialer und gegenständlicher Beschränkung *Hanisch*, ZIP 1985, 1233 (1236); *Arnold*, in: *Gottwald*, InsolvenzRHdb, § 122 Rn. 24; *Grasmann*, KTS 1990, 157 (180); *Jahr*, in: *Jaeger*, KO, §§ 237, 238 Anm. 147 ff. - Vgl. ferner die Nachweise oben Kap. V, Fn. 38.

ger, der an beiden Verfahren teilnimmt, das im ausländischen Sonderinsolvenzverfahren Erlangte nicht als ungerechtfertigte Bereicherung herausverlangt[45].

Erfreulich klar formuliert ist hier der EG-Entwurf 1992, dessen 2. Kapitel ("Anerkennung der Insolvenzverfahren") - durch Verweis auf die jeweils zuständigkeitsbegründende Norm - durchgängig zwischen Universal- und Sonderinsolvenzverfahren unterscheidet. Die Anerkennung des letzteren "hat zur Folge, daß die Wirkungen des Verfahrens in anderen Vertragsstaaten nicht in Frage gestellt werden dürfen" (Art. 9a II 1 EG-Entwurf 1992). "Der Verwalter... kann insbesondere im Hoheitsgebiet der übrigen Vertragsstaaten gerichtlich und außergerichtlich geltend machen, daß dort belegene Vermögensgegenstände nach der Eröffnung dieses Verfahrens aus dem Staat der Verfahrenseröffnung entfernt worden sind oder daß eine Rechtshandlung des Schuldners... anfechtbar, relativ unwirksam oder nichtig ist" (Art. 10 II EG-Entwurf 1992).

Obwohl sich weder das Istanbuler Übereinkommen noch der EInsO annähernd deutlich dazu äußern, zeigen einzelne Vorschriften, daß ausländische Sonderinsolvenzverfahren in unterschiedlichem Umfang hier wie dort anerkannt werden können und müssen[46]: Insbesondere ist das in einem ausländischen Sonderinsolvenzverfahren Erlangte nicht herauszugeben und wird es nur auf die Forderung, nicht auf die Inlandsquote angerechnet (§ 383 II EInsO / Art. 5 IstanbÜ). Ferner kommt im Rahmen des Anmeldungsverfahrens nach Art. 20 II IstanbÜ einer Rechtshandlung des Verwalters des Sekundärinsolvenzverfahrens Wirkung auch im Hauptverfahren zu.

Allerdings kann nach Art. 14 I IstanbÜ der Verwalter seine Befugnisse in einem Mitgliedstaat, in dem bereits ein anderes Insolvenzverfahren anhängig ist oder anerkannt wird, nicht ausüben. Auch die Begründung zu Art. 14 stellt immer wieder auf den Ort ab, an dem der Verwalter tätig werden will, nicht auf den Vermögensgegenstand, den seine Maßnahmen betreffen, und den Ort, an dem sich der Gegenstand zur Zeit der Verfahrenseröffnung befindet. Das spricht dafür, daß dem Übereinkommen anstelle der hier vertretenen gegenständlichen eine territoriale Abgrenzung von Haupt- und Sekundärinsolvenzverfahren zugrundeliegt, zumal auch in manchen anderen europäischen Staaten noch Bedenken bestehen, die hoheitliche Betätigung eines Verwalters außerhalb des Eröffnungsstaates zuzulassen. Andererseits sollte dem Wortlaut hier keine zu große Bedeutung zugemessen werden: Ein Regelungsbedürfnis besteht erst dann, wenn der

---

45 S. o. S. 101 f.

46 Anders noch Art. 9 I VE; dazu krit. Deutscher Rat für IPR, in: Reform des deutschen IIR, 265 (266).

Verwalter seine Befugnisse außerhalb des Eröffnungsstaates ausübt, und dann werden sie sich typischerweise auf das außerhalb des Eröffnungsstaates belegene Vermögen beziehen. Auf diesen Fall und damit auf den Verwalter eines Universalinsolvenzverfahrens ist das 2. Kapitel des Übereinkommens zugeschnitten. Rückschlüsse auf die gegenständliche oder territoriale Begrenzung eines Sekundärinsolvenzverfahrens sollten daraus nicht gezogen werden.

Auch beim Sekundärinsolvenzverfahren bleibt also die Entscheidung zwischen Universalität (d. h. nur gegenständlicher Beschränkung) und Territorialität den Mitgliedstaaten überlassen. Es muß nur insoweit anerkannt werden, als das im Übereinkommen - insbesondere in Art. 5, 16 ff. - ausdrücklich vorgesehen, insbesondere für die Koordination mit dem Hauptinsolvenzverfahren notwendig ist.

§ 384 EInsO erkennt dagegen die Wirkungen eines ausländischen Sonderinsolvenzverfahrens umfassend an, soweit sie sich auf das zur Zeit der Verfahrenseröffnung im Eröffnungsstaat belegene Vermögen beziehen. Beispielsweise kann der Verwalter eines ausländischen Sonderkonkurses in Deutschland die Massezugehörigkeit eines nach Verfahrenseröffnung hierher gebrachten Gegenstandes oder die Anfechtbarkeit einer Rechtshandlung[47] geltend machen, ohne daß seine Verwalterstellung in Frage gestellt werden dürfte. Das ist nur recht und billig angesichts der Tatsache, daß der deutsche Gesetzgeber dieselbe Kompetenz für sich in Anspruch nimmt, ein gegenüber einem anerkennungsfähigen ausländischen Universalkonkurs vorrangiges Sonderinsolvenzverfahren zu eröffnen. Die Anerkennung hat zur Folge, daß nach § 385 EInsO auch ein ausländisches Sonderinsolvenzverfahren im Bundesanzeiger veröffentlicht wird[48].

---

[47] Vgl. Art. 18 VE.

[48] Anders noch Art. 10 VE; krit. *Thieme*, in: Reform des deutschen IIR, 212 (223).

Kapitel VIII. Die Ausgestaltung des Sonderinsolvenzverfahrens im einzelnen

1. Gegenwärtige deutsche Rechtslage

Nach geltendem deutschem Recht kann ein auf das Inlandsvermögen beschränkter Konkurs eröffnet werden, wenn der Gemeinschuldner hier keinen allgemeinen Gerichtsstand, aber eine gewerbliche Niederlassung[1] hat oder hier ein landwirtschaftliches Gut bewirtschaftet (§ 238 I, II KO)[2]. Nach § 1 III GesO i. V. m. § 23 ZPO genügt dagegen bereits ein einzelner Vermögensgegenstand im Inland[3]. Ist bereits ein ausländischer Universalkonkurs anhängig, so braucht der ein Konkursgrund nicht nachgewiesen zu werden (§ 238 III KO, § 22 III GesO)[4]. Das Verfahren nach § 238 KO umfaßt das gesamte im Inland befindliche Vermögen des Schuldners, auch soweit es nicht zu der Niederlassung oder dem Landgut gehört, auf dessen Existenz die deutsche Zuständigkeit aufbaut; es unterliegt deutschem formellem und materiellem Insolvenzrecht. Teilnahmeberechtigt sind alle in- und ausländischen Gläubiger (§ 5 I KO), gleich ob sie ihre Forderungen im Geschäftsbetrieb der Niederlassung bzw. das Landguts erworben haben oder nicht[5]. - Ein in spiegelbildlicher Anwendung des § 238 KO eröffneter Auslandskonkurs wird nach überwiegender Ansicht anerkannt, so daß der Geltungsanspruch eines deutschen Universalinsolvenzverfahrens insoweit zurücktritt[6].

---

1 Zum Begriff der Niederlassung nach § 238 I KO grundlegend *Baumgärtel*, AWD 1971, 557; *Weber*, KTS 1965, 95 (104 ff.).

2 Vgl. zum umstrittenen Verhältnis von § 238 und § 71 I KO oben Kap. II, Fn. 26.

3 *Vortmann*, KTS 1991, 237 (248); *Landfermann*, in: FS Merz, 367 (376); *Zeuner*, in: *Smid*, GesO, § 22 Rn. 23); ebenso Art. 2 II EG-Entwurf 1992.

4 § 22 III GesO geht zwar insofern weiter als § 238 III KO, als er für die Eröffnung des Parallelkonkurses nicht nur auf den Nachweis der Zahlungsunfähigkeit, sondern auch auf den der Überschuldung verzichtet. Die Vermutung des § 22 III GesO soll jedoch dann nicht eingreifen, wenn Zahlungsunfähigkeit oder Überschuldung Tatbestandsmerkmale einer anderen gesamtvollstreckungsrechtlichen Bestimmung sind (*Arnold*, in: *Gottwald*, Nachtrag GesO zum InsolvenzRHdb, Kap. XI A Rn. 23).

5 *Arnold*, in: *Gottwald*, InsolvenzRHdb, § 122 Rn. 55 ff; *Grasmann*, KTS 1990, 157 (177); *E. J. Habscheid*, KTS 1989, 593 (617); *Hanisch*, in: Montréal Reports, 104 (112).

6 Nachweise oben Kap. V, Fn. 32.

Sind die deutschen Gerichte weder nach § 71 I KO noch nach § 238 KO zur Konkurseröffnung zuständig, so will ein beachtlicher Teil der Literatur[7] zur Schließung der Konkurslücke § 238 KO auf andere im Inland belegene Vermögensgegenstände, zumindest aber Vermögensgesamtheiten oder verwaltete Vermögen analog anwenden; das führe zum Gleichlauf von lex fori concursus und lex rei sitae und vermeide so die Schwierigkeiten bei der Verknüpfung des Auslandsrechts mit dem Inlandsrecht. Andere haben die Analogie als mit geltendem Recht unvereinbar und als Rückkehr zum Territorialitätsprinzip abgelehnt[8]; es liege keine Gesetzeslücke vor, die durch Analogie zu schließen wäre, da die Konkursordnung in allen Fällen, in denen sie nicht die Eröffnung eines Inlandskonkurses vorbehält, die Inlandswirkung des ausländischen Verfahrens anerkennt.

2. *Der Sekundärkonkurs nach dem Istanbuler Übereinkommen*

Nach Art. 17 IstanbÜ ist, vorbehaltlich weitergehender nationaler Bestimmungen, jeder Staat zur Eröffnung eines Sekundärinsolvenzverfahrens zuständig, in dem sich eine Niederlassung oder Vermögen des Schuldners befindet[9]. Hier sieht das Übereinkommen direkte Zuständigkeitsregeln vor, damit Kapitel III nicht von vornherein in Staaten leerläuft, die nur einen Insolvenzgerichtsstand des Wohnsitzes, der Hauptniederlassung etc. kennen[10]. Wie nach § 238 III KO ist die Eröffnung eines Hauptinsolvenzverfahrens hinreichender Grund zur Eröffnung auch des Sekundärverfahrens (Art. 16 IstanbÜ). Es wird grundsätzlich nach dem Recht des Zweitstaates durchgeführt (Art. 19 IstanbÜ). Antragsberechtigt ist neben den von der lex fori concursus bestimmten Personen der Verwalter des Hauptinsolvenzverfahrens (Art. 18 IstanbÜ).

Anders als im Konkurs nach § 238 KO werden im Sekundärverfahren des Istanbuler Übereinkommens nicht alle, sondern nur bestimmte bevorrechtigte

---

7 *Aderhold*, Auslandskonkurs im Inland, 212; *Baur / Stürner* II, Rn. 37.31; *Flessner*, ZIP 1989, 749 (754); *Hanisch*, in: Probleme des IIR, 9 (18); *ders.*, in: Probleme des IIR, 51 (54, 56); *ders.*, ZIP 1983, 1289 (1298); *ders.*, in: FS Bosch, 381 (385 ff.); *ders.*, in: FS 100 Jahre KO, 139 (165); *Klevemann*, 143 f.; *Pielorz*, Auslandskonkurs, 70; *Thieme*, RabelsZ 37 (1973), 682 (696 ff.); *Kegel*, in: *Soergel*, BGB, vor Art. 7 EGBGB Rn. 698.

8 BGHZ 95, 256 (267 f.); *Ebenroth*, ZZP 101 (1988), 121 (130 f.); *Lüer*, in: *Kuhn / Uhlenbruck*, KO, §§ 237, 238 Rn. 51, 98; *ders.*, KTS 1990, 377 (393, Fn. 92); *Müller-Freienfels*, in: FS Dölle II, 359 (380); Summ, 97 f. Auch *Weber*, KTS 1965, 95 (passim, insbes. 122), wendet § 238 I KO, obwohl er ihn für zu eng hält, nicht entsprechend an.

9 Ebenso jetzt auch Art. 2 II EG-Entwurf 1992.

10 Begründung zum IstanbÜ, Ziff. 103 (zu Art. 17).

Forderungen befriedigt, die in Art. 21 IstanbÜ aufgezählt sind. Es handelt sich um die Forderungen, wegen der auch zwei Monate lang die Einzelrechtsverfolgung betrieben werden darf (Katalog des Art. 10 II IstanbÜ), zuzüglich dinglich gesicherter Forderungen (vgl. dazu auch Art. 14 II Buchst. a IstanbÜ). Alle anderen Ansprüche werden im Sekundärkonkurs nicht befriedigt; wenn sie dort angemeldet werden können (Art. 20 I), so ist das nur für Anmeldung und Teilnahmerecht im Hauptverfahren von Bedeutung (Art. 20 II, 23). Das nach Abschluß des Sekundärkonkurses verbleibende Vermögen wird an den Verwalter des Hauptkonkurses ausgekehrt (Art. 22), doch findet in bezug auf diese Restmasse ein klassenloser Konkurs statt (Art. 24).

3. *Künftige deutsche Rechtslage*

a. *Sonderinsolvenzverfahren*

Auch der EInsO sieht die Möglichkeit eines Sonderinsolvenzverfahrens über das Inlandsvermögen vor. Die deutschen Gerichte sind international zuständig, wenn zwar keine Kompetenz zur Eröffnung eines Insolvenzverfahrens über das gesamte Vermögen des Schuldners besteht, er aber im Inland eine Niederlassung oder - in Erweiterung gegenüber § 238 KO - sonstiges Vermögen hat (§ 393 I EInsO), wobei im Hinblick auf die örtliche Zuständigkeit der Gerichtsstand der Niederlassung Vorrang hat gegenüber dem des Vermögens (§ 393 II 1 EInsO). Zwischen mehreren gleichrangigen Zuständigkeiten entscheidet die Reihenfolge der Eröffnungsanträge (§§ 393 II 2, 3 II EInsO).

Der Begriff der "Niederlassung", der an Stelle der "gewerblichen Niederlassung" in § 238 KO getreten ist, stellt klar, daß auch die Tätigkeit der freien Berufe und der Landwirte erfaßt wird[11]; damit ist der gesonderte Insolvenzgerichtsstand des Landguts überflüssig geworden. Wie nach geltendem Recht gehört nur das inländische Vermögen des Schuldners - und zwar das gesamte, unabhängig davon, worauf die Eröffnungszuständigkeit beruht - zur Masse und können alle Forderungen am Verfahren teilnehmen.

---

11 Begründung zum EInsO, Teil B, zu § 393 (S. 245).

b. Parallelinsolvenzverfahren

Das Sonderinsolvenzverfahren kann auch dann eröffnet werden, wenn bereits ein Auslandsverfahren anhängig ist; es unterliegt dann als sog. Parallelinsolvenzverfahren den Sondervorschriften der §§ 395-399 EInsO. Die Regelungsbefugnis, die das deutsche Recht damit für sich in Anspruch nimmt, gesteht es auch anderen Staaten zu, indem es den Vorrang ausländischer Sonderinsolvenzverfahren gegenüber dem deutschen Hauptinsolvenzverfahren akzeptiert (vgl. § 383 II 1 EInsO)[12].

Antragsberechtigt sind der ausländische Verwalter (§ 396 I EInsO) und die Gläubiger, letztere jedoch nur, wenn sie ein besonderes Interesse an der Eröffnung gerade des deutschen Parallelinsolvenzverfahrens haben (§ 396 II EInsO), das über das allgemeine rechtliche Interesse an der Eröffnung eines Insolvenzverfahrens, wie es § 16 I EInsO stets voraussetzt, hinausgeht. Das erforderliche besondere Interesse wird beispielsweise angenommen, wenn der Gläubiger im ausländischen Verfahren eine erheblich schlechtere Position innehätte als in einem inländischen Parallelverfahren[13]. Den in der Begründung zum RefE EGInsO[14] genannten weiteren Fall, daß dem Gläubiger, etwa einem nicht geschäftsgewandten Verbraucher, die Teilnahme an einem ausländischen Verfahren unzumutbar ist, greift die Begründung zum EInsO nicht mehr auf.

Wie schon im Fall des Zweitkonkurses nach § 238 II KO bedarf es auch hier nicht der Feststellung eines Eröffnungsgrundes (§ 396 III EInsO). Etwaige Überschüsse bei der Schlußverteilung nach Befriedigung aller (!) Forderungen sind an den ausländischen Verwalter herauszugeben (§ 399 EInsO). Die beiden Verfahren sind nach Maßgabe der §§ 397, 398 EInsO so weit wie möglich zu koordinieren.

Um ihre eigenen Vorstellungen von einem Sonderinsolvenzverfahren verwirklichen zu können, wird die Bundesrepublik, falls sie das Istanbuler Übereinkommens ratifiziert, von der Möglichkeit des Art. 40 I IstanbÜ Gebrauch machen und sich vorbehalten, Kapitel III nicht anzuwenden. Ob ein solcher Vorbehalt genügt oder man von einer Ratifikation überhaupt Abstand nehmen müßte, bleibt zu untersuchen.

---

12 Begründung zum EInsO, Teil B, zu § 383 (S. 240).

13 Begründung zum EInsO, Teil B, zu § 396 (S. 246).

14 Begründung zum RefE EGInsO, S. 14 f., 40 f. Ebenso Art. 22 II EG-Entwurf 1992.

4. *Stellungnahme*

Das Sonderinsolvenzverfahren erfaßt also nach allen untersuchten Regelungen das gesamte im Eröffnungsstaat belegene Vermögen und unterliegt dem formellen und materiellen Recht des Zweitstaates. In seiner besonderen Ausgestaltung als Zweitinsolvenzverfahren (durchgeführt neben einem Universalkonkurs) bedarf es keines Eröffnungsgrundes. Problematisch sind in erster Linie die Zulässigkeit eines auf das Inlandsvermögen beschränkten Verfahrens, wenn nicht zugleich ein Universalkonkurs stattfindet (nachfolgend a.), die internationale Zuständigkeit (unten b., S. 164 ff.), die Bestimmung der teilnahmeberechtigten Forderungen (c., S. 168 ff.) und die Antragsbefugnis (d., S. 173 ff.). Wegen ihrer Bedeutung für die Funktionsfähigkeit eines Systems paralleler Insolvenzverfahren verdient schließlich die Koordination mehrerer Verfahren besondere Beachtung (e., S. 181 ff.).

a. *Zulässigkeit eines isolierten Sonderinsolvenzverfahrens*

Das künftige deutschem Recht läßt ein Sonderinsolvenzverfahren auch isoliert, ohne ausländischen Hauptkonkurs, zu. Dagegen ist die Eröffnung eines Sekundärkonkurses nach dem Istanbuler Übereinkommen daran gebunden, daß zuvor ein nach Art. 4 I anerkennungsfähiges Hauptverfahren eröffnet worden ist[15]. Auf die Abhängigkeit vom Hauptinsolvenzverfahren weist schon die Bezeichnung des Verfahrens als "secondary bankruptcy" bzw. "faillite secondaire" hin, vor allem aber der Wortlaut des Art. 16 IstanbÜ ("any debtor *declared bankrupt*... may, by this fact alone, be declared bankrupt in any other Party..."). Auch ist nach Art. 18 IstanbÜ der Antrag auf Eröffnung eines Sekundärinsolvenzverfahrens nur zulässig "upon production of the decision opening the main bankruptcy".

Der DAV hatte dazu in seiner Stellungnahme zum ERats-Entwurf 1988 kritisiert, über die "Rollenverteilung" als Haupt- oder Sekundärkonkurs entscheide allein die zeitliche Reihenfolge der Eröffnung[16]. Art. 14, 25 II ERats-Entwurf 1988, die den heutigen Art. 16, 28 II entsprechen, verwiesen für den Hauptkonkurs noch pauschal auf "Art. 4" ERats-Entwurf 1988 (= Art. 4 IstanbÜ). Hauptkonkurs konnte also auch ein Verfahren am Ort der Niederlassung nach Art. 4 II 1 sein; insoweit deckten sich (ausnahmsweise) die Universal- und die Partikular-

15 *Drobnig*, in: Reform des deutschen IIR, 51 (65); *Leipold*, in: Reform des deutschen IIR, 72 (78 f.).

16 DAV, Stellungnahme zum ERats-Entwurf 1988, 20, 28.

konkurszuständigkeit und entschied in der Tat allein die Reihenfolge der Eröffnung über die Rollenverteilung. Der endgültige Text der Art. 16, 28 II IstanbÜ ist jedoch enger gefaßt; als Hauptkonkurs, der die Zulässigkeit von Sekundärkonkursen auslöst, kommt jetzt nur noch ein Verfahren nach Art. 4 I in Betracht[17]. Ein Verfahren nach Art. 4 II IstanbÜ löst zwar die Rechtsfolgen des Kapitels II (extraterritoriale Befugnisse des Verwalters), aber nicht die des Kapitels III (Zulässigkeit eines Sekundärinsolvenzverfahrens) aus[18].

Gegen einen "'isolierten', dem ausländischen Universalverfahren vorauseilenden" Partikularkonkurs spricht sich insbesondere *Thieme*[19] aus; der Partikularkonkurs sei "in jeder Beziehung als vom Universalkonkurs abhängig zu behandeln". Da der Partikularkonkurs nicht der Feststellung eines Eröffnungsgrundes bedürfe[20], bilde die Eröffnung des Universalkonkurses als solche den Eröffnungsgrund für den Partikularkonkurs bzw. sei der Eröffnungsgrund für beide derselbe. Fehle ein Universalkonkurs, fehle auch ein Eröffnungsgrund für den Partikularkonkurs.

Daß das Universalverfahren einen möglichen Eröffnungsgrund für den Sonderkonkurs darstellt, bedeutet jedoch nicht, daß es der einzige ist. Im übrigen muß die Eröffnung des Universalkonkurses nicht immer am Eröffnungsgrund scheitern; man denke nur an den Fall, daß der Staat, dessen Gerichte zur Eröffnung eines Universalverfahrens zuständig sind, den Gemeinschuldner mangels Kaufmannseigenschaft nicht als konkursfähig ansieht[21]. Dann muß, wenn das entsprechende Hindernis nicht auch nach deutschem Recht besteht, ein Gesamtvollstreckungsverfahren über das inländische Vermögen zulässig sein, um die Gläubiger zumindest daraus gleichmäßig befriedigen zu können.

Thiemes Auffassung wurzelt, wie die Lösung des Übereinkommens, in der Vorstellung, der Partikularkonkurs diene ausschließlich dem Schutz der Inlandsgläubiger vor den Bestimmungen eines ausländischen Konkursrechts; dieses

---

17 Zust. DAV, Stellungnahme zum ERats-Entwurf 1989, 18.

18 Bereits in anderem Zusammenhang (oben S. 31 ff.) hat sich Art. 4 II IstanbÜ als mit dem deutschen IIR schwer vereinbar herausgestellt. Hier zeigt sich nun ein weiteres Bedenken: Der in einem Verfahren nach Art. 4 II bestellte Verwalter genießt in anderen Mitgliedstaaten unter Umständen weitergehende Befugnisse, als sie dem nach Art. 4 I bestellten zukämen, weil der Vorrang des Sekundärinsolvenzverfahrens (Art. 14 I IstanbÜ) nicht eingreift.

19 *Thieme*, in: Reform des deutschen IIR, 212 (228, 233, 254 f.).

20 So übereinstimmend § 238 III KO, Art. 29 II VE, Art. 16 IstanbÜ, § 396 III EInsO.

21 Nur den kaufmännischen Konkurs kennen z. B. Belgien (Art. 437 L. Faill. i. V. m. Art. 1 C. Comm.; vgl. auch *Riegel*, Grenzüberschreitende Konkurswirkungen, 9; *Colle / t'Kint*, in:

Schutzes bedarf es in der Tat nicht, wenn mangels Auslandskonkurses kein ausländisches Konkursrecht zum Zuge kommt. Dabei wird jedoch die oben[22] beschriebene Ersatzfunktion des Sonderinsolvenzverfahrens vernachlässigt. Sie gebietet, in Übereinstimmung mit dem EInsO ein isoliertes Sonderinsolvenzverfahren zuzulassen.

b. *Zuständigkeit zur Eröffnung eines Sonderinsolvenzverfahrens*

Die internationale Zuständigkeit zur Eröffnung eines auf das Inlandsvermögen beschränkten Insolvenzverfahrens wird nach bisherigem Recht der alten Bundesländer durch eine gewerbliche Niederlassung oder ein landwirtschaftliches Gut begründet, nach der Gesamtvollstreckungsordnung, dem Istanbuler Übereinkommen und nach künftigem deutschem Recht durch eine Niederlassung oder Vermögen des Gemeinschuldners. Dabei betrachtet das Übereinkommen die Gerichtsstände der Niederlassung und des Vermögens als gleichwertig (Art. 17 S. 2: "... shall be equally competent"), während der Vermögensgerichtsstand des EInsO nur zum Zuge kommt, "wenn eine Niederlassung (im Inland) fehlt" (§ 393 II 1 EInsO).

Daß ein Sonderinsolvenzverfahren - sofern man es überhaupt zuläßt - sollte eröffnet werden können, wenn der Gemeinschuldner im Inland eine *Niederlassung* hat, wird, soweit ersichtlich, nicht bestritten. Ein solches Verfahren sichert denjenigen Gläubigern, die im Vertrauen auf das Vermögen der Niederlassung als Haftungssubstrat mit dieser in geschäftlichen Kontakt getreten sind, sowie den im Betrieb beschäftigten Arbeitnehmern die Befriedigung aus dem Inlandsvermögen unter Anwendung deutschen Rechts. Auch stellt die inländische Niederlassung des Gemeinschuldners ein leicht erkennbares und praktikables Anknüpfungskriterium dar.

Lebhaft umstritten ist dagegen, ob der Gerichtsstand des *Vermögens*, wie ihn das Istanbuler Übereinkommen und der EInsO übereinstimmend vorsehen, sinnvoll ist oder die Gefahr einer Atomisierung des Schuldnervermögens birgt. Die Kompetenz der deutschen Gerichte auf eine reine Vermögenszuständigkeit auszudehnen, erschien dem Gesetzgeber des EInsO "für den Fall, daß im Ausland bereits ein Hauptinsolvenzverfahren eröffnet worden ist, ... zum Schutz der inländi-

---

Montréal Reports, 48 (49)) und Italien (*Jorio*, in: Montréal Reports, 169 (170 ff.); *Merz*, in: JbItalR 1 (1988), 3 (4)).

22 S. 147 f.

schen Interessen erforderlich"[23]. Zulässigkeitsvoraussetzung ist die Anhängigkeit eines ausländischen Universalverfahrens allerdings nicht. Eine geringfügige Einschränkung ergibt sich nur aus der allgemeinen Vorschrift des § 30 I 1 EInsO, wonach das (hier: inländische[24]) Vermögen ausreichen muß, um die Verfahrenskosten bis zum Berichtstermin zu decken.

aa. Argumente für den Insolvenzgerichtsstand des Vermögens

Schon bisher hielt ein Teil der Literatur in analoger Anwendung des § 238 I KO die deutschen Gerichte immer dann für zuständig zur Eröffnung eines Sonderkonkurses, wenn der Schuldner Vermögen in Deutschland hat[25]. Bestimmte Gläubiger hätten ein *schutzwürdiges Interesse an der Erhaltung einer deutschen Zuständigkeit*, da ihnen die Geltendmachung ihrer Forderungen in einem ausländischen Insolvenzverfahren nicht zuzumuten sei. Trage man diesem Interesse nicht durch die Zulassung der Einzelrechtsverfolgung, sondern durch die Eröffnung eines inländischen Sonderinsolvenzverfahrens Rechnung - was aus Gründen der Gläubigergleichbehandlung grundsätzlich den Vorzug verdiene -, so müsse dafür jedes Inlandsvermögen des Schuldners genügen: Im Vertrauen darauf, dieses Vermögen werde ihnen als Haftungsmasse zur Verfügung stehen, hätten die Gläubiger dem späteren Gemeinschuldner Kredit gegeben[26]. Auch im Inland belegenes Vermögen stelle einen sicheren Anknüpfungspunkt für eine Konkurszuständigkeit dar; die Konkurswürdigkeit des inländischen Vermögens werde durch § 107 KO gewährleistet[27].

bb. Argumente gegen den Insolvenzgerichtsstand des Vermögens

Gegen den Insolvenzgerichtsstand des Vermögens, wie auch gegen den Vermögensgerichtsstand nach § 23 ZPO, werden Bedenken geäußert, weil dem Beklagten die Rechtsverteidigung in Ländern zugemutet wird, in denen er weder seinen Wohnsitz oder Sitz noch seinen gewöhnlichen Aufenthaltsort hat[28]. Vor allem aber birgt er die *Gefahr einer Zersplitterung der Masse* mit der oben[29] beschriebenen Konsequenz erheblicher Verwertungs(mehr)kosten: Zuständig wären -

23 Begründung zum EInsO, Teil B, zu § 393 (S. 245).

24 Begründung zum EInsO, Teil B, zu § 393 (S. 245).

25 Nachweise oben Fn. 7.

26 *Lüderitz*, JZ 1986, 96 (97); *Flessner*, ZIP 1989, 749 (753 f.).

27 *Summ*, 98 (die den Insolvenzgerichtsstand des Vermögens gleichwohl ablehnt).

28 *Leipold*, in: Reform des deutschen IIR, 72 (82); *ders.*, in: FS Baumgärtel, 291 (308).

wenn eine Forderung als am Wohnsitz des Schuldners belegen gilt[30] - sogar die Gerichte jener Staaten, in denen ein Drittschuldner ansässig ist. Ausschlaggebend für die entsprechende Anwendung des § 238 KO war nicht zuletzt das Bestreben, im Gegenzug den Anwendungsbereich des § 237 KO einzuschränken. Dieser Gesichtspunkt kann den Insolvenzgerichtsstand des Vermögens jedenfalls nach Inkrafttreten der Insolvenzordnung nicht mehr rechtfertigen.

(1) Isoliertes Sonderinsolvenzverfahren

Unter Umständen wird in dem Staat, dessen Gerichte aus deutscher Sicht dafür zuständig sind, ein anerkennungsfähiger Universalkonkurs nicht anhängig sein und feststehen, daß er auch nicht mehr eröffnet werden wird - beispielsweise weil der Gemeinschuldner nach dortigem Recht nicht konkursfähig ist, weil bereits ein Antrag mangels Masse abgelehnt wurde oder weil die Ausgestaltung des Konkursrechts einer Anerkennung des Verfahrens in der Bundesrepublik entgegensteht. Dann muß es möglich sein, über das inländische Vermögen des Gemeinschuldners ein isoliertes Sonderinsolvenzverfahren zu eröffnen, um es überhaupt einem gemeinschaftlichen Verwertungsverfahren zu unterziehen und die gleichmäßige Befriedigung der Gläubiger zu sichern. Seine Ersatzfunktion kann das Sonderinsolvenzverfahren m. a. W. nur dann umfassend erfüllen, wenn es unabhängig vom Bestehen einer inländischen Niederlassung zulässig ist. Wo ein Einheitsverfahren ausgeschlossen ist, gibt es keine Alternative zur Aufteilung der Masse auf mehrere Insolvenzverfahren. Die damit verbundenen Kosten setzen der Eröffnung jedes einzelnen hier nur insofern Grenzen, als das auch bei einem rein nationalen Verfahren der Fall wäre: Sie müssen zur Deckung der Kosten des ersten Verfahrensabschnitts genügen (§ 30 I EInsO).

Gegen ein isoliertes Sonderinsolvenzverfahren am Gerichtsstand des Vermögens ist vorgebracht worden, dadurch könne ein nicht insolvenzreifes Unternehmen von seinen Randbereichen her in den Konkurs getrieben werden[31]. Zur Eröffnung eines Universalverfahrens sind in der Tat aufgrund ihrer größeren Sachnähe in erster Linie die Gerichte des Staates, in dem sich die Hauptniederlassung befindet, kompetent. Das Sonderinsolvenzverfahren ist aber, da es per definitio-

---

29 S. 150 ff.

30 *Jahr*, in: *Jaeger*, KO, §§ 237, 238 Anm. 63; *Lüer*, in: *Kuhn / Uhlenbruck*, KO, §§ 237, 238 Rn. 75; *Martiny*, in: Handbuch des IZVR III/1, Kap. 1, Rn. 676; insbesondere für die Zwecke eines Partikularkonkurses *Aderhold*, Auslandskonkurs im Inland, 209 ff. Vgl. auch Art. 3a VE n. F. und die Begründung zum EInsO, Teil B, zu § 390 (S. 243).

31 *Hanisch*, Schw. Jb. Int. R. 36 (1980), 109 (120 f.).

nem nur das im Eröffnungsstaat belegene Vermögen erfaßt, mit geringerer Gefahr für das Unternehmen verbunden. Da für ein isoliertes Sonderverfahren die erleichterten Eröffnungsvoraussetzungen des Parallelverfahrens nicht gelten, insbesondere ein Eröffnungsgrund besonders festgestellt werden muß, dürfte hier die Gefahr, daß über das Vermögen eines insolventen Schuldners überhaupt kein Konkurs eröffnet wird, überwiegen.

(2) Parallelinsolvenzverfahren

Das (neben einem Hauptkonkurs durchgeführte) Parallelverfahren führt dazu, daß aus der einheitlichen Masse des Hauptkonkurses eine Teilvermögensmasse herausgelöst, getrennt verwertet und nach anderen Grundsätzen verteilt wird. Fände in jedem Staat, in dem sich Vermögenswerte des Gemeinschuldners gleich welchen Werts befinden, ein Parallelverfahren statt, so würde das Bekenntnis zum Universalitätsprinzip praktisch unterlaufen[32], bliebe von der Anerkennung ausländischer Konkurse letzten Endes nichts mehr übrig als die mit weiteren Kosten einhergehende Notwendigkeit, die vielen Verfahren zu koordinieren. Um das zu verhindern, muß die Zahl der Parallelinsolvenzverfahren sinnvoll begrenzt werden.

Der einfachste Weg wäre der, die Vermögenszuständigkeit beim Parallelinsolvenzverfahren ganz auszuschließen. Dafür spricht, daß sich im früheren deutschen Internationalen Insolvenzrecht die Literatur vor allem deshalb für einen Vermögensgerichtsstand analog § 238 KO einsetzte, um die Nachteile des Territorialitätsprinzips abzuschwächen bzw. den Anwendungsbereich des § 237 I KO einzuschränken.

Doch hat der Insolvenzgerichtsstand des Vermögens auch unter der Geltung des Universalitätsprinzips selbst für ein Parallelinsolvenzverfahren seine Berechtigung, beispielsweise wenn das Insolvenzrecht des Zweitstaates vorteilhafter ist als das des Hauptkonkurses oder wenn die Aufspaltung und getrennte Verwertung der Masse wirtschaftlich günstiger ist als ein Einheitsverfahren (Unterstützungsfunktion des Sonderinsolvenzverfahrens). Daher sollte zwar der Insolvenzgerichtsstand des Vermögens anerkannt werden, sollten aber zugleich zusätzliche Eröffnungsvoraussetzungen sicherstellen, daß ein Parallelverfahren, sofern der Gemeinschuldner im Inland nur einzelne Vermögensgegenstände hat, nur dann

32 *Leipold*, in: Reform des deutschen IIR, 72 (81 f.); *Wenner*, KTS 1990, 429 (434) zum Insolvenzgerichtsstand des Vermögens nach § 22 II, § 1 III GesO i. V. m. § 23 ZPO.

eröffnet wird, wenn die voraussichtlichen (Mehr-)Kosten nicht außer Verhältnis zum Nutzen des Verfahrens stehen[33].

Zu denken ist in erster Linie an besondere Anforderungen an Zusammensetzung[34] oder Wert ("Sonderkonkurswürdigkeit")[35] des inländischen Vermögens. So muß nach § 30 I EInsO das (bei einem Sonderinsolvenzverfahren: inländische) Vermögen voraussichtlich ausreichen, um die Kosten des Verfahren bis zum Berichtstermin zu decken. Wenn das inländische Vermögen die Kosten des Verfahrens (§ 107 KO) oder des ersten Verfahrensabschnitts (§ 30 I EInsO) deckt, bedeutet das jedoch nicht, daß diese Kosten auch in einem angemessenen Verhältnis zum Nutzen des Sonderinsolvenzverfahrens stehen. Daher ist nicht zu erwarten, daß § 30 I EInsO die Zahl inländischer Parallelinsolvenzverfahren effektiv begrenzen kann - zumal die Norm gerade deshalb weiter gefaßt wurde als ihr Vorgänger § 107 KO, um die Eröffnung massearmer Insolvenzen zu erleichtern. Weitergehende Anforderungen an den Wert des Inlandsvermögens können in den EInsO, wie sich aus der Begründung[36] klar ergibt, nicht hineingelesen werden.

Ein allgemeines Erfordernis der "Sonderkonkurswürdigkeit" des inländischen Vermögens könnte zwar neben den voraussichtlichen Kosten des Verfahrens auch seinen Nutzen berücksichtigen, wäre aber notwendigerweise sehr unpräzise und in der Praxis schwer festzustellen. Praktikabler wäre möglicherweise eine Beschränkung des Antragsrechts auf besonders schutzwürdige Gläubiger[37].

c. *Passivmasse und Verwendung des Masseüberschusses*

aa. Passivmasse des Sonderinsolvenzverfahrens

Im Sekundärkonkurs nach Art. 16 ff. IstanbÜ werden gemäß Art. 21 nur Forderungen befriedigt, die bevorrechtigt oder öffentlichrechtlicher Natur sind oder dem Betrieb oder der Tätigkeit einer Niederlassung oder einem Dienstverhältnis im Belegenheitsstaat entstammen, sowie dinglich gesicherte Forderungen. Es handelt sich also um dieselben Rechte, die nach Eröffnung des Hauptkonkurses auch

---

33 DAV, Stellungnahme zum ERats-Entwurf 1988, 7.

34 Z. B.: Erfordernis inländischen Grundvermögens.

35 So noch Art. 26 II 1 VE; zust. *Thieme*, in: Reform des deutschen IIR, 212 (226). Vgl. auch *Thieme*, RabelsZ 37 (1973), 682 (698), unter Verweis auf § 107 I KO, und *Hanisch*, ZIP 1992, 1125 (1132).

36 Begründung zum EInsO, Teil B, zu § 393 (S. 245).

37 Dazu im einzelnen unten S. 174 ff.

im Wege der Einzelrechtsverfolgung (Einzelzwangsvollstreckung, Art. 10 II IstanbÜ, bzw. Verwertung einer dinglichen Sicherheit, Art. 14 II Buchst. a IstanbÜ) auf das inländische Vermögen des Gemeinschuldners durchgesetzt werden könnten. Alle anderen Forderungen können im Sekundärkonkurs nur angemeldet (Art. 20 I), nicht befriedigt werden. Ein eventueller Masseüberschuß ist in die Masse des Hauptkonkurses zu überführen, unterliegt jedoch besonderen Verteilungsgrundsätzen.

Das Parallelinsolvenzverfahren des EInsO berücksichtigt dagegen alle Forderungen, die auch in einem deutschen Universalinsolvenzverfahren befriedigt würden. Erst wenn sie sämtlich beglichen sind (§ 399 EInsO: "Können... *alle* Forderungen in voller Höhe berichtigt werden..."), wird eventuelles Restvermögen an die Masse des Hauptkonkurses herausgegeben. Ein umfassendes Teilnahmerecht hat sich nun auch im EG-Entwurf 1992 durchgesetzt, dessen Art. 28 I sich fast wörtlich mit § 399 EInsO deckt.

Für eine Beschränkung der zur Teilnahme am Zweitkonkurs berechtigenden Forderungen könnte der Zweck dieses Verfahrens sprechen, bestimmten Gläubigern eine Befriedigung aus dem inländischen Vermögen nach den Regeln der lex rei sitae offenzuhalten; mit einer Betonung der *Vorzugsfunktion* des Sonderinsolvenzverfahrens geht das eingeschränkte Teilnahmerecht in der Regel einher[38].

Deutlichstes Beispiel ist wiederum der Schweizer Hilfskonkurs (Art. 170 ff. IPRG). Dort werden nur bestimmte, in Art. 172 I IPRG genannte Forderungen befriedigt, nämlich zunächst die pfandversicherten Forderungen nach Art. 219 SchKG, die aus aus dem Erlös der Pfandrechte vorweg gedeckt werden, ferner die nicht pfandversicherten Forderungen nach Art. 219 IV (1.-4. Klasse) SchKG - eine Reihe allgemeiner Konkursvorrechte[39] -, aber nur, wenn sie Gläubigern mit Wohnsitz in der Schweiz zustehen. Der Überschuß aus der Verwertung des schweizerischen Vermögens wird dem ausländischen Konkursverwalter zur Verfügung gestellt, wenn der ausländische Kollokationsplan (in Deutschland: die Konkurstabelle) in einem zweiten Verfahren anerkannt worden ist (Art. 173 II IPRG); dazu müssen vor allem die Forderungen von Gläubigern mit Wohnsitz in der Schweiz angemessen berücksichtigt wurden sein (Art. 173 III IPRG). Wird der ausländische Plan nicht anerkannt, geht der verbleibende Überschuß an die einfachen Konkursgläubiger mit Wohnsitz in der Schweiz.

---

38 *Thieme*, in: Reform des deutschen IIR, 212 (231, 250 f.).

39 Z. B. gewisse arbeits- und familienrechtliche Ansprüche, Ansprüche von Kassen, gesetzlichen Versicherungen und Ärzten und bestimmte Sparforderungen.

Das neue Recht der Schweiz dürfte in gewissem Umfang für Art. 16 ff. IstanbÜ Pate gestanden haben[40]. Das Übereinkommen geht jedoch in der Bevorzugung der Inlandsgläubiger insofern weniger weit, als für die Teilnahme am Zweitkonkurs kein Wohnsitz im Zweitstaat erforderlich ist[41], wenn auch viele der von Art. 21 begünstigten Gläubiger im Zweitstaat ansässig sein werden. Andererseits genießen die in Art. 21 IstanbÜ genannten Forderungen die Vorzugsstellung auch dann, wenn sie nach dem Recht des Zweitstaates nicht privilegiert wären.

Angesichts der Vielfalt nationaler Rechte gehört der Schutz bestimmter Gläubiger vor den rechtlichen Nachteilen und praktischen Unbequemlichkeiten, die mit der Teilnahme an einem ausländischen Konkurs verbunden sein können, zu den als legitim anerkannten Zielsetzungen eines Sonderinsolvenzverfahrens. Fraglich ist nur, ob diese Vorzugsfunktion es rechtfertigt und gebietet, andere Gläubiger von der Teilnahme am Sonderinsolvenzverfahren auszuschließen, oder ob dieser Ausschluß dem Grundsatz der Gläubigergleichbehandlung widerspricht.

Der insolvenzrechtliche *Gleichbehandlungsgrundsatz* bedeutet, entgegen *Thieme*[42], nicht "nur eine relative par condicio unter solchen Gläubigern, die jeweils Konkursgläubiger sind"; er betrifft schon die Frage, ob ein Gläubiger des Gemeinschuldners als Konkursgläubiger zur Teilnahme am Verfahren zugelassen wird. Der Zweck des Zweitkonkurses unterliegt zwar, wie *Thieme* betont, einer legitimen politischen Bewertung und Bestimmung. Die rechtspolitische Entscheidung, ein Sonderinsolvenzverfahren zum Schutz bestimmter Gläubiger einzurichten, kann auch hinreichende Grundlage für den Ausschluß anderer Gläubiger vom Verfahren sein, denn der Gleichbehandlungsgrundsatz gilt nicht absolut, sondern schützt nur gegen willkürliche Ungleichbehandlung. Eine solche Differenzierung ist aber vor dem Gleichbehandlungsgrundsatz nur zu rechtfertigen, wenn sie zur Erreichung des angestrebten Ziels - hier: zum Schutz inländischer Gläubiger - erforderlich ist.

Durch das Sonderinsolvenzverfahren nach dem EInsO sollen die in einer deutschen Niederlassung beschäftigten Arbeitnehmer eines ausländischen Gemeinschuldners in den Genuß der Anwendung deutschen Rechts - insbesondere der

---

40 So auch *Baur / Stürner* II, Rn. 38.16 ("verhängnisvoller Schweizer Einfluß", "Technik typischer Kapitelanlageländer"). Zur Funktionsweise beider Verteilungsverfahren *Gilliéron*, SZIER 1992, 135 (159 ff., 164, 166).

41 Unter diesem Gesichtspunkt kritisch zum Schweizer Recht und zustimmend zum IstanbÜ *Gilliéron*, SZIER 1992, 135 (159 ff.).

42 *Thieme*, in: Reform des deutschen IIR, 212 (250 f.).

deutschen Sozialplanregelung - kommen. Außerdem wird so im Interesse derjenigen Gläubiger, die im Vertrauen auf das im Inland belegene Vermögen des Gemeinschuldners mit ihm kontrahiert haben, verhindert, daß der Verwalter das Vermögen ins Ausland abzieht; sie können sich in einem deutschen Verfahren nach deutschem Recht daraus befriedigen. Ein besonderes Interesse an der Eröffnung eines deutschen Sonderinsolvenzverfahrens haben schließlich die Gläubiger, die von der Teilnahme an einem Auslandskonkurs völlig ausgeschlossen wären, vor allem die Gläubiger öffentlich-rechtlicher Forderungen. All diese Personengruppen betrachtet auch das Istanbuler Übereinkommen als besonders schutzwürdig (vgl. den Personenkreis des Art. 21). Dort kommen noch die nach dem Recht des Zweitstaates privilegierten Gläubiger hinzu, eine Fallgruppe, die sich für das deutsche Sonderinsolvenzverfahren durch die Abschaffung der allgemeinen Konkursprivilegien erledigt hat. Sie genießen den Schutz des Art. 21 IstanbÜ selbst dann, wenn sie auch nach der lex fori des Hauptinsolvenzverfahrens privilegiert wären.

Die Genannten haben zwar ein besonderes Interesse an der Befriedigung aus dem inländischen Vermögen unter Anwendung deutschen Rechts. Nur können sie deshalb nicht darauf vertrauen, die einzigen zu sein, die aus diesem Vermögen befriedigt werden. Oder, umgekehrt ausgedrückt: Sie können sich nur darauf verlassen, aus dem deutschen Vermögen unter Anwendung derjenigen Rechtsgrundsätze befriedigt zu werden, die auch gelten würden, wenn der Gemeinschuldner nur deutsches Vermögen hätte. Auch dann könnte über dieses Vermögen ein Insolvenzverfahren eröffnet werden, und würden daran selbstverständlich auch ausländische Gläubiger teilnehmen.

Der Schutz einzelner Gläubigergruppen, den auch der EInsO bezweckt, sollte und kann also nicht - wie das im Rahmen des Istanbuler Übereinkommens der Fall ist - durch den faktischen Ausschluß eines großen Teils ausländischen Gläubiger, sondern allein durch die Geltung inländischen Insolvenzrechts erreicht werden; wenn sie im Einzelfall auch ausländischen Gläubigern zugute kommt, erfüllt deshalb das Sonderinsolvenzverfahren seine Vorzugsfunktion nicht weniger.

Ein System der Mehrheit von Konkursen, bei dem die Verwertung in den einzelnen Verfahren jeweils anderen Regeln (nationalen Insolvenzrechten) folgt, ist nur dann mit dem Grundsatz der Gläubigergleichbehandlung vereinbar, wenn jedes der in Frage stehenden Rechte diesen Grundsatz beachtet und ausländische Gläubiger zur gleichberechtigten Teilnahme zuläßt, gleich ob der Gemeinschuldner überhaupt kein ausländisches Vermögen hat oder ob es nur vom Verfahren nicht erfaßt wird. Der Grundsatz der par conditio creditorum gebietet, an jedem der Verfahren alle Gläubiger teilnehmen zu lassen, die dazu auch in einem rein nationalen Konkurs berechtigt wären[43].

Daher verdient das Modell des EInsO gegenüber dem des Istanbuler Übereinkommens den Vorzug: In einem deutschen Sonderinsolvenzverfahren sollten dieselben Forderungen befriedigt werden wie in einem deutschen Universalkonkurs, und zwar nach denselben Verteilungsgrundsätzen[44].

bb. Verwendung des Überschusses aus dem Zweitkonkurs

Verbleibt nach Berichtigung der teilnahmeberechtigten Forderungen ein Überschuß aus der Masse des Zweitverfahrens, so ist dieser an den Verwalter des Hauptinsolvenzverfahrens herauszugeben (§ 399 EInsO, Art. 22 IstanbÜ). Während der EInsO die Verteilung des Überschusses uneingeschränkt der lex fori des Hauptkonkurses überläßt (er hätte darauf ja auch keinen Einfluß), gelten hierfür nach dem Übereinkommen besondere Regeln: Die zur Befriedigung aus dem Überschuß berechtigten Gläubiger werden ungeachtet aller Vorrechte zu gleichen Teilen befriedigt (Art. 24). Welche Gläubiger Zahlungen aus dem Überschuß beanspruchen können, bestimmt das Übereinkommen nicht abschließend; das bleibt also grundsätzlich der lex fori des Hauptkonkurses überlassen, mit einer Ausnahme: Eine Forderung, die nach Eröffnung des Haupt-, aber vor Eröffnung des Sekundärkonkurses entstanden ist, darf nicht allein wegen ihres Entstehungszeitpunkts von der Anmeldung im Hauptkonkurs ausgeschlossen werden (Art. 23 I), berechtigt aber nur zur Befriedigung aus dem Überschuß des Sekundärverfahrens (Art. 23 II)[45].

Diese Ausnahme ist notwendige Konsequenz daraus, daß bestimmte Forderungen von der Teilnahme am Sekundärverfahren ganz ausgeschlossen sind, obwohl sie vor dessen Eröffnung entstanden waren. Der verfahrensrechtliche Weg, auf dem diese Forderungen dennoch (nachrangig) aus dem im Zweitstaat belegenen Vermögen befriedigt werden, ist aber zumindest ungewöhnlich: Sie sind entweder im Zweitkonkurs (Art. 20 I, II) oder ungeachtet ihres Entstehungszeitpunktes im Hauptkonkurs anzumelden, um dann im *Haupt*konkurs aus dem Überschuß der Masse des *Zweit*konkurses befriedigt zu werden. Die Lösung des EInsO, alle

---

43 Ebenso Deutscher Rat für IPR, in: Reform des deutschen IIR, 265 (268); *Häsemeyer*, ZZP 107 (1994), 111 (114, 116). Zur Bedeutung der par conditio creditorum für die Konkurrenz zwischen inländischer und ausländischer Privilegienordnung *Baur / Stürner* II, Rn. 37.11 ff.

44 *Baur / Stürner* II, Rn. 38.16; DAV, Stellungnahme zum ERats-Entwurf 1988, 25.

45 Berechnungsbeispiele: Begründung zum IstanbÜ, Ziff. 122 ff. (zu Art. 24).

Forderungen am Sonderinsolvenzverfahren zu beteiligen und die Verteilung des Überschusses voll und ganz dem Recht des Hauptverfahrens zu überlassen, ist in jeder Hinsicht überzeugender.

d. *Antragsbefugnis*

aa. Antragsbefugnis des Verwalters des Hauptverfahrens

Wie schon bisher[46], so ist auch künftig nach allen hier interessierenden Regelungen der Verwalter des ausländischen Hauptverfahrens berechtigt, die Eröffnung eines deutschen Parallelinsolvenzverfahrens zu beantragen (Art. 18 lit. a IstanbÜ, § 396 I EInsO)[47].

Soweit der Zweitkonkurs den Interessen der Gläubigergesamtheit dient, ist der Verwalter als Sachwalter der Interessen der Masse am ehesten berufen und kompetent, zu entscheiden, ob ein Zweitkonkurs überhaupt sinnvoll ist[48]. Sein Antragsrecht stellt sicher, daß ein Zweitkonkurs stattfindet, wenn das die Insolvenzabwicklung vereinfacht, etwa die Sanierung von Unternehmensteilen erleichtert oder komplizierte Fragen der Koordination mehrerer Rechtsordnungen vermeiden hilft. Der Antrag kann auch den Zweck haben, die inländischen dinglichen Sicherheiten, die ja gem. § 390 I EInsO bzw. Art. 14 II Buchst. a IstanbÜ von der Eröffnung des Auslandskonkurses nicht berührt werden, in ein gemeinschaftliches Verwertungsverfahren einzubeziehen[49]. Dem Verwalter wird zwar durch sein Antragsrecht "die Möglichkeit gewährt..., sich selbst aus dem Zugriff auf ausländisches Vermögen zu drängen"[50]; er wird von dieser Möglichkeit aber nur dann Gebrauch machen, wenn das im Interesse der Gläubigergesamtheit, das zu wahren seine Aufgabe ist, geboten erscheint.

---

46 *Hanisch*, FS 100 Jahre KO, 139 (166 f.); *Wiesbauer*, ÖJZ 1988, 12 (16).

47 Ebenso Art. 29 I 1 VE. Zust. zum Antragsrecht des Verwalters *Thieme*, in: Reform des deutschen IIR, 212 (229).

48 *Hanisch*, ZIP 1994, 1 (6). - *Wiesbauer*, in: Neuerungen im IIR, 64 (69); *ders.*, ÖJZ 1988, 12 (16), will daher völlig auf ein Gläubigerantragsrecht verzichten.

49 Begründung zum EInsO, Teil B, zu § 396 (S. 246), zu § 390 (S. 245). - Anders die hier vorgeschlagene Lösung, wonach die insolvenzrechtlichen Einschränkungen dinglicher Sicherheiten der lex rei sitae unterliegen und damit nicht von Zahl und Ort der durchgeführten Insolvenzverfahren abhängen.

50 DAV, Stellungnahme zum ERats-Entwurf 1989, 11.

bb. Antragsbefugnis der Gläubiger

Im übrigen verweist das Istanbuler Übereinkommen für die Antragsbefugnis auf das Recht des Staates, in dem der Zweitkonkurs durchgeführt werden soll (Art. 18 Buchst. b). Nach künftigem deutschem Recht ist jeder Gläubiger berechtigt, ein Parallelinsolvenzverfahren zu beantragen, der ein besonderes Interesse an der Eröffnung dieses Verfahrens hat (§ 396 II EInsO).

Den Schutz bestimmter Gläubiger (Vorzugsfunktion des Sonderinsolvenzverfahrens) kann das Verfahren nur dann effektiv sichern, wenn die Geschützten nicht auf einen Eröffnungsantrag des ausländischen Verwalters angewiesen sind - seine Interessen werden nicht notwendig mit denen einer bestimmten Gläubigergruppe übereinstimmen -, sondern den Eröffnungsantrag selbst stellen können[51]. Fraglich ist nur, ob die Antragsbefugnis allen Gläubigern oder doch zumindest all jenen zustehen sollte, die im Sonderinsolvenzverfahren erheblich besser stünden als im Hauptverfahren[52]. Das würde unter Umständen dazu führen, daß das Sonderinsolvenzverfahren im Interesse nur eines einzigen oder einiger weniger Gläubiger durchgeführt wird, obwohl es mit unverhältnismäßig hohen Kosten verbunden ist.

(1) Antrag auf Eröffnung eines (endgültig) isolierten Sonderinsolvenzverfahrens

Ist in dem ausländischen Staat, dessen Gerichte aus deutscher Sicht dafür zuständig sind, kein anerkennungsfähiger Universalkonkurs anhängig und wird er auch in Zukunft nicht mehr eröffnet werden, so bleibt, um das inländische Vermögen des Gemeinschuldners überhaupt noch einer gemeinschaftlichen Verwertung zuzuführen, nur das isolierte Sonderinsolvenzverfahren. Das Antragsrecht hierfür muß, wie bei einem deutschen Universalinsolvenzverfahren (§§ 15 f. EInsO), allen Gläubigern zustehen.

(2) Antrag auf Eröffnung eines Parallelinsolvenzverfahrens

Ist dagegen bereits ein anerkennungsfähiger ausländischer Universalkonkurs anhängig, so sollte ein deutsches Parallelinsolvenzverfahren möglichst nur dann stattfinden, wenn seine Durchführung entweder im Interesse der Gläubigergesamtheit liegt (hierfür sorgt das Antragsrecht des ausländischen Verwalters) oder

---

[51] *Thieme*, in: Reform des deutschen IIR, 212 (231).

trotz der damit verbundenen Kosten im Interesse bestimmter Gläubiger geboten ist (Vorzugsfunktion des Sonderinsolvenzverfahrens)[53].

Das am *Gerichtsstand der Niederlassung* eröffnete Sonderinsolvenzverfahren liegt besonders im Interesse der hier beschäftigten Arbeitnehmer und derjenigen Gläubiger, die dem Gemeinschuldner im Vertrauen auf das inländische Haftungssubstrat Kredit gewährt haben. Während der Kreis der Arbeitnehmer leicht zu begrenzen ist, kann es schwierig sein, festzustellen, ob ein Gläubiger gerade im Vertrauen auf das inländische Vermögen mit dem Gemeinschuldner kontrahiert hat; solche Geschäfte müssen ja nicht notwendig mit der inländischen Niederlassung abgeschlossen worden sein. Derartige Abgrenzungsschwierigkeiten bei den Eröffnungsvoraussetzungen eines Insolvenzverfahrens sind aber höchst unbefriedigend.

Die Geschäftstätigkeit des Gemeinschuldners, der eine Niederlassung in Deutschland unterhalten hat, weist eine recht enge Inlandsbeziehung auf[54]. Das inländische Vermögen wird in der Regel eine halbwegs geschlossene Einheit bilden und umfangreich genug sein, um ein Sonderinsolvenzverfahren wirtschaftlich sinnvoll oder doch vertretbar erscheinen zu lassen. Hier besteht daher keine zwingende Notwendigkeit, das Antragsrecht über das Erfordernis eines besonderen Rechtsschutzinteresses (§ 396 II EInsO) hinaus einzuschränken und dadurch mit der Abgrenzung besonders schutzwürdiger Gläubigergruppen zu belasten[55].

Dagegen kann der mit einem Parallelinsolvenzverfahren am *Gerichtsstand des Vermögens* verbundene Aufwand leicht außer Verhältnis zu der angestrebten Besserstellung einzelner Gläubiger stehen; die Geschäftstätigkeit des Gemeinschuldners weist einen deutlich schwächeren Inlandsbezug auf als beim Gerichtsstand

---

52 Im letztgenannten Sinne *Hanisch*, ZIP 1994, 1 (6).

53 Schon *Jitta*, 267, will auf ein Sonderinsolvenzverfahren unterschiedliche Regeln angewandt wissen, je nachdem, ob es isoliert oder neben einem Universalverfahren (auf das es dann abgestimmt sein soll) stattfindet.

54 *Hanisch*, ZIP 1994, 1 (6). Zum Teil wird sogar de lege lata et ferenda die universelle Geltung des am Ort einer Niederlassung eröffneten Konkurses erwogen: *Leipold*, in: Reform des deutschen IIR, 72 (79 ff.); *ders.*, in: FS Baumgärtel, 291 (305, 308); *Pielorz*, Auslandskonkurs, 68 ff.

55 Die Notwendigkeit von "vergleichsweise harten und zugleich einfachen Regeln" im IIR aufgrund der "Natur des Konkurses..., der als geschlossener Organismus... nach konzentrierter Anknüpfung verlangt", betont *Thieme*, in: Vorschläge und Gutachten (EG), 213 (256 f.).

der Niederlassung. Daher spricht hier manches dafür, die Eröffnung eines Parallelinsolvenzverfahrens auf Ausnahmefälle zu begrenzen[56].

§ 396 II EInsO beschränkt das Antragsrecht auf Gläubiger, die ein besonderes Interesse an der Eröffnung des Verfahrens haben, insbesondere in dem ausländischen Verfahren "voraussichtlich erheblich schlechter stehen (werden) als in einem inländischen Verfahren". Solche Gläubiger wird es aber praktisch immer geben[57]. Das "Günstigkeitsprinzip" des § 396 II EInsO kann daher nicht verhindern, daß letztlich in so gut wie jedem Fall ein Parallelinsolvenzverfahren stattfindet, in dem der Gemeinschuldner Vermögen im Inland hat.

Denkbar wäre, das Antragsrecht des Gläubigers an eine rechtlich (statt nur wirtschaftlich) schlechtere Stellung des Gläubigers zu knüpfen. Da sich aber Rechtspositionen (z. B. die Rangstelle einer Forderung) ohne Berücksichtigung ihrer wirtschaftlichen Konsequenzen nicht vergleichen lassen, ist auch das keine angemessene Lösung. Um die Zahl paralleler Verfahren effektiv zu begrenzen, müßte also beim Parallelverfahren am Gerichtsstand des Vermögens ganz auf das Antragsrecht der Gläubiger verzichtet werden. Das setzt voraus, daß den Gläubigern dann, wenn der Verwalter von seinem Antragsrecht keinen Gebrauch macht, die Teilnahme am Auslandsinsolvenzverfahren zumutbar ist.

Hat der Gemeinschuldner seinen allgemeinen Gerichtsstand oder den Mittelpunkt seiner wirtschaftlichen Tätigkeit im Ausland, und besitzt er im Inland nur einzelne Vermögensgegenstände, aber keine Niederlassung, so weist seine Tätigkeit nur einen vergleichsweise schwachen Inlandsbezug auf. M. E. kann sich hier kein Gläubiger darauf verlassen, sich aus den einzelnen inländischen Vermögensgegenständen nach den Regeln des deutschen Rechts befriedigen zu können - es sei denn, er hat sich dinglich gesichert; dann wird die Geltung der lex rei sitae respektiert[58]. Er muß vielmehr damit rechnen, im Konkurs des Schuldners nach dem dort anwendbaren Recht befriedigt zu werden und dabei möglicherweise schlechter zu stehen als bei einer Befriedigung nach deutschem Recht.

Maßstab für die Zumutbarkeit der Nachteile, die der Gläubiger im Auslandskonkurs hinnehmen müßte, ist nicht seine Stellung im Inlandskonkurs, sondern die Frage, ob den Nachteilen adäquate Vorteile aus dem Auslandskonkurs gegen-

---

56 *Hanisch*, ZIP 1994, 1 (6 f.), will das Recht, ein Sonderinsolvenzverfahren am Gerichtsstand des Vermögens zu beantragen, daher nur dem Verwalter des Hauptverfahrens, nicht aber den Gläubigern zugestehen.

57 Das verkennt *Aderhold*, Auslandskonkurs im Inland, 214.

58 Oben S. 110 ff., 134 f.

überstehen[59]. Ein ausländisches Insolvenzrecht, das die par conditio creditorum wahrt, wird grundsätzlich als gleichwertig anerkannt, auch wenn es im Einzelfall vom deutschen Recht abweicht und so für den einen oder anderen Gläubiger ungünstiger ist. Die Teilnahme an einem anerkennungsfähigen ausländischen Insolvenzverfahren ist daher auch den inländischen Gläubigern zuzumuten; die Notwendigkeit, neben dem Verwalter auch den Gläubigern ein Insolvenzantragsrecht zuzugestehen, besteht hier (d. h. beim Parallelinsolvenzverfahren am Gerichtsstand des Vermögens) grundsätzlich nicht[60].

Etwas anderes gilt allerdings für Forderungen, die von der Teilnahme am Hauptinsolvenzverfahren ganz ausgeschlossen sind, wie das regelmäßig für *öffentlich-rechtliche Forderungen* der Fall ist[61]. *Leipold*[62] regt an, zu prüfen, ob in einem solchen Fall dem ausländischen Insolvenzverfahren wegen Verstoßes gegen den deutschen ordre public die Anerkennung verweigert werden kann. Aber das deutsche (Einzel- und Gesamt-)Vollstreckungsrecht verhält sich gegenüber ausländischen Fiskalforderungen genauso: Das deutsche Schrifttum[63] stellt im allgemeinen nur fest, daß ausländischen Abgabenforderungen das Vorrecht des § 61 I Nr. 2 KO nicht zusteht, ohne sich zu der - bislang wirtschaftlich meist belanglosen - Frage zu äußern, ob sie zumindest als einfache Gläubiger teilnahmeberechtigt sind[64]. Für die Zukunft geht der Gesetzgeber des EInsO eindeutig davon aus, daß ausländische öffentlich-rechtliche Forderungen in einem inländischen Insolvenzverfahren nicht geltend gemacht werden können[65]. Man wird aber einem ausländischen Recht nicht vorwerfen können, es verstoße gegen den deutschen

---

59 Vgl. im einzelnen *Thieme*, RabelsZ 37 (1973), 682 (693).

60 Ein Verfahren, das deutschen Gläubigern keine gleichberechtigte Teilnahme ermöglicht, würde von vornherein nicht anerkannt, so daß das inländische Sonderinsolvenzverfahren als isoliertes uneingeschränkt zulässig wäre und von jedem Gläubiger beantragt werden könnte (s. oben S. 174).

61 Vgl. die Nachweise oben Kap. IV, Fn. 44.

62 *Leipold*, in: Reform des deutschen IIR, 72 (85 f.).

63 *Frotscher*, 70; *Lüer*, in: *Kuhn / Uhlenbruck*, KO, § 61 Rn. 51, §§ 237, 238 Rn. 67; *Tipke / Kruse*, AO, § 251 Tz. 26; *Uhlenbruck / Delhaes*, Rn. 760.

64 Lediglich *Thieme*, in: Vorschläge und Gutachten (EG), 213 (283), erwägt, ausländische Fiskalforderungen inländischen Fiskalrechten gleichzustellen.

65 Stellungnahme des Bundesrats zum EInsO, Anm. 40 zu §§ 379, 384 (S. 260); Gegenäußerung der Bundesregierung zur Stellungnahme des Bundesrats, zu Nr. 40 (S. 269).

ordre public, wenn es inhaltlich mit dem deutschen materiellen Recht übereinstimmt[66].

57 Dennoch muß den vom ausländischen Insolvenzverfahren ausgeschlossenen Gläubigern, um ihnen nicht in rechtsstaatlich bedenklicher Weise jeglichen Rechtsschutz zu versagen, in irgendeiner Weise trotz des Auslandsverfahrens der Zugriff auf das Inlandsvermögen offengehalten werden, jedenfalls dann, wenn der Ausschluß von der Konkursteilnahme aus deutscher Sicht nicht gerechtfertigt erscheint[67].

Eine Möglichkeit ist die, den im Ausland von der Konkursteilnahme ausgeschlossenen Gläubigern das Antragsrecht auf Eröffnung eines Sonderinsolvenzverfahrens auch dann zuzugestehen, wenn der Gemeinschuldner im Inland nur einzelne Vermögensgegenstände, aber keine Niederlassung hat[68]. Dann fände allerdings ein Parallelinsolvenzverfahren in all jenen Fällen statt, in denen der Gemeinschuldner inländische Steuer- oder Abgabenschulden hat, was eher die Regel als die Ausnahme sein dürfte[69].

Als Alternative bleibt nur, den vom Auslandskonkurs Ausgeschlossenen ausnahmsweise doch die Einzelzwangsvollstreckung in das inländische Vermögen offenzuhalten[70]. Das hätte zur wenig willkommenen Konsequenz, daß Gläubiger öffentlich-rechtlicher Forderungen letzten Endes doch die Chance erhielten, sich vorrangig aus der Inlandsmasse zu befriedigen, obwohl das deutsche materielle Insolvenzrecht mit allen anderen Privilegien auch das des Fiskus abschaffen wird[71].

---

66 *Spellenberg*, in: Reform des deutschen IIR, 183 (199 f.); *v. Oertzen*, 110 f. - Auch *Florian*, 135 ff., will einem Auslandskonkurs nicht schon deshalb die Anerkennung verweigern, weil dort öffentlich-rechtliche Forderungen des Eröffnungsstaates maßvoll privilegiert sind.

67 *Spellenberg*, in: Reform des deutschen IIR, 183 (198), weist zutreffend darauf hin, daß der Ausschluß einzelner Forderungen (z. B. bei Schenkungsversprechen, Vermächtnissen, Zinsen) durchaus akzeptabel sein kann, und will mit Art. 17 I VE darauf abstellen, ob die fragliche Forderung im deutschen Konkursrecht nachrangig wäre.

68 Ähnlich der Vorschlag *Thiemes*, in: Reform des deutschen IIR, 212 (232).

69 *Florian*, 137; *Riesenfeld*, in: FS Merz, 497 (507).

70 Insofern ähnlich Art. 17 VE und Art. 18 VE n. F. Dort sind jedoch Gläubiger, deren Forderung nicht zur Teilnahme am Auslandsverfahren berechtigt, nur eine von mehreren Gruppen, denen die Einzelrechtsverfolgung offensteht; bei den anderen (u. a. den Gläubigern öffentlich-rechtlicher Forderungen) kommt es nicht darauf an, ob sie im Ausland berücksichtigt würden. Dazu kritisch *Leipold*, in: Reform des deutschen IIR, 72 (85).

71 Vgl. zu diesem Dilemma schon oben S. 73 f.

Sich hier zwischen Gesamt- und Einzelvollstreckung zu entscheiden fällt schwer; mir scheint letztere das geringere, weil billigere, Übel zu sein[72]. Insoweit - und nur insoweit - ist also die Regelung des Art. 11 II IstanbÜ angemessen, wenngleich anders als dort nicht nach Gläubigergruppen typisiert, sondern auf das Recht zu Konkursteilnahme im Einzelfall abgestellt werden sollte. Auf diese Weise wäre die Einzelvollstreckung jedenfalls dann ausgeschlossen, wenn ein bilaterales Übereinkommen (insbesondere ein Doppelbesteuerungsabkommen[73]) mit dem Eröffnungsstaat sicherstellt, daß Forderungen deutschen öffentlichen Rechts auch im Auslandsverfahren geltend gemacht werden können. Im übrigen hätte dann der ausländische Eröffnungsstaat die Möglichkeit, ausländische öffentlich-rechtliche Forderungen aufgrund autonomen Rechts zur Konkursteilnahme zuzulassen und so zu verhindern, daß der deutsche Fiskus in das hier belegene Vermögen vollstreckt.

Eine Lösung, die für das inländische Parallelinsolvenzverfahren am Gerichtsstand des Vermögens ganz auf das Antragsrecht der Gläubiger verzichtet, muß sich schließlich daran messen lassen, ob sie den inländischen *Arbeitnehmern* ausreichenden Schutz vor den Folgen eines ausländischen Konkurses gewährt.

Sie werden in aller Regel in einer inländischen Niederlassung des Gemeinschuldners beschäftigt sein. Dann können sie ein Sonderinsolvenzverfahren am Ort der Niederlassung beantragen. Aber auch dann, wenn der Gemeinschuldner keine Niederlassung im Inland hatte oder wenn dort (beispielsweise mangels Masse) kein Sonderinsolvenzverfahren stattfindet, sind sie hinreichend geschützt: Die besonderen Vorschriften zum Schutz der Arbeitnehmer im Konkurs (insbesondere die deutsche Sozialplanregelung sowie Kündigungsschutzbestimmungen)[74] knüpfen zwar an das Tatbestandsmerkmal der Eröffnung eines Insolvenzverfahrens an, dienen aber sozialpolitischen Zwecken. Sie sind deshalb nicht insolvenzrechtlich, sondern arbeits- oder sozialrechtlich zu qualifizieren, und unterliegen - je nach Qualifikation - entweder dem die Arbeitsverträge beherrschenden Schuldstatut[75]

---

[72] Im Ergebnis ebenso *v. Oertzen*, 110 f., sowie der DAV, Stellungnahme zum ERats-Entwurf 1988, 4 f., andeutungsweise auch *Leipold*, in: Reform des deutschen IIR, 72 (85). - A. A. *Hanisch*, in: Montréal Reports, 104 (116).

[73] Vgl. die Anregung des DAV, Stellungnahme zum ERats-Entwurf 1989, 13.

[74] Zur Stellung der Arbeitnehmer im künftigen Insolvenzrecht *Löwisch*, ZGR 1986, 219.

[75] *Lau*, BB 1986, 1450 (1451); *Pielorz*, ZIP 1980, 239 (244); *ders.*, Auslandskonkurs, 77 ff.; *Frank*, RDAI 3 (1989), 291 (304). - Die These *Summs*, 90 f., bei Kollisionen von ausländischem Konkursstatut und inländischer Wirtschafts- und Sozialordnung habe eine etwaige konkursrechtliche Komponente stets zurückzutreten, kann hingegen so pauschal nicht ohne weiteres überzeugen.

oder der durch das Internationale Sozialversicherungsrecht bestimmten Rechtsordnung. Auch die Wirkungen des Insolvenzverfahrens auf Arbeitsverhältnisse unterliegen, obwohl insolvenzrechtlich zu qualifizieren, aufgrund einer Sonderanknüpfung dem Schuldstatut (§ 381 EInsO). Die Chancen, daß der ausländische Eröffnungsstaat entsprechende Kollisionsnormen kennt, dürften recht groß sein. Im übrigen bemühen sich auch andere Rechtsordnungen besonders um den Schutz der Arbeitnehmer im Konkurs ihres Arbeitgebers. Notfalls bleibt die Möglichkeit, dem Verfahren wegen Verstoßes gegen den ordre public die Anerkennung zu verweigern. Ein deutsches Sonderinsolvenzverfahren ist dann als isoliertes auch dann zulässig, wenn der Gemeinschuldner nur Vermögen im Inland hat.

(3) Antrag auf Eröffnung eines Sonderinsolvenzverfahrens bei Ungewißheit über die Eröffnung eines Universalverfahrens

Die Einschränkungen des Gläubigerantragsrechts (Erfordernis eines besonderen Interesses, § 396 II EInsO, oder Verzicht auf das Antragsrecht) kommen nach dem bisher Gesagten nur zum Zuge, wenn bereits ein Hauptverfahren anhängig ist. Zeichnet sich seine Eröffnung ab, so könnten die Gläubiger daher noch schnell ein inländisches Sonderverfahren beantragen und so versuchen, dem Universalkonkurs samt der damit einhergehenden Einschränkungen des Antragsrechts zuvorzukommen.

Ob diese Befürchtung realistisch ist, sei hier dahingestellt. Um ihr zu begegnen, müßte man das Antragsrecht auch dann einschränken, wenn ein Hauptverfahren zwar (noch) nicht stattfindet, seine Eröffnung aber für die Zukunft nicht ausgeschlossen werden kann. Das umfassende Gläubigerantragsrecht würde dann voraussetzen, daß die Eröffnung des Hauptverfahrens aus Gründen des internen Rechts des zuständigen Staates oder wegen der Eigenschaft des Schuldners abgelehnt wurde[76]. Die Eröffnung eines ausländischen Hauptverfahrens würde dann z. B. als endgültig ausgeschlossen betrachtet, wenn der Eröffnungsantrag wegen unzureichender Masse oder fehlender Konkursfähigkeit des Gemeinschuldners abgelehnt wurde, nicht dagegen, wenn sich die Ablehnung auf Fehler des Antrags stützt. Andernfalls müßte der Zugriff auf das Inlandsvermögen durch Arrest gesichert werden, bis über den Antrag auf Eröffnung eines Hauptinsolvenzverfahrens entschieden ist. Eine solche Lösung erscheint den Gläubigern zumutbar und damit sinnvoll, um eine Zersplitterung der Masse zu verhindern.

---

76 Formulierung in Anlehnung an Art. 10 I EG-Entwurf 1984.

(4) Zwischenergebnis

Das Recht, die Eröffnung eines Sonderinsolvenzverfahrens zu beantragen, sollte also grundsätzlich dem Verwalter des Hauptkonkurses sowie allen Gläubigern zustehen, die ein besonderes Interesse an der Verfahrenseröffnung haben. Beim Parallelinsolvenzverfahren am Gerichtsstand des Vermögens sowie dann, wenn die Eröffnung des Hauptkonkurses noch nicht aus Gründen des internen Rechts des zuständigen Staates oder wegen der Eigenschaft des Schuldners abgelehnt wurde, sollte jedoch entgegen § 396 II EInsO nur der Verwalter antragsberechtigt sein.

e. Koordination mehrerer Insolvenzverfahren

aa. Allgemeines

Um die Nachteile in Grenzen zu halten, die mit der Aufspaltung des Schuldnervermögens und der Durchführung mehrerer Verfahren verbunden sind, bemühen sich sowohl das Istanbuler Übereinkommen als auch der EInsO, das Sekundär- bzw. Parallelinsolvenzverfahren mit dem Hauptverfahren zu koordinieren.

Dazu werden insbesondere dem Verwalter des Hauptverfahrens Beteiligungsrechte im Sonder- bzw. Sekundärinsolvenzverfahren eingeräumt. Er kann die Eröffnung eines Sonderinsolvenzverfahrens beantragen (Art. 11 I 3[77], 18 Buchst. a IstanbÜ / § 396 EInsO), hat während seiner Durchführung ein umfassendes Informationsrecht (Art. 25, 28 II IstanbÜ / § 398 I 1 EInsO) und kann nach § 398 II EInsO an den Gläubigerversammlungen teilnehmen. Schließlich kann er - in unterschiedlichem Umfang - bei verfahrensbeendenden Maßnahmen mitwirken oder mitbestimmen (Art. 26, 27 IstanbÜ / § 398 I, III EInsO)[78].

Auch der Verwalter des Sonderinsolvenzverfahrens ist umgekehrt am Hauptkonkurs beteiligt. Art. 25 IstanbÜ gesteht ihm ein umfassendes Informationsrecht zu. Gemäß § 397 EInsO kann er die am Zweitkonkurs teilnehmenden Forderungen im Hauptkonkurs anmelden (vorbehaltlich des Rechts des Gläubigers, die Anmeldung zurückzunehmen) und, wenn ein Gläubiger nicht selbst an der Abstimmung teilnimmt, dessen Stimmrecht ausüben. Nach Art. 20 II IstanbÜ ist der Verwalter des Hauptkonkurses von den im Sekundärkonkurs angemeldeten For-

[77] Wegen Art. 11 I 3 IstanbÜ besteht dieses Recht auch dann, wenn der Staat, in dem der Antrag gestellt werden soll, Kapitel III des Übereinkommens nicht anwendet.

derungen zu unterrichten; diese gelten damit zugleich als im Hauptkonkurs angemeldet[79]. So sollen insbesondere den im Zweitstaat ansässigen Kleingläubigern die Mühen und Kosten erspart werden, die mit der Teilnahme am Hauptverfahren verbunden und nicht selten im Vergleich zur Forderungssumme unverhältnismäßig hoch sind.

Auf diese Vorschriften kann hier nicht im einzelnen eingegangen werden[80]. Es fällt jedoch auf, daß der EInsO die Zusammenarbeit nur aus der Sicht des deutschen Parallelinsolvenzverfahrens, nicht aus der Sicht eines deutschen Hauptverfahrens im Verhältnis zu einem anerkennungsfähigen ausländischen Sonderinsolvenzverfahren regelt. Nach §§ 395 ff., insbesondere § 398, hat nur der Verwalter des Hauptkonkurses Mitwirkungsrechte im Parallelinsolvenzverfahren[81]. Es kann aber auch sinnvoll sein, umgekehrt den Verwalter des Parallelinsolvenzverfahrens am Hauptverfahren zu beteiligen - beispielsweise kann eine Sanierung nur gelingen, wenn alle beteiligten Verwalter umfassend informiert werden[82]. Dem Verwalter eines ausländischen Sekundärinsolvenzverfahrens Mitwirkungsrechte im deutschen Hauptinsolvenzverfahren zu gewähren, liegt in der Kompetenz des deutschen Gesetzgebers. Die allseitige Generalklausel der Art. 25, 28 II 2 IstanbÜ verdient daher den Vorzug gegenüber der sehr speziellen Mitteilungspflicht in § 398 II EInsO[83].

bb. Sonderinsolvenzverfahren und bereits anhängiges Hauptverfahren

Wird zuerst ein Sonder- und erst später das Hauptinsolvenzverfahren eröffnet, so entfaltet letzteres von vornherein nur insoweit Wirkungen, als dem nicht der Vorrang des spezielleren Sonderinsolvenzverfahrens entgegensteht. Die Wirkungen des Hauptverfahrens erstrecken sich von vornherein nicht auf das im Zweitstaat belegene Vermögen.

---

78 Vgl. bereits die Vorschläge bei *Jitta*, 267 f., und *Hanisch*, in: Probleme des IIR, 9 (27, Fn. 59).

79 Ähnlich schon der Vorschlag *Jittas*, 267.

80 Vgl. im einzelnen: Begründung zum EInsO, Teil B, zu § 398 (S. 246); *Hanisch*, in: Probleme des IIR, 9 (26); *Thieme*, in: Reform des deutschen IIR, 212 (234).

81 § 397 EInsO regelt dogmatisch nicht das Verfahren der Forderungsanmeldung im ausländischen Hauptinsolvenzverfahren - hierfür würde dem deutschen Gesetzgeber die Kompetenz fehlen -, sondern die Rechte des Verwalters bei Wahrnehmung der Interessen der am deutschen Sonderinsolvenzverfahren teilnehmenden Gläubiger.

82 *Hanisch*, in: FS Bosch, 381 (390 ff.) leitet umfangreiche Kooperationspflichten aus dem Grundsatz der comitas her.

83 Zugunsten einer Generalklausel auch *Hanisch*, Schw. Jb. Int. R. 36 (1980), 109 (123).

Anders ist die Rechtslage, wenn zuerst das Hauptinsolvenzverfahren eröffnet wurde. Dann steht die bloße Möglichkeit, ein inländisches Parallelinsolvenzverfahren zu eröffnen, den Inlandswirkungen des Hauptverfahrens, vor allem seinen Wirkungen auf das deutsche Vermögen, nicht entgegen, solange das deutsche Parallelverfahren nicht tatsächlich eröffnet worden ist. Wird dann später doch noch ein Parallelverfahren eröffnet, dann fragt sich, wie sich seine Wirkungen zu den bereits eingetretenen des Hauptverfahrens verhalten.

Ob die Wirkungen eines früher eröffneten Universalverfahrens von denen eines später eröffneten Sonderinsolvenzverfahrens - ggf.: rückwirkend - verdrängt werden, wird in keinem der bisher vorgelegten Entwürfe beantwortet. Auch die Literatur hat sich damit bislang, soweit ersichtlich, nicht eingehend auseinandergesetzt[84]. M. E. sollten sie zumindest insofern fortbestehen, als sie mit dem Recht des Zweitstaates vereinbar sind.

5. *Vereinbarkeit des deutschen Modells mit dem Istanbuler Übereinkommen*

Das Sonderinsolvenzverfahren des EInsO unterscheidet sich, wie gezeigt, in zentralen Punkten vom Sekundärinsolvenzverfahren des Istanbuler Übereinkommens: Es beruht zwar auf den gleichen Zuständigkeitsgründen, kann aber auch ohne Hauptverfahren eröffnet werden, während das Übereinkommen ein isoliertes Sonderinsolvenzverfahren nicht vorsieht. Nach § 399 EInsO sind alle Forderungen teilnahmeberechtigt, so daß die Verteilung des Masseüberschusses in einem möglicherweise parallel durchgeführten Universalverfahren uneingeschränkt dem dortigen Recht überlassen werden kann. Dagegen werden im Sekundärinsolvenzverfahren des Übereinkommens nur bestimmte Forderungen befriedigt, muß daher für die Begleichung der übrigen Forderungen aus dem Masseüberschuß besonders Vorsorge getroffen werden. In bezug auf das Antragsrecht des Verwalters eines ausländischen Hauptverfahrens stimmen das Übereinkommen und der EInsO überein. Für die übrigen Antragsberechtigten verweist das Übereinkommen auf das jeweilige nationale Recht, so daß es der Bundesrepublik freisteht, die Antragsbefugnis der Gläubiger in jedem Fall offenzuhalten oder - wie hier vorgeschlagen - unter Umständen auszuschließen.

---

84 Nur *Hess*, KO, § 237 Rn. 15 stellt fest, die spätere inländische Konkurseröffnung lasse die Wirkungen des Auslandskonkurses ex nunc entfallen.

Die Vorschriften des EInsO sind, soweit sie sich auf gegenständlich beschränkte Insolvenzverfahren beziehen, nur dann mit dem Übereinkommen vereinbar (mit der Konsequenz, daß sie einer Ratifikation nicht entgegenstehen bzw. diese nichts an der deutschen Rechtslage ändern würde), wenn zum einen Deutschland selbst ein vom Modell des Übereinkommens abweichendes Parallelinsolvenzverfahren durchführen darf (dazu sogleich a.) und zum anderen der EInsO ausländischen Sekundärinsolvenzverfahren nicht vertragswidrig die Anerkennung versagt (s. unten b., S. 189 ff.).

a. *Ausgestaltung des deutschen Parallelinsolvenzverfahrens*

Anders als Art. 4 IstanbÜ enthält Art. 17 (Zuständigkeit zur Eröffnung eines Sekundärinsolvenzverfahrens) eine direkte Zuständigkeitsregelung. Tritt Deutschland dem Übereinkommen vorbehaltlos bei, so sind daher die hiesigen Gerichte verpflichtet, neben[85] oder anstelle eines Sonderinsolvenzverfahrens, wie es im autonomen deutschen Recht geregelt ist, auf entsprechenden Antrag ein Sekundärinsolvenzverfahren nach Kapitel III IstanbÜ durchzuführen. Schon um dieser Verpflichtung aus dem Übereinkommen zu entgehen, wird die Bundesrepublik, wenn sie dem IstanbÜ überhaupt beitritt, gemäß Art. 40 die Nichtanwendung von Kapitel III vorbehalten.

Der Gesetzgeber des EInsO ist davon ausgegangen, das von ihm angestrebte Modell eines Zweitinsolvenzverfahrens sei, sofern Deutschland einen Vorbehalt bezüglich Kapitel III IstanbÜ erklärt, mit der Ratifikation des Istanbuler Übereinkommens vereinbar[86]. Das versteht sich indes keineswegs von selbst: Denkbar wäre auch, daß Art. 40 den Mitgliedstaaten nur die Wahl läßt, ob sie das Istanbuler Modell des Sekundärkonkurses oder überhaupt keines einrichten, nicht aber die Freiheit, sich für ein gänzlich anderes Modell gegenständlich beschränkter Konkurse, wie es das Sekundärinsolvenzverfahren des EInsO darstellt, zu entscheiden.

---

85 Ein eigenständiges, vom Modell des IstanbÜ abweichendes Sonderinsolvenzverfahren bliebe zumindest für den Fall zulässig, daß das Hauptverfahren nicht in einem anderen Mitgliedstaat des IstanbÜ, sondern in einem Drittstaat eröffnet wurde.

86 Begründung zum EInsO, Teil B, Anm. 3 zu §§ 379 ff. (S. 235). Ebenso der DAV, Stellungnahme zum ERats-Entwurf 1989, 4, 21.

aa. Wortlaut und Systematik des Art. 40 IstanbÜ

Ein Anhaltspunkt für die Auslegung des Art. 40 könnte sich zunächst aus seinem Wortlaut und systematischen Aufbau, insbesondere aus der Gegenüberstellung von Abs. 1 und dem erst spät eingefügten Abs. 2, ergeben.

Art. 40 I eröffnet den Mitgliedstaaten die Möglichkeit, die Nichtanwendung von Kapitel II oder Kapitel III des Übereinkommens vorzubehalten. Im Anschluß daran legt Art. 40 II 1 fest, inwieweit ein Staat, der die Nichtanwendung von Kapitel III vorbehalten hat, gleichwohl verpflichtet ist, ausländische Sekundärinsolvenzverfahren anzuerkennen. Den einfachen Vorbehalt unterscheidet vom erweiterten, daß beim einfachen Vorbehalt der betreffende Staat die Art. 20 II, 23, 24 IstanbÜ anzuwenden hat, während beim erweiterten die Anwendung dieser Bestimmungen ausgeschlossen wird. Die Art. 20 II, 23, 24 IstanbÜ Vorschriften beziehen sich auf das Universalverfahren des Vorbehaltsstaates und sein Verhältnis zum ausländischen Sekundärinsolvenzverfahren.

Vom Wortlaut des Art. 40 nicht erfaßt ist dagegen die Gestaltungsfreiheit des Vorbehaltsstaats bezüglich seines eigenen beschränkten Insolvenzverfahrens, also die Frage, ob ein deutsches Sonderinsolvenzverfahren durch einen Vorbehalt ganz ausgeschlossen wird bzw. wie es aussehen kann oder muß, um einer Ratifikation des Übereinkommens nicht entgegenzustehen. Insbesondere aus Art. 40 II 2 i. V. m. Art. 21 IstanbÜ ergibt sich nicht mehr: Wenn danach ein Mitgliedstaat, der keinen eigenen Vorbehalt erklärt hat, im Verhältnis zu dem Staat, der einen erweiterten Vorbehalt gemacht hat, von der Bindung an Art. 21 befreit ist und deshalb in seinem Sekundärinsolvenzverfahren auch andere Gläubiger befriedigen kann, sagt das nichts darüber aus, welche Gestaltungsmöglichkeiten der Vorbehaltsstaat selbst aus der Nichtanwendung von Art. 21 schöpft.

bb. Vorbehalt eines Parallelverfahrens im Zweitstaat in Art. 14, 16 IstanbÜ

Der in einem Mitgliedstaat bestellte Verwalter kann seine Befugnisse in einem anderen Mitgliedstaat ausnahmsweise dann nicht ausüben, wenn dort bereits ein Insolvenzverfahren oder Verfahren zur Abwendung der Insolvenz anhängig ist (Art. 14 I IstanbÜ). Auch ein Sekundärinsolvenzverfahren kann dort nicht eröffnet werden (Art. 16). Im Zusammenhang mit diesen beiden Vorschriften geht *Pe-*

tel[87] davon aus, es gebe "faillites locales", die nicht "faillite secondaire" im Sinne des Übereinkommens sind.

Weder Art. 14 noch Art. 16 beziehen sich indes ausdrücklich auf gegenständlich beschränkte "faillites locales"; dort ist ganz allgemein von Insolvenz- bzw. insolvenzabwendenden Verfahren die Rede, ohne daß ihre gegenständliche Reichweite näher bezeichnet würde. Daß in mehreren Mitgliedstaaten Insolvenzverfahren mit universellem Geltungsanspruch stattfinden, schließt das Übereinkommen nicht aus, weil Art. 4 nur indirekte Zuständigkeitsregeln enthält. Ein abweichend von Art. 4 eröffnetes Insolvenzverfahren mit universellem Geltungsanspruch ist daher nicht generell unzulässig. Die Vorbehalte in Art. 14, 16 könnten sich daher auch oder ausschließlich auf im Zweitstaat anhängige (oder anerkannte) Universalverfahren beziehen.

Allein aus dem Wortlaut der Art. 14, 16 IstanbÜ kann daher nicht geschlossen werden, lokale Insolvenzverfahren seien auch außerhalb des Geltungsbereichs von Kapitel III und unabhängig von den dort vorgesehenen Gestaltungsformen zulässig.

Geht man allerdings davon aus, daß die beiden Vorschriften zumindest auch auf parallele Universalverfahren Anwendung finden, so sind solche, außerhalb der Zuständigkeit nach Art. 4 eröffneten, Universalverfahren im Verhältnis zu anderen Mitgliedstaaten keineswegs ganz unbeachtlich: Vielmehr setzen auch sie den Befugnissen des in einem Verfahren nach Art. 4 bestellten Verwalters Grenzen und stehen auch sie der Eröffnung eines Sekundärverfahrens entgegen. Es steht den Mitgliedstaaten also frei, aufgrund beliebiger Zuständigkeiten Universalverfahren zu eröffnen, die durch Art. 14 und 16 faktisch auf die Wirkungen eines beschränkten Verfahrens reduziert werden. Das spricht dafür, daß erst recht ein von vornherein entsprechend beschränktes Verfahren nach autonomem Recht zulässig ist.

87 *Petel*, in: Heidelberger Seminar, 45 (55, 59) (bei der Nennung des Art. 15 statt Art. 16 dürfte es sich um einen Druckfehler handeln).

cc. Vergleich der Verfahrenswirkungen nach Art. 4 I, 14 I, 16 und Art. 4 II, 14 I, 16 IstanbÜ

Noch in anderer Hinsicht läßt sich Art. 4 IstanbÜ für die Zulässigkeit "sonstiger"[88] gegenständlich beschränkter Insolvenzverfahren fruchtbar machen. Wie schon oben[89] dargelegt, sind nach Art. 4 I IstanbÜ grundsätzlich die Gerichte desjenigen Staates zuständig zur Eröffnung eines Insolvenzverfahrens mit extraterritorialer Wirkung, in dessen Gebiet der Gemeinschuldner den Mittelpunkt seiner wirtschaftlichen Interessen hat. Am Ort einer Niederlassung kann dagegen in aller Regel nur ein auf das Inlandsvermögen beschränktes Insolvenzverfahren eröffnet werden. Etwas anderes gilt jedoch dann, wenn sich der Mittelpunkt der wirtschaftlichen Interessen in einem Drittstaat befindet: Dann kann auch am Ort einer Niederlassung ein Verfahren mit extraterritorialer Wirkung eröffnet werden (Art. 4 II 1 Buchst. a IstanbÜ). Es steht hinsichtlich des in anderen Mitgliedstaaten belegenen Vermögens dem Verfahren nach Art. 4 I IstanbÜ grundsätzlich gleich. Mit einer wichtigen Ausnahme freilich: Das Verfahren nach Art. 4 II rechtfertigt, anders als das nach Art. 4 I, nicht die Eröffnung von Sekundärverfahren in anderen Mitgliedstaaten (denn Art. 16 IstanbÜ verweist nur auf Art. 4 I)[90].

Ließe das Übereinkommen nun gegenständlich beschränkte Insolvenzverfahren *nur* in Gestalt von Sekundärinsolvenzverfahren zu, so entfaltete wegen der Formulierung des Art. 16 der Niederlassungskonkurs nach Art. 4 II stärkere Wirkung auf das in anderen Mitgliedstaaten belegene Vermögen als das Verfahren nach Art. 4 I IstanbÜ: Nur dem Verwalter eines Verfahrens gemäß Art. 4 I (am Mittelpunkt der wirtschaftlichen Interessen des Gemeinschuldners), nicht dem Verwalter eines Niederlassungskonkurses gemäß Art. 4 II könnten die übrigen Mitgliedstaaten entgegenhalten, sie hätten über das auf ihrem Gebiet belegenen Vermögen ein zweites Insolvenzverfahren eröffnet (Art. 14 I IstanbÜ). Bei Art. 4 II handelt es sich aber nur um die Auffangkompetenz eines im Vergleich zu Art. 4 I sachferneren Gerichts. Daß die übrigen Mitgliedstaaten den universellen Wirkungen eines Verfahrens nach Art. 4 I "entgehen" können, denen eines Verfahrens nach Art. 4 II aber nicht, kann kaum gewollt sein. Neben dem Niederlassungskonkurs nach Art. 4 II muß also, wenn schon kein Sekundärinsolvenzver-

---

[88] I. S. von gegenständlich beschränkten Insolvenzverfahren nach autonomem nationalem Recht, deren Ausgestaltung von Kapitel III IstanbÜ abweicht.

[89] S. 27 ff.

[90] Dazu schon oben S. 162 f.

fahren, so doch zumindest ein Sonderinsolvenzverfahren nach autonomem Recht des jeweiligen Mitgliedstaates möglich sein.

dd. Materialien

Dieses Ergebnis wird auch durch die Materialien zum Istanbuler Übereinkommen gestützt. Sie erwähnen an verschiedenen Stellen Sonderinsolvenzverfahren und betrachten sie als zulässig, obwohl es sich nicht um Sekundärinsolvenzverfahren im Sinne des Übereinkommens handelt:

Wenn zunächst Haupt- und Sekundärinsolvenzverfahren parallel stattfinden, dann aber ersteres eingestellt wird, bleibt es dem Zweitstaat überlassen, auch letzteres einzustellen oder es in "ordinary bankruptcy proceedings" zu überführen[91]. - Im Zusammenhang mit dem Recht des Verwalters eines Universalkonkurses, ein Sekundärinsolvenzverfahren zu beantragen, wird ferner ausgeführt: "If the Party in which the liquidator intends to act has made a reservation to the application of Chapter III (Article 40), the request will apply to the opening of an ordinary local bankruptcy and Articles 16 and 28 will not apply."[92] Beide Textstellen belegen, daß die Mitgliedstaaten auch Sonderinsolvenzverfahren nach ihren eigenen Vorstellungen ("ordinary local bankruptcy" im Gegensatz zum Sekundärkonkurs nach Art. 16 ff. IstanbÜ) durchführen können, und zwar auch und gerade dann, wenn sie die Nichtanwendung von Kapitel III vorbehalten haben.

Schließlich wird von den Verhandlungen zum Istanbuler Übereinkommen berichtet, das Kapitel über Sekundärkonkurse sei vor allem wegen des beschränkten Teilnahmerechts auf erheblichen Widerstand gestoßen. Aussicht auf Erfolg habe jedoch ein deutscher Kompromißvorschlag, wonach es den Staaten vorbehalten bleibe zu bestimmen, daß der Sekundärkonkurs allen nach nationalem Recht teilnahmeberechtigten Gläubigern offensteht[93]. Dieser Kompromißvorschlag hat sich in der Tat durchgesetzt und in dem im Vorentwurf noch nicht enthaltenen Art. 40 niedergeschlagen.

Das Istanbuler Übereinkommen verpflichtet daher die Mitgliedstaaten nur, an den in Art. 17 definierten Gerichtsständen ein Sekundärinsolvenzverfahren zuzulassen; ein Staat, der keinen Vorbehalt erklärt, kann weitergehende Zuständigkei-

91 Begründung zum IstanbÜ, Ziff. 138 (zu Art. 26).

92 Begründung zum IstanbÜ, Ziff. 58 (zu Art. 11).

93 ZIP-Report, ZIP 1988, 946 (947).

ten und zusätzliche Sonderinsolvenzverfahren anderer Ausgestaltung vorsehen[94], aber nicht das Verfahren nach Kapitel III ausschließen. Will er für sein Gebiet keine Sekundärinsolvenzverfahren zulassen - sei es, daß er ganz auf Zweitinsolvenzverfahren verzichtet (Einheit des Konkurses), sei es, daß er *nur* ein mit Kapitel III unvereinbares Verfahren einführen will -, so muß er die Nichtanwendung von Kapitel III IstanbÜ vorbehalten. Wenn die Vorschriften des Kapitels III schon in einem Staat, sich zu ihrer Anwendung verpflichtet hat, anderen Sonderinsolvenzverfahren nicht entgegenstehen, können sie das erst recht nicht in Staaten, die wegen eines entsprechenden Vorbehalts schon gar nicht an Kapitel III gebunden sind.

Das Sonderinsolvenzverfahren des EInsO ist daher auch im Falle einer Ratifikation des Übereinkommens zulässig, wenn Deutschland gemäß Art. 40 IstanbÜ erklärt, Kapitel III nicht anzuwenden. Im Interesse der Gleichbehandlung aller Gläubiger sollte von dieser Möglichkeit Gebrauch gemacht werden[95]. Ob ausdrücklich auch die Nichtanwendung von Art. 20 II, 23, 24 IstanbÜ erklärt wird (Art. 40 II 2 IstanbÜ), macht für die Zulässigkeit des Sonderinsolvenzverfahrens, wie es im EInsO vorgesehen ist, keinen Unterschied.

b. *Anerkennung ausländischer Sekundärinsolvenzverfahren in Deutschland*

Das Übereinkommen verpflichtet die Mitgliedstaaten nicht zur umfassenden Anerkennung ausländischer Sekundärinsolvenzverfahren; nur die ausdrücklich genannten Wirkungen (geregelt insbes. in Art. 5, 16 ff.) sind ihnen in anderen Vertragsstaaten einschließlich dem Eröffnungsstaat des Hauptverfahrens zuzubilligen. Dagegen erkennt der EInsO ausländische Sonderinsolvenzverfahren, soweit ihre gegenständliche Wirkung reicht, grundsätzlich umfassend an. Er scheint damit ohne weiteres den Vorgaben des Übereinkommens zu genügen. Das gilt jedoch nur, wenn ein Sekundärinsolvenzverfahren auch die allgemeinen Anerkennungsvoraussetzungen des deutschen Rechts erfüllt.

---

94 Auch der Vorrang lokaler Insolvenzverfahren nach Art. 14 I IstanbÜ beschränkt sich nicht auf Sekundärinsolvenzverfahren.

95 So auch der DAV, Stellungnahme zum ERats-Entwurf 1989, 4, 21, 23.

aa. Anerkennung ausländischer Sekundärinsolvenzverfahren und deutscher ordre public

Damit ein den Vorgaben des Übereinkommens entsprechendes ausländisches Sekundärinsolvenzverfahren in Deutschland anerkannt wird, muß zunächst das eröffnende Gericht nach den deutschen Regeln international zuständig sein. Da das Übereinkommen und das deutsche Recht für beschränkte Insolvenzverfahren dieselben Gerichtsstände vorsehen, wird das stets der Fall sein.

Denkbar ist jedoch, daß ein gegenständlich beschränktes Insolvenzverfahren, in dem nur die in Art. 21 IstanbÜ genannten Forderungen befriedigt werden, aus diesem Grunde in Deutschland wegen Verstoßes gegen den Gleichbehandlungsgrundsatz und damit gegen den deutschen ordre public nicht anerkannt würde. Das Übereinkommen verwehrt zwar keinem Mitgliedstaat die Berufung auf seinen ordre public (Art. 3 Buchst. c IstanbÜ). Ob aber ein Mitgliedstaat ausgerechnet aus einer im Übereinkommen ausdrücklich vorgesehenen Regelung wie der des Art. 21 ein Verstoß gegen seinen ordre public herleiten kann, muß bezweifelt werden - er würde sich dadurch in Widerspruch zu seinem eigenen Verhalten bei Ratifikation des Übereinkommens setzen. Mit anderen Worten: Verstößt Art. 21 IstanbÜ bzw. eine entsprechende nationale Vorschrift gegen den deutschen ordre public und kann sich Deutschland nicht schon bei der Ratifikation von der Beachtung dieser Vorschrift freizeichnen (durch einen Vorbehalt der Nichtanwendung von Kapitel III), so steht das einer Ratifikation des Übereinkommens zwingend entgegen. Es fragt sich also, ob das Sekundärinsolvenzverfahren des IstanbÜ mit grundlegenden Wertvorstellungen des deutschen Rechts unvereinbar ist, weil dort nur bestimmte Forderungen befriedigt werden.

Mit fundamentalen Wertvorstellungen des deutschen IIR unvereinbar wäre nach einhelliger und zutreffender Ansicht[96] jedenfalls ein ausländisches *Insolvenzverfahren, in dem deutsche Gläubiger* generell nicht befriedigt oder sonst ohne sachlichen Grund, allein wegen ihrer Staatsangehörigkeit oder ihres Wohnsitzes im Ausland, *diskriminiert werden*. Dagegen muß eine sachlich gerechtfertigte, maßvolle Privilegierung inländischer Gläubiger durch das Recht des Eröffnungsstaates die Anerkennung dieses Verfahrens in Deutschland nicht ausschließen[97]. Die meisten Rechtsordnungen bestimmen den Kreis der teilnahmeberechtigten

---

[96] *Baur / Stürner* II, Rn. 37.17; *Arnold*, in: *Gottwald*, InsolvenzRHdB, § 122 Rn. 18; *v. Oertzen*, 55; *Pielorz*, 74 f.; *ders.*, ZIP 1980, 239 (243); *Summ*, 38. Zur Konsequenz eines Herausgabeanspruchs oben S. 101.

[97] *Baur / Stürner* II, Rn. 37.18, der beispielhaft den Schweizer Hilfskonkurs nennt. Ob dort aber noch eine "maßvolle Privilegierung" vorliegt, erscheint mir eher zweifelhaft.

Gläubiger für gegenständlich beschränkte Insolvenzverfahren genauso wie für Universalverfahren. Eine Beschränkung kennen, soweit ersichtlich, außer der Schweiz nur einige südamerikanische Staaten nach dem Vorbild Argentiniens[98].

Das Sekundärinsolvenzverfahren Istanbuler Ausprägung ist, anders als etwa der Schweizer Hilfskonkurs (Art. 172 I Buchst. b IPRG), nicht von vornherein auf die im Eröffnungsstaat ansässigen Gläubiger beschränkt. Wenngleich die in *Art. 21 IstanbÜ* Genannten - abgesehen von dinglich Gesicherten - vielleicht typischerweise im Eröffnungsstaat ansässig sein werden, ist dieser Umstand weder rechtspolitischer Grund noch gesetzestechnischer Anknüpfungspunkt für ihre Bevorzugung. Die Gläubiger des Art. 21 IstanbÜ gelten vielmehr als besonders schutzwürdig, weil sie darauf vertraut hätten, sich aus dem im Zweitstaat belegenen Vermögen nach dem Recht dieses Zweitstaates befriedigen zu können. Ein ordre-public-Verstoß des Art. 21 IstanbÜ bzw. entsprechender nationaler Rechte liegt nicht schon darin, daß sie inhaltlich vom deutschen Recht abweichen. Vielmehr ist darauf abzustellen, "ob das Ergebnis der Anwendung des ausländischen Rechts zu den Grundgedanken der deutschen Rechtsordnung und der in ihnen liegenden Gerechtigkeitsvorstellungen in so starkem Widerspruch steht, daß es von uns für untragbar gehalten wird"[99]. Dafür muß die zugrundeliegende Wertung aus deutscher Sicht völlig unvertretbar erscheinen oder die Vorschrift im praktischen Ergebnis zu unzumutbaren Ergebnissen, insbesondere für die vom Verfahren ausgeschlossenen Gläubiger, führen[100].

Die nach Art. 21 IstanbÜ befriedigungsberechtigten *Gläubiger* gelten auch im deutschen Recht als *besonders schutzwürdig*: Nach Art. 17 I VE (insofern übereinstimmend mit Art. 18 I VE n. F.) sollten bestimmte Gläubiger nach Eröffnung eines anerkennungsfähigen Auslandsinsolvenzverfahrens das Recht haben, aus dem inländischen Vermögen des Gemeinschuldners die vorrangige Befriedigung zu verlangen. Der Gläubigerkreis des Art. 17 I VE deckt sich im wesentlichen mit dem des Art. 21 IstanbÜ; die in Art. 21 zusätzlich genannte Gruppe der nach dem Recht des Zweitstaates privilegierten Gläubiger würde auch in einem Son-

---

98 In einem argentinischen Parallelkonkurs werden in erster Linie Forderungen mit argentinischem Erfüllungsort beglichen (*Aderhold*, Auslandskonkurs im Inland, 130 ff.; *Fletcher*, in: Montréal Reports, 269 (282 f.)). Die übrigen Forderungen sind zwar nicht völlig ausgeschlossen, werden aber nachrangig befriedigt (*Riesenfeld*, in: FS Kegel II, 483 (493 ff.), mit Wiedergabe der einschlägigen Vorschriften in englischer Übersetzung).

99 BGHZ 50, 370 (375 f.); 54, 123 (130); 54, 132 (140); zust. *Summ*, 37; *Aderhold*, Auslandskonkurs im Inland, 203.

100 *Aderhold*, Auslandskonkurs im Inland, 203.

derinsolvenzverfahren, das den Vorstellungen des EInsO entspricht[101], vorrangig befriedigt.

Nun hat der Gesetzgeber zwar darauf verzichtet, eine dem Art. 17 I VE entsprechende Vorschrift in den EInsO aufzunehmen. Das lag aber nicht daran, daß die fraglichen Gläubiger nicht (mehr) als schutzwürdig betrachtet worden wären, sondern nur daran, daß man zu ihrem Schutz die Möglichkeit, ein inländisches Sonderinsolvenzverfahren zu eröffnen, für ausreichend und angemessen hielt.

Art. 21 könnte trotzdem mit grundlegenden Wertungen des deutschen Rechts unvereinbar sein, weil er für die *nicht teilnahmeberechtigten Gläubiger* zu *unzumutbaren Nachteilen* führt.

Zu denken ist zunächst an den (wohl nicht ganz seltenen) Fall, daß die Forderungen der in Art. 21 genannten Gläubiger die *Masse des Sekundärverfahrens vollständig aufbrauchen*. Fraglich ist dann, ob die dort von der Verteilung ausgeschlossenen Gläubiger in einem den deutschen Vorstellungen entsprechenden Insolvenzverfahren besser stünden. Auch in einem solchen Verfahren gälte die Privilegienordnung des jeweiligen nationalen Rechts und würden dinglich gesicherte Gläubiger aus ihren Sicherheiten vorrangig befriedigt. Auch öffentlich-rechtliche Forderungen und die Forderungen von Arbeitnehmern werden in zahlreichen Staaten vorrangig befriedigt, so bis zum Inkrafttreten der Insolvenzordnung auch noch in Deutschland. Eine bevorzugte Befriedigung niederlassungsbezogener Forderungen dürfte zwar in einem Universalinsolvenzverfahren unüblich sein, beruht in einem auf das Inlandsvermögen beschränkten Insolvenzverfahren aber auf sachlichen Erwägungen. Letzten Endes würde die Bundesrepublik ein ausländisches Insolvenzverfahren, in dem die in Art. 21 genannten Gläubiger vorrangig befriedigt werden, wohl anerkennen. Ob die übrigen Beteiligten aber als einfache Gläubiger de facto leer ausgehen oder von der Verteilung, wie gemäß Art. 21 IstanbÜ, de lege ausgeschlossen sind, macht keinen Unterschied, der die Annahme eines ordre public-Verstoßes rechtfertigen würde.

Verbleibt dagegen ein *Überschuß aus dem Sekundärinsolvenzverfahren*, so ist er an den Verwalter des Hauptverfahrens auszukehren (Art. 22 IstanbÜ). Er unterliegt dem besonderen, klasselosen Verteilungsverfahren des Art. 24 IstanbÜ, in dem die vom Sekundärkonkurs ausgeschlossenen Gläubiger mit den

---

[101] Umfassendes Teilnahmerecht bei Geltung der Privilegienordnung der lex fori concursus. Es kommt nicht darauf an, daß nach künftigem deutschem Recht ein klasseloses Verteilungsverfahren stattfindet.

Gläubigern des Hauptinsolvenzverfahrens[102] konkurrieren. Letztere müssen sich jedoch eine eventuelle Quote aus dem Hauptinsolvenzverfahren gemäß Art. 5 IstanbÜ anrechnen lassen, werden also bei der Verteilung des Masseüberschusses erst dann berücksichtigt, wenn ihnen die in Art. 21 ausgeschlossenen Gläubiger des Sekundärinsolvenzverfahrens hinsichtlich der Quote gleichgestellt sind. Auf diese Weise wird den durch Art. 21 Ausgeschlossenen eine angemessene Beteiligung am Masseüberschuß gesichert.

Das Verteilungsverfahren nach Art. 21, 24 IstanbÜ führt daher nicht zu Ergebnissen, die mit wesentlichen Grundsätzen der deutschen Rechtsordnung unvereinbar wären. Es verstößt nicht gegen den deutschen ordre public und stellt keinen zwingenden Grund dar, von einer Ratifikation des Übereinkommens abzusehen.

bb. Umfang der Anerkennung ausländischer Sekundärinsolvenzverfahren nach dem IstanbÜ

Zu untersuchen bleibt, welche Wirkungen ausländischer Sekundärinsolvenzverfahren die Bundesrepublik im Fall einer Ratifikation des Übereinkommens anzuerkennen hätte und inwieweit diese Verpflichtung durch einen Vorbehalt nach Art. 40 I IstanbÜ berührt wird. Dabei ist nach der Reichweite des Vorbehalts zu unterscheiden: Erklärt die Bundesrepublik nur, Kapitel III nicht anwenden zu wollen (im folgenden: "einfacher Vorbehalt"), so hat sie ein parallel zum deutschen Universalverfahren durchgeführtes ausländisches Sekundärverfahren zumindest insoweit anzuerkennen, als das in Art. 20 II, 23, 24 IstanbÜ vorgesehen ist. Von der Bindung an diese Vorschriften kann sie sich durch eine ausdrückliche Erklärung (im folgenden: "erweiterter Vorbehalt") befreien. Dann ist ein anderer Staat, der ein Sekundärinsolvenzverfahren durchführt, im Verhältnis zu Deutschland von der Beachtung des Art. 21 freigestellt (Art. 40 II 1 IstanbÜ).

(1) Einfacher Vorbehalt

Der einfache Vorbehalt entbindet Deutschland von der Beachtung aller Vorschriften des Kapitel III, mit Ausnahme der Art. 20 II, 23 und 24 IstanbÜ.

[102] Die in Art. 21 genannten Forderungen nehmen, da sie voll befriedigt worden sind (andernfalls wäre kein Masseüberschuß verblieben), an der Verteilung nach Art. 24 nicht mehr teil.

Ist eine Forderung im Sekundärinsolvenzverfahren angemeldet worden, so hat der Verwalter des Sekundärverfahrens den des Hauptverfahrens davon zu benachrichtigen; gemäß *Art. 20 II IstanbÜ* gilt die Mitteilung als *Forderungsanmeldung* im Universalinsolvenzverfahren.

Bedenken sind zunächst gegen das Verfahren des Art. 20 II IstanbÜ geäußert worden. Um die Anmeldungswirkung zu begründen, genügt die Übersendung von Kopien an den Verwalter des Hauptverfahrens. Dadurch werde "neben der im Inland vorgeschriebenen Form der Forderungsanmeldung ein zusätzliches Verfahren eingeführt"[103]. Einziger Unterschied gegenüber der Anmeldung durch den Gläubiger nach § 201 I 2, II EInsO und Art. 31 IstanbÜ ist jedoch, daß die Anmeldungsunterlagen dort nicht beim Verwalter, sondern beim Insolvenzgericht einzureichen sind. Zwingende Gründe, an dieser Form auch im Verhältnis zu anderen Mitgliedstaaten des Istanbuler Übereinkommens festzuhalten, sind nicht ersichtlich.

Die Anmeldungswirkung des Art. 20 II IstanbÜ könnte man einem Sekundärinsolvenzverfahren sogar dann zugestehen, wenn man - entgegen der hier vertretenen Ansicht - seine materiellrechtlichen Folgen deshalb nicht anerkennt, weil Art. 21 IstanbÜ bestimmte Gläubiger von der Verteilung ausschließt: Da nach Art. 20 I IstanbÜ im Sekundärverfahren sämtliche Forderungen, auch die nicht zur Verteilung zugelassenen, angemeldet werden können, kommt Art. 20 II auch und gerade den durch Art. 21 Ausgeschlossenen zugute. Er bietet ihnen eine Möglichkeit, ihre Forderungen zur Masse des Hauptverfahrens anzumelden, ohne sich um die Formalitäten des Staates, der das Hauptverfahren eröffnet hat, kümmern zu müssen. Schließlich sichert Art. 20 II in Verbindung mit Art. 24 IstanbÜ den nach Art. 21 vom Sekundärinsolvenzverfahren Ausgeschlossenen eine gewisse Beteiligung wenigstens an dessen Masseüberschuß.

Insgesamt besteht daher keine Notwendigkeit, wegen des Art. 20 II anstelle eines einfachen einen erweiterten Vorbehalt zu erklären.

Der Staat, der einen einfachen Vorbehalt erklärt hat, ist außerdem an *Art. 23 IstanbÜ* gebunden: Das *Recht zur Teilnahme am Universalverfahren* darf einer Forderung, die vor Eröffnung des Sekundär-, aber nach Eröffnung des Hauptverfahrens entstanden ist, nicht allein aus diesem Grund verweigert werden. Dagegen bestimmt sich aus der Sicht des deutschen IIR das Teilnahmerecht am Universalverfahren allein nach dem materiellen Insolvenzrecht des Eröffnungsstaates: Insolvenzgläubiger im deutschen Universalverfahren sind nur die Gläubiger, de-

---

[103] DAV, Stellungnahme zum ERats-Entwurf 1989, 22 (zu Art. 17 a. F.).

ren Forderungen vor Eröffnung dieses Verfahrens entstanden sind (§ 45 EInsO). Eine erst im Laufe des Hauptverfahrens entstandene Forderung ist nach deutschem Recht nicht allein deshalb teilnahmeberechtigt, weil sie vor Eröffnung eines parallelen Sekundärverfahrens entstanden ist und dort ordnungsgemäß angemeldet - wenngleich nicht befriedigt - wurde.

Zu berücksichtigen ist allerdings auch, daß die durch Art. 23 I IstanbÜ begünstigten Gläubiger gemäß Art. 23 II IstanbÜ nur aus dem Masseüberschuß des Sekundärverfahrens befriedigt werden. Die beiden Absätze des Art. 23 stehen zwar, isoliert betrachtet, im Widerspruch zu den Lösungen des deutschen Rechts; zusammen schaffen sie jedoch einen gewissen Ausgleich dafür, daß im Sekundärinsolvenzverfahren nur bestimmte Forderungen befriedigt werden. Im wirtschaftlichen Ergebnis wird so die Kluft zwischen Art. 21 IstanbÜ und dem unbegrenzten Teilnahmerecht am Sonderinsolvenzverfahren, wie es deutschen Vorstellungen entspricht, ein Stück weit geschlossen. Vor dem Hintergrund der sonstigen Regelungen des Übereinkommens hat also Art. 23 seine Berechtigung; allein um die Bindung an diese Vorschrift zu vermeiden, ist ein erweiterter Vorbehalt nicht notwendig.

In bezug auf den Masseüberschuß aus dem Sekundärkonkurs findet nach *Art. 24 IstanbÜ* im Rahmen des Universalverfahrens ein *klasseloses Verteilungsverfahren* statt. Nach deutschem IIR unterliegt die Berechnung der Quoten hingegen allein deutschem Insolvenzrecht, auch soweit es um die Verteilung des Überschusses aus einem (anerkennungsfähigen oder nicht anerkennungsfähigen) ausländischen Sonderinsolvenzverfahren geht. Da aber das neue deutsche Recht allgemeine Vorrechte ebensowenig kennt wie Art. 24 IstanbÜ, also hier wie dort ein klasseloses Verteilungsverfahren stattfindet, dürfte es insoweit nicht zu unterschiedlichen Ergebnissen kommen.

Der erweiterte Vorbehalt ist dem einfachen also auch nicht schon deshalb vorzuziehen, weil er Deutschland im Verhältnis zu ausländischen Sekundärinsolvenzverfahren von der Verpflichtung entbindet, die Art. 20 II, 23, 24 IstanbÜ zu beachten. Zu untersuchen bleibt, inwiefern sich die Rechtswirkungen des erweiterten und des einfachen Vorbehalts sonst noch unterscheiden.

(2) Erweiterter Vorbehalt

Im Fall eines erweiterten Vorbehalts wären andere Mitgliedstaaten, auch wenn sie sich grundsätzlich zur Anwendung von Kapitel III verpflichtet haben, im Verhältnis zu Deutschland nicht an Art. 21 IstanbÜ gebunden (Art. 40 II 2 IstanbÜ).

Sie dürften ohne eigenen Vorbehalt den Kreis der an ihrem Sekundärkonkurs teilnahmeberechtigten Gläubiger abweichend von Art. 21 IstanbÜ bestimmen[104]. Ob sie ihn nur enger, nur weiter oder völlig unabhängig von Art. 21 bestimmen dürften, ergibt sich allein aus dem Wortlaut der einschlägigen Vorschriften nicht.

Die trotz eines einfachen Vorbehalts anwendbaren Art. 20 II, 23, 24 IstanbÜ dienen dem Schutz derjenigen Gläubiger, deren Forderungen nach Art. 21 im Zweitverfahren nicht befriedigt werden. Wird ihnen der Schutz der Art. 20 II, 23, 24 entzogen, weil der Staat des Hauptverfahrens einen erweiterten Vorbehalt erklärt hat, so entfällt zum Ausgleich die Bindung des Zweitstaats an Art. 21. Das bedeutet, daß der Zweitstaat aufgrund von Art. 40 II 2 die nach Art. 21 ausgeschlossenen Gläubiger ins Sekundärinsolvenzverfahren einbeziehen, aber nicht die in Art. 21 genannten ausschließen darf. Auch der DAV[105] versteht die Vorschrift so, wendet jedoch ein, es sei nicht einzusehen, warum ein Staat, der Kapitel III anwendet, ein Interesse daran haben sollte, auch andere als die in Art. 21 genannten Forderungen zu berücksichtigen. Dieses Interesse kann deshalb sehr wohl bestehen, weil der betreffende Staat die nach seinem Recht nachrangigen Gläubiger lieber selbst aus dem Masseüberschuß befriedigen wird, als sie auf die Verteilung dieses Überschusses in einem Auslandskonkurs ungewisser Ausgestaltung zu verweisen. - Die Berücksichtigung der in Art. 21 nicht genannten Gläubiger bei der Masseverteilung eines ausländischen Sekundärinsolvenzverfahrens ist vom deutschen Standpunkt aus erwünscht. Deshalb - und nur deshalb - sollte Deutschland also im Falle einer Ratifikation nicht nur einen einfachen, sondern einen erweiterten Vorbehalt erklären.

c. *Zwischenergebnis*

Für den Fall, daß die Bundesrepublik das Übereinkommen ratifiziert, empfiehlt es sich, die Nichtanwendung von Kapitel III einschließlich Art. 20 II, 23 und 24 IstanbÜ vorzubehalten. Überhaupt einen Vorbehalt zu erklären ist unumgänglich, damit Deutschland nicht selbst Sekundärinsolvenzverfahren durchführen muß. Auf die Nichtanwendung der Art. 20 II, 23, 24 IstanbÜ erweitert werden sollte der Vorbehalt nicht wegen dieser Vorschriften selbst, sondern damit andere Mitgliedstaaten, die nicht die Nichtanwendung von Kapitel III vorbehalten haben,

---

104 Begründung zum IstanbÜ, Ziff. 173 (zu Art. 40).

105 DAV, Stellungnahme zum ERats-Entwurf 1989, 21.

gleichwohl von der Beachtung des Art. 21 befreit sind und auch die Forderungen deutscher nichtprivilegierter Gläubiger begleichen können.

Kapitel IX. Vorschriften zum Schutz ausländischer Gläubiger

Das Istanbuler Übereinkommen enthält schließlich in Kapitel IV Vorschriften, die sicherstellen, daß die außerhalb des Staates der Verfahrenseröffnung ansässigen Gläubiger tatsächlich gleichberechtigt am Insolvenzverfahren teilnehmen können. Diese Vorschriften gehörten von Anfang an zum Kernbestand des geplanten Übereinkommens des Europarats[1] und sind so oder ähnlich auch in verschiedenen EG-Entwürfen enthalten[2]. Die außerhalb des Eröffnungsstaates ansässigen Gläubiger sind zum einen individuell von der Verfahrenseröffnung zu benachrichtigen, zum anderen sind die Modalitäten der Anmeldung ihrer Forderungen besonders geregelt.

Gemäß Art. 9 IstanbÜ ist die Entscheidung über die Bestellung des Verwalters in denjenigen Staaten, in denen er seine Befugnisse ausüben will, nach den dort geltenden Vorschriften zu bekanntzumachen. Nach §§ 385 ff. EInsO sind ausländische Eröffnungsbeschlüsse ebenso wie inländische im *Bundesanzeiger* und ggf. in *öffentlichen Registern*, vor allem im Grundbuch, bekanntzumachen. Antragsberechtigt ist der ausländische Verwalter (§§ 385 I 1, 386 I EInsO). Diese Publikation kann zwar den Gläubigern in anderen Staaten faktisch zugute kommen - sie werden dadurch insbesondere schneller von der Konkurseröffnung erfahren als über die individuelle Benachrichtigung. Von ihrer Zweckrichtung her dient die Bekanntmachung jedoch in erster Linie nicht ihnen, sondern der Masse insgesamt, da sie den gutgläubigen Erwerb Dritter vom Gemeinschuldner bzw. die befreiende Wirkung der Leistung Dritter an ihn erheblich einschränkt (Art. 13 IstanbÜ / §§ 388 f. EInsO). Der enge Zusammenhang mit den Befugnissen des Verwalters außerhalb des Eröffnungsstaates zeigt sich im Übereinkommen besonders deutlich daran, daß jeder Mitgliedstaat, der Kapitel II nicht anwendet, auch von der Bekanntmachung ausländischer Verfahren nach Art. 9 IstanbÜ befreit ist. Auch das Antragsrecht des Verwalters, das künftig in §§ 385 I 1, 386 I EInsO

---

1 Vgl. Art. 9-12 ERats-Entwurf 1984; Art. 26-29 ERats-Entwurf 1988.

2 Art. 30 I EG-Entwurf 1980; Art. 31 EG-Entwurf 1984; Art. 31-34 EG-Entwurf 1992.

festgeschrieben ist, wurde ihm schon bisher zugestanden[3] und aus der Zweckrichtung der Publikation hergeleitet[4].

1. Geltungsbereich von Kapitel IV des Übereinkommens

Über den Geltungsbereich der Kapitel II und III (vgl. Art. 1 I) hinaus ist Kapitel IV des Istanbuler Übereinkommens auch anwendbar auf Verfahren, die nicht zur Folge haben, daß der Schuldner seine Verwaltungs- und Verfügungsbefugnis verliert, oder die nicht zur Liquidation seines Vermögens führen können, sowie auf Sekundärinsolvenzverfahren (Art. 29).

Kapitel IV gilt mithin für alle Kollektivverfahren mit Gläubigeraufruf, d. h. neben dem traditionellen Konkurs und gerichtlichen Vergleichsverfahren auch für *Rehabilitierungs- und Sanierungsverfahren*[5]. Die einschlägigen Verfahren sind im Anhang A zum Istanbuler Übereinkommen aufgelistet.

Es steht den Mitgliedstaaten, wie festgestellt, frei, neben oder außer dem Sekundärinsolvenzverfahren, wie es in Kapitel III IstanbÜ umschrieben ist, weitere oder andere Formen gegenständlich beschränkter Insolvenzverfahren durchzuführen. Wenn der letzte Halbsatz von Art. 29 IstanbÜ statuiert, daß Kapitel IV auch auf *Sekundärinsolvenzverfahren* ("secondary bankruptcy proceedings" / "procédures de faillite secondaire") anwendbar ist, so sind damit *"sonstige" gegenständlich beschränkte Verfahren* nicht ausdrücklich angesprochen. Es wäre gleichwohl verfehlt, sie von der Anwendung des Kapitel IV IstanbÜ auszunehmen: Art. 29, letzter Halbs., ist als Klarstellung, aber nicht als abschließende Aufzählung zu verstehen. Für andere Verfahren - seien sie gegenständlich beschränkt oder nicht - kommt es allein darauf an, ob sie von der Definition der Art. 29, 2. Halbs., Art. 1 I IstanbÜ erfaßt werden.

Die Vorschriften des Kapitels IV können nicht insgesamt durch Vorbehalte der dem Übereinkommen beitretenden Staaten abbedungen werden (Art. 40 I, III), nur in der Sprachenfrage ist nach Art. 39 ein Vorbehalt zulässig.

---

[3] Grundlage war die direkte (*Hanisch*, OLG Zweibrücken EWiR § 113 KO 1/90, 83 (84); *ders.*, ZIP 1992, 1125 (1127)) oder analoge (OLG Zweibrücken, IPRax 1991, 186 (187)) Anwendung des § 113 III KO. - A. A. *Arnold*, in: *Gottwald*, InsolvenzRHdb, § 122 Rn. 51: Antragsrecht des Konkursgerichts.

[4] *Gottwald*, IPRax 1991, 168 (170 f.); OLG Zweibrücken, IPRax 1991, 186 (187); zust. *Rössner*, WuB VI B. § 113 KO 1.90, 523.

[5] *Wiesbauer*, ÖJZ 1988, 12 (15).

2. *Verständigung der Gläubiger*

a. *Istanbuler Übereinkommen*

Sobald in einem Mitgliedstaat ein Haupt- oder Zweitinsolvenzverfahren eröffnet wird, haben die zuständige Behörde oder der Verwalter alle ihnen bekannten ausländischen Gläubiger des Gemeinschuldners einzeln - ggf. durch Formularschreiben - zu benachrichtigen und, insbesondere über zu ergreifende Maßnahmen und dafür geltende Fristen, zu belehren (Art. 30 IstanbÜ). Dem Schutzzweck der Norm entsprechend ist die Benachrichtigung nur zugunsten derjenigen Gläubiger vorgeschrieben, die nicht im Staat der Verfahrenseröffnung ansässig sind, was selbstverständlich weitergehende nationale Bestimmungen nicht ausschließt. Die Benachrichtigung kann in der Amtssprache der benachrichtigenden Stelle abgefaßt sein, ist aber gegebenenfalls in eine der Sprachen des Europarats (Englisch und Französisch), des Gläubigers oder des Vertragsstaates, in dem sich der Gläubiger aufhält, zu übersetzen (Art. 32 I IstanbÜ).

Die Pflicht zur Verständigung besteht auch dann, wenn sie durch die Aktiva der Masse nicht gerechtfertigt sein sollte, weil eine solche Prognose im Augenblick der Verfahrenseröffnung nur sehr schwer zu treffen ist und nicht dazu führen darf, daß eine Forderung nur deshalb nicht befriedigt wird, weil der Gläubiger gar nicht erst von der Insolvenz erfährt. Außerdem kann ein Gläubiger unabhängig von seinen Befriedigungschancen daran interessiert sein, über die Konkurseröffnung informiert zu werden und seine Forderungen anzumelden, etwa um die Unterbrechung der Verjährung herbeizuführen[6].

b. *Künftige deutsche Rechtslage und Stellungnahme*

Vorbild für Art. 30 IstanbÜ war § 111 III KO. Der EInsO hat an der dort vorgeschriebenen individuellen Benachrichtigung festgehalten und sie durch eine Belehrungspflicht entsprechend der nach Art. 30 IstanbÜ ergänzt: Der Eröffnungsbeschluß ist den Gläubigern, deren Anschrift dem Gericht bekannt ist, besonders zuzustellen (§ 36 II EInsO). Sie werden darin aufgefordert, ihre Forderungen innerhalb einer bestimmten Frist und in der Form des § 201 EInsO anzumelden (§ 32 EInsO). Ebenso wie Art. 30 IstanbÜ finden auch §§ 32, 36 II EInsO auf ein Sonderinsolvenzverfahren ebenso Anwendung wie auf ein universelles Insol-

---

6 Begründung zum IstanbÜ, Ziff. 155 (zu Art. 30); *Albanese*, in: Le droit de la faillite internationale, 145 (154 f.); *Arnold*, ZIP 1984, 1144 (1151).

venzverfahren. Insoweit entspricht die künftige deutsche Regelung den Vorgaben des Übereinkommens.

Eine Sprachregelung enthält der EInsO jedoch nicht, so daß es bei § 184 GVG (Gerichtssprache ist Deutsch) bleibt. Das steht im Widerspruch zu Art. 32 I IstanbÜ, wonach die Mitteilung zwar in der Sprache des Insolvenzgerichts abgefaßt sein kann, aber ggf. in eine der Amtssprachen des Europarates, in die Sprache des Gläubigers oder des Landes, in dem er ansässig ist, zu übersetzen ist. Die Bundesrepublik kann dieser Übersetzungspflicht durch den geplanten[7] Vorbehalt entgehen, die Mitteilung ausschließlich in deutscher Sprache abzufassen (Art. 39 I IstanbÜ).

Ein solcher Vorbehalt wäre indes nicht unbedingt sinnvoll. Zum einen steht das Übereinkommen einer formularmäßigen Benachrichtigung - wie sie auch in rein nationalen Verfahren gewöhnlichen Umfangs allein praktikabel ist - nicht entgegen: Bei den Beratungen zum Übereinkommen war sogar erwogen worden, einen einheitlichen Text für alle Vertragsstaaten zu entwerfen, wovon man hatte nur deshalb abgesehen hatte, um den Rechtsvorschriften im jeweiligen Eröffnungsstaat besser Rechnung tragen zu können[8]. Zum anderen haben die deutschen Stellen die Wahl, in welche der in Art. 30 II IstanbÜ genannten Sprachen sie den Eröffnungsbeschluß übersetzen. Den Erfordernissen des Übereinkommens wäre also bereits durch ein Merkblatt oder Formular in englischer und / oder französischer Sprache Genüge getan. Der Aufwand, es ein einziges Mal zu erstellen und dann im jeweiligen Konkursfall mit den einschlägigen Daten (Person des Gemeinschuldners, Zeitpunkt der Verfahrenseröffnung, Fristen etc.) auszufüllen, ist angesichts der auf dem Spiele stehenden Interessen der ausländischen Gläubiger sicherlich zu verkraften.

Nach dem Wortlaut von Art. 32 I IstanbÜ ist eine Übersetzung in die Sprache des Landes, in dem der Gläubiger ansässig ist, nur zulässig, wenn es sich hierbei um einen Mitgliedstaat des Übereinkommens handelt. Diese Einschränkung ist weder mit dem Schutz des Gläubigers zu rechtfertigen (ob er die Sprache seines Aufenthaltsstaates versteht, hängt nicht davon ab, ob dieser Staat dem Übereinkommen beigetreten ist) noch mit dem Schutz der Behörden des Eröffnungsstaates (sie haben ja die Wahl, in welche Sprache die Mitteilung übersetzt wird, und können sich stets auch für eine der Amtssprachen des Europarats entscheiden).

---

7 *Wiesbauer*, in: Neuerungen im IIR, 64 (70); *ders.*, ÖJZ 1988, 12 (15).

8 Begründung zum IstanbÜ, Ziff. 157 (zu Art. 30); *Arnold*, ZIP 1984, 1144 (1151 f.).

Anders als nach deutschem Recht werden nach dem Übereinkommen nur die Gläubiger, nicht aber die Drittschuldner von der Verfahrenseröffnung benachrichtigt. Die weitergehende deutsche Regelung verdient den Vorzug, da sie schon vor der öffentlichen Bekanntmachung der Verfahrenseröffnung im Zweitstaat ausschließt, daß ein Drittschuldner gutgläubig an den Gemeinschuldner leistet.

3. *Erleichterungen der Forderungsanmeldung*

a. *Istanbuler Übereinkommen*

Gläubiger, die sich in einem anderen Mitgliedstaat aufhalten als dem, in dem das Verfahren eröffnet wurde, können ihre Forderungen gemäß Art. 31 des Istanbuler Übereinkommens schriftlich beim Verwalter oder bei der in Art. 30 genannten Stelle - derjenigen, von der die Mitteilung über die Verfahrenseröffnung ausging - anmelden.

Sie haben Rechtsnatur, Entstehungszeitpunkt und Betrag der Forderung sowie eventuell beanspruchte Vorrechte oder Sicherheiten anzugeben und die zum Nachweis der Forderung dienlichen Schriftstücke beizufügen (Art. 31 S. 2 IstanbÜ). Dabei können sich die Gläubiger ihrer eigenen Sprache bedienen, "sollen" dem Schreiben aber, wenn es nicht in der Sprache der Stelle, die das Verfahren eröffnet hat, abgefaßt ist, eine Übersetzung in einer der Europaratssprachen beifügen ("a translation... shall be attached to it", Art. 32 II IstanbÜ). Es bleibt im Einzelfall der Entscheidung des Verwalters oder des Gerichts überlassen, ob eine Übersetzung erforderlich ist[9]; die Übersetzungskosten dürften mangels entgegenstehender Bestimmung zu Lasten des jeweiligen Schuldners gehen[10]. Das Verfahren der Forderungsfeststellung unterliegt dem Recht des Eröffnungsstaates.

b. *Künftige deutsche Rechtslage und Stellungnahme*

Daß die Forderungen schriftlich angemeldet werden können, ergibt sich für das neue deutsche Recht aus der allgemeinen Vorschrift des § 201 I 1 EInsO. Auch hier sind, wie nach Art. 31 S. 2 IstanbÜ, Grund und Betrag der Forderung anzu-

9 Begründung zum IstanbÜ, Ziff. 166 (zu Art. 32).

10 Anders Art. 33, 34 II 3 EG-Entwurf 1992: Etwaige Übersetzungskosten trägt die Masse.

geben und die Urkunden, aus denen sich die Forderung ergibt, beizufügen (§ 201 I 2, II EInsO).

Mangels besonderer Regelung sind alle Forderungen in deutscher Sprache anzumelden. Das Übereinkommen läßt den Mitgliedstaaten die Freiheit, den Kreis der Sprachen, in denen eine Forderung angemeldet werden kann, entweder auf die eigene(n) Amtssprachen(n) einzuengen (Art. 39 I) oder beliebig auszuweiten (Art. 39 II). Daher ist die künftige deutsche Rechtslage mit Übereinkommen vereinbar, wenn die Bundesrepublik - wie geplant[11] - einen Vorbehalt nach Art. 39 I IstanbÜ erklärt.

Anders als bei der Mitteilung nach Art. 31 IstanbÜ spricht hier manches für einen Vorbehalt in der Sprachenfrage. Die Mitteilung an die Gläubiger sieht, von einzelnen Daten abgesehen, immer gleich aus und kann deshalb für eine unbestimmte Zahl von Fällen als Vordruck vorformuliert werden. Dagegen sind bei der Anmeldung von Forderungen eine Vielzahl unterschiedlichster Texte zu verstehen und zu beurteilen. In drei Sprachen (außer dem Recht des Eröffnungsstaates läßt Art. 32 II 2 IstanbÜ Englisch und Französisch zu) arbeiten zu müssen, kann den Verwalter hier vor erhebliche Schwierigkeiten stellen. Im übrigen kann es für die Erforderlichkeit einer Übersetzung nicht nur auf die Sprachkenntnisse des Verwalters ankommen; vielmehr können auch andere Verfahrensbeteiligte in der Wahrnehmung ihrer Rechte behindert werden[12], z. B. wenn es darum geht, die Berechtigung einer angemeldeten Forderung zu prüfen.

Maßgeblich für die flexible Sprachregelung des Art. 32 II IstanbÜ war die Überlegung, die zum Beweis einer Forderung vorzulegenden Schriftstücke sollten als Fotokopie, also in ihrer Originalsprache vorgelegt werden können[13]. Insofern wäre eine absolute Übersetzungspflicht tatsächlich bedenklich, da sie auch Gläubiger beträfe, deren Forderungen mangels ausreichender Masse keine Befriedigungschance haben (etwa wegen Nachrangs nach § 46 EInsO). Dieser Zweck der Sprachregelung wird indes auch im künftigen deutschen Recht gewahrt: § 184 GVG erfaßt nur Schriftsätze und Eingaben der Verfahrensbeteiligten; für Urkunden in fremder Sprache bleibt es bei § 142 III ZPO, wonach das Gericht anord-

---

[11] Stellungnahme der BRep. zum ERats-Entwurf 1988, 13 f.; *Wiesbauer*, in: Neuerungen im IIR, 64 (70); *ders.*, ÖJZ 1988, 12 (15).

[12] Zu Recht betont *Gummer*, in: *Zöller*, ZPO, § 184 GVG Rn. 3, die Bedeutung des § 184 GVG für die anderen Verfahrensbeteiligten.

[13] Begründung zum IstanbÜ, Ziff. 166 (zu Art. 32).

nen "kann", daß von den in fremder Sprache abgefaßten Urkunden eine Übersetzung beigebracht werde[14].

Im Interesse der übrigen Verfahrensbeteiligten verdient daher die Sprachregelung des deutschen Rechts (Übersetzung ins Deutsche) den Vorzug gegenüber der des Art. 32 II IstanbÜ (Übersetzung ins Englische oder Französische). Die Bundesrepublik sollte, wenn sie sich für eine Ratifikation des Übereinkommens entscheidet, einen entsprechenden Vorbehalt nach Art. 39 IstanbÜ erklären.

---

14 *Albers*, in: *Baumbach / Lauterbach*, ZPO, § 184 GVG Rn. 4.

Kapitel X. Zusammenfassung und Ergebnis

1. Das Istanbuler Übereinkommen und das künftige deutsche Recht

a. Einzelne Regelungen des Übereinkommens

aa. Anerkennung ausländischer Insolvenzverfahren in Deutschland

Der EInsO und das Istanbuler Übereinkommen knüpfen die Wirkungen eines Insolvenzverfahrens auf das außerhalb des Eröffnungsstaates belegene Vermögen im wesentlichen an dieselben *Voraussetzungen*. Dazu gehört zunächst die internationale Zuständigkeit zur Eröffnung eines Insolvenzverfahrens mit extraterritorialer Wirkung (§ 384 Nr. 1 EInsO, Art. 3 Buchst. a IstanbÜ); die jeweiligen Zuständigkeitsnormen (direkte der §§ 3 I, 384 Nr. 1 EInsO, indirekte des Art. 4 IstanbÜ) dürften trotz unterschiedlichen Wortlauts zu ähnlichen Ergebnissen führen. Außerdem muß das Verfahren extraterritoriale Wirkung beanspruchen und muß die Eröffnungsentscheidung nach dem Recht des Eröffnungsstaates wirksam sein (Art. 3 Buchst. b IstanbÜ). Während der EInsO die Anerkennung ausländischer Insolvenzverfahren weder an die Verbürgung der Gegenseitigkeit noch an die Bekanntmachung der Verfahrenseröffnung im Inland knüpft (obwohl letztere in §§ 385-387 EInsO vorgesehen ist), treten nach dem Istanbuler Übereinkommen bestimmte wesentliche Verfahrenswirkungen erst zwei Monate nach Bekanntmachung der Verfahrenseröffnung im Zweitstaat ein (Art. 11 III). Die Anerkennung ist ausgeschlossen, soweit der Eröffnungsbeschluß oder seine Wirkungen gegen den ordre public des Zweitstaates verstoßen (§ 384 Nr. 2 EInsO, Art. 3 Buchst. c, Art. 14 II Buchst. b IstanbÜ). Eines besonderen Exequaturverfahrens bedarf es nicht; der Verwalter muß sich jedoch, wenn seine Befugnisse bestritten werden, sowohl nach deutschem Recht als auch nach Art. 12 IstanbÜ zu ihrer Durchsetzung der Gerichte des Anerkennungsstaates bedienen.

Hat der Gemeinschuldner den Mittelpunkt seiner wirtschaftlichen Interessen in einem Drittstaat, der nicht Mitglied des Übereinkommens ist, so steht das Übereinkommen der Anerkennung eines dort eröffneten Verfahrens in Deutschland nicht entgegen (Art. 14 I IstanbÜ). Das gilt - unabhängig von der zeitlichen Reihenfolge der Eröffnungsbeschlüsse - selbst dann, wenn zugleich ein Mitgliedstaat von der subsidiären Kompetenz des *Art. 4 II IstanbÜ* Gebrauch gemacht hat. Auch einem deutschen Sonderinsolvenzverfahren steht Art. 4 II IstanbÜ nicht entgegen. Nur wenn weder das drittstaatliche Universalverfahren noch ein deutsches Sonderinsolvenzverfahren stattfinden, weichen Art. 4 II, 6 ff. IstanbÜ im praktischen Ergebnis vom autonomen deutschen Recht ab, das einem ausländischen Niederlassungskonkurs unter keinen Umständen Wirkung für das deutsche Vermögen zuerkennt. In diesem Ausnahmefall ist aber die universelle Zuständigkeit nach Art. 4 II Buchst. b IstanbÜ sachgerecht und die nach Art. 4 II Buchst. a IstanbÜ hinnehmbar; beide sollten kein Grund sein, von der Ratifikation des Übereinkommens abzusehen.

Anders als der EInsO entscheidet sich das Übereinkommen nicht grundsätzlich zugunsten der *Universalität* des Konkurses; die Verfahrenswirkungen sind in anderen Staaten nicht umfassend, sondern nur insoweit anzuerkennen, als das ausdrücklich vorgesehen ist. So unterliegt das grundsätzlich gewährleistete Recht des Verwalters, seine Befugnisse auch in anderen Mitgliedstaaten auszuüben, wesentlichen Einschränkungen (Art. 11 I, 14 II Buchst. a IstanbÜ). Die Entscheidung des EInsO, die *Verwaltungs-, Verfügungs- und Prozeßführungsbefugnisse* des ausländischen Verwalters sofort und umfassend anzuerkennen (§ 379 EInsO), verdient demgegenüber den Vorzug. Die *Einzelrechtsverfolgung* - Klage, vorläufiger Rechtsschutz und vor allem die Einzelzwangsvollstreckung - in das außerhalb des Eröffnungsstaates belegene Vermögen des Schuldners sollte entgegen Art. 11 II IstanbÜ ausgeschlossen werden. Eine Ausnahme kommt nur zugunsten derjenigen Gläubiger in Frage, die von der Teilnahme am Auslandsinsolvenzverfahren völlig ausgeschlossen sind, soweit ihre Interessen nicht durch ein inländisches Parallelinsolvenzverfahren gewahrt werden. Die Abweichung von den Bestimmungen des Übereinkommens ist durch Art. 15 IstanbÜ gerechtfertigt, ohne daß die Bundesrepublik nach Art. 40 I die Nichtanwendung von Kapitel II des Übereinkommens vorbehalten müßte.

bb. Extraterritorialer Geltungsanspruch deutscher Insolvenzverfahren

Hat sich ein Gläubiger nach Eröffnung eines deutschen Universalverfahrens aus dem ausländischen Vermögen des Gemeinschuldners befriedigt, so hat er das Erlangte nach § 383 I EInsO als ungerechtfertigte Bereicherung an den deutschen Verwalter *herauszugeben*, wenn die Befriedigung im Wege der Einzelvollstrekkung geschah oder auf der Verteilung der Masse eines nicht anerkennungsfähigen ausländischen Insolvenzverfahrens beruhte. Dagegen können Gläubiger, die an einem anerkennungsfähigen ausländischen Insolvenzverfahren teilgenommen haben, das dort Erlangte behalten (§ 383 II EInsO), gleich ob dieses ausländische

Verfahren legitimerweise universelle Geltung beansprucht oder ob es auf das im Eröffnungsstaat belegene Vermögen beschränkt ist.

Kann der Herausgabeanspruch nicht durchgesetzt werden oder besteht ein solcher nicht, so ist der ausländische Erwerb grundsätzlich auf die dem Gläubiger im deutschen Verfahren zustehende Quote *anzurechnen*. Der Erlös aus der Verwertung einer dinglichen Sicherheit ist jedoch nur auf die Forderung anzurechnen, falls der Gläubiger auch aus deutscher Sicht zur vorrangigen Befriedigung aus dem Sicherungsgut berechtigt war.

Beansprucht ein deutsches Insolvenzverfahren extraterritoriale Wirkungen, so verpflichtet das Istanbuler Übereinkommen andere Mitgliedstaaten nicht, dieses Verfahren und seine von der deutschen lex fori concursus vorgesehenen Wirkungen umfassend anzuerkennen. Sie können insbesondere im Rahmen des Art. 11 II IstanbÜ die Einzelzwangsvollstreckung zulassen und dinglich gesicherten Gläubigern die uneingeschränkte Verwertung ihrer Sicherheit ermöglichen (Art. 14 II Buchst. a IstanbÜ). Eine entsprechende Vorschrift hindert Deutschland aber, obwohl sie übereinkommenskonform ist, nicht daran, die vom deutschen Recht angestrebten Rechtsfolgen durch Herausgabeansprüche oder Anrechnung des Erlangten soweit wie möglich reflexweise durchzusetzen.

cc. Vorzugsrechte und Privilegien

Das Istanbuler Übereinkommen gesteht dem in einem Mitgliedstaat eröffneten Insolvenzverfahren keine Wirkungen auf *dingliche Rechte Dritter* an außerhalb dieses Staates belegenen Vermögensgegenständen zu (Art. 14 II Buchst. a IstanbÜ). Das entspricht der Haltung des § 390 I EInsO gegenüber ausländischen Insolvenzverfahren. Jedenfalls diese einseitige Lösung des künftigen deutschen Rechts ist strikt abzulehnen. Insgesamt sollten die insolvenzrechtlichen Einschränkungen dinglicher Sicherheiten und sonstiger dinglicher Rechte Dritter an der Insolvenzmasse dem am jeweiligen Lageort geltenden Insolvenzrecht unterstellt werden.

Die *Rangfolge der Begleichung der Insolvenzforderungen* und die Eigenschaft einer Forderung als Masseanspruch unterliegt uneingeschränkt dem Recht des Eröffnungsstaates. Vorgaben des Übereinkommens in die eine oder andere Richtung bestehen hier nicht.

dd. Gegenständlich beschränkte Insolvenzverfahren

Die Einheit des Konkurses ist nur zwischen eng verwandten Rechtsordnungen durchsetzbar. Auf die Durchführung eines *auf das Inlandsvermögen beschränkten Insolvenzverfahrens* zum Schutz bestimmter Gläubiger oder im Interesse der Gesamtmasse kann derzeit (noch) nicht verzichtet werden. Das gilt auch dann, wenn bereits in einem anderen Staat ein anerkennungsfähiges Insolvenzverfahren eröffnet wurde, das universelle Geltung beansprucht. Die übereinstimmende Entscheidung des Übereinkommens und des EInsO, die Eröffnung von auf das Inlandsvermögen beschränkten Insolvenzverfahren zuzulassen, verdient daher Zustimmung.

International zuständig zur Eröffnung eines beschränkten Insolvenzverfahrens sind sowohl nach dem Übereinkommen (Art. 17, direkte Zuständigkeit) als auch nach dem EInsO (§ 393 I) die Gerichte am Ort einer Niederlassung oder sonstigen Vermögens des Gemeinschuldners. Richtigerweise kann die Eröffnung eines Sonderinsolvenzverfahrens entgegen Art. 16 IstanbÜ nicht davon abhängen, daß bereits ein Hauptverfahren stattfindet.

Um eine Zersplitterung der Masse zu verhindern, sind Zweitinsolvenzverfahren möglichst nur durchzuführen, wo das wirtschaftlich günstiger oder im Interesse der dadurch begünstigten Gläubiger vertretbar ist. Daher sollte das *Antragsrecht* für ein Parallelinsolvenzverfahren am Gerichtsstand des Vermögens, enger als in § 396 II EInsO, nur dem Verwalter - allenfalls noch den vom Hauptinsolvenzverfahren ausgeschlossenen Gläubigern - zustehen.

Das Übereinkommen läßt nur bestimmte Forderungen zur *Verteilung der Masse des Sekundärinsolvenzverfahrens* zu (Art. 21 IstanbÜ); es muß deshalb die Stellung der vom Sekundärverfahren ausgeschlossenen Gläubiger im Hauptverfahren besonders regeln (Art. 23, 24 IstanbÜ). Die Lösung des § 399 EInsO, alle Forderungen zum Sonderinsolvenzverfahren zuzulassen und die Verteilung eines eventuellen Masseüberschusses uneingeschränkt dem Recht des Staates des Hauptverfahrens zu überlassen, wird dem Grundsatz gleichmäßiger Befriedigung der Gläubiger besser gerecht und ist darüber hinaus praktisch einfacher zu handhaben.

Insgesamt verdient das Sonderinsolvenzverfahren des EInsO gegenüber dem Sekundärinsolvenzverfahren des Istanbuler Übereinkommens den Vorzug. Die Bundesrepublik kann das Übereinkommen trotz der abweichenden Vorstellungen im Hinblick auf das beschränkte Insolvenzverfahren ratifizieren, wenn sie die *Nichtanwendung von Kapitel III* des Übereinkommens *vorbehält* (Art. 40 I

IstanbÜ). Sie wird dadurch nicht nur frei in der Ausgestaltung eines eigenen gegenständlich beschränkten Insolvenzverfahrens, sondern grundsätzlich auch von der Pflicht zur Anerkennung ausländischer Sekundärinsolvenzverfahren entbunden. Nur von dem Gläubiger, der daran teilgenommen hat, dürfte das Erlangte trotz Vorbehalts nicht herausverlangt werden (Art. 5 IstanbÜ) - was aber nach autonomem deutschem Recht auch nicht der Fall ist, da Art. 21 IstanbÜ nicht gegen den deutschen ordre public verstößt und somit einem entsprechenden Verfahren nicht schon wegen des beschränkten Teilnahmerechts die Anerkennung versagt wird.

Die Art. 20 II, 23, 24 IstanbÜ sind im Gesamtgefüge des Übereinkommens sachgerecht. Gleichwohl ist der *erweiterte* dem einfachen *Vorbehalt* vorzuziehen, weil er die übrigen Mitgliedstaaten im Verhältnis zu Deutschland von der Beachtung des Art. 21 IstanbÜ entbindet: Sie können dann auch Gläubiger, die dort nicht genannt sind, aufgrund ihres autonomen Rechts zur Verteilung der Masse eines Sekundärinsolvenzverfahrens zulassen, ohne selbst die Nichtanwendung von Kapitel III IstanbÜ vorbehalten zu haben.

ee. Vorschriften zum Schutz ausländischer Gläubiger

Die zum Schutz ausländischer Gläubiger vorgesehenen *Mitteilungspflichten* und Formen der *Forderungsanmeldung* (Art. 30 ff. IstanbÜ) kennt auch das künftige deutsche Recht (§§ 32, 36 II EInsO). Nur in der Sprachenfrage müßte die Bundesrepublik, um an ihren Vorstellungen festhalten zu können, bei einer Ratifikation des Übereinkommens einen Vorbehalt nach Art. 39 I IstanbÜ erklären. Sinnvoll ist er indes nur in bezug auf die Sprache, in der die Forderungen anzumelden sind; dagegen genügt der Benachrichtigungspflicht ein zwei- oder dreisprachiges Formular oder Merkblatt, das für die Gläubiger eine erhebliche Hilfe bedeuten kann und auf dessen Verwendung daher nicht verzichtet werden sollte.

b. Zwischenergebnis

Das Istanbuler Übereinkommen und der EInsO weichen in zahlreichen, z. T. grundlegenden Bereichen voneinander ab, insbesondere im Hinblick auf die Grundentscheidung zur Universalität des Konkurses, den Ausschluß der Einzelrechtsverfolgung außerhalb des Eröffnungsstaates und die Ausgestaltung des gegenständlich beschränkten Insolvenzverfahrens. Beiden gemeinsam sind die Entscheidung zugunsten eines Systems der Mehrheit von Insolvenzverfahren und das

Bemühen um mehr Kooperation im internationalen Konkurs, insbesondere um die Koordination mehrerer paralleler Verfahren und um die faktische Gleichstellung in- und ausländischer Gläubiger.

Genügt ein ausländisches Insolvenzverfahren den Bedingungen, an die das deutsche Recht die Anerkennung knüpft, so ist der Gesetzgeber des EInsO sehr viel umfassender bereit, die Inlandswirkungen des Verfahrens anzuerkennen, als das im Istanbuler Übereinkommen vorgesehen ist. Soweit aber das Übereinkommen dem Universalitätsprinzip nicht oder nicht in dem wünschenswerten Umfang zum Durchbruch verhilft, sind anerkennungsfreundlichere nationale Vorschriften zulässig, ohne daß es eines ausdrücklichen Vorbehalts des Mitgliedstaates bedürfte. Nur um ihre eigenen Vorstellungen bezüglich der Ausgestaltung des Sonderinsolvenzverfahrens durchsetzen zu können, sollte die Bundesrepublik einen erweiterten Vorbehalt bezüglich der Anwendung von Kapitel III des Übereinkommens erklären. Im übrigen würde das Übereinkommen die Anerkennung ausländischer Insolvenzverfahren in der Bundesrepublik - verglichen mit den Reformplänen des EInsO - nicht fördern, aber auch nicht hindern. Es stünde insbesondere auch der Anerkennung des Insolvenzverfahrens eines Drittstaates in Deutschland nicht entgegen.

2. *Das Istanbuler Übereinkommen und die Internationalen Insolvenzrechte anderer Länder*

Ob eine Ratifikation des Übereinkommens möglich und sinnvoll ist, hängt unter diesen Umständen davon ab, ob es voraussichtlich die Anerkennung des deutschen Insolvenzverfahrens im Ausland und die internationale Kooperation im allgemeinen fördern wird.

a. *Kapitel II IstanbÜ*

Das Übereinkommen garantiert in Kapitel II dem in einem Mitgliedstaat bestellten Verwalter das Recht, seine Befugnisse auch in anderen Mitgliedstaaten auszuüben, insbesondere das dort belegene Vermögen des Schuldners zu verwalten oder zu verwerten.

Die Befugnisse des Verwalters außerhalb des Eröffnungsstaates unterliegen jedoch auch nach dem Übereinkommen wichtigen Einschränkungen: Über das ausländische Vermögen verfügen kann er frühestens nach einer Frist von zwei Monaten, während der der Gemeinschuldner dispositionsbefugt bleibt, bestimmte Gläubiger weiterhin die Einzelzwangsvollstreckung betreiben und alle Gläubiger ein Sekundärinsolvenzverfahren beantragen können. Generell verwehrt ist dem Verwalter der Zugriff auf Vermögenswerte, an denen dingliche Sicherheiten bestehen. Davon abgesehen kann jeder Mitgliedstaat die Nichtanwendung des Kapitels II vorbehalten (Art. 40 I).

Einen gewissen Fortschritt stellt das Übereinkommen zwar insoweit dar, als für die Anerkennung ausländischer Konkurswirkungen weder ein *Exequatur* des Anerkennungsstaates noch die *Rechtskraft des Eröffnungsbeschlusses* verlangt werden darf; insoweit ist auch kein Vorbehalt der Mitgliedstaaten zulässig. Aber von den Staaten, die die Tätigkeit eines ausländischen Verwalters auf ihrem Territorium an eine gerichtliche Anerkennung binden (z. B. Spanien, Griechenland, Frankreich, Italien, die Schweiz) oder von der Rechtskraft des Eröffnungsbeschlusses abhängig machen (z. B. Italien, die Schweiz), lassen die meisten schon vor diesem Zeitpunkt Maßnahmen zur Sicherung der Masse zu. Bis zur umfassenden Anerkennung der Befugnisse des Verwalters - die freilich an andere Kriterien geknüpft wird - dürfte dort im praktischen Ergebnis Ähnliches gelten wie nach dem Übereinkommen.

Wie Art. 11 II IstanbÜ läßt auch das Recht vieler europäischer Staaten (die Niederlande, Portugal, Dänemark, Schweden, Norwegen, Finnland) die inländische *Einzelvollstreckung* trotz Eröffnung eines Auslandsinsolvenzverfahrens zu. Daß das IstanbÜ neuen Einzelvollstreckungsmaßnahmen wenigstens nach zwei Monaten einen Riegel vorschiebt, ist ein Schritt in die richtige Richtung - allerdings auch nicht viel mehr als das. Praktisch wichtiger dürfte sein, daß der Verwalter in einem Zweitstaat, der ungeachtet des Universalitätsanspruchs der lex fori concursus die Einzelrechtsverfolgung zuläßt, die Eröffnung eines Sekundärinsolvenzverfahrens beantragen kann. Er kann so die Verwertung des Schuldnervermögens in einem Gesamtverfahren herbeiführen, dessen Verteilungsgrundsätze zwar unbefriedigend sein mögen, aber gegenüber den Zufälligkeiten der Einzelzwangsvollstreckung immer noch vorzuziehen sind.

b. Kapitel III IstanbÜ

Außer Belgien und Luxemburg lassen alle europäischen Staaten ein Insolvenzverfahren unter Umständen auch dann zu, wenn bereits ein anderes anhängig ist - sei es, daß sie diesem anderen grundsätzlich keine Inlandswirkungen zugestehen, sei es, daß trotz seiner Anerkennung ein Zweitverfahren als territorial beschränktes zugelassen wird.

Dem Übereinkommen kommt das Verdienst zu, Regeln für die Eröffnung und Koordination mehrerer paralleler Verfahren aufzustellen, die die Abwicklung internationaler Insolvenzen - trotz der Angreifbarkeit in einzelnen Punkten - insgesamt erheblich erleichtern dürften. Dazu gehören außer dem Antragsrecht des Verwalters des Hauptverfahrens die einheitliche (direkte) Regelung der internationalen Zuständigkeit, die vereinfachte Forderungsanmeldung, Anrechnungsregeln bei Teilnahme an beiden Verfahren und gegenseitige Informationspflichten der Verwalter. Gerade wegen der maßvollen Privilegierung inländischer Gläubiger in Art. 21 IstanbÜ bestehen gute Aussichten, daß auch Staaten, die sich (noch) nicht grundsätzlich zum Universalitätsprinzip bekennen und daher Kapitel II des IstanbÜ zurückhaltend gegenüberstehen, dem Übereinkommen beitreten werden und mit der Ratifikation von Kapitel III einen Beitrag zur praktischer Zusammenarbeit leisten. Schließlich ist zu hoffen, daß diese Vorschriften auch in jenen Staaten, die dem Übereinkommen nicht beitreten oder die Anwendung des Kapitels III ausschließen, den Anstoß für vergleichbare nationale Regelungen geben werden.

c. *Kapitel IV IstanbÜ*

Von großem praktischem Wert sind schließlich die Vorschriften des IV. Kapitels, die die individuelle Benachrichtigung und Belehrung ausländischer Gläubiger sichern und die Anmeldung ihrer Forderungen regeln. Zu Recht können diese Vorschriften von keinem Mitgliedstaat insgesamt ausgeschlossen werden. Zulässig ist allerdings ein Vorbehalt in der Sprachenfrage; die Regelung des deutschen Rechts wäre daher, einen entsprechenden Vorbehalt vorausgesetzt, mit dem Übereinkommen vereinbar. Daß die Forderungen in deutscher Sprache anzumelden sind, ist auch sinnvoll. Dagegen sollte das Benachrichtigungsschreiben als zwei- oder besser dreisprachiges Formular ausgestaltet werden; es erschiene hier schwer verständlich und mit Geist und Zielsetzung des Übereinkommens schlechterdings nicht zu vereinbaren, wenn das deutsche Recht auf der Sprachregelung des § 184 GVG beharrte.

d. *Gesamtwürdigung*

Um den Nutzen einer Ratifikation im Hinblick auf die Anerkennung deutscher Insolvenzverfahren im Ausland fundiert beurteilen zu können, müßte man die Internationalen Insolvenzrechte anderer Staaten eingehend untersuchen, unter besonderer Berücksichtigung der Frage, ob diese Staaten durch ein multilaterales Übereinkommen zu anerkennungsfreundlicheren Lösungen zu bewegen wären. Den Rahmen dieser Untersuchung würde das sprengen; hier mußten einige wenige Hinweise genügen, um aufzuzeigen, daß die wenigsten europäischen Rechte ohne weiteres zur Anerkennung ausländischer Insolvenzverfahren bereit sind. Zugleich zeugen jedoch die anhaltenden Bemühungen um ein europäisches Konkursabkommen von der gemeinsamen Einsicht, daß es angesichts der wachsenden Verflechtungen der Wirtschaft höchste Zeit ist, die nationalen Insolvenzkollisionsrechte anzugleichen und bei der praktischen Verfahrensabwicklung zusammenzuarbeiten. Das Konkursübereinkommen des Europarats kann einen bescheidenen Anfang machen; gerade seine zurückhaltende Regelung auf der Basis eines Minimalkonsenses läßt auf eine breite Resonanz hoffen.

3. *Alternativen*

Auch die Hoffnung auf weitergehende Lösungen, insbesondere im Rahmen der EG, sollte der Ratifikation des Istanbuler Übereinkommens nicht entgegenstehen. Um die Erfolgsaussichten der jüngeren EG-Entwürfe abzuschätzen, ist es noch zu früh. Selbst wenn aber in absehbarer Zeit eine EG-Konkurskonvention in Kraft treten sollte, so würde dadurch das Übereinkommen des Europarats nicht überflüssig. Es geht zwar inhaltlich weniger weit, spricht aber einen deutlich größeren Staatenkreis an, zumal neben den zur Zeit 27 Mitgliedstaaten des Europarates auch andere Länder aufgerufen sind, der Konvention beizutreten. Das Istanbuler Übereinkommen räumt jeder weitergehenden Regelung den Vorrang ein; es könnte eine künftige EG-Konkurskonvention daher sinnvoll ergänzen.

Das Istanbuler Übereinkommen zwingt die Bundesrepublik nicht, aus deutscher Sicht unerwünschte Regelungen zu übernehmen, hindert sie insbesondere weder an der weitergehenden Anerkennung ausländischer Insolvenzverfahren (einschließlich der Verfahren von Nicht-Mitgliedstaaten) noch an der Verwirklichung ihrer eigenen Vorstellungen von einem Sonderinsolvenzverfahren. Andererseits sichert es ein Minimum an Anerkennung deutscher Insolvenzverfahren im

Ausland und vor allem ein nicht zu vernachlässigendes Maß an praktischer Kooperation.

Daher sollte Deutschland das Übereinkommen unabhängig von den Erfolgsaussichten der EG-Konkurskonvention und ungeachtet der wesentlichen Abweichungen gegenüber dem EInsO ratifizieren. Dabei sollte gemäß Art. 40 I, II die Nichtanwendung von Kapitel III des Übereinkommens einschließlich der Art. 20 II, 23, 24 vorbehalten sowie gemäß Art. 39 I IstanbÜ erklärt werden, daß abweichend von Art. 31, 32 II IstanbÜ alle Forderungen in deutscher Sprache anzumelden sind.

Anhang. Vorschriften zum Internationalen Insolvenzrecht

A. Konkursordnung[1]

§ 237. [Ausländisches Konkursverfahren]

1. Besitzt ein Schuldner, über dessen Vermögen im Auslande ein Konkursverfahren eröffnet worden ist, Vermögensgegenstände im Inlande, so ist die Zwangsvollstreckung in das inländische Vermögen zulässig.

2. Ausnahmen von dieser Bestimmung können unter Zustimmung des *Bundesrates* durch Anordnung des *Reichskanzlers* getroffen werden.

§ 238. [Gegenständlich beschränkter Konkurs]

1. Das Konkursverfahren umfaßt nur das im Inlande befindliche Vermögen, wenn der Schuldner im *Deutschen Reiche* eine gewerbliche Niederlassung, aber keinen allgemeinen Gerichtsstand hat.

2. Hat ein Schuldner im *Deutschen Reiche* weder eine gewerbliche Niederlassung noch einen allgemeinen Gerichtsstand, so findet ein Konkursverfahren über das im Inlande befindliche Vermögen des Schuldners statt, wenn er im Inlande ein mit Wohn- und Wirtschaftsgebäuden versehenes Gut als Eigentümer, Nutznießer oder Pächter bewirtschaftet. Für das Verfahren ist das Amtsgericht ausschließlich zuständig, in dessen Bezirk das Gut sich befindet.

3. Ist im Auslande ein Konkursverfahren eröffnet, so bedarf es nicht des Nachweises der Zahlungsunfähigkeit zur Eröffnung des inländischen Verfahrens.

---

1 Konkursordnung vom 10. Februar 1877 (RGBl. S. 351) i. d. F. der Bekanntmachung vom 20. Mai 1898 (RGBl. S. 612), zuletzt geändert am 17.12.1990 (BGBl. I S. 2847).

B. Gesamtvollstreckungsordnung[2]

§ 22. Gesamtvollstreckung bei Auslandsberührung

1. Ein ausländisches Gesamtvollstreckungs- oder Konkursverfahren erfaßt auch das im Inland befindliche Vermögen des Schuldners. Dies gilt nicht,

   1. wenn das Gericht des Staates der Verfahrenseröffnung nach inländischem Recht nicht zuständig ist;

   2. wenn das ausländische Verfahren den Grundprinzipien des inländischen Rechts widerspricht.

2. Die Anerkennung eines ausländischen Verfahrens schließt nicht aus, daß im Inland ein gesondertes Verfahren der Gesamtvollstreckung eröffnet wird, das nur das im Inland befindliche Vermögen des Schuldners erfaßt.

3. Ist im Ausland gegen den Schuldner ein Gesamtvollstreckungs- oder Konkursverfahren eröffnet, so bedarf es zur Eröffnung des inländischen Verfahrens der Gesamtvollstreckung nicht des Nachweises der Zahlungsunfähigkeit oder der Überschuldung.

4. Absatz 1 gilt entsprechend für ein Konkursverfahren, das im Geltungsbereich der Konkursordnung eröffnet wird. Die Absätze 2 und 3 sind in diesem Fall nicht anzuwenden.

C. Istanbuler Übereinkommen[3]

I. Englische Fassung

Preamble

The member States of the Council of Europe, signatories hereto,

Considering that the aim of the Council of Europe is to achieve a greater unity between its members;

---

2 Verordnung über die Gesamtvollstreckung - Gesamtvollstreckungsordnung - vom 6. Juni 1990 (GBl. DDR I S. 285) i. d. F. der Bekanntmachung vom 23.5.1991 (BGBl. I 1185).

3 Draft European Convention on Certain International Aspects of Bankruptcy, Doc. CDCJ (89) 66, S. 41-57 / Projet de Convention Européenne sur certains aspects internationaux de la faillite, Doc. CDCJ (89) 66, S. 41-58.

Considering that bankruptcy proceedings and similar proceedings more and more frequently concern persons who exercise activities outside the national territory;

Considering that it is necessary to guarantee a minimum of legal co-operation by dealing with certain international aspects of bankruptcy such as the power of administrators and liquidators in bankruptcy to act outside the national territory, the possibility of resorting to the opening of secondary bankruptcies in the territory of other Parties and the possibility for creditors to lodge their claims in the bankruptcies opened abroad,

Have agreed as follows:

Chapter I. General Provisions

Article 1. Scope of the Convention

1. This Convention shall apply to collective insolvency proceedings which entail a disinvestment of the debtor and the appointment of a liquidator and which may entail the liquidation of the assets.

Such proceedings, hereafter referred to as "bankruptcy", are listed in Appendix A which is an integral part of this Convention.

Appendix A shall contain proceedings of the member States of the Council of Europe as well as of any State acceding to the Convention under the terms of Article 35.

This Convention shall not apply to proceedings relating to insurance companies or credit institutions.

2. When a bankruptcy is opened in a Party, this Convention shall govern:

   a. the exercise in other Parties of certain powers of the liquidator concerning the administration of the debtor's assets;

   b. the opening of secondary bankruptcies in other Parties;

   c. the information to be given to creditors residing in other Parties and the lodgement of their claims.

3. For the purposes of this Convention:

a. "liquidator" means any person or body whose function is to administer or liquidate the assets of the bankrupt or to supervise the activities of the debtor.

These persons or bodies are listed in Appendix B, which is an integral part of this Convention.

b. "disinvestment of the debtor" means the placing of power to manage, control and dispose of the assets in the hands of a liquidator.

Article 2. Proof of the appointment of the liquidator

The appointment of the liquidator shall be evidenced by a certified copy of the original decision appointing him or by an official certificate of appointment issued by the court or any other competent authority which has opened the bankruptcy. A translation in the official language or one of the official languages of the Party where the liquidator exercises his powers may be required. No legalisation or other similar formality shall be required.

Article 3. Opening of a bankruptcy

The decision to open the bankruptcy must:

a. emanate from a court or other authority having competence under Article 4;

b. be effective in the territory of the Party where the bankruptcy is opened; and

c. not be manifestly contrary to the public policy of the Party in which the liquidator intends to exercise his powers under the terms of Chapter II or in which the opening of a secondary bankruptcy is requested under the terms of Chapter III.

Article 4. Indirect international competence

1. The courts or other authorities of the Party in which the debtor has the centre of his main interests shall be considered as being competent for opening the bankruptcy. For companies and legal persons, unless the contrary is proved, the place of the registered office shall be presumed to be the centre of their main interests.

2. The courts or other authorities of the Party in whose territory the debtor has an establishment shall also be considered as being competent:

a. if the centre of the debtor's main interests is not located in the territory of any Party; or

b. if the bankruptcy cannot be opened by a court or other authority of the Party competent under paragraph 1 because of the provisions of its national law and of the capacity of the debtor. In this event, that Party shall not be obliged to apply this Convention.

However, when the bankruptcy of a debtor is opened under paragraph *a* or b by courts or other authorities in various Parties in which he has an establishment, the court or authority which first gave judgement shall alone be considered competent.

Article 5. Partial payment of the creditors

Without prejudice to claims guaranteed by securities or rights over land or other property, a creditor who has received part payment in respect of his claim in a bankruptcy opened in one Party may not participate in a dividend for the same claim in a bankruptcy opened with regard to the same debtor in another Party, so long as the dividend received by the other creditors in the bankruptcy opened in that other Party is less than the dividend he has already received.

Chapter II. Exercise of certain powers of the liquidator

Article 6. Scope of Chapter II

In addition to the proceedings provided for in Article 1, paragraph 1, this Chapter shall also apply to proceedings ordered by a court or an authority upon a request for the opening of a collective procedure under Article 1, paragraph 1 and which aim at the provisional protection of the assets of the debtor.

Article 7. Capacity of the liquidator

The liquidator may exercise his powers under the conditions set out in this chapter on presentation of the document mentioned in Article 2 and under the conditions mentioned in Article 3.

Article 8. Measures of protection and preservation of the assets

From the date of his appointment, the liquidator may take or cause to be taken, in accordance with the law of the Party in which he intends to act, any necessary steps to protect or preserve the value of the assets of the debtor, including the seeking of assistance from competent authorities in that Party without, however, removing those assets from the territory of the Party where they are situated.

Article 9. Advertisement of the liquidator's appointment

A summary of the decision appointing the liquidator as provided by Article 2 must, after any necessary authorisation given by the competent authority of the Party where the liquidator intends to act, be advertised pursuant to the method of publication determined by that Party.

Article 10. Acts of administration, management and disposal of the debtor's assets

1. Within the powers conferred on him under the law of the Party in which the bankruptcy is opened and under the conditions set out in the following articles of this chapter, the liquidator may take or cause to be taken any acts to administer, manage or dispose of the debtor's assets including removing them from the territory of the Party where they are situated.

2. The implementation of these measures shall be subject to the law of the Party in whose territory the assets are situated.

Article 11. Conditions of exercise of the liquidator's powers

1. The liquidator's powers as set out in Article 10, paragraph 1 shall be suspended during a two-month period commencing the day after the publication of the notice referred to in Article 9. If, during this period or at any later stage, any request for bankruptcy or for proceedings to prevent bankruptcy has been made against the debtor in the Party where the assets are located, the powers of the liquidator shall be suspended until any such requests are rejected.

The liquidator shall be empowered to lodge an application for bankruptcy if the conditions for opening a bankruptcy under the national law of the Party where he intends to act are met.

2. During the period mentioned in paragraph 1, only creditors who, in the Party where the liquidator intends to exercise his powers, enjoy a right to preferential payment or would have enjoyed such a right if the bankruptcy had been opened in that Party, creditors who have a public law claim or creditors who have a claim arising from the operation of an establishment of the debtor of from employment in that Party, may commence or pursue individual legal action against the assets of the debtor.

3. On the expiration of the period mentioned in paragraph 1, the creditors may no longer commence individual legal action and only the liquidator shall have the power to take or cause to be taken the acts mentioned in Article 10, paragraph 1.

Article 12. Objections to the liquidator's powers

1. Where an objection is made to the exercise of his powers, it shall be for the liquidator to request the court of the Party in whose territory the act is performed to declare that he is entitled to exercise those powers under the Convention.

2. If the extent of his powers is contested, it is for the liquidator to establish the same.

Article 13. Effects of discharge of payment and delivery of assets

1. Payment or delivery of assets to the liquidator made in good faith shall constitute a valid discharge. They shall be presumed to be made in good faith if made after the advertisement mentioned in Article 9 or after presentation of the certificate mentioned in Article 2.

2. Without prejudice to Article 11, paragraph 2, payment or delivery of assets to the debtor shall not constitute a valid discharge if they have been made after the advertisement provided under Article 9, unless the person who made them establishes that he did not have knowledge of this advertisement.

Article 14. Limitations to the exercise of the liquidator's powers

1. The opening or recognition of bankruptcy proceedings or of proceedings which prevent bankruptcy in the Party in which the liquidator intends to exercise his powers provided for in this Chapter shall prevent the exercise of his powers in that Party.

2. The liquidator cannot perform in another Party an act which is:

a. contrary to any security held by any person other than the debtor over land or other property established or recognised by the law of that Party; or

b. manifestly contrary to the public policy of that Party.

Article 15. Extension of the liquidator's powers

Any Party may permit the foreign liquidator to exercise on its territory wider powers than those laid down in this chapter.

Chapter III. Secondary bankruptcies

Article 16. Secondary bankruptcy

Any debtor declared bankrupt by a court or any other competent authority under Article 4, paragraph 1 (main bankruptcy) may, by virtue of this fact alone, be declared bankrupt in any other Party (secondary bankruptcy), whether or not he is insolvent in that Party, provided that the decision declaring him bankrupt was made in accordance with Article 3, paragraphs *b* and *c*, and that no bankruptcy or proceedings to prevent bankruptcy have already be opened in that Party.

Article 17. International competence

Without prejudice to the other grounds of competence provided for by national law, the courts or authorities of any Party in which an establishment of the debtor is situated shall be competent to open a secondary bankruptcy. The courts or authorities of any Party in which assets of the debtor are situated shall be equally competent.

Article 18. Opening of a secondary bankruptcy

Upon production of the decision opening the main bankruptcy, the following shall be entitled to request the opening of the secondary bankruptcy:

a. the liquidator of the main bankruptcy; or

b. any other person or body granted the right to request the opening of a bankruptcy by the law of the Party where the opening of the secondary bankruptcy is requested.

Article 19. Applicable law

Except as otherwise provided in this Convention, the secondary bankruptcy shall be governed by the bankruptcy law of the Party where the bankruptcy is opened.

Article 20. Lodgement of claims

1. Any claim may be lodged in a secondary bankruptcy.

2. All claims lodged in the secondary bankruptcy shall, by means of copies, be notified to the liquidator or the competent authority of the main bankruptcy. Claims so notified shall be regarded as validly lodged in the main bankruptcy.

Article 21. Payment of claims

Claims enjoying a right to preferential payment or a security over land or other property, public law claims and claims arising from the operation of an establishment of the debtor or from employment in the Party where the secondary bankruptcy is opened shall be verified and, when admitted, shall be paid from the proceeds of the liquidation of the assets of the secondary bankruptcy.

Article 22. Transfer of the remaining assets

Following the payment of claims in conformity with Article 21, the remaining assets shall form part of the assets in the main bankruptcy. Any administrative act necessary to this effect shall be performed forthwith by the liquidator of the secondary bankruptcy.

Article 23. Claims arising after the opening of the main bankruptcy

1. Without prejudice to remedies provided to creditors by the law of the main bankruptcy, claims arising before the opening of the secondary bankruptcy cannot be rejected in the main bankruptcy on the sole ground that they arose after the opening of the latter bankruptcy.

2. Without prejudice to the provisions of Article 21, the claims mentioned in paragraph 1 may participate in a dividend only on assets remaining in the secondary bankruptcy transferred under the conditions laid out in Article 22.

Article 24. Equality of creditors

Creditors in the main bankruptcy who are entitled to receive a dividend from assets coming from the secondary bankruptcy shall be treated equally, regardless of any privileges or other exceptions to the principle of equality between creditors provided by the law of the main bankruptcy.

Article 25. Duty to communicate information

The liquidators in both the main and the secondary bankruptcies shall promptly communicate to each other any information which might be relevant to the other proceedings, in particular all measures aimed at terminating the procedure.

Article 26. End of the secondary bankruptcy

Proceedings in a secondary bankruptcy cannot be terminated before an opinion has been obtained from the liquidator of the main bankruptcy, provided that such opinion is furnished within a reasonable period of time.

Article 27. Composition in the secondary bankruptcy

A composition in the secondary bankruptcy, where such is provided for in the law applicable to that bankruptcy, cannot take place without the prior consent of the liquidator of the main bankruptcy. Such consent cannot be withheld if it is proved that the financial interests of the creditors of the main bankruptcy are not affected by that composition.

Article 28. Plurality of bankruptcies

1. Any bankruptcy opened after the opening of a bankruptcy by a court or other authority which is competent in accordance with Article 4, paragraph 1, shall be a secondary bankruptcy.

2. The liquidator of a bankruptcy opened by a court or other authority which is competent in accordance with Article 4, paragraph 1, may request that the assets remaining from a bankruptcy opened previously in another Party be transferred to him after the end of that bankruptcy.

He may also request to be notified of any information provided for in Article 25.

Chapter IV. Information of the creditors and lodgement of their claims

Article 29. Scope of Chapter IV

In addition to the proceedings provided for in Article 1, paragraph 1, this Chapter shall also apply to proceedings which do not entail the disinvestment of the debtor or which cannot entail the liquidation of assets, as well as to secondary bankruptcy proceedings.

Article 30. Duty to inform the creditors

1. As soon as proceedings mentioned in Appendix A or secondary bankruptcy proceedings are opened in a Party, the competent authority of that Party or the liquidator appointed in it shall inform, promptly and individually, the known creditors residing in the other Parties.

2. This information shall be given by a notice containing the appropriate details, in particular as to time-limits and measures to be taken. Such a notice shall also indicate whether creditors whose claims are preferential or secured need lodge their claims.

Article 31. Lodgement of claims

Any creditor residing in a Party other than that in which the proceedings have been opened may lodge his claim in writing to the competent authority or liquidator mentioned in Article 30. The creditor shall send copies of supporting documents, if any, and shall indicate the nature of the claim, the date on which it arose, its amount, as well as whether or not it is preferential and, if applicable, the assets affected by the preference.

Article 32. Languages

1. Subject to the provisions of Article 39, the notice mentioned in Article 30 may be drawn up in the official language of the authority which has opened the procedure. If this language is neither one of the official languages of the Council of Europe nor that of the creditor nor that of the Party where he resides, a translation into one of these languages shall be attached to the notice.

2. Subject to the provisions of Article 39, the written claim mentioned in Article 31 may be drawn up in the language of the creditor. If this language is not that of

the authority which has opened the procedure, a translation in that language or one of the official languages of the Council of Europe shall be attached to it.

Chapter V. Final provisions

Article 33. Signature, ratification, acceptance or approval

This Convention shall be open for signature by the member States of the Council of Europe. It is subject to ratification, acceptance or approval. Instruments of ratification, acceptance or approval shall be deposited with the Secretary General of the Council of Europe.

Article 34. Entry into force

1. This Convention shall enter into force on the first day of the month following the expiration of a period of three months after the date on which three member States of the Council of Europe have expressed their consent to be bound by the Convention in accordance with the provisions of Article 33.

2. In respect of any member State which subsequently expresses its consent to be bound by it, the Convention shall enter into force on the first day of the month following the expiration of a period of three months after the date of the deposit of the instrument of ratification, acceptance or approval.

Article 35. Accession

1. After the entry into force of this Convention, the Committee of Ministers of the Council of Europe may invite any State not a member of the Council to accede to this Convention, by a decision taken by the majority provided for in Article 20.*d* of the Statute of the Council of Europe and by the unanimous vote of the representatives of the Contracting States entitled to sit on the Committee.

2. When a non-member State of the Council requests to be invited to accede to this Convention, it shall submit to the Secretary General of the Council of Europe the list of proceedings to be included in Appendix A and the persons or bodies to be included in Appendix B.

3. In respect of any acceding State, the Convention shall enter into force on the first day of the month following the expiration of a period of three months after the date of deposit of the instrument of accession with the Secretary General.

Article 36. Appendices

1. Any State may, when depositing its instrument of ratification, acceptance, approval or accession or at any time thereafter, address to the Secretary General of the Council of Europe a declaration containing any change it wishes to make to Appendix A or Appendix B.

2. The Secretary General shall communicate such declaration to the signatory States and the other Parties. The change shall be considered to be adopted if no objection is made by any State, thus notified, before the expiry of a period of three months from the date of notification. The change shall enter into force on the first day of the following month.

Article 37. Territorial application

1. Any State may, at the time of signature or deposit of its instrument of ratification, acceptance, approval or accession, specify the territory or territories to which this Convention shall apply.

2. Any State may at any later date, by a declaration addressed to the Secretary General of the Council of Europe, extend the application of this Convention to any other territory specified in the declaration. In respect of such territory the Convention shall enter into force on the first day of the month following the expiration of a period of three months after the date of receipt of this declaration by the Secretary General.

3. Any declaration made under the two preceding paragraphs may, in respect of any territory specified in this declaration, be withdrawn by a notification addressed to the Secretary General. The withdrawal shall become effective on the first day of the month following the expiration of a period of three months after the date of receipt of this notification by the Secretary General.

Article 38. International conventions and arrangements

1. This Convention shall not prejudice the application of international conventions to which a Party is, or becomes, a party.

2. In their mutual relations, Parties which are members of the European Economic Community shall apply Community rules and shall therefore not apply the rules arising from this Convention except in so far as there is no Community rule governing the particular subject concerned.

Article 39. Declarations on the use of languages

1. Any State may, at the time of signature or when depositing its instrument of ratification, acceptance, approval or accession, declare that the notice and written claim mentioned, respectively, in Articles 30 and 31 shall, by way of exception to the provisions of Article 32, be drawn up exclusively in its official language or one of its official languages.

2. Any State may, at the time of signature or when depositing its instrument of ratification, acceptance, approval or accession, declare that the written lodgement of claims mentioned in Article 31 may be drawn up in any language other than those mentioned in Article 32, paragraph 2.

Article 40. Reservations

1. Any State may, at the time of signature or when depositing its instrument of ratification, acceptance, approval or accession, declare that it will not apply either Chapter II or Chapter III of the Convention.

2. A Party which has declared that it will not apply Chapter III shall nevertheless be bound, except where it has made an express declaration to the contrary, to apply Articles 20, paragraph 2, 23 and 24. Where a Party has made a declaration of non-application of these articles, the Party on whose territory a secondary bankruptcy is opened shall not be bound to apply Article 21 in its relations with the Party which made the said declaration.

3. No other reservation may be made in respect of the provisions of this Convention.

Article 41. Declaration on the information mentioned in Article 9

Any State shall, at the time of signature or when depositing its instrument of ratification, acceptance, approval or accession, designate the authority and the method of publication mentioned in Article 9 by a declaration addressed to the Secretary General of the Council of Europe.

Article 42. Implementation of the Convention

1. Following the entry into force of this Convention, a group of experts representing the Parties and the non-contracting member States of the Council of Europe

shall meet at the request of at least two Parties or on the initiative of the Secretary General of the Council of Europe.

2. The terms of reference of this group will be to assess the implementation of the Convention and to make any relevant suggestions.

Article 43. Denunciation

1. Any Party may at any time denounce this Convention by means of a notification addressed to the Secretary General of the Council of Europe.

2. Such denunciation shall become effective on the first day of the month following the expiration of a period of three months after the date of receipt of the notification by the Secretary General.

Article 44. Notifications

The Secretary General of the Council of Europe shall notify the member States of the Council and any State which has acceded or has been invited to accede to this Convention of:

a. any signature;

b. the deposit of any instrument of ratification, acceptance, approval or accession;

c. any date of entry into force of this Convention in accordance with Articles 34, 35 and 36;

d. any other act, notification or communication relating to this Convention.

In witness whereof the undersigned, being duly authorised thereto, have signed this Convention.

Done at Istanbul, this 5th day of June 1990, in English and French, both texts being equally authentic, in a single copy which shall be deposited in the archives of the Council of Europe. The Secretary General of the Council shall transmit certified copies to each member State of the Council of Europe and to any State invited to accede to this Convention.

Appendix A

The proceedings provided for in Article 1 are the following, it being understood that category a concerns the application of Chapter II of the Convention, category b concerns the application of Chapter III and category c concerns the application of Chapter IV.

Austria	a + b	Konkurs
	c	1. Konkurs 2. Ausgleichsverfahren
Belgium	a + b	La faillite / Het faillissement
	c	La faillite / Het faillissement Le concordat judiciaire / Het gerechtelijk akkoord
Cyprus	a + b + c	1. Bankruptcy 2. The administration in bankruptcy of the estate of persons dying insolvent 3. Compulsory winding-up 4. Creditors' voluntary winding-up 5. Winding-up subject to the supervision of the Court
Denmark	a + b	Konkurs
	c	1. Konkurs 2. Betalingsstandsning 3. Tvangsakkord 4. Gaeldssanening
Finland	a + b	Konkurssi / Konkurs
	c	1. Konkurssi / Konkurs 2. Akordi / Ackord
France	a + b	Liquidation judiciaire
	c	Redressement judiciaire Liquidation judiciaire
Federal Republic of Germany		
	a + b	Konkurs
	c	1. Konkurs 2. Vergleichsverfahren
Greece	a + b	πτώχευση
	c	1. πτώχευση 2. ειδική εκκαθάριση εταιριώυ

		3. προσωριυη διαχειρίση εταιριώυ 4. διοίκηση και διαχέιριση τωυ πιστωτών
Iceland	a + b	Gjaldtprotaskipti
	c	1. Gjaldtprotaskipti 2. Naujasamningar 3. Greijslustöjvun
Ireland	a + b	Compulsory winding-up Creditors voluntary winding-up Bankruptcy The administration in bankruptcy of the estate of persons dying insolvent Winding-up in bankruptcy of partnerships
	c	Arrangements under the control of the Court
Italy	a + b	Fallimento
	c	1. Fallimento 2. Liquidazione coatta amministrativa 3. Amministrazione straordinaria 4. Concordato preventivo
Liechtenstein	a + b	Konkurs
	c	1. Konkurs 2. Nachlassvertrag
Luxembourg	a + b	Faillite
	c	1. Faillite 2. Concordat préventif de faillite 3. Régime spécial de liquidation des notaires 4. Gestion contrôlée (tendant à liquidation avec bonne réalisation de l'actif)
Malta	a + b	Falliment / Bankruptcy
	c	1. Falliment / Bankruptcy 2. Akkordju / Composition
Netherlands	a + b	Het faillissement
	c	1. Het faillissement 2. De surséance van betaling
Norway	a + b	Konkurs
	c	1. Konkurs 2. Gjeldsforhandling / tvangsakkord

Portugal	a + b	1. Falencia (comerciantes) 2. Insolvencia (nao comerciantes)
	c	1. Falencia (comerciantes) 2. Insolvencia (nao comerciantes) 3. Processo especial de recuperaçao da empresa e protecçao dos credores 4. Meios preventivos de declaraçao da falencia
San Marino	a + b	Concorso fra i creditori
	c	1. Concordato 2. Liquidazione coattiva 3. Moratoria
Spain	a + b	1. El concurso de acreedores (no comerciantes) 2. La quiebra (comerciantes)
	c	1. El concurso de acreedores (no comerciantes) 2. La quiebra (comerciantes) 3. El beneficio de quita y espera (no comerciantes) 4. La suspensión de pagos (comerciantes) 5. La administración judicial de empresas (comerciantes)
Sweden	a + b	Konkurs
	c	1. Konkurs 2. Ackordsförhandling
Switzerland	a + b	Faillite / Fallimento / Konkurs
	c	Faillite / Fallimento / Konkurs Procédure concordataire / procedura concordatoria / Nachlassverfahren
Turkey	a + b	Iflas
	c	1. Iflas 2. Konkordato
United Kingdom	a + b	1. Winding-up by the Court (Compulsory Winding-up) 2. Creditors voluntary winding-up 3. Bankruptcy (England and Wales, Northern Ireland) 4. Administration of the insolvent estate of deceased person (England and Wales, Northern Ireland) 5. Administration by a Judicial Factor of the insolvent estate of a deceased person (Scotland) 6. Sequestration (Scotland)
	c	1. Winding-up by the Court (Compulsory Winding-up)

2. Creditors voluntary winding-up
3. Bankruptcy (England and Wales, Northern Ireland)
4. Administration of the insolvent estate of deceased person (England and Wales, Northern Ireland)
5. Administration by a Judicial Factor of the insolvent estate of a deceased person (Scotland)
6. Sequestration (Scotland)
7. Administration
8. Corporate Voluntary Arrangements
9. Individual Voluntary Arrangements (England and Wales, Northern Ireland)
10. Trust Deed for Creditors (Scotland)
11. Composition Contract (Scotland)
12. Deeds of Arrangement

Appendix B

The "liquidators" in the member States, mentioned in Article 1, paragraph 3 are the following:

Austria
1. Masseverwalter
2. Ausgleichsverwalter
3. Sachwalter
4. Vorläufiger Verwalter

Belgium
Le curateur / De kurator

Cyprus
1. The Liquidator
2. The Provisional Liquidator
3. The Official Receiver
4. The Trustee

Denmark
1. Kurator
2. Midlertidig bestyrer

Finland
1. Uskottu mies / God man
2. Toimitsijamies / Syssloman

France
1. Commissaire à l'exécution du plan
2. Représentant des créanciers
3. Liquidateur
4. Administrateur judiciaire

Federal Republic of Germany
1. Konkursverwalter
2. Sequester
3. Vergleichsverwalter
4. Vorläufiger Vergleichsverwalter

Greece	1. σύνδικοζ 2. εκκαθαριστήζ 3. διαχειριστήζ
Iceland	1. Skiptarájandi 2. Skiptastjóri 3. Büstjóri
Ireland	1. Liquidator 2. Official Assignee
Italy	1. Curatore 2. Commissario
Liechtenstein	Masseverwalter
Luxembourg	1. Curateur (faillite) 2. Liquidateur (concordat préventif de faillite) 3. Conseil de gérance de la section d'assainissement du notariat (liquidation d'une étude de notaire) 4. Commissaire (gestion contrôlée)
Malta	Kurator / Curator
Netherlands	1. De curator in het faillissement 2. De bewindvoerder in de surséance van betaling
Norway	1. Bostyrer 2. Midlertidig bostyrer 3. Gjeldsnemnda
Portugal	1. Sindico 2. Administrador da Falencia 3. Administrador judicial
San Marino	1. Procuratore 2. Liquidatore giudiziale
Spain	1. El Depositario 2. Los Síndicos 3. Los Interventores
Sweden	1. Konkursförvaltare 2. God man enligt ackordslagen
Switzerland	Konkursverwaltung / L'administration des faillites / L'Amministrazione del Fallimento
Turkey	1. Iflas Idaresi 2. Komiser
United Kingdom	1. Liquidator 2. Provisional Liquidator 3. Official Receiver (England and Wales) 4. Interim Receiver (England and Wales, Northern

Ireland)
5. Trustee (England and Wales, Scotland, Northern Ireland)
6. Official Assignee (Northern Ireland)
7. Interim and Permanent Trustee in Sequestration (Scotland)
8. Judicial Factor (Scotland)

II. Französische Fassung

Préambule

Les Etats membres du Conseil de l'Europe, signataires de la présente Convention,

Considérant que le but du Conseil de l'Europe est de réaliser une union plus étroite entre ses membres;

Considérant que les procédures de faillite et les procédures analogues concernent de plus en plus fréquemment des personnes qui exercent des activités en dehors du territoire national;

Considérant qu'il est nécessaire de garantir un minimum de coopération juridique en réglant certains aspects internationaux de la faillite, tels que le pouvoir des administrateurs et des syndics de faillite d'agir en dehors du territoire national, la possibilité de recourir à l'ouverture de faillites secondaires sur le territoire d'autres Parties et la possibilité pour les créanciers de produire leurs créances dans les faillites ouvertes à l'étranger,

Sont convenus de ce qui suit:

Chapitre I. Dispositions générales

Article 1. Champ d'application de la Convention

1. La présente Convention s'applique aux procédures collectives fondées sur l'insolvabilité, qui entraînent un dessaisissement du débiteur et la désignation d'un syndic, et qui sont susceptibles d'entraîner la liquidation des biens.

De telles procédures, ci-après dénommées "faillite", sont énoncées à l'Annexe A, qui fait partie intégrante de la présente Convention.

Figureront dans l'annexe A des procédures des Etats membres du Conseil de l'Europe ainsi que de tout Etat adhérent à la Convention conformément à l'article 35.

La présente Convention ne s'applique pas aux procédures relatives aux entreprises d'assurances et aux établissements de crédit.

2. Lorsqu'une faillite est ouverte dans une Partie, la présente Convention régit:

a. l'exercice dans d'autres Parties de certains pouvoirs du syndic relatifs à l'administration du patrimoine du débiteur;

b. l'ouverture de faillites secondaires dans d'autres Parties;

c. l'information à fournir aux créanciers résidant dans d'autres Parties et la production de leurs créances.

3. Aux fins de la présente Convention:

a. "syndic" désigne toute personne ou tout organe dont la fonction est d'administrer ou de liquider le patrimoine du failli ou de surveiller la gestion des affaires du débiteur.

Ces personnes et organes sont énumérés à l'annexe B, qui fait partie intégrante de la présente Convention.

b. "dessaisissement du débiteur" désigne le transfert à un syndic des pouvoirs d'administrer, de contrôler et de disposer du patrimoine.

Article 2. Preuve de la nomination du syndic

La preuve de la nomination du syndic est donnée par la présentation d'une copie, certifiée conforme à l'original, de la décision qui le nomme ou d'un certificat officiel de nomination établi par la juridiction ou toute autre autorité compétente qui a ouvert la faillite. Une traduction dans la langue officielle ou l'une des langues officielles de la Partie où le syndic exerce ses pouvoirs peut être exigée. Aucune légalisation ou autre formalité analogue n'est requise.

Article 3. Ouverture d'une faillite

La décision d'ouverture d'une faillite doit:

a. émaner d'une juridiction ou autre autorité compétente selon l'article 4;

b. produire ses effets dans le territoire de la Partie où la faillite est ouverte; et

c. ne pas être manifestement contraire à l'ordre public de la Partie dans laquelle le syndic veut exercer ses pouvoirs conformément au Chapitre II ou dans laquelle l'ouverture d'une faillite secondaire est demandée conformément au Chapitre III.

Article 4. Compétence internationale indirecte

1. Sont considérées comme compétentes pour ouvrir la faillite les juridictions ou autres autorités de la Partie dans laquelle le débiteur a le centre de ses intérêts principaux. Pour les sociétés et les personnes morales, le centre des intérêts est présumé, jusqu'à preuve du contraire, être le lieu du siège statutaire.

2. Sont également considérées comme compétentes les juridictions ou autres autorités de la Partie sur le territoire de laquelle le débiteur a un établissement:

a. si le débiteur n'a le centre de ses intérêts principaux sur le territoire d'aucune Partie; ou

b. si la faillite ne peut pas être ouverte par une juridiction ou autre autorité de la Partie compétente au sens du paragraphe 1, en raison de la loi de cette Partie et du fait de la qualité du débiteur. Dans ce cas, cette Partie n'est pas tenue d'appliquer la présente Convention.

Toutefois lorsque la faillite d'un même débiteur est ouverte en application de l'alinéa a ou b, par des juridictions ou autres autorités de Parties différentes dans lesquelles le débiteur a un établissement, la juridiction ou l'autorité qui a statué en premier lieu est seule considérée comme compétente.

Article 5. Désintéressement partiel des créanciers

Sans préjudice des créances assorties de sûretés réelles ou de droits réels, un créancier dont la créance a été partiellement payée dans une faillite ouverte dans une Partie ne peut prétendre à un dividende pour la même créance dans une faillite ouverte à l'égard du même débiteur dans une autre Partie tant que le dividende attribué aux autres créanciers dans une faillite ouverte dans cette autre Partie est inférieur au dividende qu'il a obtenu.

Chapitre II. Exercice de certains pouvoirs du syndic

Article 6. Champ d'application du Chapitre II

Outre les procédures prévues à l'article 1, paragraphe 1, le présent chapitre s'applique également aux procédures qui sont diligentées par une juridiction ou une autorité saisie d'une demande d'ouverture d'une procédure collective au sens de l'article 1, paragraphe 1, et qui ont pour objet la sauvegarde provisoire des biens du débiteur.

Article 7. Capacité du syndic

Le syndic peut exercer ses pouvoirs dans les conditions prévues par le présent chapitre sur présentation du document prévu à l'article 2 et selon les conditions mentionnées à l'article 3.

Article 8. Mesures de protection et de préservation des biens

Le syndic peut, dès sa nomination, prendre ou faire prendre, conformément à la loi nationale de la Partie dans laquelle il veut agir, toute mesure nécessaire permettant de protéger ou de préserver la valeur des biens du débiteur, y compris le recours à l'assistance des autorités compétentes de cette Partie, sans toutefois déplacer ces biens hors du territoire de la Partie où ils sont situés.

Article 9. Publicité des pouvoirs du syndic

Un extrait de la décision qui nomme le syndic prévue à l'article 2 doit, le cas échéant, après autorisation de l'autorité compétente de la Partie où le syndic veut agir, être publié selon le mode de publication déterminé par cette Partie.

Article 10. Actes d'administration, de gestion et de disposition des biens du débiteur

1. Le syndic peut accomplir ou faire accomplir tout acte d'administration, de gestion et de disposition des biens du débiteur, y compris leur déplacement hors du territoire de la Partie où ils sont situés, dans le cadre des pouvoirs qui lui sont conférés selon la loi de la Partie dans laquelle la faillite est ouverte et selon les conditions énoncées aux articles suivants du présent chapitre.

2. La mise en oeuvre de ces mesures est régie par la loi de la Partie dans le territoire de laquelle les biens sont situés.

Article 11. Conditions d'exercice des pouvoirs du syndic

1. Les pouvoirs du syndic tels que prévus à l'article 10, paragraphe 1, sont suspendus pendant une période de deux mois commençant le lendemain de la publication de l'acte de nomination mentionné à l'article 9. Si, durant cette période ou à un stade ultérieur, des requêtes en faillite ou tendant à l'ouverture d'une procédure préventive de faillite ont été introduites à l'égard du débiteur dans la Partie où les biens sont situés, les pouvoirs du syndic sont suspendus jusqu'à la décision rejetant de telles requêtes.

Le syndic est habilité à introduire une requête en faillite si les conditions d'ouverture d'une faillite prévues par la loi nationale de la Partie où il veut agir sont remplies.

2. Durant la période mentionnée au paragraphe 1, seuls peuvent engager ou continuer des poursuites individuelles à l'égard des biens du débiteur les créanciers qui, dans la Partie où le syndic veut exercer ses pouvoirs, jouissent d'un privilège ou auraient joui d'un privilège dans le cas d'une faillite ouverte dans cette Partie, les titulaires de créances de droit public, ainsi que les titulaires d'une créance liée à l'exploitation d'un établissement du débiteur ou résultant d'un emploi dans cette Partie.

3. Après la période mentionnée au paragraphe 1, les créanciers ne peuvent plus engager des poursuites individuelles et seul le syndic a le pouvoir d'accomplir ou de faire accomplir les actes mentionnés à l'article 10, paragraphe 1.

Article 12. Contestation des pouvoirs du syndic

1. En cas de contestation de l'exercice de ses pouvoirs, il appartient au syndic de demander à la juridiction de la Partie sur le territoire de laquelle l'acte doit être accompli de constater qu'aux termes de la Convention il est en droit de les exercer.

2. Lorsque l'étendue de ses pouvoirs est contestée, il appartient au syndic de l'établir.

Article 13. Effet libératoire des paiements et remises de biens

1. Les paiements ou remises de biens faits de bonne foi au syndic sont libératoires. Ils sont réputés accomplis de bonne foi s'ils sont faits après la publicité prévue à l'article 9 ou après la présentation du certificat mentionné dans l'article 2.

2. Sans préjudice de l'article 11, paragraphe 2, les paiements ou remises de biens faits au débiteur ne sont pas libératoires s'ils sont postérieurs à la publicité prévue à l'article 9, à moins que la personne qui les a faits prouve qu'elle n'a pas eu connaissance de cette publicité.

Article 14. Limitations à l'exercice des pouvoirs du syndic

1. L'ouverture ou la reconnaissance d'une procédure de faillite ou préventive de faillite dans la Partie où le syndic veut exercer ses pouvoirs prévus par le présent chapitre fait obstacle à l'exercice de ses pouvoirs dans cette Partie.

2. Le syndic ne peut accomplir, dans une autre Partie, un acte qui est:

a. au détriment des sûretés réelles ou des droits réels des personnes autres que le débiteur et établis ou reconnus par la loi de cette Partie; ou

b. manifestement contraire à l'ordre public de cette Partie.

Article 15. Extension des pouvoirs du syndic

Toute Partie peut permettre au syndic étranger d'exercer sur son territoire des pouvoirs plus étendus que ceux prévus dans le présent chapitre.

Chapitre III. Faillites secondaires

Article 16. Faillite secondaire

Tout débiteur déclaré en faillite par une juridiction ou toute autre autorité compétente selon l'article 4, paragraphe 1 (faillite principale), peut, de ce seul fait, être déclaré en faillite dans toute autre Partie (faillite secondaire), qu'il soit ou non insolvable dans cette Partie, pourvu que la décision en vertu de laquelle il a été déclaré en faillite ait été rendue conformément à l'article 3, alinéas b et c, et qu'une faillite ou une procédure préventive de faillite ne soit pas déjà ouverte dans cette Partie.

Article 17. Compétence internationale

Sans préjudice des autres chefs de compétence prévus par la loi nationale, sont compétentes pour l'ouverture d'une faillite secondaire les juridictions ou autorités des Parties dans lesquelles est situé un établissement du débiteur. Sont également compétentes les juridictions ou autorités de toute Partie dans laquelle sont situés des biens du débiteur.

Article 18. Ouverture de la faillite secondaire

Sont habilités à demander l'ouverture de la faillite secondaire, sur présentation de la décision prononçant la faillite principale:

a. le syndic de la faillite principale; ou

b. tout autre personne ou organe habilité à demander l'ouverture d'une faillite par la loi de la Partie où l'ouverture de la faillite secondaire est demandée.

Article 19. Loi applicable

Sauf disposition différente de la présente Convention, la faillite secondaire est régie par la loi sur les faillites de la Partie où cette faillite est ouverte.

Article 20. Production des créances

1. Toute créance peut être produite à la faillite secondaire.

2. Toutes les créances produites à la faillite secondaire sont communiquées, en copie, au syndic ou à l'autorité compétente de la faillite principale. Cette communication vaut production valable à la faillite principale.

Article 21. Désintéressement des créanciers

Les créances assorties d'un privilège ou d'une sûreté réelle, celles qui sont de droit public et celles liées à l'exploitation d'un établissement du débiteur ou résultant d'un emploi dans la Partie où est ouverte la faillite secondaire sont vérifiées et, après leur admission, sont satisfaites par le produit de la liquidation de l'actif de la faillite secondaire.

Article 22. Transfert du surplus de l'actif

Après le paiement des créances prévu à l'article 21, le surplus de l'actif est ajouté à l'actif de la faillite principale. Le syndic de la faillite secondaire prend sans délai les mesures administratives nécessaires à cette fin.

Article 23. Créances nées après l'ouverture de la faillite principale

1. Sans préjudice des recours accordés aux créanciers par la loi de la faillite principale, les créances nées avant l'ouverture de la faillite secondaire ne peuvent être rejetées dans le cadre de la faillite principale du seul fait qu'elles sont nées après l'ouverture de cette faillite.

2. Sans préjudice des dispositions de l'article 21, les créances visées au paragraphe 1 ne donnent droit à dividende que sur le surplus de l'actif de la faillite secondaire transféré conformément à l'article 22.

Article 24. Egalité des créanciers

Les créanciers de la faillite principale habilités à recevoir un dividende sur la partie de l'actif provenant de la faillite secondaire sont traités de manière égale, sans tenir compte des privilèges ou autres exceptions au principe de l'égalité des créanciers prévus par la loi de la faillite principale.

Article 25. Devoir d'information

Les syndics de la faillite principale et de la faillite secondaire doivent se communiquer sans délai toute information pouvant être utile à l'autre procédure, et notamment toute mesure visant à mettre fin à la procédure.

Article 26. Fin de la faillite secondaire

Il ne peut être mis fin à la procédure de faillite secondaire qu'après avis donné par le syndic de la faillite principale, à condition que cet avis soit donné dans un délai raisonnable.

Article 27. Concordat dans la faillite secondaire

Si la loi applicable à la faillite secondaire prévoit la possibilité d'un concordat, ce concordat ne peut avoir lieu qu'avec l'accord du syndic de la faillite principale.

Cet accord ne peut être refusé s'il est prouvé que ce concordat n'affecte pas les intérêts financiers des créanciers de la faillite principale.

Article 28. Pluralité des faillites

1. Toute faillite ouverte après l'ouverture d'une faillite par une juridiction ou autre autorité compétente selon l'article 4, paragraphe 1 est une faillite secondaire.

2. Le syndic d'une faillite ouverte par une juridiction ou autre autorité compétente selon l'article 4, paragraphe 1, peut demander que le surplus de l'actif d'une faillite ouverte antérieurement dans une autre Partie lui soit transféré après la fin de cette faillite.

Il peut en outre demander communication de toute information conformément à l'article 25.

Chapitre IV. Information des créanciers et production de leurs créances

Article 29. Champ d'application du chapitre IV

Outre les procédures prévues à l'article 1, paragraphe 1, le présent chapitre s'applique également aux procédures qui n'entraînent pas le dessaisissement du débiteur ou qui ne sont pas susceptibles d'entraîner la liquidation des biens, ainsi qu'aux procédures de faillite secondaire.

Article 30. Obligation d'informer les créanciers

1. Dès qu'une procédure visée à l'annexe A ou une procédure de faillite secondaire est ouverte dans une Partie, l'autorité compétente de cette Partie ou le syndic nommé dans celle-ci informe rapidement et individuellement les créanciers connus résidant dans les autres Parties.

2. Cette information est assurée par l'envoi d'une note contenant les renseignements appropriés, notamment quant aux délais à observer et aux mesures à prendre. Cette note indique aussi si les créanciers dont la créance est garantie par un privilège ou une sûreté réelle doivent produire leur créance.

Article 31. Production des créances

Tout créancier résidant dans une Partie autre que celle où la procédure a été ouverte peut produire sa créance par écrit en l'adressant à l'autorité compétente ou au syndic mentionné à l'article 30. Le créancier envoie la copie des pièces justificatives, s'il en existe, et indique la nature de la créance, sa date de naissance, son montant, ainsi que le caractère privilégié ou non de cette créance et, éventuellement, les biens sur lesquels porte son privilège.

Article 32. Langues

1. Sous réserve des dispositions de l'article 39, la note mentionnée à l'article 30 peut être rédigée dans la langue officielle de l'autorité qui a ouvert la procédure. Si cette langue n'est pas une des langues officielles du Conseil de l'Europe, ni celle du créancier, ni celle de la Partie où ce créancier réside, la note est accompagnée d'une traduction dans une de ces langues.

2. Sous réserve des dispositions de l'article 39, l'écrit mentionné à l'article 31 peut être rédigé dans la langue du créancier. Si cette langue n'est pas celle de l'autorité qui a ouvert la procédure, il est accompagné d'une traduction dans cette langue ou dans une des langues officielles du Conseil de l'Europe.

Chapitre V. Dispositions finales

Article 33. Signature, ratification, acceptation ou approbation

La présente Convention est ouverte à la signature des Etats membres du Conseil de l'Europe. Elle sera soumise à ratification, acceptation ou approbation. Les instruments de ratification, d'acceptation ou d'approbation seront déposés près le Secrétaire Général du Conseil de l'Europe.

Article 34. Entrée en vigueur

1. La présente Convention entrera en vigueur le premier jour du mois qui suit l'expiration d'une période de trois mois après la date à laquelle trois Etats membres du Conseil de l'Europe auront exprimé leur consentement à être liés par la Convention conformément aux dispositions de l'article 33.

2. Pour tout Etat membre qui exprimera ultérieurement son consentement à être lié par la Convention, celle-ci entrera en vigueur le premier jour du mois qui suit

l'expiration d'une période de trois mois après la date du dépôt de l'instrument de ratification, d'acceptation ou d'approbation.

Article 35. Adhésion

1. Après l'entrée en vigueur de la présente Convention, le Comité des Ministres du Conseil de l'Europe pourra inviter tout Etat non membre du Conseil à adhérer à la présente Convention, par une décision prise à la majorité prévue à l'article 20.d du Statut du Conseil de l'Europe, et à l'unanimité des représentants des Etats contractants ayant le droit de siéger au Comité.

2. Lorsqu'un Etat non membre du Conseil demande à être invité à adhérer à la présente Convention il présente au Secrétaire Général du Conseil de l'Europe la liste des procédures devant figurer dans l'annexe A et des personnes ou organes devant figurer dans l'annexe B.

3. Pour tout Etat adhérent, la Convention entrera en vigueur le premier jour du mois qui suit l'expiration d'une période de trois mois après la date de dépôt de l'instrument d'adhésion près le Secrétaire Général.

Article 36. Annexes

1. Tout Etat pourra, lors du dépôt de son instrument de ratification, d'acceptation, d'approbation ou d'adhésion, ou à tout autre moment par la suite, adresser au Secrétaire Général du Conseil de l'Europe une déclaration contenant toute modification qu'il souhaite apporter à l'annexe A ou l'annexe B.

2. Le Secrétaire Général notifie cette déclaration aux Etats signataires et aux Etats contractants. La modification est considérée comme adoptée si aucun Etat ainsi informé ne formule d'objection avant l'expiration d'une période de trois mois à partir de la date de la notification. La modification entre en vigueur le premier jour du mois qui suit.

Article 37. Portée territoriale

1. Tout Etat peut, au moment de la signature ou au moment du dépot de son instrument de ratification, d'acceptation, d'approbation ou d'adhésion, désigner le ou les territoires auxquels s'appliquera la présente Convention.

2. Tout Etat peut, à tout autre moment par la suite, par une déclaration adressée au Secrétaire Général du Conseil de l'Europe, étendre l'application de la présente Convention à tout autre territoire désigné dans la déclaration. La Convention en-

trera en vigueur à l'égard de ce territoire le premier jour du mois qui suit l'expiration d'une période de trois mois après la date de réception de cette déclaration par le Secrétaire Général.

3. Toute déclaration faite en vertu des deux paragraphes précédents pourra être retirée, en ce qui concerne tout territoire désigné dans cette déclaration, par notification adressée au Secrétaire Général. Le retrait prendra effet le premier jour du mois qui suit l'expiration d'une période de trois mois après la date de réception de cette notification par le Secrétaire Général.

Article 38. Conventions et arrangements internationaux

1. La présente Convention ne porte pas atteinte à l'application des conventions internationales auxquelles une Partie est ou sera partie.

2. Dans leurs relations mutuelles, les Parties qui sont membres de la Communauté economique européenne appliquent les règles de la Communauté et n'appliquent donc les règles découlant de la présente Convention que dans la mesure où il n'existe aucune règle communautaire régissant le sujet particulier concerné.

Article 39. Déclarations sur l'usage des langues

1. Tout Etat peut, au moment de la signature ou au moment du dépôt de son instrument de ratification, d'acceptation, d'approbation ou d'adhésion, déclarer que la note et l'écrit visés, respectivement dans les articles 30 et 31, doivent, par dérogation aux dispositions de l'article 32, être exclusivement rédigés dans sa langue officielle ou dans une de ses langues officielles.

2. Tout Etat peut, au moment de la signature ou au moment du dépôt de son instrument de ratification, d'acceptation, d'approbation ou d'adhésion, déclarer que l'écrit visé à l'article 31 peut être rédigé dans toute autre langue que celles mentionnées à l'article 32, paragraphe 2.

Article 40. Réserves

1. Toute Partie peut, au moment de la signature ou au moment du dépôt de son instrument de ratification, d'acceptation, d'approbation ou d'adhésion, déclarer qu'elle n'appliquera pas soit le chapitre II soit le chapitre III de la Convention.

2. Une Partie qui a déclaré qu'elle n'appliquerait pas le chapitre III sera néanmoins tenue, sauf déclaration expresse contraire, d'appliquer les articles 20, paragraphe 2, 23 et 24. En cas de déclaration de non-application de ces articles par

une Partie, la Partie sur le territoire de laquelle sera ouverte une faillite secondaire, ne sera pas tenue d'appliquer l'article 21 dans ses relations avec la Partie qui a fait ladite déclaration.

3. Aucune autre réserve n'est admise aux dispositions de la présente Convention.

Article 41. Déclaration sur les informations mentionnées à l'article 9

Tout Etat désigne, au moment de la signature ou au moment du dépôt de son instrument de ratification, d'acceptation, d'approbation ou d'adhésion, l'autorité et le mode de publication mentionnés à l'article 9 par une déclaration adressée au Secrétaire Général du Conseil de l'Europe.

Article 42. Mise en oeuvre de la Convention

1. Après l'entrée en vigueur de la présente Convention, un groupe d'experts représentant les Parties à la Convention et les Etats membres du Conseil de l'Europe non Parties sera réuni à la demande d'au moins deux Parties ou à l'initiative du Secrétaire Général du Conseil de l'Europe.

2. Ce groupe a pour mandat de dresser un bilan de la mise en oeuvre de la Convention et de faire toute suggestion utile.

Article 43. Dénonciation

1. Toute Partie peut, à tout moment, dénoncer la présente Convention en adressant une notification au Secrétaire Général du Conseil de l'Europe.

2. La dénonciation prendra effet le premier jour du mois qui suit l'expiration d'une période de trois mois après la date de réception de la notification par le Secrétaire Général.

Article 44. Notifications

Le Secrétaire Général du Conseil de l'Europe notifiera aux Etats membres du Conseil de l'Europe et à tout Etat qui a adhéré à la présente Convention ou qui a été invité à y adhérer:

a. toute signature;

b. le dépot de tout instrument de ratification, d'acceptation, d'approbation ou d'adhésion;

c. toute date d'entrée en vigueur de la présente Convention conformément à ses articles 34, 35 et 36;

d. tout autre acte, notification ou communication ayant trait à la présente Convention.

En foi de quoi, les soussignés, dûment autorisés à cet effet, ont signé la présente Convention.

Fait à Istanbul, le 5 juin 1990, en français et en anglais, les deux textes faisant également foi, en un seul exemplaire qui sera déposé dans les archives du Conseil de l'Europe. Le Secrétaire Général du Conseil de l'Europe en communiquera copie certifiée conforme à chacun des Etats membres du Conseil de l'Europe et à tout Etat invité à adhérer à la présente Convention.

Annexe A

Les procédures mentionnées à l'article 1er sont les suivantes, étant entendu que la rubrique a concerne l'application du chapitre II de la Convention, que la rubrique b concerne l'application du chapitre III et que la rubrique c concerne l'application du chapitre IV.

...

(Vgl. die englische Fassung des Übereinkommens; vom nochmaligen Abdruck wurde abgesehen.)

Annexe B

Les "syndics" dans les Etats membres, mentionnés au paragraphe 3 de l'article 1er, sont les suivants:

...

(Vgl. die englische Fassung des Übereinkommens; vom nochmaligen Abdruck wurde abgesehen.)

D. Entwurf einer Insolvenzordnung[4]

9. Teil. Internationales Insolvenzrecht

Erster Abschnitt. Allgemeine Vorschriften

§ 379. Grundsatz

Das Insolvenzverfahren und seine Wirkungen unterliegen, soweit nichts anderes bestimmt ist, dem Recht des Staates, in dem das Verfahren eröffnet worden ist.

§ 380. Miete. Pacht

Die Wirkungen des Insolvenzverfahrens auf ein Miet- oder Pachtverhältnis über einen unbeweglichen Gegenstand unterliegen dem Recht, das nach dem Einführungsgesetz zum Bürgerlichen Gesetzbuche für das Miet- oder Pachtverhältnis maßgeblich ist.

§ 381. Arbeitsverhältnis

Die Wirkungen des Insolvenzverfahrens auf ein Arbeitsverhältnis unterliegen dem Recht, das nach dem Einführungsgesetz zum Bürgerlichen Gesetzbuche für das Arbeitsverhältnis maßgeblich ist.

§ 382. Insolvenzanfechtung

Eine Rechtshandlung kann nur angefochten werden, wenn die Voraussetzungen der Insolvenzanfechtung nicht nur nach dem Recht des Staates der Verfahrenseröffnung erfüllt sind, sondern auch nach dem Recht, das für die Wirkungen der Rechtshandlung maßgeblich ist.

---

4 Regierungsentwurf Insolvenzordnung (EInsO) vom 21. November 1991, BT-Drucks. 12/2443.

§ 383. Herausgabepflicht. Anrechnung

1. Erlangt ein Insolvenzgläubiger durch Zwangsvollstreckung, durch eine Leistung des Schuldners oder in sonstiger Weise etwas auf Kosten der Insolvenzmasse aus dem Vermögen, das nicht im Staat der Verfahrenseröffnung belegen ist, so hat er das Erlangte dem Insolvenzverwalter herauszugeben. Die Vorschriften über die Rechtsfolgen einer ungerechtfertigten Bereicherung gelten entsprechend.

2. Der Gläubiger darf behalten, was er in einem besonderen Insolvenzverfahren erlangt hat, das in einem anderen Staat eröffnet worden ist und nur das in diesem Staat belegene Vermögen erfaßt. Er wird jedoch bei den Verteilungen erst berücksichtigt, wenn die übrigen Gläubiger mit ihm gleichgestellt sind.

Zweiter Abschnitt. Ausländisches Insolvenzverfahren

§ 384. Anerkennung

Die Anerkennung der Eröffnung eines ausländischen Insolvenzverfahrens und der in diesem Verfahren ergehenden Entscheidungen ist ausgeschlossen:

1. wenn die Gerichte des Staates der Verfahrenseröffnung nach deutschem Recht nicht zuständig sind;
2. soweit sie zu einem Ergebnis führt, das mit wesentlichen Grundsätzen des deutschen Rechts offensichtlich unvereinbar ist, insbesondere soweit sie mit den Grundrechten unvereinbar ist.

§ 385. Öffentliche Bekanntmachung

1. Sind die Voraussetzungen für die Anerkennung der Verfahrenseröffnung gegeben, so hat das Insolvenzgericht auf Antrag des ausländischen Insolvenzverwalters den wesentlichen Inhalt der Entscheidung, durch die das ausländische Insolvenzverfahren eröffnet worden ist, im Inland öffentlich bekanntzumachen. Gleiches gilt für die Bestellung des Verwalters. § 9 Abs. 1 und 2 gilt entsprechend.

2. Der Antrag ist nur zulässig, wenn glaubhaft gemacht wird, daß die tatsächlichen Voraussetzungen für die Anerkennung der Verfahrenseröffnung vorliegen. Dem Verwalter ist eine Ausfertigung des Beschlusses, durch den die Bekanntmachung angeordnet wird, zu erteilen.

§ 386. Grundbuch

1. Wird durch die Verfahrenseröffnung die Verfügungsbefugnis des Schuldners eingeschränkt, so hat das Insolvenzgericht auf Antrag des ausländischen Insolvenzverwalters das Grundbuchamt zu ersuchen, die Eröffnung des Insolvenzverfahrens und die Art der Einschränkung der Verfügungsbefungnis des Schuldners in das Grundbuch einzutragen:

1. bei Grundstücken, als deren Eigentümer der Schuldner eingetragen ist;
2. bei den für den Schuldner eingetragenen Rechten an Grundstücken und an eingetragenen Rechten, wenn nach der Art des Rechts und den Umständen zu befürchten ist, daß ohne die Eintragung die Insolvenzgläubiger benachteiligt würden.

2. Der Antrag ist nur zulässig, wenn glaubhaft gemacht wird, daß die tatsächlichen Voraussetzungen für die Anerkennung der Verfahrenseröffnung vorliegen. Gegen die Entscheidung des Insolvenzgerichts ist die sofortige Beschwerde zulässig. Für die Löschung der Eintragung gilt § 39 Abs. 3 entsprechend.

3. Für die Eintragung der Verfahrenseröffnung in das Schiffsregister, das Schiffsbauregister und das Register für Pfandrechte an Luftfahrzeugen gelten die Absätze 1 und 2 entsprechend.

§ 387. Zuständiges Insolvenzgericht

1. Für alle Entscheidungen nach den §§ 385 und 386 ist jedes inländische Insolvenzgericht zuständig, in dessen Bezirk Vermögen des Schuldners belegen ist. § 3 Abs. 2 gilt entsprechend.

2. Die Landesregierungen werden ermächtigt, zur sachdienlichen Förderung oder schnelleren Erledigung der Verfahren durch Rechtsverordnung die Entscheidungen nach den §§ 385 und 386 für die Bezirke mehrerer Insolvenzgerichte einem von diesen zuzuweisen. Die Landesregierungen können die Ermächtigung auf die Landesjustizverwaltungen übertragen.

3. Die Länder können vereinbaren, daß die Entscheidungen nach den §§ 385 und 386 für mehrere Länder den Gerichten eines Landes zugewiesen werden.

§ 388. Verfügungen über unbewegliche Gegenstände

1. Hat der Schuldner über einen unbeweglichen Gegenstand der Insolvenzmasse, der im Inland im Grundbuch, Schiffsregister, Schiffsbauregister oder Register für Pfandrechte an Luftfahrzeugen eingetragen ist, oder über ein Recht an einem solchen Gegenstand verfügt, so sind die §§ 878, 892, 893 des Bürgerlichen Gesetzbuchs, § 3 Abs. 3, §§ 16, 17 des Gesetzes über Rechte an eingetragenen Schiffen und Schiffsbauwerken und § 5 Abs. 3, §§ 16, 17 des Gesetzes über Rechte an Luftfahrzeugen anzuwenden.

2. Ist zur Sicherung eines Anspruches im Inland eine Vormerkung im Grundbuch, Schiffsregister, Schiffsbauregister oder Register für Pfandrechte an Luftfahrzeugen eingetragen, so bleibt § 120 unberührt.

§ 389. Leistung an den Schuldner

Ist im Inland zur Erfüllung einer Verbindlichkeit an den Schuldner geleistet worden, obwohl die Verbindlichkeit zur Insolvenzmasse des ausländischen Insolvenzverfahrens zu erfüllen war, so wird der Leistende befreit, wenn er zur Zeit der Leistung die Eröffnung des Verfahrens nicht kannte. Hat er vor der öffentlichen Bekanntmachung nach § 385 geleistet, so wird vermutet, daß er die Eröffnung nicht kannte.

§ 390. Dingliche Rechte

1. Das Recht eines Dritten an einem Gegenstand der Insolvenzmasse wird von der Eröffnung des ausländischen Insolvenzverfahrens nicht berührt, wenn der Gegenstand zur Zeit der Eröffnung im Inland belegen war.

2. Die Eröffnung des ausländischen Insolvenzverfahrens hat auf Rechte an unbeweglichen Gegenständen, die im Inland belegen sind, keine Wirkungen, die im deutschen Recht nicht vorgesehen sind.

§ 391. Unterbrechung und Aufnahme eines Rechtsstreits

Durch die Eröffnung des ausländischen Insolvenzverfahrens wird ein Rechtsstreit unterbrochen, der zur Zeit der Eröffnung anhängig ist und die Insolvenzmasse betrifft. Die Unterbrechung dauert an, bis der Rechtsstreit von einer Person aufgenommen wird, die nach dem Recht des Staates der Verfahrenseröffnung zur Fortführung des Rechtsstreits berechtigt ist, oder bis das Insolvenzverfahren beendet ist.

§ 392. Vollstreckbarkeit ausländischer Entscheidungen

Aus einer Entscheidung, die in dem ausländischen Insolvenzverfahren ergeht, findet die Zwangsvollstreckung nur statt, wenn ihre Zulässigkeit durch ein Vollstreckungsurteil ausgesprochen ist. § 722 Abs. 2 und § 723 Abs. 1 der Zivilprozeßordnung gelten entsprechend.

Dritter Abschnitt. Sonderinsolvenzverfahren über das Inlandsvermögen

§ 393. Voraussetzungen des Sonderinsolvenzverfahrens

1. Ist die Zuständigkeit eines deutschen Gerichts zur Eröffnung eines Insolvenzverfahrens über das gesamte Vermögen des Schuldners nicht gegeben, hat der Schuldner jedoch im Inland eine Niederlassung oder sonstiges Vermögen, so ist ein besonderes Insolvenzverfahren über das inländische Vermögen des Schuldners zulässig.

2. Für das Verfahren ist ausschließlich das Insolvenzgericht zuständig, in dessen Bezirk die Niederlassung oder, wenn eine Niederlassung fehlt, das Vermögen des Schuldners liegt. § 3 Abs. 2 gilt entsprechend.

§ 394. Restschuldbefreiung. Insolvenzplan

1. In dem Sonderinsolvenzverfahren sind die Vorschriften über die Restschuldbefreiung nicht anzuwenden.

2. Ein Insolvenzplan, in dem eine Stundung, ein Erlaß oder sonstige Einschränkungen der Rechte der Gläubiger vorgesehen sind, kann in diesem Verfahren nur bestätigt werden, wenn alle betroffenen Gläubiger dem Plan zugestimmt haben.

§ 395. Parallelinsolvenzverfahren

Die Anerkennung eines ausländischen Insolvenzverfahrens schließt ein Sonderinsolvenzverfahren über das inländische Vermögen nicht aus. Für das Sonderinsolvenzverfahren gelten in diesem Fall ergänzend die §§ 396 bis 399.

§ 396. Besonderheiten der Eröffnung

1. Zum Antrag auf Eröffnung des Sonderinsolvenzverfahrens ist auch der ausländische Insolvenzverwalter berechtigt.

2. Der Antrag eines Gläubigers ist nur zulässig, wenn dieser ein besonderes Interesse an der Eröffnung des Verfahrens hat, insbesondere wenn er in dem ausländischen Verfahren voraussichtlich erheblich schlechter stehen wird als in einem inländischen Verfahren.

3. Das Verfahren wird eröffnet, ohne daß ein Eröffnungsgrund festgestellt werden muß.

§ 397. Ausübung von Gläubigerrechten

1. Der Insolvenzverwalter ist berechtigt, eine Forderung, die im Sonderinsolvenzverfahren angemeldet worden ist, im ausländischen Verfahren anzumelden. Das Recht des Gläubigers, die Anmeldung zurückzunehmen, bleibt unberührt.

2. Der Verwalter gilt als bevollmächtigt, das Stimmrecht aus einer Forderung, die im Sonderinsolvenzverfahren angemeldet worden ist, im ausländischen Verfahren auszuüben, wenn der Gläubiger nicht an der Abstimmung teilnimmt.

§ 398. Zusammenarbeit der Insolvenzverwalter

1. Der Insolvenzverwalter hat dem ausländischen Verwalter unverzüglich alle Umstände mitzuteilen, die für die Durchführung des ausländischen Verfahrens Bedeutung haben können. Er hat dem ausländischen Verwalter Gelegenheit zu geben, Vorschläge für die Verwertung oder sonstige Verwendung des inländischen Vermögens zu unterbreiten.

2. Der ausländische Verwalter ist berechtigt, an den Gläubigerversammlungen teilzunehmen.

3. Ein Insolvenzplan ist dem ausländischen Verwalter zur Stellungnahme zuzuleiten. Der ausländische Verwalter ist berechtigt, selbst einen Plan vorzulegen; § 255 Abs. 2 und § 256 gelten entsprechend.

§ 399. Überschuß bei der Schlußverteilung

Können bei der Schlußverteilung im Sonderinsolvenzverfahren alle Forderungen in voller Höhe berichtigt werden, so hat der Insolvenzverwalter einen verbleibenden Überschuß dem ausländischen Verwalter herauszugeben.

Literaturverzeichnis

Ackmann, Hans Peter / Wenner, Christian, Auslandskonkurs und Inlandsprozeß: Rechtssicherheit contra Universalität im deutschen Internationalen Konkursrecht?
IPRax 1989, 144-148

- Inlandswirkung des Auslandskonkurses: Verlustscheine und Restschuldbefreiungen
IPRax 1990, 209-214

Aden, Menno, Konkurse kennen keine Ländergrenzen
Kreditpraxis 1988, 33-38

Aderhold, Eltje, Auslandskonkurs im Inland: Entwicklung und System des deutschen Rechts mit praktischen Beispielen unter besonderer Berücksichtigung des Konkursrechts der Vereinigten Staaten von Amerika, Englands, Frankreichs sowie der Schweiz, Berlin 1992 (zugl. Diss. Bonn 1991)
Zit.: *Aderhold*, Auslandskonkurs im Inland

Albanese, Ferdinando, Activités du Conseil de l'Europe en matière de droit de la faillite
in: Premier Séminaire de droit international et de droit européen (Neuchatel, 11-12 octobre 1985), Le droit de la faillite internationale, Zürich 1986, S. 145-159
Zit.: *Albanese*, in: Le droit de la faillite internationale, 145

Amonn, Kurt, Vom Wildwuchs der Konkursprivilegien
in: Festschrift 100 Jahre SchKG, Centenaire de la LP, Zürich 1989, S. 343-354

Arnold, Hans, Entwurf eines europäischen Übereinkommens über den Konkurs (Übersetzung)
ZIP 1984, 1152-1155

- Der Europarats-Entwurf eines europäischen Konkursabkommens
ZIP 1984, 1144-1152

- Der geplante Konkurs- und Vergleichsvertrag mit Österreich
RIW/AWD 1978, 225-230

- Insolvenzrechtsreformen in Westeuropa
ZIP 1985, 321-333

- Straßburger Entwurf eines europäischen Konkursübereinkommens
IPRax 1986, 133-138

Balz, Manfred, Kurzkommentar zu BGH, Urteil vom 11.1.1990
EWiR Art. 1 EuGVÜ 1/90, 257-258

Baumbach, Adolf / Lauterbach, Wolfgang u. a., Zivilprozeßordnung mit Gerichtsverfassungsgesetz und anderen Nebengesetzen, 52. Aufl. München 1994

Baumgärtel, Gottfried, Die Grenzen der deutschen internationalen Konkurszuständigkeit im Falle des § 238 Abs. 1 KO
AWD 1971, 557-568

Baur, Fritz / Stürner, Rolf, Zwangsvollstreckungs-, Konkurs- und Vergleichsrecht, Band II: Insolvenzrecht, 12. Aufl. Heidelberg 1990
Zit.: *Baur / Stürner* II

Blaschczok, Christine, Die schweizerisch-deutschen Staatsverträge auf dem Gebiet des Insolvenzrechts
ZIP 1983, 141-144

Bogdan, Michael, Buchbesprechung: Gerhard Kegel / Jürgen Thieme, Vorschläge und Gutachten zum Entwurf eines EG-Konkursübereinkommens
RabelsZ 53 (1989), 573-577

Boll, Valentin, Die Anerkennung des Auslandskonkurses in Österreich, Wien 1990 (zugl. Diss. Innsbruck 1988)

Bottiau, Annie, Aspects internationaux de la faillite en droit américain
J. D. I. 1992, 89-99

- La Convention européenne sur certains aspects internationaux de la faillite adoptée par le Conseil des Ministres lors de la 434e réunion des 19-23 février 1990
Rev. proc. coll. 1990, 97-117

Breitenstein, Stefan, Internationales Insolvenzrecht der Schweiz und der Vereinigten Staaten. Eine rechtsvergleichende Darstellung, Zürich 1990 (zugl. Diss. Zürich 1989)

Buchner, Herbert, Zur internationalen Zuständigkeit des Konkursverwalters, speziell im deutsch-schweizerischen Verhältnis
ZIP 1985, 1114-1122

Bürgi, Erich, Konkursrechtliche Staatsverträge der Schweiz mit den ehemaligen Königreichen Württemberg und Bayern sowie mit Frankreich
in: Festschrift 100 Jahre SchKG, Centenaire de la LP, Zürich 1989, S. 175-199

Callewaert, Johan, Zum Recht der besitzlosen Mobiliarsicherheiten in Belgien: Eigentumsvorbehalt und Auflösungsklausel
RIW 1989, 683-686

Canaris, Claus-Wilhelm, Die Auswirkungen eines im Ausland ausgebrachten Arrests im inländischen Konkurs und Vergleich
ZIP 1983, 647-651

Cheshire, Geoffrey C. / North, Peter M., Private International Law, 12. Aufl. London 1992

Colle, Philippe / t'Kint, François, Report for Belgium
in: *Ian F. Fletcher* (Hrsg.), Cross-Border Insolvency: National and Comparative Studies, Reports delivered at the XIII International Congress of Comparative Law, Montréal 1990, Tübingen 1992, 48-81

Zit.: *Colle / t'Kint*, in: Montréal Reports, 48

Conférence des Ministres européens de la justice, Résolution No. 1 relative aux tendances récentes et perspectives d'avenir en matière de droit de la faillite, 14e Conférence des Ministres européens de la Justice, Madrid, 29-31 mai 1984, MJU (84) Concl.
abgedruckt in VPB 48 (1984), 252
Zit.: Conférence des Ministres européens de la justice, Résolution No. 1, VPB 48 (1984), 252

Conférence des Ministres européens de la justice, Délégation de la Suisse, Tendances récentes et perspectives d'avenir en matière de droit de la faillite, rapport présenté par la délégation de la Suisse, Strasbourg 1984
abgedruckt in: VPB 48 (1984), 237-252
Zit.: Conférence des Ministres européens de la justice, Rapport présenté par la Suisse, VPB 48 (1984), 237

Council of Europe, Conferences of Specialised Ministers: 17th Conference of European Ministers of Justice
in: Information Bulletin on legal activities within the Council of Europe and in member states / Bulletin d'information sur les activités juridiques au sein du Conseil de l'Europe et dans les Etats membres, Band 31 (Januar 1991), 25-26
Zit.: Council of Europe, Information Bulletin 31, 25

\- European Convention on Certain International Aspects of Bankruptcy, in: Information Bulletin on legal activities within the Council of Europe and in member states / Bulletin d'information sur les activités juridiques au sein du Conseil de l'Europe et dans les Etats membres, Band 31 (Januar 1991), 11
Zit.: Council of Europe, Information Bulletin 31, 11

Dalhuisen, Jan Hendrik, On International Insolvency and Bankruptcy, Loseblattsammlung, New York, Stand 1986

Dallèves, Louis, Universalität und Territorialität des Konkurses aus dem Gesichtswinkel der europäischen Integration
BlSchK 38 (1974), 65-75

\- Universalité et territorialité de la faillite dans la perspective de l'intégration européenne
BlSchK 37 (1973), 161-170

Daniele, Luigi, Les problèmes internationaux de la faillite: heur et malheur du projet de convention communautaire
Cah. dr. eur. 1987, 512-525

David, Lucas, In Vergessenheit geratene Staatsverträge
SJZ 1973, 84-87

Deutscher Anwaltverein, Stellungnahme des Insolvenzrechtsausschusses des Deutschen Anwaltvereins e. V. zum Entwurf eines Europäischen Übereinkommens über den Konkurs (EuR-Entwurf 1988), August 1988 (vervielf. Typoskript); Zusammenfassung abgedruckt bei *Kespohl-Willemer*, AnwBl 1988, 575-576

Zit.: DAV, Stellungnahme zum ERats-Entwurf 1988

- Stellungnahme des Insolvenzrechtsausschusses des Deutschen Anwaltvereins e. V. zum Entwurf eines Europäischen Übereinkommens über den Konkurs (EuR Entwurf 1989), Bonn 1990 (vervielf. Typoskript)
  Zit.: DAV, Stellungnahme zum ERats-Entwurf 1989

- Stellungnahme des Insolvenzrechtsausschusses des Deutschen Anwaltvereins zum Vorentwurf eines Übereinkommens der Mitgliedstaaten der Europäischen Gemeinschaft über den Konkurs, Vergleich und ähnliche Verfahren
  KTS 1975, 59-76

Deutscher Rat für Internationales Privatrecht, Stellungnahme der Sonderkommission "Internationales Insolvenzrecht" des Deutschen Rates für IPR zum Vorentwurf des BMJ von Vorschriften zur Neuordnung des Internationalen Insolvenzrechts von 1989 (Zusammenfassung)
in: *Hans Stoll* (Hrsg.), Stellungnahmen und Gutachten zur Reform des deutschen Internationalen Insolvenzrechts, Tübingen 1992, S. 265-276
Zit.: Deutscher Rat für IPR, in: Reform des deutschen IIR, 265

Didier, Paul, La problématique du droit de la faillite internationale / The Problems surrounding the Law of International Insolvency
RDAI 3 (1989), 201-206

Dilger, Eberhard, Kein Vollstreckungsurteil nach Konkurseröffnung in Österreich
RIW 1988, 225-226

Dobson, Juan M., Treaty developments in Latin America
in: *Ian F. Fletcher* (Hrsg.), Cross-Border Insolvency: Comparative Dimensions, The Aberystwyth Insolvency Papers, London 1990, S. 237-262
Zit.: *Dobson*, in: Aberystwyth Papers, 237

Drobnig, Ulrich, Bemerkungen zur Behandlung der Rechte Dritter, insbesondere von Sicherungsrechten (Artt. 3, 3a, 17, 17a VE)
in: *Hans Stoll* (Hrsg.), Stellungnahmen und Gutachten zur Reform des deutschen Internationalen Insolvenzrechts, Tübingen 1992, S. 177-182
Zit.: *Drobnig*, in: Reform des deutschen IIR, 177

- Die in grenzüberschreitenden Insolvenzverfahren anwendbaren Rechtsordnungen
  in: *Hans Stoll* (Hrsg.), Stellungnahmen und Gutachten zur Reform des deutschen Internationalen Insolvenzrechts, Tübingen 1992, S. 51-71
  Zit.: *Drobnig*, in: Reform des deutschen IIR, 51

- Die Kreditsicherheiten im Vorschlag der Insolvenzrechtskommission
  ZGR 1986, 252-280

- Sicherungsrechte im deutschen Konkursverfahren
  RabelsZ 44 (1980), 784-806

- Vorrechte, Sicherheiten und Eigentumsvorbehalt im EG-Konkursübereinkommen. Stellungnahme zu den Artt. 43-52 sowie Art. 41 des Entwurfs von 1980
in: *Gerhard Kegel / Jürgen Thieme*, Vorschläge und Gutachten zum Entwurf eines EG-Konkursübereinkommens, Tübingen 1988, S. 357-381
Zit.: *Drobnig*, in: Vorschläge und Gutachten (EG), 357

Drukarczyk, Jochen / Duttle, Josef / Rieger, Reinhard, Mobiliarsicherheiten: Arten, Verbreitung, Wirksamkeit, Köln 1985
Zit.: *Drukarczyk / Duttle / Rieger*, Mobiliarsicherheiten

Ebenroth, Carsten Thomas, Die Inlandswirkungen der ausländischen lex fori concursus bei Insolvenz einer Gesellschaft
ZZP 101 (1988), 121-151

- Neuere Entwicklungen im deutschen internationalen Gesellschaftsrecht, Teil 1
JZ 1988, 18-30

Elland-Goldsmith, Michael, La faillite: le droit international privé anglais / English Insolvency Law: International Aspects
RDAI 3 (1989), 207-235

Favoccia, Daniela, Vertragliche Mobiliarsicherungsrechte im internationalen Insolvenzrecht, Köln / Berlin / Bonn / München 1991 (zugl. Diss. Freiburg 1991)

Flessner, Axel, Das amerikanische Reorganisationsverfahren vor deutschen Gerichten
IPRax 1992, 151-153

- Ausländischer Konkurs und inländischer Arrest
in: Festschrift für Franz Merz, Köln 1992, S. 93-104

- Entwicklungen im internationalen Konkursrecht, besonders im Verhältnis Deutschland-Frankreich
ZIP 1989, 749-757

- Internationales Insolvenzrecht in Europa
in: Festschrift für Theodor Heinsius, Berlin / New York 1991, S. 111-127

- Kurzkommentar zu BGH, Urteil vom 11.7.1991
EWiR § 30 KO 4/91, 1107-1108

- Sanierung und Reorganisation: Insolvenzverfahren für Großunternehmen in rechtsvergleichender und rechtspolitischer Untersuchung, Tübingen 1982
Zit.: *Flessner*, Sanierung und Reorganisation

Flessner, Axel / Schulz, Martin, Zusammenhänge zwischen Konkurs, Arrest und internationaler Zuständigkeit
IPRax 1991, 162-166

Fletcher, Ian F. (Hrsg.), Cross-Border Insolvency: Comparative Dimensions, The Aberystwyth Insolvency Papers, London 1990
Zit.: *Fletcher*, Aberystwyth Papers

- General Report and Comparative Study
in: *Ian F. Fletcher* (Hrsg.), Cross-Border Insolvency: National and Comparative Studies, Reports delivered at the XIII International Congress of Comparative Law, Montréal 1990, Tübingen 1992, S. 269-303
Zit.: *Fletcher*, in: Montréal Reports, 269

- Report for the United Kingdom (England and Wales)
in: *Ian F. Fletcher* (Hrsg.), Cross-Border Insolvency: National and Comparative Studies, Reports delivered at the XIII International Congress of Comparative Law, Montréal 1990, Tübingen 1992, S. 217-242
Zit.: *Fletcher*, in: Montréal Reports, 217

- The Proposed Community Convention on Bankruptcy and Related Matters
Eur. L. Rev. 2 (1977), 15-33

Florian, Matthias, Das englische internationale Insolvenzrecht, Heidelberg 1989 (zugl. Diss. Münster 1988)

Förger, Hans-Rainer, Die Stellung des Konkursverwalters im Internationalen Privatrecht, Diss. Regensburg 1969

Frank, Rainer, Les effets internationaux de la faillite en droit allemand / German International Insolvency Law
RDAI 3 (1989), 291-311

Frotscher, Gerrit, Steuern im Konkurs, 3. Aufl. Heidelberg 1990

Gilliéron, Pierre-Robert, Généralités sur la faillite en droit national et international suisse
SZIER 1992, 135-167

Gitlin, Richard A. / Flaschen, Evan D. / Grimes, David M., United States Treatment of Foreign Insolvency Proceedings
in: *Ian F. Fletcher* (Hrsg.), Cross-Border Insolvency: Comparative Dimensions, The Aberystwyth Insolvency Papers, London 1990, S. 69-94
Zit.: *Gitlin / Flaschen / Evans*, in: Aberystwyth Papers, 69

Gottwald, Peter, Auslandskonkurs und Registereintragung im Inland
IPRax 1991, 168-172

- (Hrsg.), Insolvenzrechtshandbuch. Von *Hans Arnold* u. a., München 1990
Zit.: Bearb., in: *Gottwald*, InsolvenzRHdb

- (Hrsg.), Nachtrag "Gesamtvollstreckungsordnung" zum Insolvenzrechtshandbuch. Von *Hans Arnold* u. a., München 1993

Grasmann, Günther, Das Erlöschen von Insolvenzforderungen nach Schuld- oder Insolvenzstatut?
in: Wege zum japanischen Recht. Festschrift für Zentaro Kitagawa, Berlin 1992, S. 117-128

- Inlandswirkungen des Auslandskonkurses über das Vermögen eines im Konkurseröffnungsstaat ansässigen Gemeinschuldners

KTS 1990, 157-182

Großfeld, Bernhard, Internationales Insolvenzrecht im Werden? Zum Entwurf eines Übereinkommens der EG-Staaten über den Konkurs, Vergleiche und ähnliche Verfahren
ZIP 1981, 925-933

Grunsky, Wolfgang, Anmerkung zu BGH, Urteil vom 13.7.1983, JZ 1983, 898
JZ 1983, 902

Habscheid, Edgar J., Internationales Konkursrecht und Einzelrechtsverfolgung
KTS 1989, 593-623

- Unterbrechung oder Aussetzung des Inlandsprozesses bei ausländischem Konkursverfahren
KTS 1990, 403-327

Habscheid, Walther J., Entwicklungstendenzen des internationalen Konkursrechts
ZaöRV 50 (1990), 282-308

Häsemeyer, Ludwig, Rezension zu Aderhold, Auslandskonkurs im Inland, Berlin 1992, und Summ, Anerkennung ausländischer Konkurse in der Bundesrepublik Deutschland, Berlin 1992
ZZP 1994, 111-118

Hagemann, Heribert, Die Handlungsbefugnis des ausländischen Konkursverwalters in Deutschland, Diss. Göttingen 1959

- Die Handlungsbefugnis des ausländischen Konkursverwalters in Deutschland
KTS 1960, 161-164

Hahn, Carl (Hrsg.), Die gesammten Materialien zu den Reichs-Justizgesetzen, Band 4: Materialien zu der Konkursordnung und dem Einführungsgesetz vom 10. Februar 1877, Berlin 1898
Zit.: *Hahn*, Materialien zur KO

Hanisch, Hans, Aktuelle Probleme des internationalen Insolvenzrechts
Schw. Jb. Int. R. 36 (1980), 109-136

- Anwendbares Recht und Konkurswirkungen. Stellungnahme zu den Artt. 2, 17-19, 34-40, 53 und zur Anlage I des Entwurfs von 1980
in: *Gerhard Kegel / Jürgen Thieme*, Vorschläge und Gutachten zum Entwurf eines EG-Konkursübereinkommens, Tübingen 1988, S. 319-339
Zit.: *Hanisch*, in: Vorschläge und Gutachten (EG), 319

- Auslandsvermögen des Schuldners im Inlandsinsolvenzverfahren und vice-versa
in: Einhundert Jahre Konkursordnung. Festschrift zum einhundertjährigen Bestehen der Konkursordnung vom 10. Februar 1877, Köln / Berlin / Bonn / München 1977, S. 139-167
Zit.: *Hanisch*, in: FS 100 Jahre KO, 139

- Bemerkungen zur Geschichte des internationalen Insolvenzrechts
in: Festschrift für Franz Merz, Köln 1992, S. 159-176

- Buchbesprechung: Michael Pielorz, Auslandskonkurs und Disposition über das Inlandsvermögen, Berlin 1977
ZZP 93 (1980), 215-220

- Crediting a creditor with proceeds recovered abroad out of the debtor's assets situate abroad in domestic insolvency proceedings
in: *Ian F. Fletcher* (Hrsg.), Cross-Border Insolvency: Comparative Dimensions, The Aberystwyth Insolvency Papers, London 1990, S. 192-204
Zit.: *Hanisch*, in: Aberystwyth Papers, 192

- Deutscher Eigentumsvorbehalt im französischen Insolvenzverfahren
IPRax 1992, 187-191

- Deutsches Internationales Insolvenzrecht in Bewegung
ZIP 1983, 1289-1301

- Deux problèmes de faillite internationale (analyse comparative)
in: Mélanges offerts à la Société suisse des Juristes, Genf 1976, S. 107-127
Zit.: *Hanisch*, in: FS Société suisse des Juristes, 107

- Einheit oder Pluralität oder ein kombiniertes Modell beim grenzüberschreitenden Insolvenzverfahren?
ZIP 1994, 1-9

- Erlöse aus der Teilnahme an einem ausländischen Parallel-Insolvenzverfahren - Ablieferung an die inländische Konkursmasse oder Anrechnung auf die Inlandsdividende?
ZIP 1989, 273-279

- Gegenseitigkeit, comitas und Gläubigergleichbehandlung im internationalen Insolvenzrecht
KTS 1978, 193-200

- Internationale Insolvenzrechte des Auslandes und das Gegenrecht nach Art. 166 Abs. 1 IPRG
SZIER 1992, 3-32

- Die international-insolvenzrechtlichen Bestimmungen des Entwurfs eines schweizerischen IPR-Gesetzes
KTS 1979, 233-251

- Kurzkommentar zu LG Krefeld, Beschluß vom 9.4.1992
EWiR § 237 KO 3/92, 1121-1122

- Kurzkommentar zu OLG Köln, Beschluß vom 31.1.1989
EWiR § 812 BGB 2/89, 349-350

- Kurzkommentar zu OLG Zweibrücken, Beschluß vom 17.4.1989
EWiR § 113 KO 1/90, 83-84

- Parallel-Insolvenzen und Kooperation im internationalen Insolvenzfall
in: Festschrift für Friedrich Wilhelm Bosch, Bielefeld 1976, S. 381-392

- Probleme des internationalen Insolvenzrechts. Generalreferat: Einleitung

in: *Wolfgang Frhr. Marschall von Bieberstein* (Hrsg.), Probleme des internationalen Insolvenzrechts, Frankfurt a. M. 1982, S. 9-29
Zit.: *Hanisch*, in: Probleme des IIR, 9

- Das Recht grenzüberschreitender Insolvenzen: Auswirkungen im Immobiliensektor
ZIP 1992, 1125-1139

- Report for Germany
in: *Ian F. Fletcher* (Hrsg.), Cross-Border Insolvency: National and Comparative Studies, Reports delivered at the XIII International Congress of Comparative Law, Montréal 1990, Tübingen 1992, S. 104-127
Zit.: *Hanisch*, in: Montréal Reports, 104

- Survey over some laws on cross-border effects of foreign insolvency procedures on the European Continent
in: *Ian F. Fletcher* (Hrsg.), Cross-Border Insolvency: Comparative Dimensions, The Aberystwyth Insolvency Papers, London 1990, S. 149-162
Zit.: *Hanisch*, in: Aberystwyth Papers, 149

- Die Wende im deutschen internationalen Insolvenzrecht
ZIP 1985, 1233-1243

- Wirkungen deutscher Insolvenzverfahren auf in der Schweiz befindliches Schuldnervermögen - Bisheriges und neues internationales Insolvenzrecht der Schweiz
JZ 1988, 737-744

- Zusammenfassender Bericht
in: *Wolfgang Frhr. Marschall v. Bieberstein* (Hrsg.), Probleme des internationalen Insolvenzrechts, Frankfurt a. M. 1982, S. 51-58
Zit.: *Hanisch*, in: Probleme des IIR, 51

Hauschild, Winfried, Le projet de convention communautaire relative à la faillite, aux concordats et aux procédures analogues
in: Premier séminare de droit international et de droit européen (Neuchatel, 11-12 octobre 1985), Le droit de la faillite internationale, Zürich 1986, S. 139-144
Zit.: *Hauschild*, in: Le droit de la faillite internationale, 139

Hay, Peter, Auslandskonkurs und Inlandsfolgen aus amerikanischer Sicht
in: Festschrift für Wolfram Müller-Freienfels, Baden-Baden 1986, S. 247-269

Hess, Harald / Kropshofer, Birger, Kommentar zur Konkursordnung, 3. Aufl. Neuwied / Frankfurt a. M. 1989
Zit.: *Hess / Kropshofer*, KO, 3. Aufl.

Hess, Harald, Kommentar zur Konkursordnung, 4. Aufl. Neuwied / Kriftel / Berlin 1993
Zit.: Hess, KO

Hofstetter, Rolf, Anmerkung zu BGH, Urteil vom 7.12.1961
AWD 1962, 81

Holzhammer, Richard, Österreichisches Insolvenzrecht, Konkurs und Ausgleich, 2. Aufl. Wien / New York 1983

Hunter, Muir, The Draft Bankruptcy Convention of the European Economic Communities Int. Comp. L. Q. 21 (1972), 682-698

Idot, Laurence, Perspectives communautaires du droit des "faillites" Gaz. Pal. 1991, 282-286

Ishiguro, Kazunori, Einige Kernprobleme des japanischen Kollisionsrechts von heute in: Recht in Japan 8 (1991), 7-37

Ito, Makoto, Report for Japan
in: *Ian F. Fletcher* (Hrsg.), Cross-Border Insolvency: National and Comparative Studies, Reports delivered at the XIII International Congress of Comparative Law, Montréal 1990, Tübingen 1992, S. 178-185
Zit.: *Ito*, in: Montréal Reports, 178

Jaeger, Ernst, Konkursordnung. Kommentar begr. v. Ernst Jaeger, bearb. v. Friedrich Weber, Günther Jahr, Ulrich Klug. 8. Aufl., 2. Band, 2. Halbband, Berlin / New York 1973
Zit.: Bearb., in: *Jaeger*, KO

- Lehrbuch des Deutschen Konkursrechts, 8. Aufl. Berlin / Leipzig 1932
Zit.: *Jaeger*, Lehrbuch

Jahr, Günther, Internationales Konkursrecht
in: *Gerhard Lüke / Hanns Prütting* (Hrsg.), Lexikon des Rechts / Zivilverfahrensrecht, Neuwied 1989, S. 119-126
Zit.: *Jahr*, in: LdR / ZivilverfahrensR, 119

- Vereinheitlichtes internationales Konkursrecht in der Europäischen Wirtschaftsgemeinschaft. Der Vorentwurf eines Übereinkommens über den Konkurs, Vergleich und ähnliche Verfahren
RabelsZ 36 (1972), 620-650

Jayme, Erik / Kohler, Christian, Das internationale Privat- und Verfahrensrecht der EG 1991 - Harmonisierungsmodell oder Mehrspurigkeit des Kollisionsrechts
IPRax 1991, 361-369

Jitta, Josephus, La codification du droit international de la faillite, La Haye 1895

Johlke, Horst M., Anmerkung zu LG München I, Urteil vom 2.12.1986
WuB VI B. 237 KO 1.87, 637-638

Jorio, Alberto, Report for Italy
in: *Ian F. Fletcher* (Hrsg.), Cross-Border Insolvency: National and Comparative Studies, Reports delivered at the XIII International Congress of Comparative Law, Montréal 1990, Tübingen 1992, 169-177
Zit.: *Jorio*, in: Montréal Reports, 169

Kalter, Anmerkung zu OLG Köln, Urteil vom 9.3.1978 (KTS 1978, 249)

KTS 1978, 253-254

Kegel, Gerhard / Thieme, Jürgen, Vorschläge und Gutachten zum Entwurf eines EG-Konkursübereinkommens, Tübingen 1992
Zit.: *Kegel / Thieme*, Vorschläge und Gutachten (EG)

Kespohl-Willemer, Annette, Entwurf eines Europäischen Übereinkommens über den Konkurs - Stellungnahme des Insolvenzrechtsausschusses des DAV
AnwBl 1988, 575-576

Kilger, Joachim / Schmidt, Karsten, Konkursordnung mit Gesamtvollstreckungsordnung, 16. Aufl. München 1993

Kirchhof, Hans-Peter, Grenzüberschreitende Insolvenzen im Europäischen Binnenmarkt. Insbesondere unter Beteiligung von Kreditinstituten
WM 1993, 1364-1370, 1401-1407

Klevemann, Dirk, Gesetzliche Sicherungsrechte im internationalen Privat- und Konkursrecht, Pfaffenweiler 1990 (zugl. Diss. Freiburg i. Br. 1989)

Kozyris, P. John, Report for the United States
in: *Ian F. Fletcher* (Hrsg.), Cross-Border Insolvency: National and Comparative Studies, Reports delivered at the XIII International Congress of Comparative Law, Montréal 1990, Tübingen 1992, S. 243-254
Zit.: *Kozyris*, in: Montréal Reports, 243

Krauskopf, Lutz, Die Reform des nationalen und internationalen Schweizer Insolvenzrechts
in: *Bruno Wiesbauer* (Hrsg.), Neuerungen im internationalen Insolvenzrecht, Deutschland, Liechtenstein, Schweiz, USA, Österreich, Europarat, Wien 1988, S. 31-63
Zit.: *Krauskopf*, in: Neuerungen im IIR, 31

Kuhn, Georg, Anmerkung zu BGH, Urteil vom 4.2.1960 (MDR 1960, 578)
MDR 1960, 579

Kuhn, Georg / Uhlenbruck, Wilhelm, Konkursordnung, 10. Aufl. München 1986
Zit.: Bearb., in: *Kuhn / Uhlenbruck*

Landfermann, Hans-Georg, Bericht über die Diskussion
ZGR 1986, 281-287

- Elemente der Insolvenzrechtsreform in der Gesamtvollstrekkungsordnung
in: Festschrift für Franz Merz, Köln 1992, S. 367-386

- Das Internationale Insolvenzrecht in der Gesamtvollstreckungsordnung
in: *Hans Stoll* (Hrsg.), Stellungnahmen und Gutachten zur Reform des deutschen Internationalen Insolvenzrechts, Tübingen 1992, S. 314-321
Zit.: *Landfermann*, in: Reform des deutschen IIR, 314

- Regierungsentwurf einer neuen Insolvenzordnung vom 21.11.1991. Änderungen gegenüber dem Referentenentwurf
ZIP 1991, 1660-1663

Lau, Emil, Zur Änderung der Rechtsprechung des Bundesgerichtshofs über die Wirkung des Auslandskonkurses im Inland
BB 1986, 1450-1453

Lebow, Mark T. / Tait, Robin T., International Effects of Bankruptcy in American Law. Dawning of the Age of Comity in American Bankruptcy Law / Les effets internationaux de la faillite en droit américain
RDAI 3 (1989), 257-265

Leipold, Dieter, Ausländischer Konkurs und inländischer Zivilprozeß - Harmonie oder Dissonanz in der Rechtsprechung des Bundesgerichtshofs?
in: Festschrift für Karl Heinz Schwab, München 1990, S. 289-307

- Internationale Zuständigkeit, inländische Einzelrechtsverfolgung trotz eines Auslandskonkurses, Auswirkungen eines ausländischen Konkurses auf im Inland anhängige Zivilprozesse. Bemerkungen zum Vorentwurf für eine Regelung des Internationalen Insolvenzrechts, insbesondere aus verfahrensrechtlicher Sicht
in: *Hans Stoll* (Hrsg.), Stellungnahmen und Gutachten zur Reform des deutschen Internationalen Insolvenzrechts, Tübingen 1992, S. 72-95
Zit.: *Leipold*, in: Reform des deutschen IIR, 72

- Zur internationalen Zuständigkeit im Insolvenzrecht
in: Festschrift für Gottfried Baumgärtel, Köln / Berlin / Bonn / München 1990, S. 291-309

- Wege zu einem funktionsfähigen internationalen Konkursrecht. Ein Vergleich zwischen der neueren deutschen Rechtsprechung, dem deutsch-österreichischen Konkursvertrag und den Projekten europäischer Konkursübereinkommen
in: Recht in Ost und West. Festschrift zum 30-jährigen Jubiläum des Institut für Rechtsvergleichung der Waseda Universität, Tokyo 1988, S. 787-820
Zit.: *Leipold*, in: FS Waseda Univ., 787

Lemontey, Jacques, Bericht über das Übereinkommen über den Konkurs, Vergleiche und ähnliche Verfahren, EG-Dok. III/D/222/80-DE
abgedruckt in: *Gerhard Kegel / Jürgen Thieme*, Vorschläge und Gutachten zum Entwurf eines EG-Konkursübereinkommens, Tübingen 1988, S. 93-211; *J. H. Dalhuisen*, On International Insolvency and Bankruptcy, Loseblattsammlung, New York, Stand 1986, Band 2, Anhang B-1 (englischer Text); ZIP 1981, 547-562, 673-686, 791-806; Bull. EG, Beilage 2/82, 47-123.
Zit.: *Lemontey*, Bericht zum EG-Entwurf 1980. Die angegebenen Seitenzahlen beziehen sich auf den Originalbericht.

Löwisch, Manfred, Der Arbeitnehmer im künftigen Insolvenzrecht
ZGR 1986, 219-246

Lowry, John, The Harmonisation of Bankruptcy Law in Europe. The Role of the Council of Europe
J. B. L. 1985, 73-76

Lübchen, Gustav-Adolf / Landfermann, Hans-Georg, Das neue Insolvenzrecht der DDR

ZIP 1990, 829-838

Lüderitz, Alexander, Anmerkung zu BGH, Urteil vom 11.7.1985
JZ 1986, 91-97

Lüer, Hans-Jochem, Einheitliches Insolvenzrecht innerhalb der Europäischen Gemeinschaften - Die Quadratur des Kreises? - Anmerkungen zum Entwurf eines Übereinkommens über den Konkurs, Vergleiche und ähnliche Verfahren
KTS 1981, 147-165

- Einzelzwangsvollstreckung im Ausland bei inländischem Insolvenzverfahren
KTS 1978, 200-215; KTS 1979, 12-29

- Europäisches Übereinkommen über den Konkurs
AnwBl 1990, 444-446

- Zur Neuordnung des deutschen Internationalen Insolvenzrechts
in: *Hans Stoll* (Hrsg.), Stellungnahmen und Gutachten zur Reform des deutschen Internationalen Insolvenzrechts, Tübingen 1992, S. 96-143
Zit.: *Lüer*, in: Reform des deutschen IIR, 96

- Überlegungen zu einem künftigen deutschen Internationalen Insolvenzrecht
KTS 1990, 377-402

Lüke, Wolfgang, Zu neueren Entwicklungen im deutschen internationalen Konkursrecht - gleichzeitig Besprechung von BGH, KTS 1986, 97 -
KTS 1986, 1-19

Martiny, Dieter, Anerkennung ausländischer Entscheidungen nach autonomem Recht
in: Handbuch des Internationalen Zivilverfahrensrechts, Band III/1, Tübingen 1984, Kapitel 1
Zit.: *Martiny*, in: Handbuch des IZVR III/1, Kap. 1

Mentzel, Franz / Kuhn, Georg, Konkursordnung, 8. Aufl. München 1976
Zit.: Bearb., in: *Mentzel / Kuhn*, KO, 8. Aufl.

Mentzel, Franz / Kuhn, Georg / Uhlenbruck, Wilhelm, Konkursordnung, 9. Aufl. München 1979
Zit.: Bearb., in: *Mentzel / Kuhn / Uhlenbruck*, KO, 9. Aufl.

Merz, Franz, Probleme bei Insolvenzverfahren im internationalen Rechtsverkehr
ZIP 1983, 136-140

- Probleme des internationalen Konkursrechts im Verhältnis zwischen der Bundesrepublik Deutschland und Italien
in: *Franz Merz / Rainer Frank / Vito Librando* u. a., Konkursrecht - Persönlichkeitsschutz - Kapitalverkehr, Jahrbuch für Italienisches Recht, Band 1, Heidelberg 1988, S. 3-10
Zit.: *Merz*, in: JbItalR 1 (1988), 3

Mohrbutter, Jürgen, Ausländische Konkurswirkungen im Inland
DB 1984, 2235

Mohrbutter, Jürgen / Mohrbutter, Harro, Handbuch der Konkurs- und Vergleichsverwaltung, 6. Aufl. Köln / Berlin / Bonn / München 1990
Zit.: *Mohrbutter / Mohrbutter*, Konkurs- und Vergleichsverwaltung

Moreau, Michel, Report for France
in: *Ian F. Fletcher* (Hrsg.), Cross-Border Insolvency: National and Comparative Studies, Reports delivered at the XIII International Congress of Comparative Law, Montréal 1990, Tübingen 1992, 95-103
Zit.: *Moreau*, in: Montréal Reports, 95

Müller-Freienfels, Wolfram, Auslandskonkurs und Inlandsfolgen
in: Vom deutschen zum europäischen Recht, Festschrift für Hans Dölle, Band II, Tübingen 1963, S. 359-398

Münchener Kommentar zum Bürgerlichen Gesetzbuch, Band 7: EGBGB. Internationales Privatrecht; 2. Aufl. München 1990

Nadelmann, Kurt H., The Lure in "International Bankruptcies" of Assets Located Abroad
Int. Comp. L. Q. 33 (1984), 430-436

Nußbaum, Arthur, Deutsches Internationales Privatrecht: Unter besonderer Berücksichtigung des deutschen und schweizerischen Rechts, Tübingen 1932

Nussbaum, Werner, Das schweizerische internationale Insolvenzrecht gemäss dem Bundesgesetz vom 18. Dezember 1987 über das internationale Privatrecht und sein Umfeld in Europa, Zürich 1989
Zit.: *W. Nussbaum*, Das schweizerische IIR

Oertzen, Christian von, Inlandswirkungen eines Auslandskonkurses, Diss. Mainz 1990

Oexmann, Burkhard, Anmerkung zu OLG Hamm, Urteil v. 25.10.1976
NJW 1977, 504-505

Petel, Philippe, La Convention du Conseil de l'Europe sur certains aspects internationaux de la faillite
in: Juristische Fakultät der Universität Heidelberg (Hrsg.), Der Handel zwischen französischen und deutschen Unternehmen vor der Einführung des europäischen Binnenmarktes, Bericht über das 23. Gemeinsame Seminar der Juristischen Fakultäten von Montpellier und Heidelberg, 15.-27. Juni 1991, Heidelberg 1992, S. 45-64
Zit.: *Petel*, in: Heidelberger Seminar, 45

Pfeiffer, Thomas, Kooperative Reziprozität. § 325 I Nr. 5 ZPO neu besichtigt.
RabelsZ 55 (1991), 734-769

Pielorz, Michael, Auslandskonkurs und Disposition über das Inlandsvermögen, Berlin 1977 (zugl. Diss. Berlin 1977)
Zit.: *Pielorz*, Auslandskonkurs

\- Inlandsvermögen im Auslandskonkurs. Zur Handlungsbefugnis ausländischer Konkursorgane in Deutschland
ZIP 1980, 239-245

- Wende im deutschen internationalen Insolvenzrecht
IPRax 1984, 241-244

Reithmann, Christoph, Internationales Vertragsrecht, 2. Aufl. Köln 1972
Zit.: Bearb., in: *Reithmann*, Int. Vertragsrecht, 2. Aufl.

Reithmann, Christoph / Martiny, Dieter, Internationales Vertragsrecht, 4. Aufl. Köln 1988
Zit.: Bearb., in: *Reithmann / Martiny*, Int. Vertragsrecht

Riegel, Ralf, Grenzüberschreitende Konkurswirkungen zwischen der Bundesrepublik Deutschland, Belgien und den Niederlanden. Anerkennung, anwendbares Recht, Tatbestandswirkungen. München 1991 (zugl. Diss. Bonn 1990)
Zit.: *Riegel*, Grenzüberschreitende Konkurswirkungen

- Prozeßunterbrechung nach § 240 ZPO im Fall ausländischer Konkurseröffnung
RIW 1990, 546-550

Riesenfeld, Stefan A., Das neue Gesicht des deutschen Internationalen Konkursrechts aus ausländischer Sicht
in: Festschrift für Franz Merz, Köln 1992, S. 497-513

- Transnational Bankruptcies in the Late Eighties: A Tale of Evolution and Atavism
in: Comparative and Private International Law. Essays in Honor of John Henry Merryman on his Seventieth Birthday, Berlin 1990, S. 409-428
Zit.: *Riesenfeld*, in: FS Merryman, 409

- Transnational Bankruptcy Law: Recent Developments in Argentina and the United States
in: Festschrift für Gerhard Kegel, Stuttgart 1987, S. 483-504
Zit.: *Riesenfeld*, in: FS Kegel II, 483

Ringleb, Henrik-Michael, Universalität und Territorialität im deutschen internationalen Konkursrecht, Diss. Frankfurt a. M. 1968

Rössner, Michael-Christian, Anmerkung zu OLG Zweibrücken, Beschluß vom 17.4.1989
WuB VI B. § 113 KO 1.90, 523-525

Schack, Haimo, Buchbesprechung von Gerhard Kegel / Jürgen Thieme, Vorschläge und Gutachten zum Entwurf eines EG-Konkursübereinkommens, Tübingen 1988
JZ 1989, 382-383

Schlosser, Peter, Europäische Wege aus der Sackgasse des deutschen internationalen Insolvenzrechts
RIW 1983, 473-485

Schmidt, Jürgen, Internationales Konkursrecht - Einige Gedanken zu einem dogmatischen Neuansatz
SAG 1973, 153-160

- System des deutschen internationalen Konkursrechts, Frankfurt a. M. 1972
Zit.: *J. Schmidt*, System des dt. IKR

Schomaker, Jörg, Inlandswirkungen ausländischer konkursabwendender Vergleichsverfahren, Diss. Kiel 1982

Schröder, Jochen, Internationale Zuständigkeit, allgemeine Konkurswirkungen sowie Anerkennung und Vollstreckung. Stellungnahme zu den Artt. 3-14, 20-28 und 55-60 des Entwurfs von 1980
in: *Gerhard Kegel / Jürgen Thieme*, Vorschläge und Gutachten zum Entwurf eines EG-Konkursübereinkommens, Tübingen 1988, S. 299-304
Zit.: *Schröder*, in: Vorschläge und Gutachten (EG), 299

Schütze, Rolf A., Deutsches Internationales Zivilprozeßrecht, Berlin / New York 1985

Smart, P. St. J., International insolvency and the enforcement of foreign revenue laws
Int. Comp. L. Q. 35 (1986), 704-710

Smid, Stefan (Hrsg.), Gesamtvollstreckungsordnung. Kommentar, Das Insolvenzrecht der fünf neuen Bundesländer und Ostberlins unter Berücksichtigung des Gesetzes zur Beseitigung von Hemmnissen bei der Privatisierung von Unternehmen und zur Förderung von Investitionen, Baden-Baden 1991

Soergel, Hans Theodor, Bürgerliches Gesetzbuch, Band 8: Einführungsgesetz, 11. Aufl. Stuttgart / Berlin / Köln / Mainz 1983

Spellenberg, Ulrich, Der ordre public im Internationalen Insolvenzrecht
in: *Hans Stoll* (Hrsg.), Stellungnahmen und Gutachten zur Reform des deutschen Internationalen Insolvenzrechts, Tübingen 1992, S. 183-200
Zit.: *Spellenberg*, in: Reform des deutschen IIR, 183

Staehelin, Daniel, Die Anerkennung ausländischer Konkurse und Nachlassverträge in der Schweiz (Art. 166 ff. IPRG), Basel / Frankfurt a. M. 1989

Staudinger, J. von, Kommentar zum Bürgerlichen Gesetzbuch mit Einführungsgesetz und Nebengesetzen: Einführungsgesetz zum Bürgerlichen Gesetzbuch, Einleitung zu Art. 7 ff.; Art. 7, 8; § 12 VerschG; Internationales Gesellschaftsrecht; Art. 11; 13. Aufl. Berlin 1993
Zit.: *Staudinger / Großfeld*, IntGesR

- Internationales Sachenrecht, 12. Aufl. Berlin 1985
Zit.: *Staudinger / Stoll*, IntSachenR

Stein, Friedrich / Jonas, Martin, Kommentar zur Zivilprozeßordnung, Bd. I (§§ 1-90), 21. Aufl. Tübingen 1993

Stoll, Hans, Rechtskollisionen beim Gebietswechsel beweglicher Sachen
RabelsZ 38 (1974), 450-467

- (Hrsg.), Stellungnahmen und Gutachten zur Reform des deutschen Internationalen Insolvenzrechts, Tübingen 1992
Zit.: *Stoll*, Reform des deutschen IIR

Stummel, Dieter, Konkurs und Integration: Konventionsrechtliche Wege zur Bewältigung grenzüberschreitender Insolvenzverfahren, Frankfurt a. M. / Bern / New York / Paris 1991 (zugl. Diss. Heidelberg 1990)

Summ, Cornelia, Anerkennung ausländischer Konkurse in der Bundesrepublik Deutschland. Eine Darstellung am Beispiel englischer, italienischer und französischer Insolvenzverfahren, Berlin 1992 (zugl. Diss. Mainz 1991)

Sundermann, Werner, Anmerkung zu OLG Karlsruhe, Beschluß vom 11.5.1990
WuB VII A. § 240 ZPO 2.90, 1545-1546

Thieme, Jürgen Dieter, Der Entwurf eines Konkursübereinkommens der EG-Staaten von 1980. Überblick und allgemeine Kritik
RabelsZ 45 (1981), 459-499

- Grundsätze des EG-Konkursübereinkommens, Allgemeine Stellungnahme zum Entwurf von 1980
in: *Gerhard Kegel / Jürgen Thieme*, Vorschläge und Gutachten zum Entwurf eines EG-Konkursübereinkommens, Tübingen 1988, S. 213-297
Zit.: *Thieme*, in: Vorschläge und Gutachten (EG), 213

- Inlandsvollstreckung und Auslandskonkurs. Zur Auslegung des § 237 KO.
RabelsZ 37 (1973), 682-718

- Partikularkonkurs. Stellungnahme zu den Artt. 1 II, 2, 9, 10, 11 I, 15 I, 16 I, 20, 21 Satz 2, 26-34 des Vorentwurfs zur Neuordnung des Internationalen Insolvenzrechts von 1989
in: *Hans Stoll* (Hrsg.), Stellungnahmen und Gutachten zur Reform des deutschen Internationalen Insolvenzrechts, Tübingen 1992, S. 212-264
Zit.: *Thieme*, in: Reform des deutschen IIR, 212

Thode, Reinhold, Anmerkung zu BGH, Urteil vom 11.1.1990
WuB VII B 1. Art. 1 EuGVÜ 1.90, 745-746

Tipke, Klaus / Kruse, Heinrich Wilhelm, Abgabenordnung und Finanzgerichtsordnung. Loseblattsammlung, Köln, 14. Aufl. Stand November 1991

Totty, Peter G., Proposal for a model international bilateral insolvency treaty, with capability for adoption by the E. E. C.
in: *Ian F. Fletcher* (Hrsg.), Cross-Border Insolvency: Comparative Dimensions, The Aberystwyth Insolvency Papers, London 1990, S. 271-283
Zit.: *Totty*, in: Aberystwyth Papers, 271

Trautmann, Donald, Some international aspects of the American Bankruptcy Code
in: *Bruno Wiesbauer* (Hrsg.), Neuerungen im internationalen Insolvenzrecht, Deutschland, Liechtenstein, Schweiz, USA, Österreich, Europarat, Wien 1988, S. 72-79
Zit.: *Trautmann*, in: Neuerungen im IIR, 72

Trunk, Alexander, Auslandskonkurs und inländische Zivilprozesse. Zugleich eine Besprechung des BGH-Beschlusses vom 7. Juli 1988 - I ZB 7/88
ZIP 1989, 279-286

- Dogmatische Grundlagen der Anerkennung von Auslandskonkursen
KTS 1987, 415-434

Uhlenbruck, Wilhelm, Anmerkung zu BGH, Beschluß vom 7.7.1988
WuB VI B. § 10 KO 1.88, 1527-1528

Uhlenbruck, Wilhelm / Delhaes, Karl, Konkurs- und Vergleichsverfahren; 5. Aufl. München 1990

Vaïsse, Sauveur, Les effets internationaux de la faillite en droit français / The International Effects of Bankruptcy under French Law
RDAI 3 (1989), 349-359

Verougstraete, I., Manuel du curateur de la faillite, 4. Aufl. Brüssel 1979

Vortmann, Jürgen, Gesamtvollstreckungsrecht in den neuen Bundesländern
KTS 1991, 237-256

Walder, Hans Ulrich, Die international konkursrechtlichen Bestimmungen des neuen IPR-Gesetzes
in: Festschrift 100 Jahre SchKG, Centenaire de la LP, Zürich 1989, S. 325-340

Weber, Friedrich, Zur Zulässigkeit eines Vergleichsverfahrens über das deutsche Vermögen eines ausländischen Schuldners. Zugleich ein Beitrag zum Wirkungsbereich der §§ 237, 238 KO
KTS 1965, 95-140

Wenner, Christian, Ausländisches Sanierungsverfahren, Inlandsarrest und § 238 KO, Anmerkung zu BGH, KTS 1990, 460
KTS 1990, 429-436

Werres, Rüdiger, Anmerkung zu OLG Köln, Beschluß vom 27.10.1988 (KTS 1989, 723)
KTS 1989, 728-729

Westermann, Harm Peter, Auslandsvollstreckung während eines inländischen Vergleichsverfahrens?
in: Handelsrecht und Wirtschaftsrecht in der Bankpraxis. Festschrift für Winfried Werner, Berlin / New York 1984, S. 989-1013

Wiesbauer, Bruno, Die Arbeiten des Europarates zur Schaffung eines Europäischen Konkursübereinkommens
in: *Bruno Wiesbauer* (Hrsg.), Neuerungen im internationalen Insolvenzrecht, Deutschland, Liechtenstein, Schweiz, USA, Österreich, Europarat, Wien 1988, S. 64-71
Zit.: *Wiesbauer,* in: Neuerungen im IIR, 64

- (Hrsg.), Internationales Insolvenzrecht. Die wesentlichen Bestimmungen des österreichischen Rechts und die Staatsverträge auf dem Gebiet des internationalen Insolvenzrechts, Wien 1986
Zit.: *Wiesbauer,* Textsammlung IIR

- Die Konkursabkommen mit Belgien, Frankreich und Italien im Licht der Arbeiten des Europarates zur Schaffung eines Europäischen Konkursübereinkommens

ÖJZ 1988, 12-17

- (Hrsg.), Neuerungen im internationalen Insolvenzrecht, Deutschland, Liechtenstein, Schweiz, USA, Österreich, Europarat, Wien 1988
Zit.: *Wiesbauer*, Neuerungen im IIR

Willer, Heinz, Die inländische Anerkennung des im Ausland eröffneten Konkurses einer ausländischen Gesellschaft, Diss. München 1972

Witz, Claude / Zierau, Britta, Französisches internationales Konkursrecht - Neue Tendenzen und Entwicklungen in der Rechtsprechung der Cour de cassation
RIW 1989, 929-936

Wochner, Manfred, Staatsverträge deutscher Länder mit der Schweiz
KTS 1977, 201-212

- Zur derzeitigen Lage der Landesstaatsverträge mit der Schweiz
RIW 1986, 134-135

Woodland, P., Observations sur les orientations des droits européens de la faillite
J. C. P. 1984 I, Nr. 3137

ZIP aktuell, EG-ad-hoc-Gruppe "Konkursübereinkommen"
ZIP aktuell 1990 Nr. 177, ZIP 1990, S. A 52

ZIP-Report, Konkursübereinkommen des Europarates fertiggestellt
ZIP 1988, 946-947

Zöller, Richard / Geimer, Reinhold, Zivilprozeßordnung, 18. Aufl. Köln 1993

Verzeichnis der Materialien zum IstanbÜ, zum EG-Übereinkommen und zur Reform des deutschen IIR

I. Istanbuler Übereinkommen

Bericht für den Sachverständigenausschuß des CDCJ

Comité d'experts sur le droit de la faillite, Réunion du 1 au 3 décembre 1980, Rapport du 21 mai 1981 - Doc. CDCJ (81) 1 - mit verschiedenen Ergänzungsdokumenten
Zit. nach *Arnold*, ZIP 1984, 1114 (Fn. 18)

ERats-Entwurf 1984

Entwurf eines Europäischen Übereinkommens über den Konkurs, ausgearbeitet vom Sachverständigenausschuß für Konkursrecht
Deutsche Übersetzung abgedruckt bei: *Arnold*, ZIP 1984, 1152-1155.

ERats-Entwurf 1986

Entwurf eines Europäischen Übereinkommens über gewisse Befugnisse des Konkursverwalters und über die Unterrichtung ausländischer Gläubiger von 1986
Zit. nach *Arnold*, IPRax 1986, 133 ff.

Abschlußbericht des Sachverständigenausschusses des CDCJ

Council of Europe: Committee of Experts on Bankruptcy Law (CJ-CF) - Final Activity Report; Doc. CDCJ (88) 8, vom 1. März 1988 / Conseil de l'Europe: Comité d'Experts sur le droit de la faillite (CJ-DF) - Rapport Final d'Activité; Doc. CDCJ (88) 8

ERats-Entwurf 1988

Draft European Convention on Certain International Aspects of Bankruptcy / Projet de Convention Européenne sur certains aspects internationaux de la faillite vom 15.3.1988 (Anhang I zum Abschlußbericht des Sachverständigenausschusses des CDCJ)
Deutsche Übersetzung abgedruckt bei: *Wiesbauer*, Neuerungen im IIR, 116-136.

ERats-Entwurf 1989

Draft European Convention on Certain International Aspects of Bankruptcy; Doc. CDCJ (89) 66, S. 41-57 / Projet de Convention Européenne sur certains aspects internationaux de la faillite; Doc. CDCJ (89) 66, S. 41-58 vom 9.6.1989

Begründung zum ERats-Entwurf 1989

Draft Explanatory Report to the European Convention on Certain International Aspects of Bankruptcy; Doc. CDCJ (89) 66, S. 58-86 / Projet de rapport explicatif de la Convention européenne sur certains aspects internationaux de la faillite; Doc. CDCJ (89) 66, S. 59-86 vom 17.11.1989

Istanbuler Übereinkommen

European Convention on certain international aspects of bankruptcy (Istanbul Convention) / Convention européenne sur certains aspects internationaux de la faillite (Convention d'Istanbul) vom 5.6.1990

Abgedruckt in: Europarat (Hrsg.), ETS 136 (1990); Europarat (Hrsg.), International Aspects of Bankruptcy / Aspects internationaux de la faillite, Straßburg 1991; American Society of International Law, ILM 30 (1991), 167-180; *Fletcher*, Aberystwyth Papers, 297-313; *Bottiau*, Rev. proc. coll. 1990, 97 (107-117).

Zit.: IstanbÜ

Begründung zum Istanbuler Übereinkommen

Explanatory Report on the Istanbul Convention / Rapport explicatif de la Convention d'Istanbul

Abgedruckt in: Europarat (Hrsg.), International Aspects of Bankruptcy / Aspects internationaux de la faillite, Straßburg 1991, 5-40 bzw. 5-39.

Zit.: Begründung zum IstanbÜ

II. Übereinkommen der Europäischen Gemeinschaften

EG-Vorentwurf 1970

Vorentwurf eines Übereinkommens über den Konkurs, Vergleiche und ähnliche Verfahren vom 16.2.1970, herausgegeben von der Kommission der Europäischen Gemeinschaften, Generaldirektion Rechtsangleichung (1970), EG-Dok. 3327/XIV/1/70-D

Abgedruckt in: *Kegel / Thieme*, Vorschläge und Gutachten (EG), 1-42; RabelsZ 36 (1972), 734-767; KTS 1971, 167-187.

Bericht zum EG-Vorentwurf 1970

Bericht zu dem Vorentwurf eines Übereinkommens über den Konkurs, Vergleiche und ähnliche Verfahren, herausgegeben von der Kommission der Europäischen Gemeinschaften, Generaldirektion Rechtsangleichung (1970), EG-Dok. 16.775/XIV/70-D rev.1

EG-Entwurf 1980

Entwurf eines Übereinkommens über den Konkurs, Vergleiche und ähnliche Verfahren von 1980, herausgegeben von der Kommission der Europäischen Gemeinschaften, Generaldirektion Binnenmarkt und gewerbliche Wirtschaft, Direktion Rechtsangleichung, Niederlassungs- und Dienstleistungsrecht, EG-Dok. III/D/72/80-DE

Abgedruckt in: *Kegel / Thieme*, Vorschläge und Gutachten (EG), 45-92; *Dalhuisen*, Bd. 2, Anhang A-1; ZIP 1980, 582-593, 811-819; KTS 1981, 167-192; Bull. EG 1982, Beil. 2/82.

Bericht zum EG-Entwurf 1980

Bericht über das Übereinkommen über den Konkurs, Vergleiche und ähnliche Verfahren, von *Jacques Lemontey*, Sous-directeur im Justizministerium (Frankreich), EG-Dok. III/D/222/80-DE

Abgedruckt in: *Kegel / Thieme*, Vorschläge und Gutachten (EG), 93-211; *Dalhuisen*, Bd. 2, Anhang B-1; ZIP 1981, 547-562, 673-686, 791-806; Bull. EG, Beilage 2/82, 47-123.
Zit.: *Lemontey*, Bericht zum EG-Entwurf 1980. Die angegebenen Seitenzahlen beziehen sich auf den Originalbericht.

EG-Entwurf 1984
Entwurf eines Übereinkommens der Mitgliedstaaten der Europäischen Gemeinschaften über den Konkurs, Vergleiche und ähnliche Verfahren vom 30.7.1984, Rats-Dokument 8759/84 DRS 64 (CFC)
Text der Ad-hoc-Gruppe beim Rat der EG nach zweiter Lesung (Arbeitstext des BMJ) abgedruckt bei: *Kegel / Thieme*, Vorschläge und Gutachten (EG), 417-447.

EG-Entwurf 1991
Vorentwurf eines Übereinkommens über Insolvenzverfahren vom 25.3.1991, Ratsdokument 5419/91 DRS 12 (CFC)
Zitiert nach: *Jayme / Kohler*, IPRax 1991, 361 (369).

EG-Entwurf 1992
Entwurf eines EG-Konkursabkommens vom 3.4.1992, SN/1831/2/92 DRS (CFC)
Abgedruckt bei: *Landfermann*, ZIP 1992, 1190 (1197-1202).

III. Neues deutsches Internationales Insolvenzrecht

Erster Bericht der Kommission für Insolvenzrecht
Erster Bericht der Kommission für Insolvenzrecht, herausgegeben vom Bundesministerium der Justiz; Köln 1985

Zweiter Bericht der Kommission für Insolvenzrecht
Zweiter Bericht der Kommission für Insolvenzrecht, herausgegeben vom Bundesministerium der Justiz, Köln 1986

Diskussionsentwurf Gesetz zur Reform des Insolvenzrechts (DiskE InsO)
Gesetz zur Reform des Insolvenzrechts. Band I: Diskussionsentwurf des Entwurfs einer Insolvenzordnung (EInsO) und anderer Vorschriften mit Begründung und Anhang; Band 2: Ergänzungen. Hrsg. vom Bundesminister der Justiz, Köln 1988.

Vorentwurf (VE)
Vorentwurf von Vorschriften zur Neuordnung des Internationalen Insolvenzrechts vom 1.3.1989 mit Begründung; Bundesministerium der Justiz
Abgedruckt in: *Stoll*, Reform des deutschen IIR, 2-13 (Text), 14-50 (Begründung)

Vorentwurf - Neuformulierung (VE n. F.)
Vorentwurf von Vorschriften zur Neuordnung des Internationalen Insolvenzrechts, Neuformulierung einzelner Bestimmungen vom 22.9.1989 mit Anmerkungen; Bundesministerium der Justiz
Abgedruckt in: *Stoll*, Reform des deutschen IIR, 146-151 (Text), 152-155 (Anmerkungen)

Referentenentwurf Gesetz zur Reform des Insolvenzrechts (RefE InsO)

Gesetz zur Reform des Insolvenzrechts. Referentenentwurf mit Begründung und Gesamtregister des Verlags zum Referentenentwurf (Artikel 1 bis 3) und zu den "Ergänzungen" des Referentenentwurfs = Ergänzungen des Diskussionsentwurfs (Artikel 4 bis 25). Hrsg. v. Bundesminister der Justiz, Köln 1989.

Referentenentwurf Einführungsgesetz zum Gesetz zur Reform des Insolvenzrechts (RefE EGInsO)

Einführungsgesetz zum Gesetz zur Reform des Insolvenzrechts. Referentenentwurf mit Begründung. Stand: 1. September 1990. Hrsg. v. Bundesminister der Justiz, Köln 1990
Abgedruckt in: *Stoll*, Reform des deutschen IIR, 278-285 (Text), 286-313 (Begründung); ZIP 1990, 1298-1300 (Text des 1. Teils), 1300-1303 (Allgemeine Begründung zum 1. Teil).

Regierungsentwurf Insolvenzordnung (EInsO)

Entwurf einer Insolvenzordnung. Gesetzentwurf der Bundesregierung vom 21. November 1991. BR-Drucks. 1/92 (mit Begründung; BT-Drucks. 12/2443 (mit Begründung, Stellungnahme des Bundesrats und Gegenäußerung der Bundesregierung)
Abgedruckt in: KTS 1992, 33-92; ZRP 1992, 114 (Allgemeine Begründung); ZIP aktuell 1992 Nr. 61, ZIP 1992, S. A 24 (Zusammenfassung der Stellungnahme des Bundesrates)
Zit.: Allgemeine Begründung: Begründung zum EInsO, Teil A; Begründung zu den einzelnen Vorschriften: Begründung zum EInsO, Teil B. Die angegebenen Seitenzahlen beziehen sich auf die BT-Drucks. 12/2443.

Regierungsentwurf eines Einführungsgesetzes zur Insolvenzordnung (E EGInsO)

Entwurf eines Einführungsgesetzes zur Insolvenzordnung (EGInsO). Gesetzentwurf der Bundesregierung vom 21. Juli 1992. BR-Drucks. 511/92, BT-Drucks. 12/3803 (mit Begründung, Stellungnahme des Bundesrats und Gegenäußerung der Bundesregierung)
Mit Begründung auszugsweise abgedruckt bei: *Landfermann*, ZIP 1992, 1190 (1193-1197); Zusammenfassung in ZRP 1992, 443-444.

Entscheidungsverzeichnis

Datum:	Aktenzeichen:	Fundstellen:[1]

RG

28.3.1882	Rep. III. 241/82	RGZ 6, 400
11.12.1884	Rep. I. 346/84	RGZ 14, 405
13.1.1885	Rep. II. 429/84	RGZ 14, 424
21.1.1885	Rep. I. 432/84	RGZ 14, 412
28.9.1885	Rep. I 68/85	RGZ 16, 337
6.7.1886	Rep. II. 228/86	RGZ 16, 61
11.7.1902	Rep. II. 130/02	RGZ 52, 155
28.3.1903	Rep. I. 420/02	RGZ 54, 193
13.4.1915	VII 508/14	LZ 1915, Sp. 1588
21.10.1920	VI 271/20	RGZ 100, 241
11.6.1926	VI 528/25	RGZ 114, 82 = JW 1926, 2437
5.1.1937	VII 138/36	RGZ 153, 200

BGH

17.12.1959	VII ZF 198/58	BGHZ 31, 367
4.2.1960	VII ZR 161/57	NJW 1960, 774 = AWD 1960, 102 = DB 1960, 436 = IPRspr. 1960-61 Nr. 231 = KTS 1960, 74 = LM Art. 7 ff. EGBGB [Deutsches intern. Privatrecht] Nr. 11

1 Die im Text zitierte Fundstelle ist jeweils an erster Stelle aufgeführt.

		= MDR 1960, 578 m. Anm. *Kuhn* S. 579
		= WM 1960, 347
		= ZZP 74 (1961), 89
7.12.1961	II ZR 11/60	AWD 1962, 81 m. Anm. *Hofstetter*
		= IPRspr. 1960-61 Nr. 157
		= WM 1962, 263
30.5.1962	VIII ZR 39/61	NJW 1962, 1511
		= AWD 1962, 207
		= DB 1962, 1536
		= IPRspr. 1962-63 Nr. 226
		= KTS 1962, 173
		= LM § 237 KO Nr. 2
		= MDR 1962, 898
		= WM 1962, 782
19.10.1967	VII ZR 118/65	IPRspr. 1966-67 Nr. 307
17.9.1968	IV ZB 501/68	BGHZ 50, 370
2.4.1970	VII ZR 128/68	BGHZ 53, 383
		= BB 1970, 597
		= DB 1970, 1124
		= IPRspr. 1970 Nr. 8
		= MDR 1970, 581
		= NJW 1970, 1187
		= WM 1970, 637
18.6.1970	IV ZB 69/69	BGHZ 54, 123
18.6.1970	IV ZB 6/70	BGHZ 54, 132
23.9.1975	KZR 11/74	GRUR 1976, 204
10.12.1976	V ZR 145/74	BGHZ 68, 16
		= BB 1977, 472
		= DB 1977, 718
		= IPRspr. 1976 Nr. 212
		= JZ 197, 349
		= KTS 1977, 172
		= LM § 51 ZPO Nr. 11
		= MDR 1977, 654
		= NJW 1977, 900
		= Rpfleger 1977, 165
		= WM 1977, 453
28.4.1977	II ZR 26/76	WM 1977, 785

20.6.1979	VIII ZR 228/76	NJW 1979, 2477 = DB 1979, 1886 = IPRspr. 1979 Nr. 162 = LM EGÜbk. Nr. 9 = MDR 1979, 1018 = RIW/AWD 1979, 713 = WM 1979, 978
13.7.1983	VIII ZR 246/82	BGHZ 88, 147 = BB 1984, 437 (LS) = DB 1983, 1973 = IPRax 1984, 264 m. Anm. *Pielorz* S. 241 = IPRspr. 1983 Nr. 205b = JZ 1983, 898 m. Anm. *Grunsky* S. 902 = KTS 1983, 588 = LM § 3 KO Nr. 4 m. Anm. *Merz* = MDR 1983, 930 = NJW 1983, 2147 = RIW 1983, 691 = WM 1983, 858 = ZIP 1983, 961
11.7.1985	IX ZR 178/84	BGHZ 95, 256 = BB 1985, 2197 (LS) = DB 1985, 2187 = EWiR § 237 KO 1/85, 605 (*Merz*) = IPRspr. 1985 Nr. 218 = JZ 1986, 91 m. Anm. *Lüderitz* = KTS 1986, 97 = LM § 237 KO Nr. 4 m. Anm. *Merz* = MDR 1985, 1021 = NJW 1985, 2897 = RIW 1985, 729 = Rpfleger 1985, 412 = WM 1985, 1004 = ZIP 1985, 944
9.12.1987	VIII ZR 374/86	RIW 1989, 486 m. Anm. *Dilger* S. 487 = EWiR § 50 ZPO 1/88, 409 (*Weipert*) = IPRspr. 1987 Nr. 194 = KTS 1988, 326 = LM § 50 ZPO Nr. 41 = MDR 1988, 490 = NJW-RR 1988, 477

= WM 1988, 432
= ZIP 1988, 247

7.7.1988 .... I ZB 7/88 .... NJW 1988, 3096
= EWiR § 240 ZPO 2/88, 1031 (*Marotzke*)
= IPRax 1989, 162
= JZ 1988, 1138
= MDR 1989, 41
= RIW 1988, 817
= WM 1988, 1458
= WuB VI B. § 10 KO 1.88, 1527 m. Anm. *Uhlenbruck*
= ZIP 1988, 1200

11.1.1990 .... IX ZR 27/89 .... RIW 1990, 221
= EWiR Art. 1 EuGVÜ 1/90, 257 (*Balz*)
= IPRax 1991, 183 m. Anm. *Flessner/Schulz* S. 162
= JZ 1990, 654
= KTS 1990, 460 m. Anm. *Wenner* S. 429
= NJW 1990, 990
= WM 1990, 326
= WuB VII B 1. Art. 1 EuGVÜ 1.90, 743 m. Anm. *Thode*
= ZIP 1990, 246

BayObLG

17.2.1908 .... Rep. I 213/07 .... LZ 1908, Sp. 550
= Seufferts Arch. 63 (1908), 302

OLG Düsseldorf

17.8.1982 .... 8 W 31/82 .... ZIP 1982, 1341
= IPRspr. 1982 Nr. 204

15.11.1990 .... 13 U 84/90 .... IPRspr. 1990 Nr. 254b

OLG Hamburg

10.5.1990	6 U 59/90	IPRax 1992, 170 m. Anm. *Flessner* S. 151 = RIW 1992, 941

OLG Hamm

25.10.1976	5 U 57/67	NJW 1977, 504 m. Anm. *Oexmann*
14.7.1982	5 U 192/81	ZIP 1982, 1343
9.1.1984	8 U 161/83	ZIP 1984, 1282 = DB 1984, 1922 m. Anm. *Mohrbutter* S. 2235 = IPRspr. 1984 Nr. 208 = RIW 1984, 653

OLG Karlsruhe

9.7.1987	12 U 303/86	NJW-RR 1987, 1407 = IPRspr. 1987 Nr. 193 = RIW 1988, 225 (LS) m. Anm. *Dilger*
11.5.1990	10 U 70/89	NJW-RR 1991, 295 = EWiR § 240 ZPO 2/90, 617 (*Hanisch*) = IPRspr. 1990 Nr. 255 = KTS 1991, 114 (LS) = RIW 1991, 243 = WM 1990, 1590 = WuB VII A. § 240 ZPO 2.90, 1545 m. Anm. *Sundermann* = ZIP 1990, 665
21.2.1992	9 W 83/91	RIW 1992, 940

OLG Köln

9.3.1978	18 U 193/77	KTS 1978, 249 m. Anm. *Kalter*

31.1.1989	3 W 7/89	ZIP 1989, 321 m. Anm. *Hanisch* S. 349 = EWiR § 812 BGB 2/89, 349 (*Hanisch*)

OLG München

11.8.1981	5 U 4070/80	KTS 1982, 313 = IPRspr. 1981 Nr. 210

OLG Stuttgart

20.6.1984	13 U 239/83	KTS 1985, 281

OLG Zweibrücken

17.4.1989	3 W 1/89	IPRax 1991, 186 m. Anm. *Gottwald* S. 168 = EWiR § 113 KO 1/90, 83 (*Hanisch*) = Rpfleger 1990, 87 = WM 1990, 38 = WuB VI B. § 113 KO 1.90, 523 m. Anm. *Rössner*

OAG Dresden

28.10.1859		Seufferts Archiv 13, 321 (Nr. 230)

OAG Rostock

19.10.1846		Seufferts Archiv 11, 3 (Nr. 4)

LG Köln

27.10.1988	86 O 68/88	KTS 1989, 723 m. Anm. *Werres* S. 728

LG Kleve

17.1.1990 ....2 O 282/87.........................IPRspr. 1990 Nr. 254a

LG Krefeld

9.4.1992..................6 T 12/92 ....ZIP 1992, 1407
= EWiR § 237 KO 3/92, 1121 (*Hanisch*)

LG München I

2.12.1986 ....32 S 11420/86....................WM 1987, 222
= WuB VI B. § 237 KO 1.87, 637 m. Anm. *Johlke*

Tribunal de Commerce Brüssel

20.6.1975 ....Jurisprudence Commerciale de Belgique 1976, 629
gekürzt in deutscher Übersetzung KTS 1978, 247

FSC
www.fsc.org
MIX
Papier | Fördert gute Waldnutzung
FSC® C083411

Kolibri 360 GmbH
Ferdinand-Jühlke-Straße 7
99095 Erfurt, Deutschland
produktsicherheit@kolibri360.de